发动机电气系统诊断维修

学习领域5

Diagnosis and Maintenance of Engine Electrical System

高吕和　王　会　杨　梅　侯　勇　编著

机械工业出版社

《发动机电气系统诊断维修》是本系列丛书的第5个学习领域，主要包括6个学习情境：LS5.1蓄电池不断放电，对车辆进行静态电流检查（汽车蓄电池结构原理检修）；LS5.2车辆蓄电池放电，检查蓄电池管理系统（蓄电池管理系统结构原理检修）；LS5.3车辆充电指示灯常亮，检查车辆充电系统（交流发电机结构原理检修）；LS5.4车辆仪表显示屏上显示发电机功能故障（交流发电机电压调节器结构原理检修）；LS5.5起动机在起动过程中无法带动发动机（起动系统结构原理检修）；LS5.6车辆的自动起动停止系统失灵（车辆起动停止系统结构原理检修）。

本书的主要任务是用多种教学方法（如小组拼图法、旋转木马法、餐垫法、概念地图法等）讲述发动机电气系统的故障诊断与维修问题，使学生养成严谨、规范的工作习惯，提高他们的思考和应变能力，提高安全生产、成本控制、协调合作意识，培养学生信息获取、沟通展示、团队合作、计划决策、自我管理和英语运用的能力。

本书定位为高职院校汽车维修相关专业教材，也可作为中职院校以及其他职业培训学校汽车维修相关专业用书。

图书在版编目（CIP）数据

发动机电气系统诊断维修/高吕和等编著. —北京：机械工业出版社，2017.2

（中德合作汽车维修素养与技能高度融合培养项目丛书. 学习领域；5）

ISBN 978-7-111-56130-9

Ⅰ.①发… Ⅱ.①高… Ⅲ.①汽车-发动机-电气系统-故障诊断②汽车-发动机-电气系统-故障修复 Ⅳ.①U472.43

中国版本图书馆CIP数据核字（2017）第032727号

机械工业出版社（北京市百万庄大街22号 邮政编码100037）
策划编辑：李 军 责任编辑：李 军 徐 霆
责任校对：刘秀芝 封面设计：马精明
责任印制：李 飞
北京铭成印刷有限公司印刷
2017年3月第1版第1次印刷
184mm×260mm · 21印张 · 498千字
0 001—1 900册
标准书号：ISBN 978-7-111-56130-9
定价：69.90元

凡购本书，如有缺页、倒页、脱页，由本社发行部调换

电话服务	网络服务
服务咨询热线：010-88361066	机 工 官 网：www.cmpbook.com
读者购书热线：010-68326294	机 工 官 博：weibo.com/cmp1952
010-88379203	金 书 网：www.golden-book.com
封面无防伪标均为盗版	教育服务网：www.cmpedu.com

丛书序

2014年6月23日，第七次全国职业教育工作会议在北京召开，李克强总理发表重要讲话，强调要把提高职业技能和培养职业精神高度融合，不仅要培养大批怀有一技之长的劳动者，而且要让受教育者牢固树立敬业守信、精益求精等职业精神。

2014年11月17日，北京市教育委员会与德国巴登·符腾堡州教育、青年和体育部签署了双方合作共同举办汽修专业素养与技能高度融合教育改革试验班的合作意向书，在过去10年合作的基础上，用3年时间，通过试验班的形式，尝试走出一条结合中国国情、代表职业教育未来发展方向的高水平职业教育发展道路，让德国先进的职业教育理念在中国落地实施，探索人文教育、职业素养与职业能力高度融合的课程和教学体系。素养与技能高度融合的教育模式改革实现了职业教育以职业规律为起点、立足工作能力和生活能力培养、服务于完美人格塑造的教育理念，以能力为本位，以素质提升为目标，培养能够适应当前社会需要的应用型人才。试验项目培养目标是：培养能够独立、负责任、在团队条件下高效率解决问题的可持续发展的职业人；培养学生健全的人格和良好的素养，建立社会主义核心价值观。

2015年9月，北京市7所中高职国家级示范学校迎来了第一批汽修专业试验班学生，在课堂中正式开始采用职业素养与技能培养高度融合的新型教育模式，以专业内容为载体培养学生可持续发展的职业精神和非专业能力。将非专业能力培养内容作为最重要的教学内容，不仅打破了国内学科体系和知识体系，而且也打破了德国已经成熟的职业课程体系，形成了一套全新的非专业能力培养与专业能力培养高度融合的课程体系。而我们的课堂也由过去说教式的课堂转向了适应企业人才需求的“有趣、有用、有效”的“三有”课堂。经过一年的探索，试验班学生的精神面貌、职业素养及技能与其他班学生相比已经发生明显变化，试验模式得到了奔驰、奥迪、宝马等企业的认可，学生陆续被高端企业“预定”。试验学校也逐渐将试验范围从汽修专业扩展延伸到其他专业。

为了保证质量和提高效率，我们在“杜威思维五步”和“德国行动六步”基础上，自主开发了“十步教学”流程，并组织试验学校的骨干教师统一采用“十步教学”进行教学设计。同时，本课程也转化为Moodle课程，通过Moodle平台开展线上线下教学活动，将职业素养与技能培养高度融合的新型教育模式在课堂中真正落地实施。为了评估教学效果，追踪学生的综合职业能力发展，我们自主开发了“八步测评”体系。该体系与“十步教学”相呼应，编制了测评任务题库和测评任务能力指标评价表，对学生综合职业能力进行统一测评。每位参加测评的学生都会得到《职业行动过程分析报告》和《综合职业能力诊断报告》。这两份报告为学校实现学生个性化培养及教学改进提供了重要参考。

德国巴登·符腾堡州专家团队在德国原有的14个学习领域的基础上，依据培养目标开发了试验项目课程大纲，包括11个学习领域，共79个学习情境。每个学习情境都是完整的工作任务，并明确提出了包含知识、技能、素养在内的具体教学目标。北京参加本项目的学校专家团队在实施过程中与企业专业技术人员合作，对课程大纲进行了本土化改造，最终优化调整为12个学习领域，共80多个学习情境，并最终形成了本丛书。

由于经验有限，本丛书还存在不少疏漏，请使用本丛书的师生提出宝贵意见，以便在今后进行补充和改进！

编　者

丛书特色

不同于以往任何教材，本丛书的呈现形式是完整的“十步教学”流程设计。从教学准备开始，包括教学硬件设施准备和教学软件资源准备，经历了任务接受、任务分析、理论学习、任务计划、任务决策、任务实施、任务检查和任务交付的完整行动过程，最后还有反思评价和任务拓展。每一步设计的都非常详细具体。

本丛书课程内容架构以信息页模块的形式呈现，打破了传统的学科体系教材结构，以典型工作任务和工作情境为载体，突出专业内容重点，重视细节，实现了由简单到复杂的编排。每一个学习情境的专业理论内容，按照重点和难点之间的逻辑关系，分散在不同的信息页中，突出了重点，化解了难点，避免了长篇累牍给学生带来的压力，也有利于学生提炼整理关键信息。

本丛书为教师和学生提供了活动标签，有教师活动和学生活动的具体要求，有时间建议，活动流程完善，环环相扣，师生只要按照活动标签认真互动，即可轻松使用。

本丛书为教师和学生提供了完备的教学资源。从教学准备开始，接下来是接车剧本、客户工单，最后还有设备资料清单。理论学习阶段有信息页、工作页：根据信息页完成对应的工作页，完成理论学习；有理论测试卷；能够检验每一个知识点的掌握程度，由 Moodle 系统自动评分导出分数，不需要教师阅卷批改。任务计划阶段有工作计划表格，任务决策阶段有任务决策表，任务交付阶段有交车剧本。每一个教学流程都有测评表，不需要补充任何资源。教师可以把精力放在如何组织学生学习上。

本丛书提供了丰富的教学方法和学习方法，既有使用说明，也有实施步骤。师生根据丛书的引导，尝试实施就会慢慢掌握小组拼图法、旋转木马法等适合培养学生自主学习能力的教学方法。

本丛书的内容适合度较为广泛，已在遴选北京的 7 所中高职国家级示范学校示范应用，反馈良好。实践证明，一个人的非专业能力依托专业能力培养，是完全不受中高职学生水平差异限制的；本丛书适合所有汽修专业的中高职学生使用。

丛书使用方法

使用本丛书时，请严格按照“十步教学”流程的活动标签逐步实施，不能跳步，并且认真阅读活动要求，即每一步的教师活动和学生活动。使用时遵循以下原则：

1. 关于教学手段

（1）线上与线下相结合。为有效实现素养与技能高度融合项目的培养目标，尽量采取面对面的教学实施，教师为主导，学生在教师设计好的思路下自主学习。但是，针对学习内容不同和授课课时的限制，某些环节或内容需要积累和记载下来，某些环节以电子版呈现会更好。因此借助 Moodle 教学系统，把最适合的学习内容或学习环节呈现在系统中，采取线上和线下相结合的教学手段。已参与本项目的教师可以通过 Moodle 系统账号，获取相应的系统资源。

（2）课堂内与课堂外相结合。素养与技能高度融合项目要培养训练学生可持续发展的非专业能力，还要培养学生的专业能力，课堂内时间紧，学习任务重。能力本身的持续性和相对稳定性，决定了我们不能忽略课堂外培养的有效作用。为了检验教学效果和巩固拓展能力，在课堂外，教师既可以借鉴 Moodle 教学系统，继续提供学习内容辅助学生完成相应的任务，也可以安排适当的拓展任务，组织学生团队合作完成。

（3）教师主导学生全程自主学习。教师设计好教学思路，给学生提供需要的学习资源，用一根无形的线索主导学生。学生在教师的主导下，或一个活动，或一个环节，按照“十步教学”教学流程，或个人，或团队，全程自主学习。教师在学习过程中几乎没有讲授，教师只是主导者、观察者、辅助者和答疑者。学生通过自主学习，同时获取专业能力和非专业能力。

2. 关于教学方法

本丛书主张课堂上综合采用多种教学方法，利用所有教学资源组织学生自主学习。涉及的教学方法：（项目原创的）三步访谈法、小组拼图法、旋转木马法、学习站法、工作站法、专家法、餐垫法（井田法）、倒立法、闪光灯法、咖啡馆法、速度二重奏法、概念地图法、交头接耳法等；（德国原有的）头脑风暴法、卡片法、思维导图法、主动倾听法、集体笔记法、团体拼图法、刺激鼓动法、演绎归纳法、主持小组作业法、系列计划法、专题报告法、角色扮演法、全面反馈法、情境教学法、小组教学法等。通过教师活动和学生活动导引，把一个个教学方法鲜活呈现。

本丛书设计的所有教学方法都是有利于素养与技能高度融合培养的有效载体，教学方法不是通过阅读可以理解掌握的，最好是通过培训才可以有效把握。教师可以通过自己的实践积累，慢慢领悟小组拼图法、旋转木马法、工作站法等的灵活运用。如果希望精准掌握教学方法的精髓，建议教师参加本项目的师资培训，以学生角色体验多种教学方法的使用。

3. 关于教学评价

教师日常教学测评，对应“十步教学”，每一步都有针对素养、技能和知识的评价表。参与本项目教师通过自己的账号，可以在 Moodle 系统中自动完成对每一个学生的评价，从而积累针对学生的日常综合职业能力指标评价。

使用本丛书前，需要详细阅读每个学习领域的前言，改变观念，明确来龙去脉及培养目标。为了很好地实施课程，请配合项目培训和 Moodle 系统使用，三位一体才能灵活运用。教学活动，即教师活动和学生活动，属于教学方法的具体实施，这些内容要经过项目培训才能灵活运用；教学资源，即信息页、工作页，阅读丛书即可获取；教学评价：只能在 Moodle 系统获取，包括随堂评价、“十步教学”的每一步评价、综合评价。系统会减少教师的任务量进行自动统计和导出。

目　录

丛书序
丛书特色
丛书使用方法

LS5.1　蓄电池不断放电，对车辆进行静态电流检查 …… 1

教学准备 …… 1
5.1.1　任务接受：接车 …… 3
5.1.2　任务分析：蓄电池不断放电的原因 …… 4
5.1.3　理论学习：蓄电池的构造与使用 …… 6
5.1.4　任务计划：蓄电池不断放电，对车辆进行静态电流检查工作计划 …… 30
5.1.5　任务决策：与师傅和客户沟通工作计划 …… 31
5.1.6　任务实施：使用设备进行实车检测诊断 …… 33
5.1.7　任务检查：5S 与检查工作结果 …… 33
5.1.8　任务交付：交车给师傅和客户 …… 34
5.1.9　反思评价：总结知识点、技能点和素养点 …… 36
5.1.10　巩固拓展 …… 37
总体评价 …… 37

LS5.2　车辆蓄电池放电，检查蓄电池管理系统 …… 38

教学准备 …… 38
5.2.1　任务接受：接车 …… 40
5.2.2　任务分析：带电源管理系统车辆蓄电池放电的原因 …… 40
5.2.3　理论学习：蓄电池管理系统的检修 …… 46
5.2.4　任务计划：车辆蓄电池放电，检查蓄电池管理系统工作计划 …… 72
5.2.5　任务决策：与师傅和客户沟通工作计划 …… 73
5.2.6　任务实施：使用设备进行实车检测诊断 …… 74
5.2.7　任务检查：5S 与检查工作结果 …… 75
5.2.8　任务交付：交车给师傅和客户 …… 76
5.2.9　反思评价：总结知识点、技能点和素养点 …… 77
5.2.10　巩固拓展 …… 78
总体评价 …… 79

LS5.3　车辆充电指示灯常亮，检查车辆充电系统 …… 80

教学准备 …… 80
5.3.1　任务接受：接车 …… 82
5.3.2　任务分析：充电指示灯常亮的故障原因 …… 82

5.3.3 理论学习：交流发电机构造与检修 …… 85
5.3.4 任务计划：车辆充电指示灯常亮，检查充电系统工作计划 …… 108
5.3.5 任务决策：与师傅和客户沟通工作计划 …… 109
5.3.6 任务实施：使用设备进行实车检测诊断 …… 110
5.3.7 任务检查：5S 与检查工作结果 …… 111
5.3.8 任务交付：交车给师傅和客户 …… 112
5.3.9 反思评价：总结知识点、技能点和素养点 …… 114
5.3.10 巩固拓展 …… 114
总体评价 …… 115

LS5.4 车辆仪表显示屏上显示发电机功能故障 …… 116

教学准备 …… 116
5.4.1 任务接受：接车 …… 118
5.4.2 任务分析：车辆仪表显示屏上显示发电机功能故障原因 …… 118
5.4.3 理论学习：交流发电机电压调节器原理与检修 …… 123
5.4.4 任务计划：车辆仪表显示屏上显示发电机功能故障工作计划 …… 148
5.4.5 任务决策：与师傅和客户沟通工作计划 …… 149
5.4.6 任务实施：使用设备进行实车检测诊断 …… 150
5.4.7 任务检查：5S 与检查工作结果 …… 151
5.4.8 任务交付：交车给师傅和客户 …… 152
5.4.9 反思评价：总结知识点、技能点和素养点 …… 153
5.4.10 巩固拓展 …… 154
总体评价 …… 155

LS5.5 起动机在起动过程中无法带动发动机 …… 156

教学准备 …… 156
5.5.1 任务接受：接车 …… 158
5.5.2 任务分析：起动机在起动过程中无法带动发动机 …… 158
5.5.3 理论学习：起动机构造与检修 …… 163
5.5.4 任务计划：起动机在起动过程中无法带动发动机工作计划 …… 204
5.5.5 任务决策：与师傅和客户沟通工作计划 …… 205
5.5.6 任务实施：使用设备进行实车检测诊断 …… 206
5.5.7 任务检查：5S 与检查工作结果 …… 207
5.5.8 任务交付：交车给师傅和客户 …… 208
5.5.9 反思评价：总结知识点、技能点和素养点 …… 209
5.5.10 巩固拓展 …… 210
总体评价 …… 211

LS5.6 车辆的自动起动停止系统失灵 …… 212

教学准备 …… 212

5.6.1 任务接受：接车 …… 214

5.6.2 任务分析：车辆的自动起动停止系统失灵 …… 214

5.6.3 理论学习：起动停止系统的组成与使用 …… 217

5.6.4 任务计划：车辆的自动起动停止系统失灵工作计划 …… 233

5.6.5 任务决策：与师傅和客户沟通工作计划 …… 234

5.6.6 任务实施：使用设备进行实车检测诊断 …… 235

5.6.7 任务检查：5S 与检查工作结果 …… 236

5.6.8 任务交付：交车给师傅和客户 …… 237

5.6.9 反思评价：总结知识点、技能点和素养点 …… 238

5.6.10 巩固拓展 …… 239

总体评价 …… 240

附录：工作计划海报 …… 241

LS5.1

蓄电池不断放电，对车辆进行静态电流检查

教学准备

教学情境准备

教师活动 教师提前提供给所有学生5.1.0.1客户任务工单。提前在车上设置“汽车蓄电池不断放电”的真实故障。课前提供5.1.0.2接车剧本给事先安排好的两个学生，一个扮演客户，另一个扮演维修接待人员（Service Advisor，简称SA），以便上课时两个学生能在实车上把客户任务真实再现。

学生活动 所有学生在课前熟悉5.1.0.1客户任务工单，提前了解客户委托任务。两个角色扮演的学生要熟悉5.1.0.2接车剧本。（课前）

5.1.0.1 客户任务工单

5.1.0.1 客户任务工单

<table>
<tr><td>车主姓名</td><td></td><td>日期</td><td></td></tr>
<tr><td>车型</td><td></td><td>车牌号</td><td></td></tr>
<tr><td>发动机号</td><td></td><td>底盘号</td><td></td></tr>
<tr><td>联系电话</td><td colspan="3"></td></tr>
<tr><td>通信地址</td><td colspan="3"></td></tr>
<tr><td colspan="4">故障现象描述：
车主反映，车辆起动时，起动机不工作。初步检查蓄电池亏电。</td></tr>
<tr><td colspan="4">检查维修建议：</td></tr>
<tr><td colspan="4">故障结论：（更换或维修的零件记录）</td></tr>
<tr><td colspan="2">取车付款：
现金　　　　　　银行卡</td><td colspan="2">维修人：
收款人：</td></tr>
</table>

5.1.0.2 接车剧本

5.1.0.2 接车剧本

学习情境描述：

一辆大众速腾轿车，行驶总里程2万km，汽车停驶两天后，汽车发动机不能起动。

前台：您好！有什么需要我帮助的？

客户：您好！是这样的，我的汽车放置两天后，现在不能起动，您能帮我看看吗？

前台：好的！您给我车钥匙，我给您试一下车，先检查一下。

（上车，着车时开始体会客户的诉求，起动发动机，起动机不工作，发动机不能起动）

前台：以前出现过这样的问题吗，蓄电池使用多长时间了？

客户：我的汽车车况很好，没出现过什么问题，只是偶尔需第二次起动，蓄电池没换过，使用一年时间了。

前台：现在可能是蓄电池电量不足，不能起动，具体原因很多，需要后台检测才能确定。

客户：好的！那您尽快维修吧，我还着急用车呢。

前台：那您想什么时间取车？

客户：今天下午4点取车吧。

前台：好的！请您到客户区休息等待，如有需要，我会及时和您联系。

教学目标准备

教师活动 教师用一页PPT简介本情境的教学目标：素养点、知识点、技能点。

学生活动 学生思路清楚，明确目标，在头脑中形成个人学习规划。（课前）

素养点：

① 能够展现积极主动的工作态度。

② 能够演示小组工作成果。

③ 能够小组友好合作。

④ 能够在小组中与他人高效沟通交流。

⑤ 能够阅读技术信息，检索提炼，建构逻辑关系。

知识点：

① 蓄电池的功能。

② 蓄电池的结构组成。

③ 蓄电池的充放电特性。
④ 蓄电池的充电。
⑤ 蓄电池的维护。
⑥ 蓄电池的故障。
⑦ 汽车静态电流。

技能点：

① 蓄电池拆装。
② 蓄电池检测。
③ 蓄电池充电。
④ 蓄电池使用。
⑤ 静态电流测量。
⑥ 遵守事故预防条例。

资料设备清单

参与本项目的教师具体见 Moodle 系统，未参与本项目的教师可以根据实际情况自行制定。

5.1.1 任务接受：接车

两人角色扮演

学生活动 学生分组，两人一组。其中，事先安排好的两个学生为一组，一个扮演客户，另一个扮演 SA，在实车上把客户任务真实再现。(5min)

教师活动 教师观察角色扮演学生的表演过程，同时观察其他学生的表现：倾听的认真程度。

全员换位评价

学生活动 学生认真观看角色扮演情境再现过程，理解客户委托，并与本组学生一起对 SA 角色扮演的学生换位思考进行口头评价：角色扮演时的优缺点，如果是自己怎么改进会更好。(5min)

教师活动 教师指出角色扮演的优缺点，提出注意事项进行强调说明。

全员分组练习

教师活动 教师要求所有学生借鉴两个示范学生的表现，进行任务接受练习。

学生活动 学生按照教师的提示与强调，借鉴示范的两个学生的表现，学生分组在实车上进行任务接受的角色扮演练习。互换角色再练习一次。(5min)

提交任务接受阶段的评价表

教师活动 教师要求学生对任务接受阶段自己扮演 SA 时的表现进行自我评价。

学生活动 学生按照教师的要求对自己在扮演 SA 时的表现进行客观真实的自评。

5.1.1.1 任务接受评价表

参与本项目的教师具体见 Moodle 系统，未参与本项目的教师可以根据实际情况自行制定。

5.1.2 任务分析：蓄电池不断放电的原因

教学方法：关键词卡片法

独立查找原因

教师活动 教师提供5.1.2.1信息页（维修信息、文本资料），指导学生独立查找蓄电池不断放电的原因，并书写在笔记本上。

学生活动 学生个人独立阅读教师提供的5.1.2.1信息页，在信息页上找出关于蓄电池不断放电的原因，形成个人的结论，工整地记录在笔记本上。(30min)

5.1.2.1 信息页

5.1.2.1 信息页

学校名称		任课教师	
班级		学生姓名	
学习领域	L5 发动机电气系统诊断维修		
学习情境	LS5.1：蓄电池不断放电，对车辆进行静态电流检查	学习时间	30min

汽车电源由蓄电池与发电机并联组成，如图1所示。用于汽车上的蓄电池必须满足发动机起动的需要，即在短时间内（5s内）能向起动机提供强大的电流（汽油发动机为200～600A，大型柴油发动机可达500A）。因此要求蓄电池的内阻要小，大电流输出时的电压稳定，以保证有良好的起动性能。能满足发动机起动需要的蓄电池被称之为起动型蓄电池，汽车上使用的就是起动型蓄电池。此外，要求蓄电池的充电性能良好、使用寿命长、维护方便或少维护，以满足汽车使用性能要求。

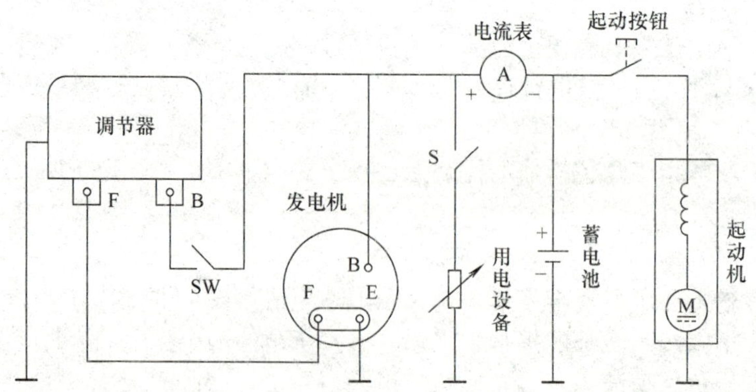

图1 蓄电池与发电机的供电电路

1. 蓄电池常见故障

蓄电池的外部故障有壳体或盖子出现裂纹、封口胶干裂、极桩松动或腐蚀等；内部故障

有极板硫化、活性物质脱落、极板短路、自行放电、极板拱曲等。

（1）极板硫化

蓄电池长期处于放电状态或者充电不足状态下，会在极板上逐渐生成一层白色的粗晶粒的硫酸铅，正常充电时，不能转化为 PbO_2 和 Pb，称为硫酸铅硬化，简称硫化。

这种粗晶粒的硫酸铅，堵塞极板孔隙，使电解液渗入困难，容量降低，且硫化层导电性差，内阻显著增大，起动性能和充电性能下降。

蓄电池硫化主要表现在：极板上有白色的霜状物；蓄电池容量明显下降；用高率放电叉检查时，单格电压明显降低；充电时单格电压迅速升高到 2.8V 左右，但电解液密度上升不明显，且过早出现沸腾现象。

硫化的原因主要包括：

① 充电不足的蓄电池长期放置时，当温度升高时，极板上一部分硫酸铅溶于电解液中；在温度下降时，溶解度随之减小，部分硫酸铅再结晶成粗大颗粒的硫酸铅附在极板上，使之硫化。

② 电池内液面过低，极板上部与空气接触而氧化（主要是负极板）。在汽车行驶过程中，由于电解液上下波动与极板氧化部分接触，也会生成粗晶粒的硫酸铅，使极板上部硫化。

③ 电解液密度过大或不纯，气温变化大都能使极板硫化。

（2）自放电

自放电是蓄电池在车辆停驶时存电电量自动减少和损失，一般认为，充足电的蓄电池自放电电量一个月内每昼夜不得超过 3%。自放电现象主要由以下原因引起。

① 浓差极化。长期存放的蓄电池，其电解液中硫酸因密度大而下沉，在极板的上、下方形成电位差，依靠极板内部放电。

② 普通铅蓄电池结构是开放型的，在使用或维护的过程中，杂质离子容易进入，使得极板上的活性物质与杂质离子间形成电位差，在电解液中形成放电通路，损耗电量。

③ 电池溢出的电解液堆积在盖板上，使正负极桩形成通路。

④ 活性物质脱落。在充电或颠簸行驶的过程中，栅架上附着的活性物质，特别是正极板上的容易脱落，在外壳底部形成短路，致使蓄电池电量迅速下降。新型免维护蓄电池采用了全封闭结构、铅－钙－锡合金材料的放射形的栅架、袋装隔板等工艺，因此自放电故障大大降低。

2. 蓄电池亏电原因

蓄电池亏电原因主要包括自放电、寄生放电和充电不足等。

（1）寄生放电

寄生放电是指车辆在存放时，汽车上某些用电设备或者电路仍消耗蓄电池电量，所放电流又称“寄生电流”，该电流较小，一般以 mA 计量。寄生放电是因为在车辆存放时，类似汽车胎压监测系统 TPMS、防盗模块 ATA 等仍需要电流维持其部分功能；此电流较小，如东风雪铁龙 C5 上，静态工作电流一般不超过 30mA，但若某个电气部件在车辆网络进入休眠状态后仍处于工作状态，此电流值一般就会变大，蓄电池电量损失加快。此类原因也是在实际维修工作中发现的导致蓄电池亏电的主要原因。

（2）充电不足

蓄电池充电不足的原因主要有充电系统故障，未能给蓄电池充电；汽车频繁短途行驶，蓄电池起动时消耗的能量未能得到全部补充，总是处于亏电状态；汽车加装有大功率设备，消耗电能过大，使蓄电池不能有效充电；蓄电池故障，如蓄电池极板硫化现象严重，使蓄电池充电不足。

合作讨论原因

学生活动 学生分组，小组合作讨论蓄电池亏电的原因并达成共识，把本组讨论后的原因写在彩色卡片上，贴在白板上展示。（30min）

教师活动 教师重点观察学生讨论时的表现：所有成员是否可以经过妥协或协商快速达成一致意见。

师生确定原因

教师活动 教师带领学生一起逐条对每组的结果进行分析评价，判断对错，总结原因。

学生活动 学生领会理解，修改本组卡片并把最终结果工整记录在笔记本上。（5min）

填写客户工单

教师活动 教师提供行车证等资料，指导学生填写5.1.0.1客户工单（车辆检验内容，确定维修范围，是否修理车辆建议）。

学生活动 学生小组合作填写完整客户任务工单。（20min）

提交任务分析阶段的评价表

教师活动 教师要求学生对任务分析阶段自己的表现依据5.1.2.2评价表进行自我评价。

学生活动 学生按照教师的要求对自己在任务分析阶段的表现对照每一条进行客观真实的自评。

5.1.2.2 任务分析评价表

参与本项目的教师具体见Moodle系统，未参与本项目的教师可以根据实际情况自行制定。

5.1.3 理论学习：蓄电池的构造与使用

教学方法：小组拼图法

3.1 汽车蓄电池构造与原理

原始组独立完成工作页

教师活动 教师把学生分成专家组，并提供与之有关的5.1.3.1～5.1.3.4信息页和5.1.3.1～5.1.3.4工作页。

学生活动 学生原始组个人独立学习信息页，并完成工作页。（50min）

5.1.3.1 信息页

5.1.3.1 信息页

学校名称		任课教师	
班级		学生姓名	
学习领域	L5 发动机电气系统诊断维修		
学习情境	LS5.1：蓄电池不断放电，对车辆进行静态电流检查	学习时间	50min
工作任务	A：蓄电池概述	学习地点	理实一体化教室

1. 蓄电池功能

蓄电池与交流发电机并联向汽车电气系统供电，蓄电池属于汽车最重要的电气部件之一。其正常稳定的功能直接关系到顾客的满意度。

汽车蓄电池是一种集电器，其主要功能用于发动机起动，在发动机起动时，给起动机提供强大的起动电流。在发电机超载、发电机电压低或不发电时，向用电设备供电；发电机端电压高于蓄电池电动势时，将发电机的电能转变为化学能储存起来；蓄电池可以吸收电路中的瞬变过电压，保护车用电子元件；蓄电池还是电子控制装置内存的不间断电源。

2. 蓄电池类型

铅蓄电池电解液是稀硫酸溶液，根据加工工艺的不同，汽车用铅蓄电池还可以分为普通型、干荷电型、湿荷电型、免维护型及阀控式铅蓄电池等。

（1）普通铅蓄电池

新蓄电池的极板不带电，使用前需按规定加注电解液并进行初充电，初充电的时间较长，使用中需要定期维护。

（2）干荷电蓄电池

新蓄电池的极板处于干燥的已充电状态，电池内部无电解液。在规定的保存期内，如需使用，只需按规定加入电解液，静置20～30min即可使用，使用中需要定期维护。

（3）湿荷电蓄电池

电解质为液态状的蓄电池称为湿荷电蓄电池。湿荷电蓄电池分为带单格电池塞的可维护蓄电池和不带单格电池塞的不可维护蓄电池两种。优点：性价比高；应用广泛（型号多样）；可安装在发动机舱内。缺点：检修时必须通过电眼检查电解液的液位；电解液有泄漏危险。

（4）免维护蓄电池

其含义是在合理的使用期限内无须添加蒸馏水，只要电池装好就行了，如市内短途车可行驶8万km，长途货车可行驶40万～48万km而不需进行维护，可用3.5～4年而不必添加蒸馏水；极柱腐蚀较轻或没有腐蚀；自行放电少，在车上或储存时不必进行补充充电。总之，在其使用过程中不需要做任何维护或只需较少的维护工作，即能保证蓄电池的技术状况良好和一定的使用寿命，是一种先进的新型汽车电源。

（5）阀控式铅蓄电池（Valve Regulated Lead Acid battery，VRLA）

VRLA蓄电池盖子上设有单向排气阀（也叫安全阀），如图2所示。该阀的作用是当电池内部气体量超过一定值（通常用气压值表示），即当电池内部气压升高到一定值时，排气阀打开，排出气体。阀控式铅蓄电池分为GEL（胶体）和AGM蓄电池两种。VRLA蓄电池优点：无须检查和补充电解液，因此蓄电池不必维护；缺点：过度充电的情况下产生的多余气体通过作为安全阀的排气阀排出，液量不能重新更新，有可能持续损坏蓄电池，因此在充电时必须使用充电电压极限为14.4 V的蓄电池充电器。

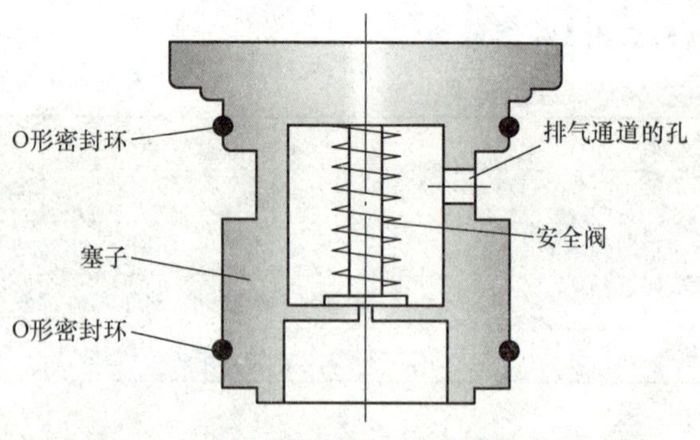

图2　蓄电池盖安全阀

① GEL（胶体）蓄电池。胶体蓄电池的硫酸中加入硅酸将电解液凝固成凝胶状物质。根据胶体蓄电池的排气原理，胶体蓄电池属于VRLA蓄电池。电解液中的磷酸提高了循环稳定性（充电和放电次数），有利于深度放电后的再次充电。蓄电池用一个蓄电池盖进行封盖。无法拧出的单体电池密封塞和排气通道集成在蓄电池盖中。胶体蓄电池未配备电眼。优点：液体不会溢出；高循环稳定性（充电和放电次数）；免维护；产生的气体较少。缺点：较差的冷起动性能；价格较高；利用率低；耐高温性差，因此不适用于安装在发动机舱。

② AGM蓄电池（吸附性玻璃纤维隔板电池）。电解质吸附于超细玻璃纤维上的蓄电池称为AGM（Absorbed Glass Mat）蓄电池。隔板材料为超细网状玻璃纤维。这种纤维可以很好地渗透和吸附硫酸，具有隔板的功能。电解液可完全被这种纤维吸附。这样，AGM电池具有了很好的密封性。当蓄电池外壳损坏，虽然也有极少量电解液溢出的可能，但最多只有几毫升。蓄电池用一个蓄电池盖进行封盖。单体电池密封塞和排气通道集成在蓄电池盖内。AGM蓄电池未装配电眼。根据其排气原理，AGM蓄电池属于VRLA蓄电池。在有特殊要求的情况下，如循环稳定性、冷起动或防溢出等要求，普通汽车才会采用AGM蓄电池。优点：高循环稳定性（充电和放电次数）；液体不会溢出；免维护；产生的气体较少；较好的冷起动性能。缺点：价格较高；市场上种类较少；耐高温性差。因此不适用于安装在发动机舱。

3. 蓄电池标识

蓄电池上标识的内容很多，主要内容有品牌、型号、蓄电池参数、蓄电池使用说明等。

（1）蓄电池型号标识

如图3所示，“6－QA－70A”为我国使用的蓄电池型号，其具体含义如下：

6——蓄电池的单格电池数为6，额定电压为12V；

Q——蓄电池的类型，起动型铅蓄电池；

A——蓄电池的特征，干荷电式蓄电池；

70——额定容量70A·h；

A——第一次改进。

图3　蓄电池型号

（2）蓄电池使用说明标识

蓄电池使用说明的符号如图 4 所示，含义如下：

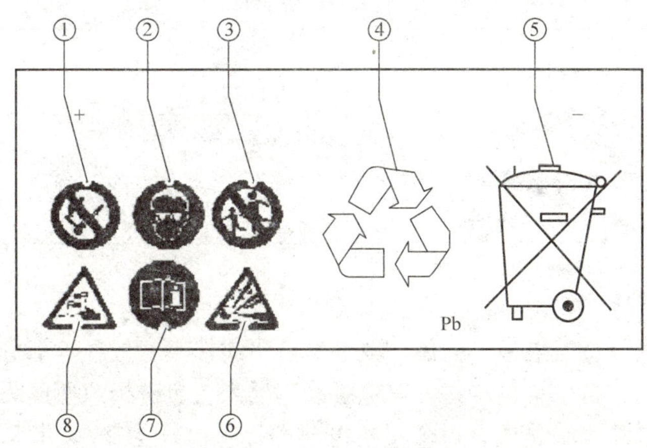

图 4 蓄电池使用说明符号

① 在处理蓄电池时严禁明火、火花、强光和吸烟。避免在处理电缆和电器设备时产生的电火花以及因静电而产生的放电。避免短路，因此不允许把工具放在蓄电池上。

② 在进行蓄电池方面的工作时必须戴上护目镜。

③ 必须使儿童远离电解液和蓄电池。

④ 回收处理：旧蓄电池是特殊垃圾，只能在考虑到法规允许条件的情况下在合适的收集地点处理。

⑤ 旧蓄电池不能当作生活垃圾来处理。

⑥ 处理蓄电池时有爆炸危险。蓄电池充电时，会产生具有强烈爆炸性的氢氧混合气体。

⑦ 遵守电气装置维修手册和使用说明书中有关蓄电池的说明。

⑧ 腐蚀危险：蓄电池电解液腐蚀性很强，在进行蓄电池方面的工作时应戴上防护手套和护目镜。蓄电池不允许翻转，否则电解液会从排气孔流出。

（3）蓄电池参数标识

如图 5 所示，主要包括蓄电池额定电压、额定容量、低温测试电流等参数。

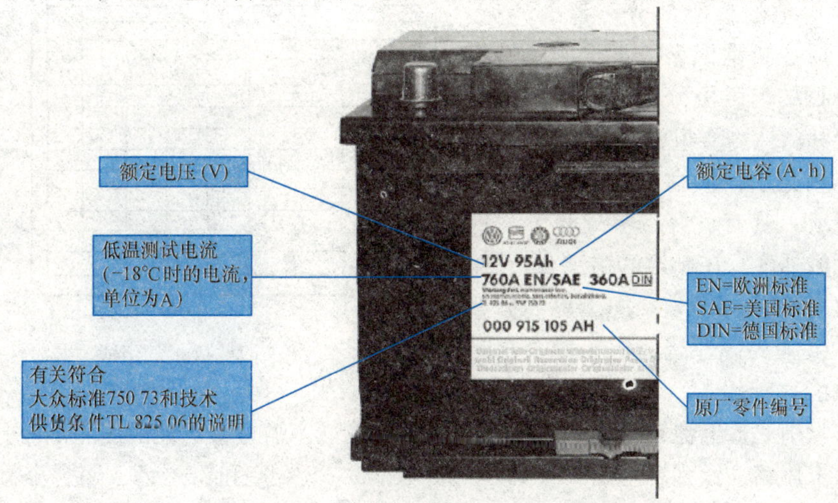

图 5 蓄电池参数标识

5.1.3.2 信息页

5.1.3.2 信息页

学校名称		任课教师	
班级		学生姓名	
学习领域	L5 发动机电气系统诊断维修		
学习情境	LS5.1：蓄电池不断放电，对车辆进行静态电流检查	学习时间	50min
工作任务	B：蓄电池的构造与容量	学习地点	理实一体化教室

1. 蓄电池的构造

铅蓄电池主要由极板、隔板、壳体、电解液、铅连接条、极柱等部分组成。壳体一般分隔为三个或六个单格，每个单格均盛装有电解液，插入正负极板组便成为单格电池。蓄电池由三个或六个单格电池串联而成，每个单格电池的标称电压为2V，串联成6V或12V以供汽车选用。蓄电池的结构如图6所示。

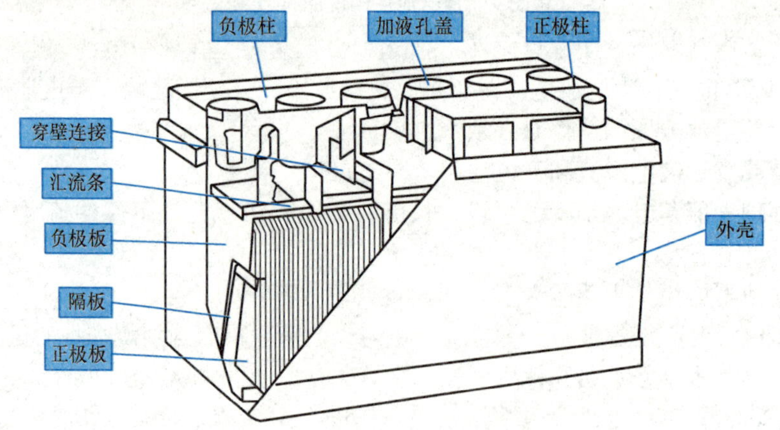

图6 蓄电池结构

（1）极板

极板是蓄电池的核心部分，蓄电池充、放电的化学反应主要是依靠极板上的活性物质与电解液进行的。极板分为正极板和负极板，均由栅架和活性物质组成，如图7所示。

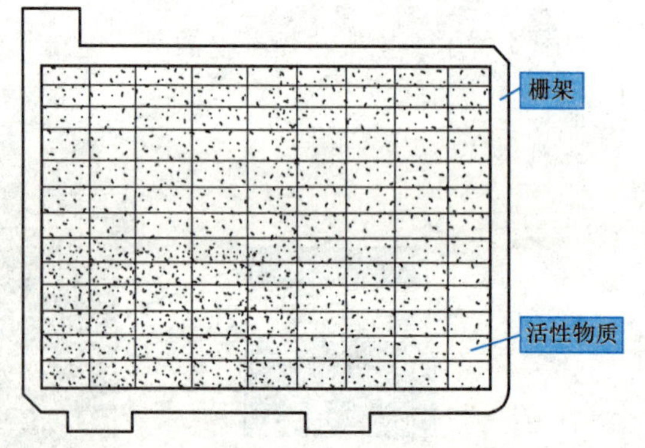

图7 极板的组成

栅架的作用是固结活性物质。栅架一般由铅锑合金铸成，具有良好的导电性、耐蚀性和一定的机械强度。在栅架的铅锑合金中，锑的质量分数为6%～8.5%，用以提高栅架的机械强度并改善浇铸性能。但铅锑合金耐电化学腐蚀性能比纯铅差，锑易从正极板栅架中解析出来，引起蓄电池自行放电和栅架的膨胀、溃烂，缩短蓄电池的使用寿命。在免维护蓄电池中已采用铅－低锑合金栅架（锑质量分数2%～3%）和铅－钙－锡合金栅架（无锑栅架）。

正极板上的活性物质是二氧化铅（PbO_2），呈深棕色；负极板上的活性物质是海绵状的纯铅（Pb），呈青灰色。将活性物质调成糊状填充在栅架的空隙里并进行干燥即形成极板。国产正极板的厚度为 2.2mm，负极板为 1.8mm。国外大多采用薄型极板，厚度为 1.1 ~ 1.5mm。薄型极板可以提高蓄电池的体积比能量、重量比能量，改善蓄电池的起动性能。

将正、负极板各一片浸入电解液中，可获得 2V 左右的电动势。为了增大蓄电池的容量，常将多片正、负极板分别并联，组成正、负极板组，如图 8 所示。在每个单格电池中，正极板的片数要比负极板少一片，这样每片正极板都处于两片负极板之间，可以使正极板两侧放电均匀，避免因放电不均匀造成极板拱曲。

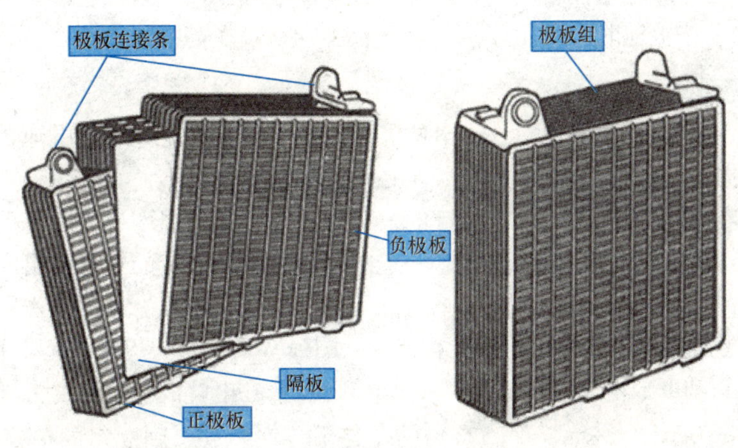

图 8　极板组结构

（2）隔板

隔板插放在正、负极板之间，以防止正、负极板互相接触造成短路。隔板应耐酸并具有多孔性，以利于电解液的渗透。常用的隔板材料有木质、微孔橡胶、微孔塑料、玻璃纤维等，隔板厚度小于 1mm。

木质隔板耐酸性较差，已很少采用。微孔橡胶隔板性能好，寿命长，但生产工艺复杂，成本较高，故尚未推广使用。微孔塑料隔板孔径小、孔率高、成本低，因此被广泛采用。

隔板安装时，带槽的一面应面向正极板，且沟槽必须与外壳底部垂直。这是由于正极板在充、放电过程中，化学反应剧烈，沟槽既能使电解液上下流通，也能使气泡沿槽上升，还能使脱落的活性物质沿槽下沉。

近年来，出现了袋式的微孔塑料隔板，它将正极板紧紧套在里面，起到了良好的分隔作用，既减小了蓄电池尺寸，又增大了极板面积，使蓄电池容量增大。

（3）电解液

电解液在蓄电池的化学反应中，起到离子间导电的作用，并参与蓄电池的化学反应。电解液由密度为 1.84g/cm^3 的纯硫酸（H_2SO_4）与蒸馏水按一定比例配制而成，其相对密度随使用地区温度的不同而进行选配。在 20℃标准温度下，其密度一般为 1.24 ~ 1.30g/cm^3。配制电解液必须使用耐酸的器皿，切记只能将硫酸慢慢地倒入蒸馏水中并不断搅拌。

电解液的密度对蓄电池的工作有重要影响，密度大，可减少结冰的危险并提高蓄电池的容量；但密度过大，则黏度增加，反而会降低蓄电池的容量，缩短使用寿命。

（4）壳体

壳体用于盛放电解液和极板组，应该耐酸、耐热、耐震。壳体多采用硬橡胶或聚丙烯塑料制成，为整体式结构，底部有凸起的肋条以搁置极板组。壳内由间壁分成三个或六个互不相通的单格，各单格之间用铅质连接条串联起来。壳体上部使用相同材料的电池盖密封，电池盖上设有对应于每个单格电池的加液孔，用于添加电解液和蒸馏水，以及测量电解液密度、温度和液面高度。加液孔盖上的通风孔可使蓄电池化学反应中产生的气体顺利排出。

（5）铅连接条

铅连接条用于连接蓄电池各单格。传统的连接条安装在蓄电池外壳之外，不仅浪费材料、容易损坏，还导致蓄电池自放电，因此这种连接方式正被穿壁式连接条所取代。采用穿壁式连接条连接单格电池时，所用连接条尺寸很小，并设在蓄电池内部。

2. 蓄电池容量

蓄电池的容量标志着蓄电池对外供电的能力。一个完全充足电的蓄电池，在允许的放电范围内所输出的电量称为蓄电池的容量。

蓄电池的容量与极板构造、放电电流的大小以及电解液的温度、密度有关，蓄电池出厂时规定的额定容量是在一定的放电电流、一定的终止电压和一定的电解液温度下测得的。

（1）额定容量

额定容量是检验蓄电池质量的重要指标之一。国标 GB5008.1—1991《起动用铅酸蓄电池技术条件》规定：以20h 放电率的放电电流（即 $0.05C_{20}$）在电解液初始温度为（25 ±5)℃，相对密度为（1.28 ±0.01）g/cm^3/（25℃）的条件下，连续放电到规定的单格电池终止电压1.75V，蓄电池所输出的电量，称为蓄电池的额定容量，记为 C_{20}，单位为 A · h。

例如：3－QA－90 型蓄电池在电解液初始温度为（25 ±5)℃时，以4.5A（$0.05C_{20} = 0.05 \times 90 = 4.5$A）的电流连续放电至单格电池平均电压降到1.75V 时，若放电时间大于等于20h，则其容量 $C_{20} = I_f \cdot t_f \geqslant 90$A · h，达到了额定容量，为合格产品；若放电时间小于20h，则其容量低于额定容量，为不合格产品。

（2）储备容量

国标 GB/T 5008.1—2013《起动用铅酸蓄电池　第1部分：技术条件和试验方法》规定，蓄电池在（25 ±2)℃的条件下，以25A 恒流放电至单格电池平均电压降到1.75V 时的放电时间，称为蓄电池的储备容量。单位为 min。

储备容量表达了在汽车充电系统失效时，蓄电池能为照明和点火系统等用电设备提供25A 恒流的能力。

（3）起动容量

起动容量表征了蓄电池在发动机起动时的供电能力，用倍率和持续时间表示，是检验蓄电池质量的重要指标之一。起动容量受温度影响很大，故又分为低温起动容量和常温起动容量两种。

① 低温起动容量。低温起动容量为电解液初始温度在－18℃时，以5min 放电率的放电电流（3 倍额定容量的电流）持续放电至单格电池电压下降至1V 时所放出的电量。持续时间应在2.5min 以上。

② 常温起动容量。常温起动容量为电解液初始温度在25℃时，以5min 放电率的放电电

流（3 倍额定容量的电流）持续放电至单格电池电压下降至 1.5V 时所放出的电量。持续时间应在 5min 以上。

5.1.3.3 信息页

5.1.3.3 信息页

学校名称		任课教师	
班级		学生姓名	
学习领域	L5 发动机电气系统诊断维修		
学习情境	LS5.1：蓄电池不断放电，对车辆进行静态电流检查	学习时间	50min
工作任务	C：蓄电池的工作原理	学习地点	理实一体化教室

蓄电池的工作过程就是化学能与电能的转换过程。放电时将化学能转换为电能供用电设备使用；充电时将电能转换为化学能存储起来。在充电状态下，蓄电池的正极是二氧化铅（PbO_2），负极是海绵状铅（Pb）。电解液是硫酸（H_2SO_4）的水溶液。完全放电后，两个极板上都变为硫酸铅（$PbSO_4$）。蓄电池在充放电过程中的化学反应是可逆的。

1. 电动势的建立

当极板浸入电解液时，由于少量的活性物质溶解于电解液，产生了电极电位，并且由于正负极板电极电位的不同而形成了蓄电池的电动势。

正极板上的 PbO_2 少量溶于电解液，与水作用生成 $Pb(OH)_4$，再分离为四价铅离子和氢氧根离子，即

$$PbO_2 + 2H_2O \rightarrow Pb(OH)_4$$

$$Pb(OH)_4 \rightarrow Pb^{4+} + 4OH^-$$

四价的铅离子 Pb^{4+} 附着在正极板上，使极板呈正电位，同时由于正、负电荷的吸引，极板上的 Pb^{4+} 有与溶液中 OH^- 结合生成 $Pb(OH)_4$ 的倾向，当两者达到动态平衡时，正极板电位相对于电解液为 2.0V。

负极板上的铅溶于电解液中，失去电子生成 Pb^{2+}，电子留在负极板上，Pb^{2+} 溶于电解液中，从而使负极板与电解液之间建立起电极电位。同时由于正、负电荷的吸引，Pb^{2+} 有沉附于极板表面的倾向。当两者达到动态平衡时，负极板相对于电解液约为 −0.1V。

反应式如下：

$$Pb \rightarrow Pb^{2+} + 2e$$

$$Pb^{2+} + SO_4^{2-} \rightarrow PbSO_4$$

正、负极板之间的电位差 $E_0 \approx 2.0 - (-0.1) = 2.1V$。

这就是蓄电池的静止电动势，实际测量的结果是 $E_0 = 2.044V$。

2. 放电过程

将蓄电池的化学能转化成电能的过程称为放电过程。

当放电尚未开始时，正极板上的活性物质是二氧化铅，负极板上的活性物质是纯铅，电解液是硫酸溶液。由于正、负两极不同物质与电解液发生化学反应，使正极板具有正电位，约为 2.0V；负极板具有负电位，约为 −0.1V。正、负极间形成约为 2.1V 的电动势。

当放电电路接通时，在电动势的作用下，电流从正极经过负载流向负极（即电子从负

极到正极），使正极电位降低，负极电位升高，破坏了原有的平衡。铅蓄电池放电时的化学反应过程如图 9 所示。在放电过程中，正、负极板上的活性物质不断与电解液发生化学反应，因此二氧化铅和纯铅逐渐转变成硫酸铅，内阻增大，正极电位逐渐降低，负极电位逐渐升高，使正负极间的电位差逐渐降低，电解液中硫酸成分逐渐减少、水成分逐渐增多，密度逐渐减小。

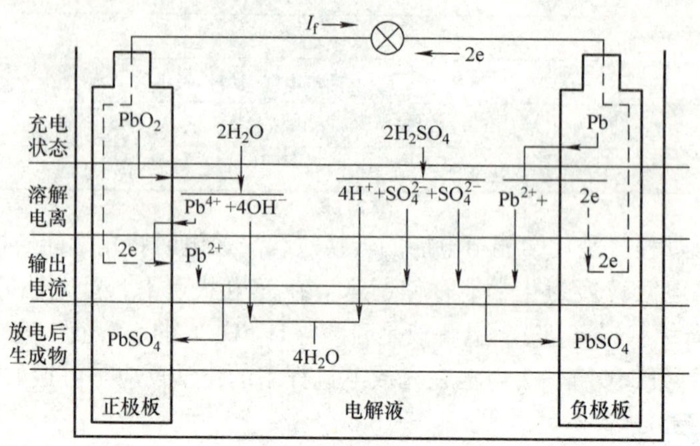

图 9 蓄电池的放电过程

在正极板处，Pb^{4+} 和电子结合，变成二价铅离子 Pb^{2+}，Pb^{2+} 与电解液中的 $SO_4{}^{2-}$ 结合生成的 $PbSO_4$ 沉附于极板上：

$$Pb^{4+}+2e \rightarrow Pb^{2+}$$

$$Pb^{2+}+SO_4{}^{2-} \rightarrow PbSO_4$$

所以

$$PbO_2+Pb+2H_2SO_4=2PbSO_4+2H_2O$$

在负极板处，Pb^{2+} 与电解液中的 $SO_4{}^{2-}$ 结合也生成 $PbSO_4$ 沉附在负极板上，而极板上的金属铅继续溶解，生成 Pb^{2+} 和电子。如果电路不中断，上述化学反应将继续进行，使正极板上的 PbO_2 和负极板上的 Pb 都逐渐转变为 $PbSO_4$，电解液中的 H_2SO_4 逐渐减少而水成分逐渐增多，故电解液密度下降。

在负极板处，

$$Pb^{2+}+SO_4{}^{2-} \rightarrow PbSO_4$$

理论上，放电过程可以进行到极板上的活性物质全部变为硫酸铅为止，而实际上是不可能的。因为电解液不能渗透到活性物质的最内层。即使是完全放电的蓄电池，也只有20%～30%的活性物质转变成了硫酸铅，因此采用薄型极板、增加多孔性、提高极板活性物质的利用率可提高蓄电池的容量，这也是蓄电池工业的发展方向。

3. 充电过程

将电能转换成蓄电池化学能的过程称为充电过程。充电电源必须是直流电源，蓄电池正极接电源正极，蓄电池负极接电源负极，当电源电压高于蓄电池电动势时，在直流电源电压作用下，电流从蓄电池正极流入，负极流出（即驱使电子从正极经外电路流入负极）。这时正负极板发生的反应正好与放电过程相反，其化学反应过程如图 10 所示。

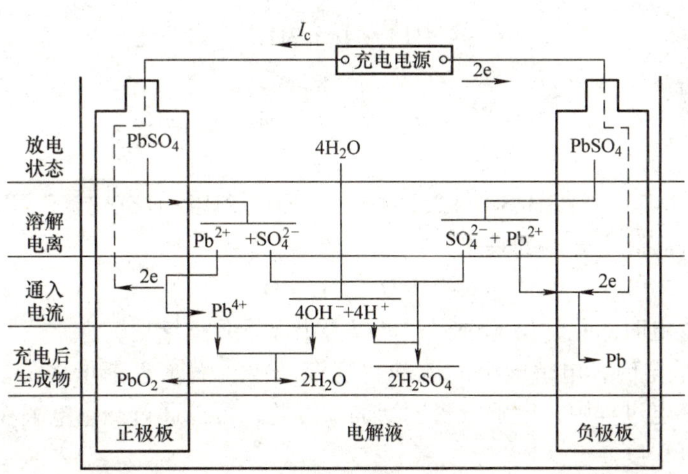

图 10 蓄电池的充电过程

充电时由于电流的作用，正极板处的硫酸铅与水作用生成二氧化铅（PbO_2）和硫酸（H_2SO_4），二氧化铅沉积在正极板上；负极板上的硫酸铅在充电电流的作用下，铅离子获得电子还原成铅，以固态析出沉附在负极板上；此时，电解液中的氢离子移向负极板，与从负极板上脱离下来的硫酸根离子结合成硫酸。

在负极板上有少量$PbSO_4$进入电解液，离解为Pb^{2+}和$SO_4{}^{2-}$，Pb^{2+}在电源的作用下获得两个电子变为金属Pb，沉附在极板上，而$SO_4{}^{2-}$则与电解液中H^+结合生成H_2SO_4，即

$$PbSO_4 \rightarrow Pb^{2+} + SO_4{}^{2-}$$

$$Pb^{2+} + 2e \rightarrow Pb$$

$$SO_4{}^{2-} + H^+ \rightarrow H_2SO_4$$

正极板处，也有少量$PbSO_4$进入电解液，离解为Pb^{2+}和$SO_4{}^{2-}$，Pb^{2+}在电源力的作用下失去两个电子变为Pb^{4+}，它又和电解液中的水离解出来的OH^-结合，生成$Pb(OH)_4$；$Pb(OH)_4$分解为PbO_2和H_2O，而H^+则又与电解液中$SO_4{}^{2-}$结合生成H_2SO_4，即

$$PbSO_4 \rightarrow Pb^{2+} + SO_4{}^{2-}$$

$$Pb^{2+} - 2e \rightarrow Pb^{4+}$$

$$Pb^{4+} + OH^- \rightarrow Pb\ (OH)_4$$

$$Pb\ (OH)_4 \rightarrow PbO_2 + H_2O$$

$$SO_4{}^{2-} + H^+ \rightarrow H_2SO_4$$

所以有

$$PbSO_4 + 2H_2O = PbO_2 + Pb + 2H_2SO_4$$

电解液中硫酸成分逐渐增多，水分逐渐减少，电解液密度逐渐增大。随着化学反应不断进行，充电将一直进行到活性物质完全恢复到放电前的状态为止。

在充电终期，电解液密度将上升到最大值，并且会引起水的分解。水分解的化学反应式如下：

$$2H_2SO_4 = 2SO_4{}^{2-} + 4H^+$$

负极上：

$$4H^+ + 4e = 2H_2$$

正极上：

$$2SO_4^{2-} - 4e + 2H_2O = 2H_2SO_4 + O_2$$

总反应式为

$$2H_2SO_4 + 2H_2O = 2H_2SO_4 + 2H_2 + O_2$$

由上式可见，实际上分解的是水：

$$2H_2O = 2H_2 + O_2$$

从蓄电池充放电时的化学反应过程，可以得出以下几点结论：

① 蓄电池在放电时，电解液中的硫酸将逐渐减少，而水逐渐增多，电解液密度下降；相反，蓄电池在充电过程中，电解液密度增加。因此，可以通过测量电解液密度的方法来判断蓄电池的充放电程度。

② 蓄电池在充放电过程中，电解液密度发生变化，正极板的活性物质发生化学反应，因此要求正极板处的电解液流动性要好。在装配蓄电池时，要将隔板有沟槽的一面对着正极板，以便于电解液的流通。

③ 蓄电池放电终了时，极板上尚余有70%～80%的活性物质没有起作用。因此，为了减轻铅蓄电池的质量，提高供电能力，应该充分提高极板活性物质的利用率，在结构上提高极板的多孔性，减小极板厚度。

5.1.3.4 信息页

5.1.3.4 信息页

学校名称		任课教师	
班级		学生姓名	
学习领域	L5 发动机电气系统诊断维修		
学习情境	LS5.1：蓄电池不断放电，对车辆进行静态电流检查	学习时间	50min
工作任务	D：蓄电池的工作特性	学习地点	理实一体化教室

要使蓄电池得到合理使用，就必须掌握它的工作特性，蓄电池的工作特性主要包括蓄电池的电动势、内电阻以及充、放电特性。

1. 静止电动势

在蓄电池内部工作物质的运动处于暂时的平衡状态时，蓄电池的电动势称为静止电动势。静止电动势的大小取决于电解液的密度和温度，在电解液密度为1.050～1.300g/cm³的范围内，蓄电池的静止电动势可用下面的经验公式计算

$$E_0 = 0.84 + \rho_{25℃}$$

式中，E_0为蓄电池的静止电动势，单位为V；$\rho_{25℃}$为25℃时电解液的密度。

如果测量电解液密度时的电解液温度不是标准温度25℃，则需要进行换算，公式为

$$\rho_{25℃} = \rho_t + \beta(t - 25)$$

式中，ρ_t为实测的电解液密度；t为测量时电解液温度，单位为℃；β为密度温度系数，取$\beta = 0.00075$。

汽车用蓄电池的电解液相对密度一般在1.12～1.30g/cm³之间，因此蓄电池的静止电动势也相应地在1.96～2.14V之间变化。

2. 内电阻

蓄电池的内电阻大小反映了蓄电池负载的能力。在相同的条件下，内电阻越小，输出电流越大，带负载能力越强。蓄电池的内电阻包括以下几个部分：

① 极板电阻一般很小，并且随极板上的活性物质的变化而变化。充电后电阻变小，放电后电阻变大，特别是在放电终了，由于有效活性物质转变为硫酸铅，则电阻大大增加。

② 隔板电阻因所用的材料而异。木质隔板比微孔橡胶隔板和微孔塑料隔板的电阻大。另外，隔板越薄，电阻越小。

③ 电解液内电阻与电解液的温度和密度有关，温度降低时会由于电解液的黏度增大，渗透能力下降而引起电阻增加。而电解液的密度过高或过低都会导致电阻增大。图 11 所示为电解液内电阻随相对密度变化的关系曲线。相对密度为 1.2g/cm³ 时（15℃），硫酸的离解度最好，黏度较小，内电阻也最小。

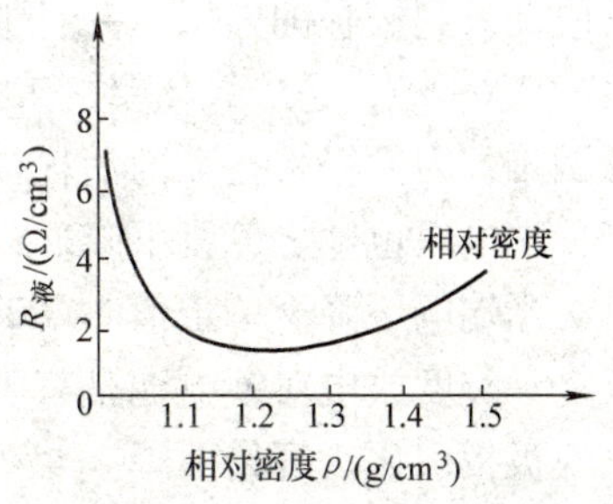

图 11 电解液内电阻随相对密度变化的关系曲线

④ 连接条和极柱电阻与单格电池的连接形式有关。传统外露式铅连接条电阻比内部穿壁式、跨越式连接的电阻要大。但一般都将连接条内阻视为定值。

总之，起动型铅蓄电池的内电阻是很小的。单格电池的内电阻约为 0.011Ω，在小负荷工作时对蓄电池的电力输出影响很小，但在大电流放电时（如起动发动机时），如内阻过大，则会引起端电压大幅度下降而影响起动性能。

3. 放电特性

蓄电池的放电特性是指在恒流放电过程中，蓄电池的端电压 U_f 和电解液相对密度 $\rho_{25℃}$ 等参数随放电时间 t_f 变化的规律。完全充足电的蓄电池以 20h 放电率恒流放电的特性曲线如图 12 所示。

因为放电过程中电流是恒定的，单位时间内所消耗的硫酸量相同，所以，电解液的相对密度沿直线下降。相对密度数值每减小 0.030 ~ 0.038g/cm³，则蓄电池约放电 25%。

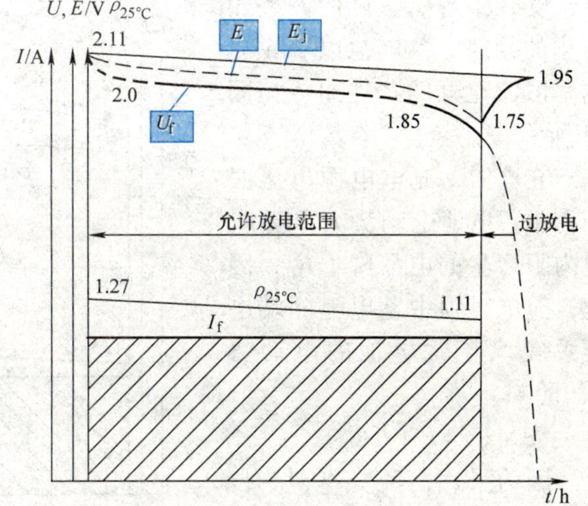

图 12 蓄电池恒流放电特性曲线

放电过程中，因为蓄电池内阻 R_0 上有压降，所以，蓄电池的端电压总是小于其电动势 E，即

$$U_f = E - I_f R_0$$

式中，U_f 为放电时蓄电池的端电压；E 为放电时蓄电池的电动势；I_f 为放电电流；R_0 为蓄电池的内阻。

随着放电程度的增加，电解液相对密度将不断下降，电动势 E 也下降，同时内阻 R_0 增加，故端电压 U_f 将逐渐下降。放电时由于孔隙内的电解液密度小于外部电解液密度，放电的电动势 E 总是小于静止电动势 E_0。

在开始放电阶段，其端电压从2.1V迅速下降，这是由于极板孔隙中的硫酸迅速消耗，电解液密度迅速下降，浓差极化增大的缘故。这时容器中的电解液便向极板孔隙内渗透，当渗入的新电解液完全补偿了因放电时化学反应而消耗的硫酸量时，端电压将随着整个容器内电解液相对密度的降低而缓慢地下降到1.85V。接着电压又迅速下降至1.75V，此时应停止放电，并称此电压为单格电池的终止电压。放电接近终了时，电化学极化、浓差极化、欧姆极化显著增大，端电压迅速下降。如继续放电，电压将急剧下降。这时放电接近终了，化学反应深入到极板的内层，并且放电时生成的硫酸铅较原来活性物质的体积更大（是海绵状铅的2.68倍，是二氧化铅的1.86倍），硫酸铅聚积在极板孔隙内，使孔隙变小，电解液渗透困难，因而极板孔隙内消耗掉的硫酸难以得到补充，造成孔隙内的电解液相对密度迅速下降，端电压也随之急剧下降。

当端电压降至一定值时（20h放电率单格电压降至1.75V），如果再继续放电即为过度放电。过度放电对蓄电池是有害的，因为极板空隙中生成的粗结晶硫酸铅充电时不易还原，致使极板硫化，容量下降。

停止放电后，由于极板孔隙中的电解液和容器中的电解液相互渗透，电解液密度趋于一致，蓄电池的单格电压将有所回升。

蓄电池放电终了的特征是：

① 电解液相对密度下降到最小许可值（约为1.11g/cm^3）。

② 单格电池的端电压降至放电终止电压，以20h放电率放电，单格电压降至1.75V。

单格电池允许的放电终止电压与放电电流强度有关，放电电流越大，则放完电的时间越短，而允许的放电终止电压越低。

4. 充电特性

蓄电池充电特性是指在恒流充电过程中，蓄电池的充电电压 U_c、电动势 E 和电解液相对密度 $\rho_{25℃}$ 等参数随时间 t_c 而变化的规律。蓄电池以20h充电率恒流充电的特性曲线如图13所示。

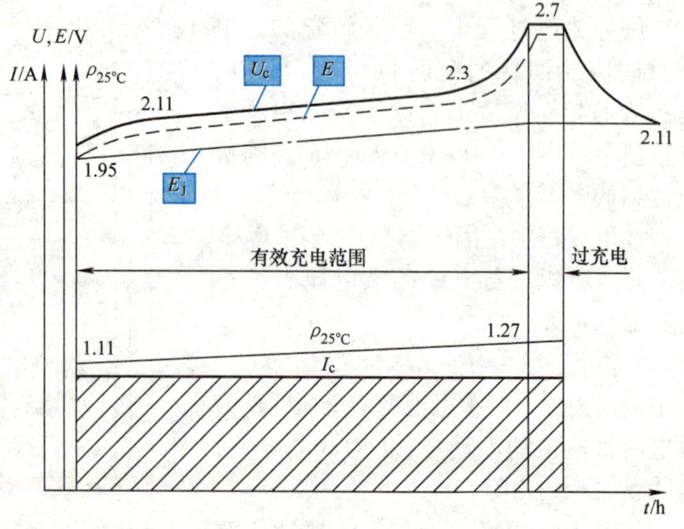

图13 蓄电池恒流充电特性曲线

充电时，充电电源电压必须克服蓄电池电动势 E 和蓄电池内阻产生的电压降 I_cR_0，因此，充电过程中蓄电池的端电压总是大于蓄电池的电动势 E，即

$$U_c = E + I_cR_0$$

因为采用恒流充电，单位时间内所生成的硫酸量相等，所以电解液相对密度随着时间呈直线上升，静止电动势 E_0 也

随着相对密度的不断上升而增加。

在充电开始后蓄电池的端电压 U_c便迅速上升，这是由于充电时活性物质和电解液的作用首先是在极板的孔隙中进行的，孔隙内迅速生成硫酸，生成的硫酸使孔隙内的电解液相对密度迅速增大，浓差极化增大，端电压迅速上升。以后随着生成的硫酸量增多，硫酸将开始不断地向孔隙外扩散，当继续充电到硫酸生成的速度与扩散速度达到平衡时，端电压随整个容器内电解液密度的变化而缓慢上升。

当充电接近终了时，单格蓄电池端电压将达到2.3~2.4V，这时极板上的活性物质已基本转变为二氧化铅（PbO_2）和海绵状铅（Pb），如果再继续充电，电解液中的水将开始分解而产生氢气和氧气，并以气泡形式剧烈放出，形成所谓的“沸腾”状态。由于氢离子在极板上与电子的结合不是瞬间完成而是缓慢进行的，于是靠近负极板处会积存较多的正离子H^+，使极板相对电解液产生了附加电位差（也称氢过电位，约0.33V），导致单格电池的充电电压急剧升至2.7V左右。

从理论上讲，当单格电池电压升至2.7V时，应切断电路停止充电，否则，将造成蓄电池的过充电。过充电时，水的分解会剧烈地放出气泡，在极板空隙内部造成压力，加速活性物质的脱落，使极板过早损坏。因此，应尽量避免长时间的过充电。但在实际充电中，为了保证将蓄电池充足，往往在达到最高电压后仍继续充电2~3h，以保证蓄电池完全充电。

在整个充电过程中，极板孔隙内的电解液相对密度比容器中的电解液相对密度稍大一些。因此，蓄电池的电动势 E 总是高于静止电动势 E_0。充电停止后，充电电流为0，端电压 U_c迅速下降，极板孔隙内电解液和容器中的电解液密度趋向一致，因而单格蓄电池的端电压又降至2.1V左右。

蓄电池充电终了的特征包括：

① 端电压和电解液相对密度均上升至最大值，且2~3h内不再增加。

② 蓄电池电解液中剧烈冒气泡，呈沸腾现象。

专家组合作制作海报

教师活动 教师要求学生形成专家组，小组合作设计简单的海报。

学生活动 学生进行小组讨论，合作制作海报。(30min)

专家组展示讲述海报

学生活动 学生每个小组展示讲述本组学习成果，其他组学生认真倾听，提出疑问、建议。(30min)

教师活动 教师在学生讲解海报时及时给出评价和反馈。

拼图学习完成其他工作页

教师活动 教师要求学生先独立完成其他三个工作页的学习，并进行指导和答疑，然后小组讨论并展示结果。

学生活动 学生先是独立完成其他三个工作页的学习，然后和伙伴讨论形成本组意见，进行工作页的展示。(60min)

完成 5.1.3.1 理论测试

教师活动 教师要求学生独立完成理论测试 5.1.3.1，不允许查阅任何资料。

学生活动 学生安静独立地在系统上完成 5.1.3.1 理论测试并提交，不能查阅任何资料。(20min)

5.1.3.1 理论测试

5.1.3.1 理论测试

学校名称		任课教师	
班级		学生姓名	
学习领域	L5 发动机电气系统诊断维修		
学习情境	LS5.1：蓄电池不断放电，对车辆进行静态电流检查		
理论学习内容	3.1 汽车蓄电池构造与原理	学习时间	20min

一、填空题（每空 1 分，共 34 分）

1. 汽车电源包含________和________，它们是（并联、串联）向汽车电用设备供电的。

2. 铅蓄电池主要由________、________、________、________、铅连接条、极柱等部分组成。蓄电池由________个或________个单格电池串联而成，每个单格电池的标称电压为________V，串联成 6V 或 12V 以供汽车选用。

3. 极板分为________和________，均由栅架和组成，正极板上的活性物质是________，呈深棕色；负极板上的活性物质是海绵状的________，呈青灰色。栅架的作用是________。

4. 蓄电池的容量与________、________、________和________有关。测试 6－Q－60 型蓄电池的额定容量时，若充满电的蓄电池在电解液初始温度为 (25±5)℃，应以 A 的电流连续放电至单格电池平均电压降到 1.75V，若放电时间为 18h，则其实际额定容量 C_{20} = ________，单位是________，此蓄电池是否为合格产品。

5. 蓄电池的工作过程就是________与________的转换过程。放电时将________转换为电能供用电设备使用；充电时将________转换为化学能存储起来。在充电状态下，蓄电池的正极是________，负极是海绵状________。电解液是________的水溶液。完全放电后，两个极板上都变为________。

6. 放电时，电解液中的硫酸将逐渐________，而水将逐渐________，电解液相对密度________；充电时，电解液中的硫酸将逐渐________，而水将逐渐________，电解液相对密度________。

二、单选题（每题 2 分，共 16 分）

1. 铅蓄电池单格静止电动势取决于电池（　　）。

A. 极板面积　B. 单格电池极板片数　C. 电解液相对密度　D. 极板形状

2. 铅蓄电池额定容量与（　　）有关。

A. 单格数　B. 电解液数量　C. 单格内极板片数　D. 蓄电池大小

3. 提高蓄电池极板表面活性物质的多孔率是为了（　　）。

A. 增加蓄电池电压　　B. 增大蓄电池容量

C. 提高蓄电池电流　　D. 延长蓄电池寿命

4. 配置蓄电池电解液的正确方法是（　　）。

A. 将一定量的蒸馏水倒入一定比例的硫酸中

B. 将一定量的硫酸倒入一定比例的蒸馏水中

C. 应在铁制容器中配置

D. 配置时，有电解液溅到皮肤上应立即用水冲洗

5. 有一蓄电池型号为6－QA－75，其中A表示（　　）。

A. 干荷电蓄电池　　B. 薄型极板　　C. 低温起动性好　　D. 起动型蓄电池

6. 铅蓄电池放电时，正负极板上生成的物质是（　　）。

A. Pb　　B. PbO_2　　C. PbS　　D. $PbSO_4$

7. 属于阀控式蓄电池的是（　　）。

A. 干荷电式蓄电池　　B. 湿荷电式蓄电池　　C. 免维护蓄电池　　D. 胶体蓄电池

8. 下列（　　）不是蓄电池亏电的原因。

A. 极板硫化　　B. 活性物质脱落　　C. 行驶中开启远光灯　　D. 寄生放电

三、判断题（每题2分，共12分）

1. 配制电解液时，应将蒸馏水徐徐注入硫酸中。（　　）

2. 因为正极板处反应剧烈，所以通常单格电池内正极板比负极板多一片。（　　）

3. 若极板上产生硫酸铅，就说明极板有硫化故障。（　　）

4. 蓄电池放电时电解液密度减小。（　　）

5. 汽车蓄电池放电时，单格电池的终止电压不能低于1.75V。（　　）

6. 通过蓄电池电解液的密度可以判断蓄电池的放电量。（　　）

教学方法：学习站法

3.2 蓄电池的使用

工作站学习完成工作页

教师活动 教师提供实验车型的维修手册等资料和工作站，提供5.1.3.5～5.1.3.8信息页，要求学生完成5.1.3.5～5.1.3.8工作页和实际操作，教师对各工作站进行巡视和指导。

学生活动 学生根据教师要求，查阅5.1.3.5～5.1.3.8信息页，完成工作站的学习内容和实操内容。(30min)

5.1.3.5 信息页

5.1.3.5 信息页

学校名称		任课教师	
班级		学生姓名	
学习领域	L5 发动机电气系统诊断维修		
学习情境	LS5.1：蓄电池不断放电，对车辆进行静态电流检查	学习时间	30min
工作任务	A：蓄电池的更换与辅助起动	学习地点	理实一体化教室

1. 蓄电池更换

车型不同，更换蓄电池的步骤会有所不同。无论是哪种车型，更换蓄电池都应遵守下述基本规则。

（1）拆卸

首先检查是否安装了带编码的收音机。如果安装了，必须索要防盗编码。为防止车载电网失去电压，应通过运行支持模式，例如，通过点烟器保持车载电压。注意正极线缆不得搭铁。然后关闭点火开关，打开隔热罩（如果有）。接下来先拧下蓄电池负极接线柱，后拧下正极接线柱。拆卸时，若发现蓄电池接线柱螺栓锈蚀难以取出，切莫用锤或钳敲打，以避免极桩断裂、极板活性物质脱落。可用热水冲洗后，拧开螺栓，用夹头拉器将夹头取下，如图14 所示。取下电池时应小心轻放，尽量用电池提把进行，如图 15 所示。

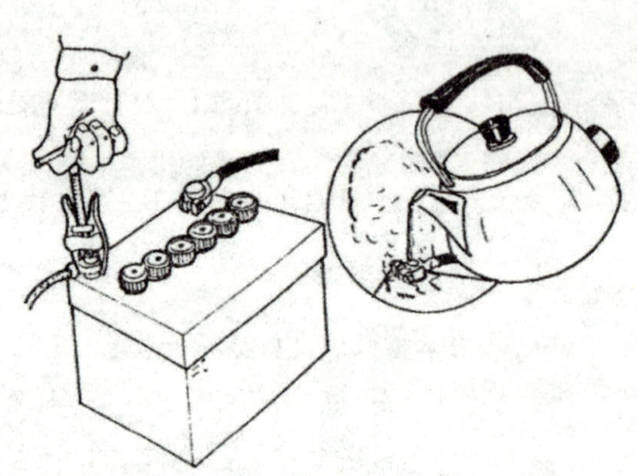

图 14 蓄电池接线柱螺栓锈蚀时的拆卸方法

图 15 用蓄电池提把搬运蓄电池

（2）蓄电池的选择

蓄电池的选择由汽车发电机和发动机的参数确定，可参考制造商规定进行选择。

（3）安装

以正确的力矩拧紧蓄电池正极接线柱的固定螺栓。拧上正极接线柱后才允许将负极接线柱（蓄电池搭铁带）插到蓄电池的负极上，以防扳手搭铁引起强烈火花。对于中央排气孔带软管的蓄电池，要注意不能断开软管。对于中央排气孔不带软管的蓄电池，注意不得堵塞蓄电池顶部盖子上的孔。请注意蓄电池在托架上、底部肋条凹槽、正面和背面是否位置正确。以规定的力矩拧紧蓄电池接线板。按照规范重新安装加装件，例如隔热套、电极盖、排气箱或排气软管。连接后，应检查并激活车辆装备，如收音机、时钟、舒适电气设备（如电动车窗升降器等）。读取故障存储器记录，如有必要，实施维修措施。

2. 汽车辅助起动

如果蓄电池剩余电量为零，导致发动机不起动，可以通过外部电源来辅助起动车辆。可以通过蓄电池起动器或使用起动辅助线缆通过另一辆汽车的蓄电池进行辅助起动，如图 16 所示。蓄电池起动器为零电量蓄电池或蓄电池电量较少的车辆提供独立起动辅助，不与车载电网连接。根据外部温度和蓄电池容量，可以进行 15 ~ 30 次起动。更换蓄电池时，蓄电池起动器进行支持运行，以防止汽车存储器数据丢失。

注意：切勿在蓄电池冻结的情况下进行辅助起动，否则有爆炸危险！必须更换冻结蓄电池。只可使用横截面积足够大且带绝缘电极钳的起动辅助电缆。车辆之间不允许有接触点，否则在连接正极时就会有电流流过。在起动被供电车辆的发动机前，供电车辆的发动机至少要先运行1分钟。

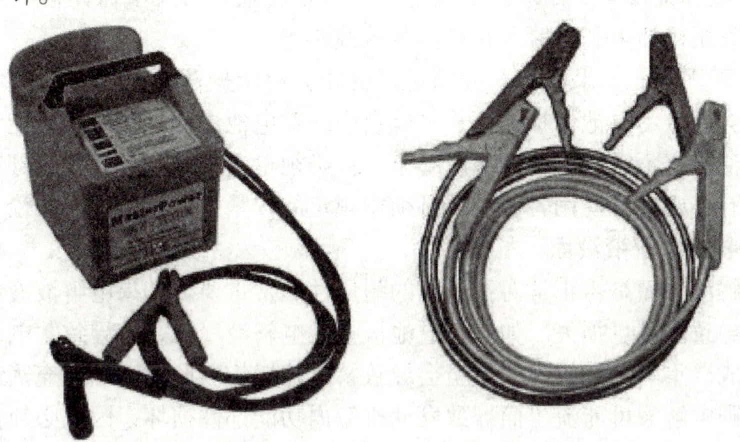

图16 蓄电池起动器及起动辅助电缆

使用起动辅助线缆通过另一辆汽车的蓄电池进行辅助起动的步骤如下：

① 只能使用额定电压相同的蓄电池。

② 关闭两车的发动机和所有用电设备（危险警告灯除外）。

③ 首先将红色跨接电缆连接在已放完电的蓄电池的正极接线柱上，然后将这根电缆的另一端接线夹固定在供电蓄电池上。

④ 接下来将黑色跨接电缆连接在供电蓄电池的负极接线柱上，最后将该电缆的另一端接到已放电蓄电池车身的金属部件上，最理想区域是发动机缸体。

⑤ 确认跨接电缆未处于尾气排放或传动带运转的区域内。

⑥ 起动供电车辆的发动机，然后起动蓄电池已放电车辆的发动机（最多起动5s）。

⑦ 按相反的顺序拆卸这两根跨接电缆。

注意：对于蓄电池位于乘员舱内的车辆，发动机舱内有一个起动辅助连接点。起动辅助只允许使用此连接点。

5.1.3.6 信息页

5.1.3.6 信息页

学校名称		任课教师		
班级		学生姓名		
学习领域	L5 发动机电气系统诊断维修			
学习情境	LS5.1：蓄电池不断放电，对车辆进行静态电流检查	学习时间	30min	
工作任务	B：蓄电池检查	学习地点	理实一体化教室	

1. 目测

在测量蓄电池静态电压、电解液密度或蓄电池负荷前，先进行目测。

(1) 应检查的项目

① 蓄电池外壳。如果外壳损坏，电解液将会流出。流出的蓄电池酸液会致使车辆严重受损。与溢出的电解液有接触的车辆部件必须立即用肥皂液处理或更换。

② 蓄电池电极和接线端。如果蓄电池电极和极柱受损，将无法保证蓄电池极柱接触良好。如果极柱没有正确插上和拧紧，则可能导致线路起火。

③ 蓄电池是否固定。如果没有充分固定，可能会由于振荡而损坏，极大缩短蓄电池的使用寿命；可能会导致蓄电池栅板损坏；可能会引起蓄电池爆炸；接线板可能会导致蓄电池外壳损坏。蓄电池固定不牢固将影响碰撞安全性。必须检查蓄电池接线板底部肋条是否正确卡入卡槽中。如有必要，可使用转接头。必须用规定的拧紧力矩拧紧固定螺栓。

(2) 检查并校正电解液液面

蓄电池的电解液液面是否正常对蓄电池的耐用性非常重要。如果电解液液面过低，蓄电池极板干燥，将导致电容量损失。如果蓄电池极板无电解液浸没，将导致蓄电池内部部件腐蚀。腐蚀可能造成严重的功能故障，甚至会导致蓄电池爆炸。此时必须补充蒸馏水。如果电解液液位过高，则电解液可能流出而导致发动机舱内功能部件损坏，因此必须抽出多余电解液。只有可维护的湿荷蓄电池才可以进行电解液液位校正。

对于带透明外壳而不带电眼的蓄电池，应从外部根据“最低”和“最高”标记检查电解液液面，如图17所示。有的蓄电池外壳上没有标记或者外壳是黑色，无法看到电解液液位，如有可能，必须拧下密封塞。

(3) 通过“电眼”检查

如图18和图19所示，从电眼所显示的颜色可以了解蓄电池的充电状态和电解液液位。仅检测一个单体电池就足以初步判断充电状态。如果颜色显示为无色或浅黄色，则必须更换蓄电池！

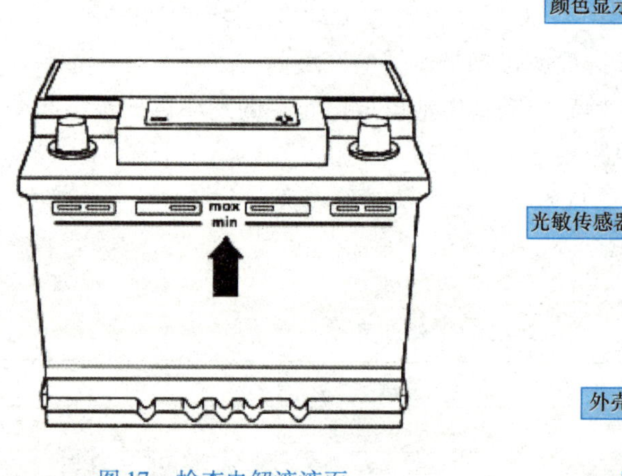

图17　检查电解液液面

图18　电眼结构

2. 蓄电池电压的测量

(1) 使用万用表测量

万用表测量蓄电池端电压，只能作为检测的参考因素。通常静置时，测量端电压≥12.6V，并且电解液密度≥1.22g/cm^3，才可以基本判定蓄电池具有一定的电量储备。

电眼上可以显示三种不同的颜色：

绿色：

良好的充电状态，>65%，蓄电池正常

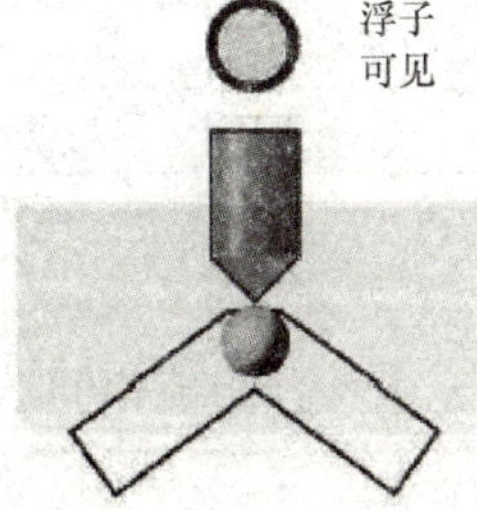

黑色：

较差的充电状态，<65%，应给蓄电池充电

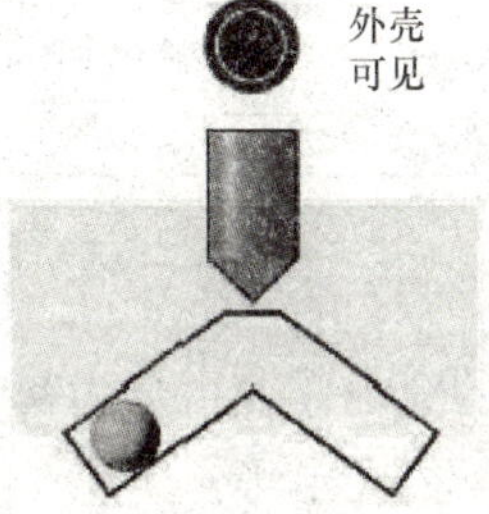

黄色至无色：

电解液液位过低，应更换蓄电池

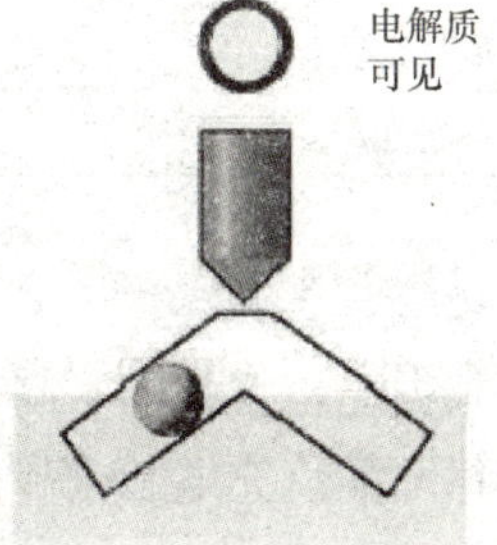

图 19　蓄电池电眼颜色

（2）使用高率放电计检测

高率放电计的结构及测量方法如图 20 所示。

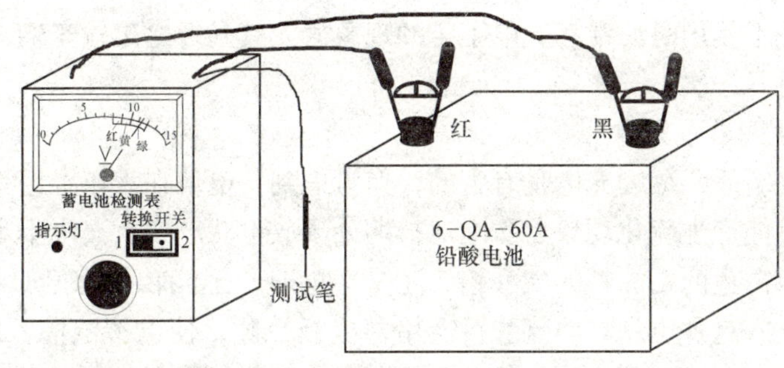

图 20　高率放电计的结构及测量方法

高率放电计是模拟起动机工作状态，检测蓄电池容量的仪表。因为在检测时，蓄电池对负载电阻放电电流可达 50A 以上，所以能比较准确地判定蓄电池的容量和基本性能，是目前普遍使用的检测仪表。以 12V 蓄电池为例，检测方法如下：

① 将测试夹分别对应夹在蓄电池的正、负极柱桩上。此时读数显示蓄电池的空载电压值。通常显示在 11.8～13V 范围内为正常。

② 按下按钮开关，蓄电池开始瞬间大电流放电，在 5s 内读出电压表的负载电压指示数值。若指针稳定在 10～12V 区间（绿色区域），说明蓄电池存电充足，不需要充电；若指针在 9～10V 区间（黄色区域），说明蓄电池存电不足，需要充电；若指针在 9V 以下区间（红色区域），说明蓄电池严重亏电，要立即充电，才能使用；如果空载电压基本符合要求，但负载时指针迅速下降至红色区域以下，说明蓄电池已经损坏。

注意：此项测量不能连续进行，必须间隔 1min 后才可以再次检测，以防止蓄电池损坏。

5.1.3.7 信息页

5.1.3.7 信息页

学校名称		任课教师		
班级		学生姓名		
学习领域	L5 发动机电气系统诊断维修			
学习情境	LS5.1：蓄电池不断放电，对车辆进行静态电流检查	学习时间	30min	
工作任务	C：蓄电池充电	学习地点	理实一体化教室	

1. 充电种类

根据充电目的的不同，蓄电池的充电作业可分为初充电、补充充电、预防硫化间歇过充电、循环锻炼充电、去硫化充电和均衡充电等。

（1）初充电

新蓄电池或更换极板后的蓄电池在使用之前的首次充电称为初充电，其目的是恢复蓄电池在存放期间，极板上部分活性物质缓慢硫化和自放电而失去的电量。初充电恰当与否，对蓄电池的使用性能极为重要。初充电的特点是充电电流小、充电时间长、电化学反应充分。初充电必须彻底充足。

（2）补充充电

蓄电池在车辆上使用时，常有充电不足的现象，尤其是短途运输车辆，应根据需要进行补充充电，一般每月一次。

（3）预防硫化间歇过充电

蓄电池充电终了后，继续充电是有害的，但考虑到蓄电池在汽车上经常处于充电不足或部分放电状况，可能产生硫化现象。蓄电池长期处于放电状态或者充电不足状态下，会在极板上逐渐生成一层白色的粗晶粒的硫酸铅，正常充电时，不能转化为PbO_2和Pb，称为硫酸铅硬化，简称硫化。这种粗晶粒的硫酸铅会堵塞极板孔隙，使电解液渗入困难，容量降低，且硫化层导电性差，内阻显著增大，起动性能和充电性能下降。为预防硫化，蓄电池每隔3个月在完成补充充电的基础上，进行一次预防硫化的过充电，即有意识地把充电时间延长，让蓄电池充电更彻底些，以消除可能产生的轻微硫化。具体方法：在正常的补充充电后，停止1h，再用第二阶段的电流继续充电，直到电解液大量地冒气泡时，再停止1h，然后再恢复第二阶段的充电。如此循环，直到一接通充电电源，蓄电池在1~2min内就出现大量气泡为止。

2. 充电方法

蓄电池充电，必须根据不同情况选择适当的方法，并正确地使用充电设备，才能提高工作效率，延长蓄电池和充电设备的使用期限。蓄电池的充电方法可以分为定流充电、定压充电和快速充电（脉冲充电）三种不同的充电方法，应该根据具体情况正确选择充电方法。定流充电有较大的适应性，可以任意选择和调整充电电流，因此可以对各种不同情况的蓄电池充电。例如新蓄电池的初充电、补充充电，以及去硫化充电均可采用这种方法。定流充电的不足之处是充电时间长。因为定压充电的充电时间短，不需照管且经济性高，所以较适合于蓄电池的补充充电，被汽车维修厂家广泛采用。但是定压充电不能调整充电电流的大小，适应性较小，而且不能将蓄电池完全充足，故只适合于蓄电池补充充电，不能用于蓄电池的初充电，也不能用于消除硫化。

3. 蓄电池作业的防护装备

操作电解液一定要使用人员防护装备，如图 21 所示。装备主要包括耐酸风镜、耐酸围裙、耐酸橡胶手套等。

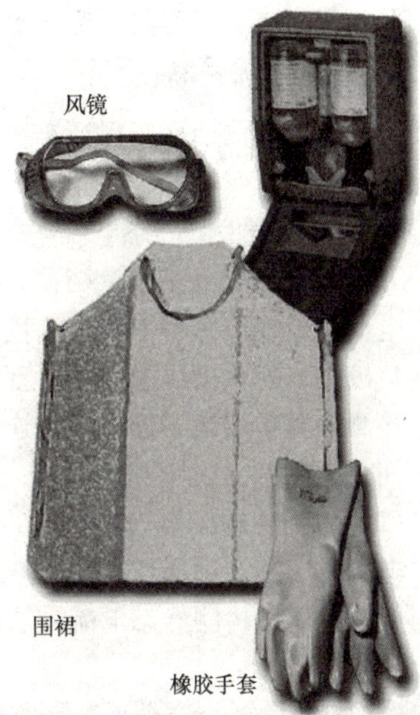

图 21 蓄电池作业防护装备

蓄电池作业时可能产生危险。培训生或实习生等应被保护的人员只有在专业人员（如汽车机械工程师、机械技师或者汽车电气工程师及电气技师）的监督下才可对汽车蓄电池进行作业。酸有很强的腐蚀性。如果不规范处理蓄电池，有害的电解液可能会造成人员伤害。因此必须准备好能够对付酸液侵蚀的中和剂。例如肥皂液就是一种合适的中和剂。如果蓄电池电解液溢出，会造成皮肤损伤、酸性腐蚀和汽车腐蚀。有时候可能会损害车辆安全部件。充电时以及有时充电后在静置状态下再次放出气体，产生的爆鸣气具有爆炸性。极端情况下由于蓄电池操作不当而溢出的气体会导致蓄电池爆炸。在蓄电池附近严禁研磨、焊接、切割作业，防止产生电火花。同样还要避免吸烟等引起的明火和静电产生的电火花。例如，在接触蓄电池前手应接触车身以释放静电。只可在通风良好和合适的空间进行蓄电池作业。

5.1.3.8 信息页

5.1.3.8 信息页

学校名称		任课教师		
班级		学生姓名		
学习领域	L5 发动机电气系统诊断维修			
学习情境	LS5.1：蓄电池不断放电，对车辆进行静态电流检查	学习时间	30min	
工作任务	D：蓄电池静态电流检测	学习地点	理实一体化教室	

1. 汽车静态电流

在汽车上所有开关都处在断开状态下蓄电池的供出电流，即汽车所有的子模块中，直接连接在“常火”线上且常备负载引起的对蓄电池的不间断的电流需求。汽车在停止时，拔出钥匙后仍然存在着一定的电流，这就是常说的静态电流。

静态电流又称为暗电流（之所以叫它暗电流，是因为英文称之为 Dark Current）。正因为这些暗电流的存在，以及蓄电池自然的放电，车辆长期停放则蓄电池容量不足，从而导致汽车无法启动。那么，为什么要有暗电流的存在呢？其一，一些电器设备为了保持数据的记忆功能，必须长期供电，这些电器主要指电脑控制单元、音响（记忆上次听过的频段、CD 的曲目）、空调（记忆风向风速的设定）；其二，一些防盗用传感器需要长期供电，以保证

全天候的监视功能。

一般的汽车静态电流不超过20mA，但车越高级，电器设备越多，静态电流也越大。随着汽车电器设备的增加，以及蓄电池容量的增大，似乎今后汽车的静态电流将会越来越大，如何防止静态电流引起的蓄电池过度放电，就显得尤其重要了。

2. 静态电流检测

静态电流检测前必须保证车辆处于以下状态：关闭整车用电设备；利用工具闭锁发动机舱盖开关；锁止车辆并确保车辆进入防盗锁止状态，并等待数分钟。

（1）万用表检测静态电流

万用表表笔接电流测量档位，选择15A电流档。使用一个夹子接在万用表表笔上，夹在蓄电池负极线上，另一个表笔接触在蓄电池负极柱上，按照这种状态保持好。缓慢抬高蓄电池负极线，使负极线悬空脱离蓄电池负极柱，如图22所示。观察万用表读数，并记录数据。检测过程中表笔不能与各自连接的部位断开，如果断开，必须重新从初始状态开始，否则瞬间大电流可能损坏万用表。

（2）电流钳检测静态电流

电流钳归零，选择“mA”电流档位，使用电流钳夹住蓄电池负极线，观察数值并记录。使用电流钳检测静态电流方法如图23所示。

图22 用万用表检测静态电流

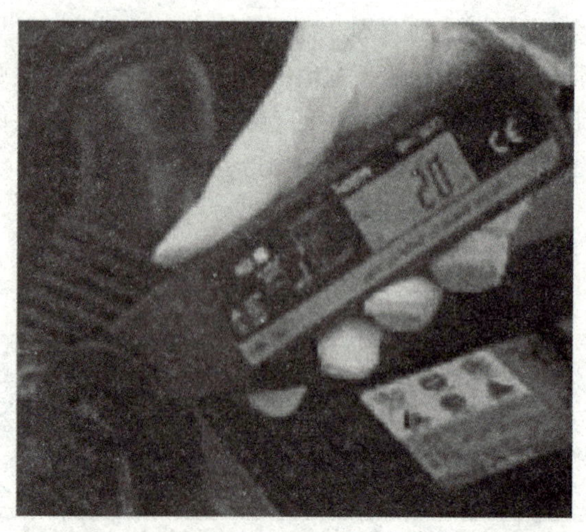

图23 用电流钳检测静态电流

如所测静态电流过大，需要定位具体的故障系统或故障元件。首先查询车辆发动机舱熔丝的供电分配表，依次拔插熔丝，观察万用表读数变化，若读数有明显减小，则故障元件就处于相应供电的系统中；结合相关电路图，再次拔插疑似故障系统中的元器件，就可锁定故障点。

轮换工作站学习

教师活动 教师组织学生轮换工作站进行小组学习。

学生活动 学生轮换工作站进行小组学习。（90min）

小组合作制作综合海报

教师活动 教师要求每个小组完成一张思维导图的总海报。

学生活动 学生分组完成一张总海报。(40min)

展示讲述综合海报

教师活动 教师选出一个组来介绍讲解总海报内容，教师进行评价。

学生活动 被选出的小组展示讲述本组绘制的总海报内容，其他组学生提出疑问、建议。(20min)

完成 5. 1. 3. 2 理论测试

教师活动 教师要求学生独立完成5. 1. 3. 2 理论测试，不允许查阅任何资料。

学生活动 学生安静地、独立地在系统上完成5. 1. 3. 2 理论测试并提交，不能查阅任何资料。(20min)

5. 1. 3. 2 理论测试

5. 1. 3. 2 理论测试

学校名称		任课教师	
班级		学生姓名	
学习领域	L5 发动机电气系统诊断维修		
学习情境	LS5. 1：蓄电池不断放电，对车辆进行静态电流检查		
理论学习内容	3. 2 蓄电池的使用	学习时间	20min

一、填空题（每空1分，共17分）

1. 蓄电池电眼颜色显示为绿色，表示________，显示为黑色表示为________，显示为黄色表示________。

2. 蓄电池充电的类型有________、________、________及循环锻炼充电等。

3. 蓄电池充电的方法有________、________和快速脉冲充电等。

4. 学生只有在________的监督下才可对汽车蓄电池进行作业。蓄电池充电时以及有时充电后在静置状态下再次放出气体，产生的________具有爆炸性。在蓄电池附近严禁研磨、焊接、切割工作，防止产生________，避免________等引起的明火。同样还要避免静电产生的电火花。例如，在接触蓄电池前手应________以释放静电。只可在________和________进行蓄电池作业。

5. 汽车静态电流主要是由于________及________等需长期用电而形成的。

二、选择题（每题2分，共12分）

1. 免维护蓄电池电眼显示为浅黄色，说明（　　）。

A. 可以继续使用　B. 必须充电　C. 蓄电池须更换　D. 都不对

2. 下列说法（　　）是错误的。

A. 干荷蓄电池在使用之前不需要初充电

B. 普通蓄电池的轻微自放电是正常的现象

C. 免维护蓄电池在使用中不需补加蒸馏水

D. 选择蓄电池时，主要是按照汽车的蓄电池架，根据蓄电池的外形尺寸来选

3. 从汽车上拆卸蓄电池时正确的顺序是（　　）。

A. 先拆起动电缆，后拆搭铁线　　B. 先拆搭铁线，后拆起动电缆

C. 先拆点火开关，后拆起动电缆　　D. 无顺序

4. 使用（　　）可以测量蓄电池的电量。

A. 万用表　　B. 示波器　　C. 高率放电计　　D. 充电机

5. 定压充电适用于（　　）。

A. 初充电　　B. 补充充电　　C. 预防硫化间歇过充电　D. 去硫化充电

6. 汽车静态电流检测必须满足下列条件，除了（　　）。

A. 关闭整车用电设备

B. 利用工具闭锁发动机舱盖开关

C. 断开蓄电池负极连接

D. 锁止车辆并确保车辆进入防盗锁止状态，并等待数分钟

三、判断题（每题2分，共14分）

1. 更换蓄电池时，关闭点火开关即断开蓄电池连接，对汽车没有影响。（　　）
2. 拆卸蓄电池时，断开蓄电池正、负极线缆没有顺序要求。（　　）
3. 连接蓄电池正、负极线缆时，应先连接正极电缆，以保证安全。（　　）
4. 通过检测蓄电池电压可以判断蓄电池的电量。（　　）
5. 蓄电池初充电既可以采用定流充电也可以采用定压充电。（　　）
6. 关闭点火开关后测得的蓄电池电流即为静态电流。（　　）
7. 检测到蓄电池静态电流即说明汽车电路存在故障。（　　）

提交理论学习阶段的评价表

教师活动　教师要求学生对理论学习阶段5.1.3.1评价表进行自我评价。

学生活动　学生按照教师的要求对自己在理论学习阶段的表现进行自评，客观真实。

5.1.3.2 理论学习评价表

参与本项目的教师具体见Moodle系统，未参与本项目的教师可以根据实际情况自行制定。

5.1.4 任务计划：蓄电池不断放电，对车辆进行静态电流检查工作计划

独立查阅信息

教师活动　教师提供实验车型的维修手册。

学生活动　学生个人独立查阅教师提供的维修手册，提炼整理关键信息。(20min)

小组制作工作计划海报

教师活动 教师要求学生小组合作制定“蓄电池不断放电，对车辆进行静态电流检查”工作计划海报，把每一步的细节和注意事项写出来，包括为什么干、怎么干，与安全、环保、工具、时间、成本相关内容，以及注意事项、检测标准等。

学生活动 学生分组讨论，小组合作完成工作计划海报。(30min)

5.1.4.1 工作计划海报

见附录。

展示讲述工作计划海报

教师活动 教师选出一个组来介绍讲解海报内容，教师进行评价。

学生活动 被选出的小组展示讲述本组学习成果，其他组学生提出疑问、建议。(20min)

修改工作计划海报

教师活动 教师强调修改工作计划时注意：安全、环保、规范、时间及成本控制意识的训练。

学生活动 每个组根据教师意见认真改进本组海报。(10min)

提交任务计划阶段的评价表

教师活动 教师提供任务计划阶段的评价表，指定组间评价顺序，保证每个组都被评价。要求学生将5.1.4.2评价表以小组形式提交到系统。

学生活动 每个组对教师指定的小组进行评价，合作填写5.1.4.2评价表，小组提交到系统。

5.1.4.2 任务计划评价表

参与本项目的教师具体见Moodle系统，未参与本项目的教师可以根据实际情况自行制定。

5.1.5 任务决策：与师傅和客户沟通工作计划

独立完成任务决策表

教师活动 教师发放5.1.5.1任务决策表要求学生安静地独立完成。

学生活动 学生每个人独立按照任务决策的关键要素完成5.1.5.1任务决策表。(20min)

5.1.5.1 任务决策表

5.1.5.1 任务决策表

决策类型	决策方案
与师傅决策	请站在厂商的角度，和师傅沟通任务计划实施的可能性。（包括：工作任务的时间控制和成本控制，工作步骤的正确性、规范性和合理性，工作过程的安全性和环保性，考虑厂商的经济效益和工作效率等，并记录决策结果与师傅的建议）
与客户决策	请站在客户的角度，和客户沟通任务计划实施的可能性。（包括：是否有几种可能供客户选择？某些项目做或不做？现在做还是未来做？考虑客户的成本控制、时间控制、安全性、环保性、美观性和便利性等，并记录决策结果与客户的意见）

实战演习任务决策

教师活动 教师选出一个学生代表（这个学生是以往决策出现问题较大的）和自己进行任务决策，同时担任师傅和客户双重角色。

学生活动 被选出的学生与教师进行决策对话，其他学生观察，并进行口头评价、补充、改进。(20min)

提交确认任务决策

学生活动 每个学生修改自己的任务决策方案表格，提交到系统。(20min)

教师活动 教师对每个学生制定的任务决策方案进行确认，并将确认信息从系统发给学生。

提交任务决策阶段的评价表

教师活动 教师要求学生对任务决策阶段5.1.5.2评价表进行自我评价。

学生活动 学生按照教师的要求对自己在任务决策阶段的表现进行自评，客观真实。

5.1.5.2 任务决策评价表

参与本项目的教师具体见 Moodle 系统，未参与本项目的教师可以根据实际情况自行制定。

5.1.6 任务实施：使用设备进行实车检测诊断

示范操作

教师活动 教师亲自示范操作，或者播放相关视频（操作内容：从接车确认开始，按照诊断思路进行蓄电池不断放电，对车辆进行静态电流检查工作）。

学生活动 学生观察教师的示范动作，或观察视频中的示范动作。(30min)

操作实施

教师活动 教师将学生分组，并要求每组学生分工明确，严格强调安全和事故预防要求等。实施过程中教师进行巡视指导。

学生活动 学生分为 4 组，分工操作。每组每次安排 2 名学生操作，所有学生轮流，每个学生都要完成一次操作。当 2 名学生进行操作时，另外安排 2 名学生分别对其进行评价，填写 5.1.6.1 评价表，1 名学生拍摄视频，1 ~ 2 名学生监督记录，1 ~ 2 名学生查阅手册改进计划。(90min)

提交任务实施阶段的评价表和视频

教师活动 教师要求学生对任务实施阶段 5.1.6.1 评价表进行自我评价，并提交任务实施阶段录制的所有视频资料。

学生活动 学生按照教师的要求对自己在任务实施阶段的表现进行自评，客观真实。负责拍摄的学生将视频整理提交到系统，负责评价的学生将 5.1.6.1 评价表提交到系统。

5.1.6.1 任务实施评价表

参与本项目的教师具体见 Moodle 系统，未参与本项目的教师可以根据实际情况自行制定。

5.1.7 任务检查：5S 与检查工作结果

任务检查与 5S

教师活动 教师提供 5.1.7.1 任务检查流程。要求学生分组，小组合作完成任务检查及 5S，在 5.1.7.1 任务检查单上标注。教师要求学生小组成员对工作过程和工作计划进行监督和评估，记录优缺点及改进建议，并口头表达。教师要重点引导学生对队友的支持性意见的表达，并训练学生接纳他人建议。

学生活动 学生分组，小组合作完成任务检查及 5S，在 5.1.7.1 任务检查单上标注。学生按照教师规定严格监督和控制其他成员的工作过程并友善提出改进建议。(30min)

5.1.7.1 任务检查单

5.1.7.1 任务检查单

1. 请进行必要的最终任务检查，在（ ）里进行标记。

检查任务实施过程（ ），是否有改进或需要说明：

如有，处理意见：

检查测量值与标准值（ ），是否有改进或需要说明：

如有，处理意见：

2. 请进行必要的5S。

5S车辆（ ）

5S工位（ ）

5S场地（ ）

3. 请根据实施的诊断与修理工作，编制工作说明，完善改进工作计划（以另一种颜色的笔在任务计划上标注作答）。

小组合作修改工作计划

教师活动 教师要求学生小组合作修改完善工作计划，修改方式：在原有工作计划上用另一种颜色的笔进行真实、全面的复盘改进，并进行标注。

学生活动 学生小组合作修改完善工作计划，修改方式：在原有工作计划上用另一种颜色的笔进行真实、全面的复盘改进，并进行标注。(10min)

提交任务检查阶段的评价表

教师活动 教师要求学生对自己在任务检查阶段的表现进行自我评价。提醒学生：对于自己没有涉及的条目不评价。

学生活动 学生对自己在任务检查阶段的表现进行自我评价，对于自己没有涉及的条目不评价。(5min)

5.1.7.2 任务检查评价表

参与本项目的教师具体见Moodle系统，未参与本项目的教师可以根据实际情况自行制定。

5.1.8 任务交付：交车给师傅和客户

任务交付准备

教师活动 在任务交付之前，教师提供5.1.8.1交车剧本给事先安排好的两个学生，一个扮演客户，另一个扮演SA，以便上课时两个学生能在实车上呈现交车过程。

学生活动 两个角色扮演的学生要熟悉交车剧本。

5.1.8.1 交车剧本

5.1.8.1 交车剧本

（一）任务完成正常交车

前台：先生，您好！您的车修好了，您可以放心使用了。这是针对蓄电池使用的开车温馨贴士，请您留存！

客户：非常感谢！

前台：不客气！这是费用清单，请您跟我去财务结账。

客户：好的。

前台：这是车钥匙，以后请您放心使用！请您随时观察车况，如果有任何问题，请随时联系我。非常愿意为您服务！

客户：好的！谢谢你！再见！

前台：再见！您慢走！

（二）任务未完成异常交车

前台：先生，您好！非常抱歉，您的车我们前期预估失误，虽然我们已经尽力了，但是还是不能按照约定时间正常交车给您，预计还得两个小时才能完成。您看您是继续在店里等待，还是先去处理其他事情。等这边结束我及时联系您。

客户：好吧！两个小时后我能取走车吗？

前台：真的非常抱歉！不过，您放心，同样的错误我们不会出现第二次。两个小时后肯定交车给您。

客户：好吧。两个小时后等你电话，我先去处理其他事情。一定要完全修复啊！

前台：请您放心！一定保证您的爱车行驶无忧，我会随时观察进展情况，及时联系您。非常愿意为您服务！

客户：好的！谢谢你！那我先走了，待会儿见！

前台：待会儿见！您慢走！

两人角色扮演

学生活动 学生分组，两人一组。其中，事先安排好的两个学生为一组，一个扮演客户，另一个扮演 SA，先交车给师傅，然后交车给客户。（10min）

教师活动 教师提前安排学生两人一组，观察角色扮演学生的表演过程，同时观察其他学生的表现：倾听的认真程度。

全员换位评价

学生活动 学生认真观看角色扮演情境再现过程，理解客户委托，并与本组学生一起对 SA 角色扮演的学生换位思考进行口头评价：角色扮演时的优缺点，如果是自己怎么改进会更好。（5min）

教师活动 教师指出角色扮演的优缺点，提出注意事项进行强调说明。

全员分组练习

教师活动 教师要求所有学生借鉴两个示范学生的表现，进行任务交付练习。

学生活动 学生按照教师的提示与强调，借鉴示范的两个学生的表现，学生分组在实车上进行任务交付的角色扮演练习。互换角色再练习一次。（5min）

提交任务交付阶段的评价表

教师活动　教师要求学生对任务交付阶段自己扮演SA时的表现依据5.1.8.2评价表进行自我评价。

学生活动　学生按照教师的要求对自己在任务交付阶段扮演SA时的表现进行自评，客观真实。

5.1.8.2　任务交付评价表

参与本项目的教师具体见Moodle系统，未参与本项目的教师可以根据实际情况自行制定。

5.1.9　反思评价：总结知识点、技能点和素养点

提交反思评价自评表

教师活动　教师归纳整理理论知识体系，以一页PPT展示知识点、技能点和素养点。

学生活动　学生认真反思，倾听，构建适合自己学习的知识体系。学生认真反思，对照学习目标进行自我反思，填写5.1.9.1自评表。(20min)

5.1.9.1　反思评价自评表

参与本项目的教师具体见Moodle系统，未参与本项目的教师可以根据实际情况自行制定。

提交反思评价他评表

教师活动　教师把每一位学生的反思阶段的评价表分配给其他同学进行评价。

学生活动　学生按照系统分配的评价对象，每个学生都填写一份对另一个学生的评价表。(10min)

5.1.9.2　反思评价他评表

参与本项目的教师具体见Moodle系统，未参与本项目的教师可以根据实际情况自行制定。

提交反思评价阶段的评价表

教师活动　教师参照学生的自评与他评在5.1.9.3反思评价表上给出学生反思评价成绩。

学生活动　每个学生将自评表和他评表形成的5.1.9.3反思评价表进行对照，帮助学生自我认识。(10min)

5.1.9.3　反思评价表

参与本项目的教师具体见Moodle系统，未参与本项目的教师可以根据实际情况自行制定。

5.1.10 巩固拓展

迁移新任务

教师活动 教师布置新的客户任务：新更换的蓄电池亏电，发动机不能起动故障。要求学生小组合作制定工作计划并用 PPT 展示。

学生活动 学生明确拓展任务：小组合作制定工作计划，下次课前用 PPT 展示和评价。做好完成拓展任务的计划（分工与时间安排）。

分工制作工作计划

教师活动 教师要控制学生的制作过程，要求学生分工完成 5.1.10.1 工作计划，把自己负责的部分提交到系统，让教师看到。

学生活动 学生在小组长的带领下，制作过程合理分工，每人完成工作计划的一部分并提交到系统。（课后）

5.1.10.1 工作计划海报

见附录。

提交过程视频和 PPT

教师活动 教师要求学生录制制作 PPT 过程的视频并把视频提交到系统，同时提交 PPT 结果到系统。

学生活动 小组合作，录制制作 PPT 过程的视频。

巩固拓展阶段的评价表

教师活动 教师要求小组长完成本小组所有成员的 5.1.10.2 评价表，提交到系统。

学生活动 小组长完成小组评价 5.1.10.2 评价表，并把每个组员的评价表提交到系统。

5.1.10.2 巩固拓展评价表

参与本项目的教师具体见 Moodle 系统，未参与本项目的教师可以根据实际情况自行制定。

总体评价

给学生反馈总体评价表

教师活动 教师对每个学生的总体评价表初稿进行补充修改，形成总体评价定稿，作为每个学生本学习情境的最终评价。

学生活动 学生认真对照教师反馈的总体评价表，分析自己的优势和不足，有针对性地制定改进措施，加强培养素养、知识、技能不足的方面。

LS5.2

车辆蓄电池放电，检查蓄电池管理系统

教学准备

教学情境准备

教师活动 教师提前提供给所有学生5.2.0.1客户任务工单。提前在车上设置“汽车蓄电池放电，发动机不能起动”的真实故障。课前提供5.2.0.2接车剧本给事先安排好的两个学生，一个扮演客户，另一个扮演维修接待人员（Service Advisor，简称SA），以便上课时两个学生能在实车上把客户任务真实再现。

学生活动 所有学生在课前熟悉5.2.0.1客户任务工单，提前了解客户委托任务。两个角色扮演的学生要熟悉5.2.0.2接车剧本。（课前）

5.2.0.1 客户任务工单

5.2.0.1 客户任务工单

<table>
<tr><td>车主姓名</td><td></td><td>日期</td><td></td></tr>
<tr><td>车型</td><td></td><td>车牌号</td><td></td></tr>
<tr><td>发动机号</td><td></td><td>底盘号</td><td></td></tr>
<tr><td>联系电话</td><td colspan="3"></td></tr>
<tr><td>通信地址</td><td colspan="3"></td></tr>
<tr><td colspan="4">故障现象描述：
车主反映，车辆起动时，起动机不工作。初步检查蓄电池亏电。</td></tr>
<tr><td colspan="4">检查维修建议：</td></tr>
<tr><td colspan="4">故障结论：（更换或维修的零件记录）</td></tr>
<tr><td colspan="2">取车付款：
现金　　　　　　银行卡</td><td colspan="2">维修人：
收款人：</td></tr>
</table>

5.2.0.2 接车剧本

5.2.0.2 接车剧本

学习情境描述：

一辆大众速腾轿车，行驶总里程2万km，汽车发动机不能起动。

前台：您好！有什么需要我帮助的？

客户：您好！是这样的，我的汽车现在不能起动，您能帮我看看吗？

前台：好的！您给我车钥匙，我给您试一下车，先检查一下。

（上车，着车时开始体会客户的诉求，起动发动机，起动机不工作，发动机不能起动）

前台：以前出现过这样的问题吗，蓄电池使用多长时间了？

客户：我的汽车车况很好，没出现过什么问题，只是偶尔需第二次起动，蓄电池没换过，使用一年时间了。

前台：现在可能是蓄电池电量不足，不能起动，可能是蓄电池管理系统故障，具体原因很多，需要后台检测才能确定。

客户：好的！那您尽快维修吧，我还着急用车呢。

前台：那您想什么时间取车？

客户：今天下午4点取车吧。

前台：好的！请您到客户区休息等待，如有需要，我会及时和您联系。

教学目标准备

教师活动 教师用一页PPT简介本情境的教学目标：素养点、知识点、技能点。

学生活动 学生思路清楚，明确目标，在头脑中形成个人学习规划。（课前）

素养点：

① 能够展现积极主动的工作态度。

② 能够条理分明地解决任务并分析问题。

③ 能够从错误中学习并推断出结论。

④ 能够在小组中与他人高效沟通交流。

⑤ 能够阅读技术信息，检索提炼，建构逻辑关系。

知识点：

① 蓄电池管理系统的功能。

② 蓄电池的管理系统组成。

③ 蓄电池的传感器。

④ 蓄电池安全开关。

⑤ 蓄电池的正确选择。

技能点：

① 蓄电池管理系统的检查。

② 蓄电池管理系统的检测。

③ 蓄电池管理系统的拆装。

④ 遵守事故预防条例。

资料设备清单

参与本项目的教师具体见 Moodle 系统，未参与本项目的教师可以根据实际情况自行制定。

5.2.1 任务接受：接车

两人角色扮演

学生活动 学生分组，两人一组。其中，事先安排好的两个学生为一组，一个扮演客户，另一个扮演 SA，在实车上把客户任务真实再现。(5min)

教师活动 教师观察角色扮演学生的表演过程，同时观察其他学生的表现：倾听的认真程度。

全员换位评价

学生活动 学生认真观看角色扮演情境再现过程，理解客户委托，并与本组学生一起对 SA 角色扮演的学生换位思考进行口头评价：角色扮演时的优缺点，如果是自己怎么改进会更好。(5min)

教师活动 教师指出角色扮演的优缺点，提出注意事项进行强调说明。

全员分组练习

教师活动 教师要求所有学生借鉴两个示范学生的表现，进行任务接受练习。

学生活动 学生按照教师的提示与强调，借鉴示范的两个学生的表现，学生分组在实车上进行任务接受的角色扮演练习。互换角色再练习一次。(5min)

提交任务接受阶段的评价表

教师活动 教师要求学生对任务接受阶段自己扮演 SA 时的表现进行自我评价。

学生活动 学生按照教师的要求对自己在扮演 SA 时的表现进行客观真实的自评。

5.2.1.1 任务接受评价表

参与本项目的教师具体见 Moodle 系统，未参与本项目的教师可以根据实际情况自行制定。

5.2.2 任务分析：带电源管理系统车辆蓄电池放电的原因

教学方法：关键词卡片法

独立查找原因

教师活动 教师提供 5.2.2.1 信息页（维修信息、文本资料），指导学生独立查找蓄电池不断放电的原因，并书写在笔记本上。

学生活动 学生个人独立阅读教师提供的 5.2.2.1 信息页及车辆维修信息，在信息页上找出关于蓄电池不断放电的原因，形成个人的结论，工整地记录在笔记本上。(30min)

5.2.2.1 信息页

5.2.2.1 信息页

学校名称		任课教师	
班级		学生姓名	
学习领域	L5 发动机电气系统诊断维修		
学习情境	LS5.2：车辆蓄电池放电，检查蓄电池管理系统	学习时间	30min

故障案例分析：速腾轿车蓄电池亏电故障检修

1. 故障现象

一辆搭载 BPL 型发动机的一汽大众速腾 1.8L 轿车，行驶里程 3 万 km，客户反映该车在停放时发动机前端偶尔会发出“嗡嗡”的异响，并出现发动机无法起动的故障现象。

2. 分析：速腾轿车蓄电池能量管理系统的功能及工作原理

速腾轿车的电气系统中央控制单元含有蓄电池能量管理功能，其作用是管理车辆的用电状况，确保蓄电池有足够的电能使发动机顺利起动和正常运转。车载电网控制单元 J519 根据发动机转速、蓄电池电压及发电机 DF 信号（DF 信号用来监控发电机的发电量。当发电量低时，通过发动机控制单元提高发动机转速来提高发电量）等数据进行评估；在保证安全行驶的前提下，通过适当关闭舒适系统的用电设备来保证车辆电能。速腾轿车蓄电池能量管理系统如图 1 所示。

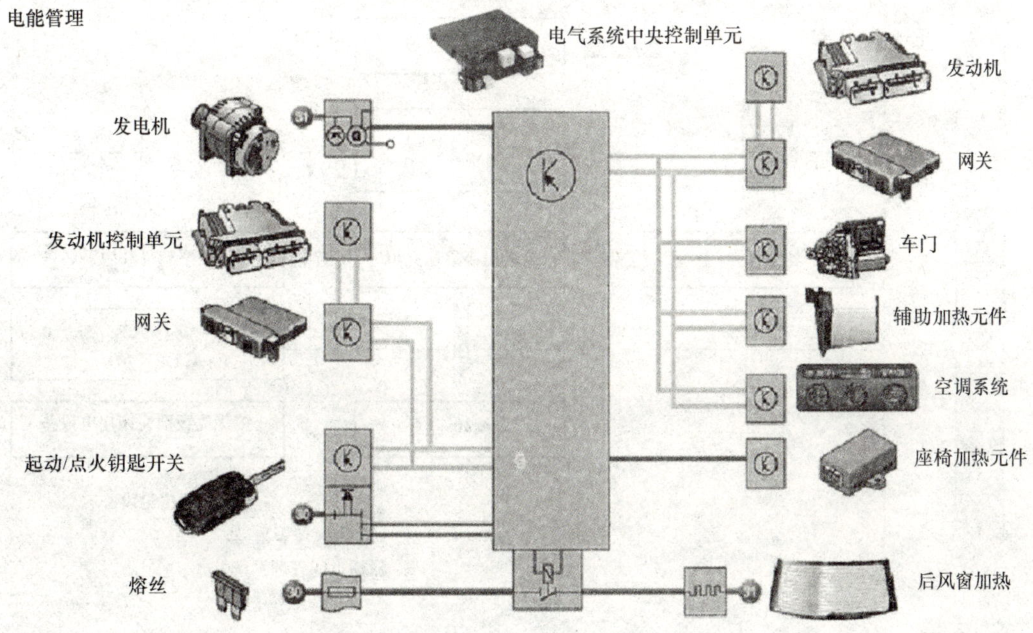

图 1 速腾轿车蓄电池能量管理系统

速腾轿车蓄电池能量管理系统的电能管理模式有三种，见表 1，其电能管理模式工作过程如图 2 所示。这三种管理模式的不同之处在于，用电器被关闭的次序不同。在第三种模式中，一些用电器将会被立即关闭。如果关闭的条件取消，用电器将会被重新激活。如果用电

器因为电能管理的原因被关闭，则说明 J519 中有故障存储。

表 1 速腾轿车用电负荷（电能）管理模式

<table>
<tr><th>管理模式 1</th><th>管理模式 2</th><th>管理模式 3</th></tr>
<tr><td>15 号线接通并且发电机处于工作状态</td><td>15 号线接通并且发电机处于停机状态</td><td>15 号线断开并且发电机处于停机状态</td></tr>
<tr><td rowspan="2">如果蓄电池电压低于 12.7V，则控制单元要求发动机的怠速提升。如果蓄电池的电压低于 12.2V，以下用电器将被关闭：
• 座椅加热
• 后风窗加热
• 后视镜加热
• 转向盘加热
• 脚坑照明
• 门内把手照明
• 全自动空调耗能降低或空调关闭
• 信息娱乐系统关闭并有关闭警示</td><td>如果蓄电池的电压低于 12.2V，以下用电器将被关闭：
• 空调耗能降低或空调关闭
• 脚坑照明
• 门内把手照明
• 上下车灯
• 离家功能
• 信息娱乐系统关闭并有关闭警示</td><td>如果蓄电池的电压低于 11.8V，以下用电器将被关闭：
• 车内灯
• 脚坑照明
• 门内把手照明
• 上下车灯
• 离家功能
• 信息娱乐系统关闭，如收音机</td></tr>
<tr><td colspan="2">备注：
① 这三种管理模式的不同之处在于，用电器被关闭的次序不同。
② 在第三种模式中，一些用电器将会被立即关闭。
③ 如果关闭的条件取消，用电器将会被重新激活。
④ 如果用电器由于电能管理的原因被关闭，则说明 J519 中有故障存储。</td></tr>
</table>

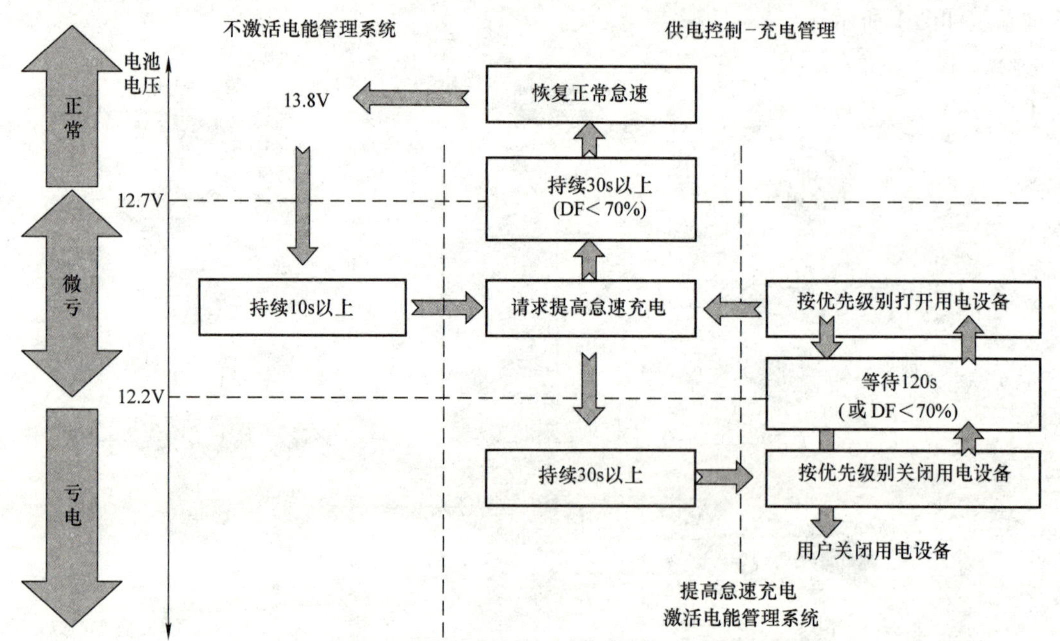

图 2 速腾轿车电能管理模式工作过程

3. 故障诊断

根据车辆的故障现象，初步判定故障原因可能是蓄电池严重亏电导致发动机无法起动。打开点火开关，发现仪表指示灯亮度偏暗，起动发动机时没反应，此现象验证了蓄电池严重

亏电的猜测。

（1）结合速腾轿车蓄电池能量管理系统及故障现象，分析造成蓄电池严重亏电的可能原因

① 蓄电池本身损坏或内部自放电。

② 发电机不发电或发电量不足，电气系统存在漏电现象。

③ 忘记关闭某些用电器导致的放电。

④ 发动机冷却风扇在发动机熄火后异常工作。

首先，用万用表检测蓄电池电压仅为7.9V，低于标准值12.5V，检查蓄电池正负极导线连接状态、用电器开关状态，未发现异常。用跨接电源的方法进行辅助起动，发动机能正常起动。在车辆怠速时测量发电机输出端电压是14.2V，说明发电机电压调节器工作正常。

然后利用故障诊断仪VAS5051读取各控制单元的故障存储器，发现某些控制单元存在供电电压过低的故障码，但无其他故障存储。清除故障码后发动机熄火，等一段时间，发动机没有出现“嗡嗡”的异响。用VAS5051测量该车的放电电流，即车进入防盗状态时的放电电流。电流变化状态为0.7A→0.15A→0.07A→0.006A，从开始到结束需要大概65s。经查维修资料，0.70A是电控系统工作状态电流，0.006A是电控系统睡眠状态电流，车辆放电电流正常。

随着现代车辆电子设备越来越多，从核心的发动机控制、动力传动，到安全监控和娱乐舒适等电子设备，都有属于自己的ECU（控制单元）。这些系统都用多路通信的总线形式来互通信息，协作控制，并且在车辆停驶后，将车辆运行信息实时地保存到ECU中的存储器内。各个存储器以低功耗电流保存这些数据，以备唤醒后使用，这就是ECU的休眠电流。根据车用电子设备的多少和智能化的程度，关闭所有用电设备后，车辆将在5～60min不等的时间内进入休眠状态，休眠电流一般控制在20～30mA。如果在总线上连接的那个ECU不能进入休眠状态，那么总线网关及相关的ECU也不能进入休眠状态，使休眠电流增大，时间长久后会造成蓄电池亏电。

再次起动发动机运行几分钟后熄火，此时发动机冷却风扇异常自动起动，发出客户反映的“嗡嗡”的异响。当打开点火开关时，冷却风扇停止了工作。用VAS5051再次读取各控制单元的故障存储器，各控制单元均没有故障记忆，读取两个冷却液温度传感器G62/G83冷、热车数据流正常。

（2）分析造成冷却风扇工作的原因

① G62/G83两个冷却液温度传感器偶尔信号不准或损坏。

② 相关线束搭铁点接触不良。

③ 冷却风扇控制器内部异常（集成在冷却风扇内）。

④ 发动机控制单元偶尔收到错误指令，使冷却风扇工作。

首先检查并清理相关线束搭铁点，无异常。按冷却风扇控制电路图进一步分析，经实测结果证实：在点火开关关闭的状态下，若发动机控制单元供电继电器J271吸合，如图3和图4所示，冷却风扇会自动起动且以高速旋转。进而初步判断故障由发动机控制单元供电主继电器J271的不正常吸合产生，经检查SB熔丝盒及相关线路，未发现异常，更换主继电器J271后试车，故障排除。

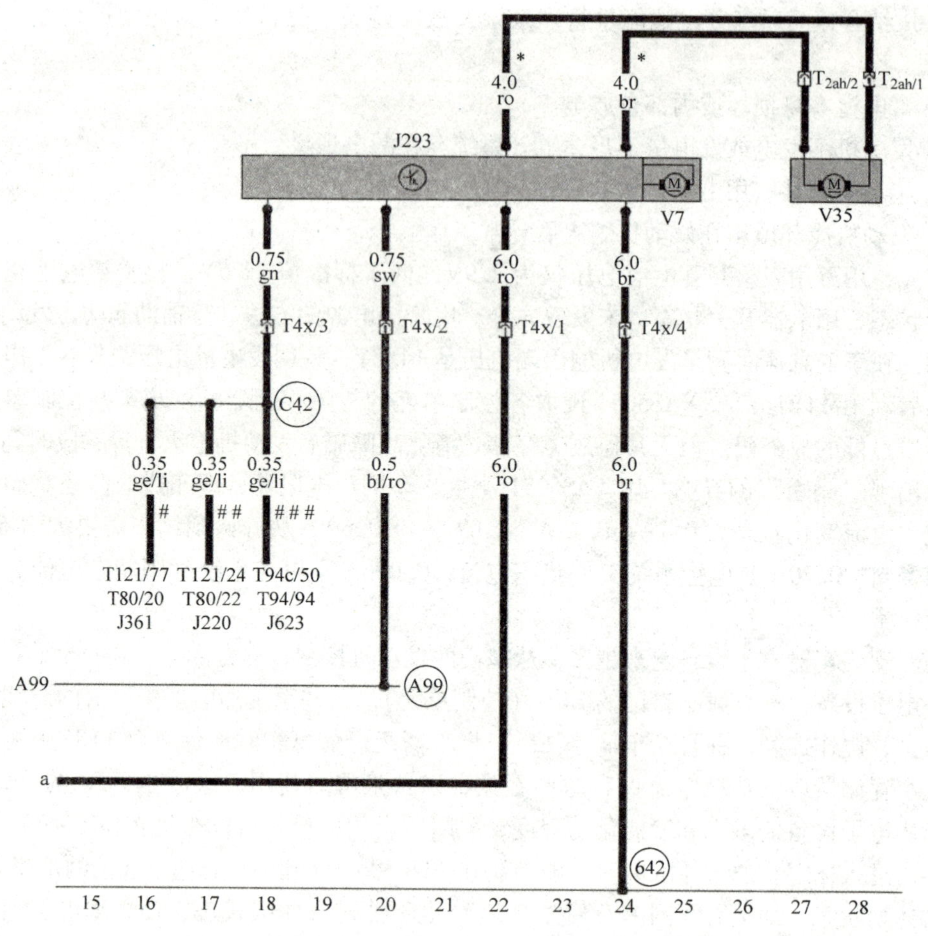

图 3 速腾轿车冷却风扇控制电路

J220—Motronic 控制单元 J293—冷却液风扇控制单元 J361—Simos 控制单元

J623—发动机控制单元 V7—冷却液风扇 V35—右侧冷却液风扇

642— EC 风扇搭铁点 A99—连接 1（87），在仪表板线束中 C42—冷却液线束中的连接（散热器风扇）

4. 故障总结

处理偶发性故障时，要先根据工作原理分析，不要盲目换件维修，一定要仔细分析客户描述故障产生的条件和工况。对一些不易重现的故障，可以根据工作原理，想办法模拟故障产生的条件，实现故障再现。

合作讨论原因

学生活动 学生分组，小组合作讨论蓄电池亏电的原因并达成共识，把本组讨论后的原因写在彩色卡片上，贴在白板上展示。(30min)

教师活动 教师重点观察学生讨论时的表现：所有成员是否可以经过妥协或协商快速达成一致意见。

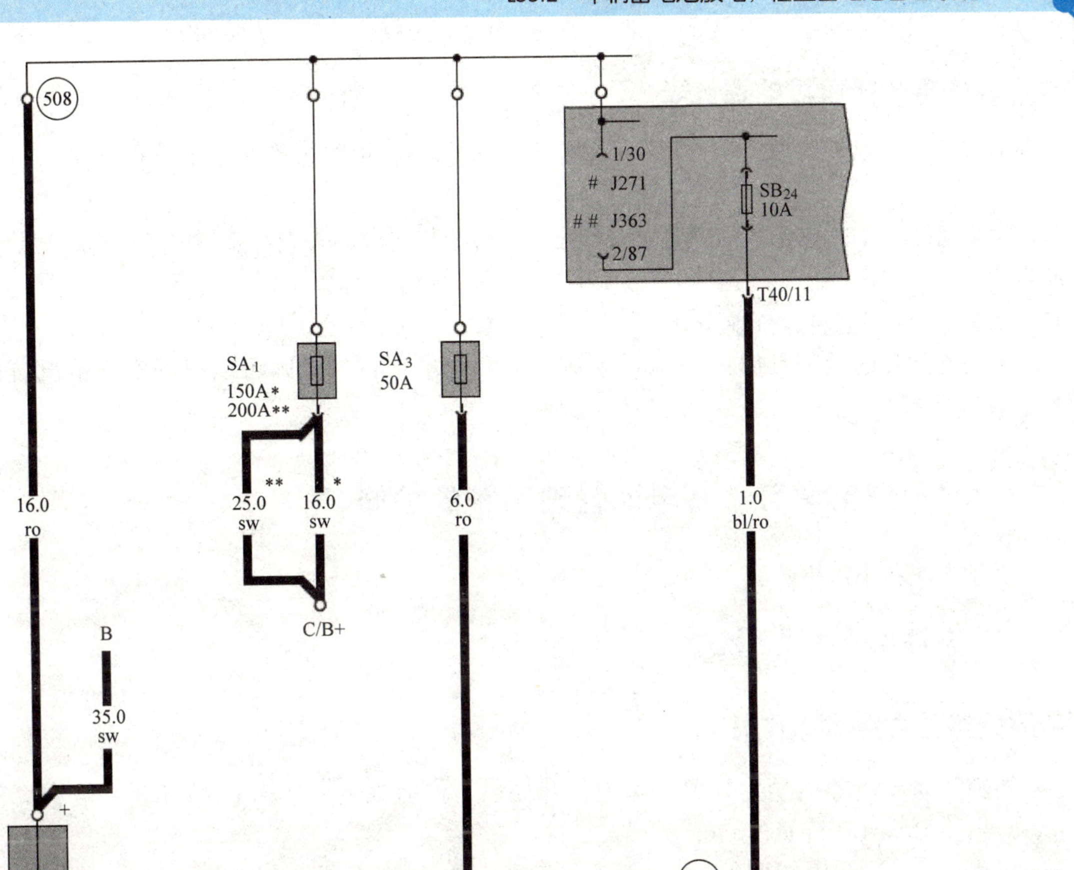

图 4 速腾 BPL 型发动机冷却系统电源与搭铁电路

J271—Motronic 供电继电器 J363—Simos 控制单元供电继电器 508—电控箱上的螺栓连接（30）

A99—连接 1（87），在仪表板线束中

A—蓄电池 B—起动机 C—三相交流发电机

师生确定原因

教师活动 教师带领学生一起逐条对每组的结果进行分析评价，判断对错，总结原因。

学生活动 学生领会理解，修改本组卡片并把最终结果工整记录在笔记本上。（5min）

填写客户工单

教师活动 教师提供行车证等资料，指导学生填写 5.2.0.1 客户工单（车辆检验内容，确定维修范围，是否修理车辆建议）。

学生活动 学生小组合作填写完整客户任务工单。（20min）

提交任务分析阶段的评价表

教师活动 教师要求学生对任务分析阶段自己的表现依据 5.2.2.2 评价表进行自我评价。

学生活动 学生按照教师的要求对自己在任务分析阶段的表现对照每一条进行客观真实的自评。

5.2.2.2 任务分析评价表

参与本项目的教师具体见 Moodle 系统，未参与本项目的教师可以根据实际情况自行制定。

5.2.3 理论学习：蓄电池管理系统的检修

教学方法：小组拼图法

3.1 汽车蓄电池管理系统

原始组独立完成工作页

教师活动 教师把学生分成专家组，并提供与之有关的 5.2.3.1 ~ 5.2.3.4 信息页和 5.2.3.1 ~ 5.2.3.4 工作页。

学生活动 学生原始组个人独立学习信息页，并完成工作页。(40min)

5.2.3.1 信息页

5.2.3.1 信息页

学校名称		任课教师	
班级		学生姓名	
学习领域	L5 发动机电气系统诊断维修		
学习情境	LS5.2：车辆蓄电池放电，检查蓄电池管理系统	学习时间	40min
工作任务	A：蓄电池管理系统功能	学习地点	理实一体化教室

1. 蓄电池管理系统基本功能与电路

在现代汽车上，电器设备不断增加（例如电动调节座椅、空调和 DVD 播放器等）。为了适应这种发展趋势，必须加强电量分配系统的管理，由此便产生了蓄电池能量管理系统。无论电子设备数量有多少，都可以确保电力供应稳定并且能提高汽车电力网络的可靠性。可靠的能源系统能提高驾驶的安全性和舒适性。蓄电池管理系统有以下基本功能。

（1）蓄电池监测与诊断

① 监测蓄电池的充电状况与健康状况。

② 对蓄电池的实际充电状况作出指示。

（2）蓄电池能量管理

① 通过控制充电与放电来增加蓄电池的寿命。

② 智能能量分配允许汽车的电力网络达到一个最佳的平衡状态。

③ 发动机起动通过发电、储存和消耗这个平衡得到保证。

(3) 奥迪汽车蓄电池管理系统实例

奥迪汽车蓄电池管理系统的功能框图如图 5 所示，功能电路如图 6 所示，其主要功能包括：

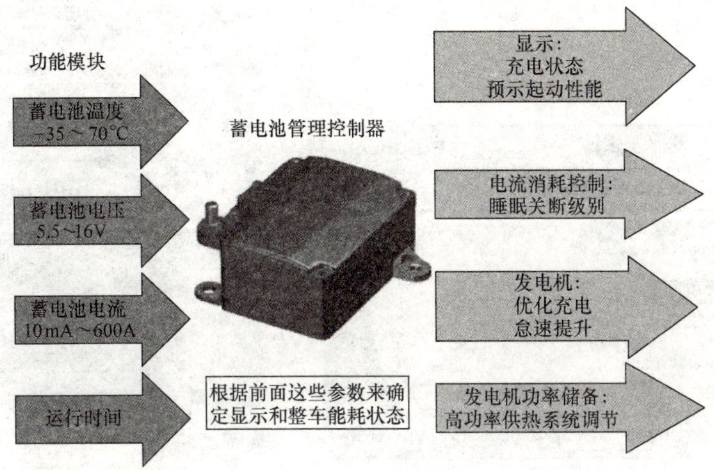

图 5　蓄电池管理系统功能框图

① 检测蓄电池的充电状态。

② 在极端用电情况下，通过 CAN（电脑数据区域控制网络）控制和切断用电。

③ 调整发电机的最理想充电电压。

④ 减少负荷（减少用电设备）。

⑤ 提高发动机的怠速转速。

⑥ 导入传输模式。

2. 蓄电池管理系统功能模块

蓄电池管理系统功能模块分为三个部分：功能模块 1 是蓄电池管理器，负责蓄电池的监测与诊断；功能模块 2 是静电流管理器，负责在静态下汽车用电设备的管理，使相关用电器进入休眠状态，以节省能量；功能模块 3 是动态管理，进行发动机运转后充电电压的调节，并对大功率用电设备功率进行调节。各功能模块激活条件见表 2。

表 2　蓄电池管理系统功能模块的激活条件

车辆状态	蓄电池管理器	静电流管理器	动态管理
接线柱 15 关	激活	激活	
接线柱 15 开，发动机不运转	激活	激活	
接线柱 15 开，发动机运转	激活		激活

图 6　蓄电池能量管理系统功能电路图

1—安全气囊控制器　2—安全气囊控制器
3—舒适 CAN 总线高　4—舒适 CAN 总线低
5—接线柱 50
J644—能量管理控制器　J655—蓄电池关断继电器（安全气囊）
A—蓄电池　B—起动机　C—交流发电机

3. 蓄电池管理系统显示

蓄电池管理系统的显示内容和方式因车而异，一般显示在仪表板上或多媒体显示屏上。如图 7 和图 8 所示。

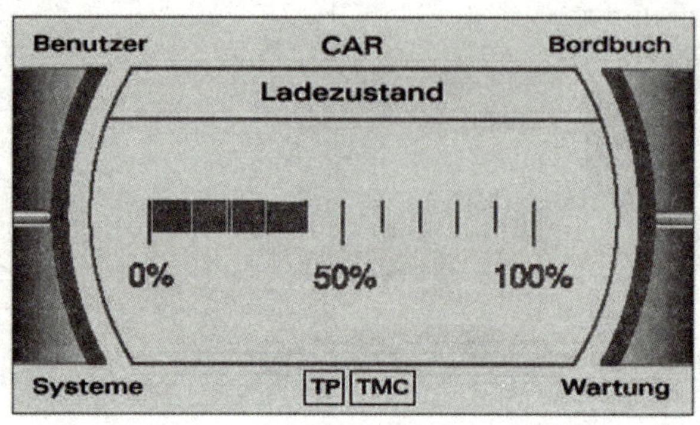

图 7 在多媒体显示屏中显示蓄电池的充电状态

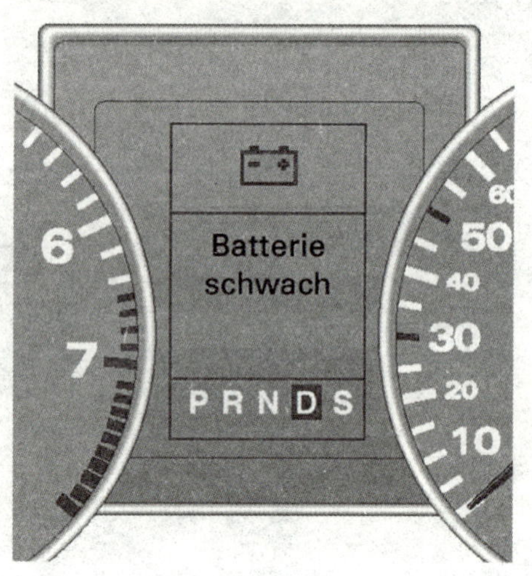

图 8 组合仪表板上显示的充电状态

5.2.3.2 信息页

5.2.3.2 信息页

学校名称		任课教师	
班级		学生姓名	
学习领域	L5 发动机电气系统诊断维修		
学习情境	LS5.2：车辆蓄电池放电，检查蓄电池管理系统	学习时间	40min
工作任务	B：蓄电池管理器	学习地点	理实一体化教室

蓄电池管理器的功能是监控蓄电池状态并进行诊断。蓄电池管理器的主要部件有蓄电池、蓄电池管理控制单元、蓄电池传感器。现代很多车型上还安装了燃爆式蓄电池断开装置。

1. 蓄电池

具有蓄电池管理系统的车辆的蓄电池可以是传统免维护蓄电池，但具有发动机自动起动停止系统的车辆需采用 AGM 阀控式蓄电池。AGM 蓄电池的优点是循环充电能力比普通铅蓄电池高 3 倍，具有更长的使用寿命；在整个使用寿命周期内具有更高的电容量稳定性；低温性能更可靠，起动能力强；降低事故风险，减少环境污染风险（由于酸液 100% 密封装）。其缺点是高温性能差，因此 AGM 蓄电池要安装在汽车后部的行李箱中，在蓄电池更换时需选择正确的蓄电池。

2. 蓄电池传感器

蓄电池传感器（EBS）是一种智能传感器。EBS 的基本功能是持续监测车辆蓄电池电流、电压和温度，然后从这些物理量中计算蓄电池的状态，如蓄电池充电状态 SOC（State of

Charge）和蓄电池健康状态 SOH（State of Health）。并将此信息通过 LIN 总线传输给主控单元，平衡蓄电池充电、放电电流，保证蓄电池的起动能力。

蓄电池传感器直接安装在蓄电池的负极上（图 9），主要由机械、硬件和软件三部分功能元件组成，如图 10 所示。EBS 的机械部分是由蓄电池负极接线柱及搭铁线组成，其主要功能是车身与蓄电池负极的连接及传感器元件的定位。

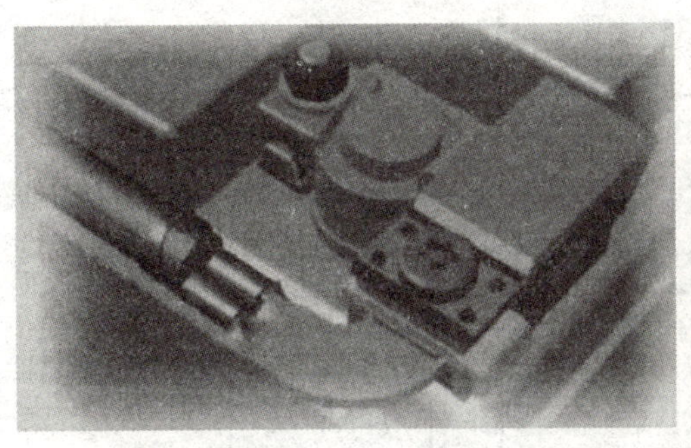

图 9　蓄电池传感器安装位置

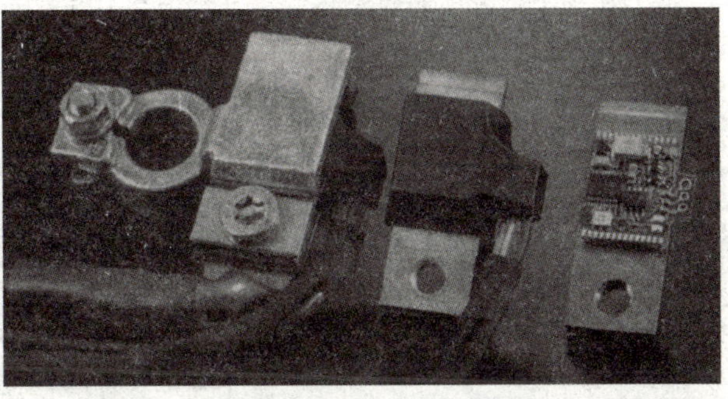

图 10　蓄电池传感器组成

宝马汽车蓄电池传感器控制电路如图 11 所示，蓄电池传感器自身带有微型控制器，并与数字式发动机电子伺控系统 DME 通过 BSD（串行数据线）进行通信。在车辆行驶过程中，DME 从 EBS 获取数据。

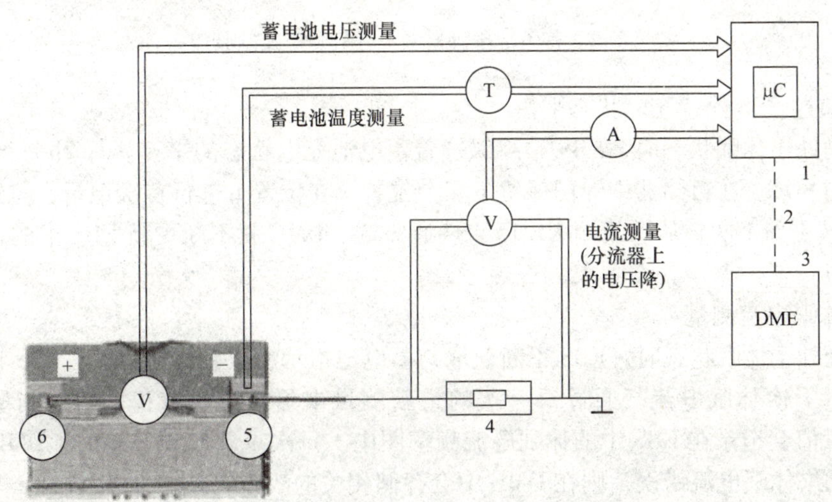

图 11　宝马汽车蓄电池传感器控制电路

1—EBS 中的微型控制器　2—串行数据线（BSD）　3—数字式发动机电子伺控系统（DME）
4—分流器　5—蓄电池负极　6—蓄电池正极

宝马汽车蓄电池传感器工作过程如下。

（1）获取测量数据

EBS 电子分析装置持续获取测量数据（图 12），并利用这些数据来计算电压、电流、温度等蓄电池指示参数。EBS 通过 BSD 将这些蓄电池指示参数的数据传递到 DME。为了计算蓄电池指示参数，还要同时对蓄电池的 SOC 进行测量计算。从发动机“关闭”到 DME 继电器断开这段时间内，EBS 会从 DME 获得有关蓄电池 SOC 的信息。DME 继电器断开后，EBS 会继续观察蓄电池的 SOC。

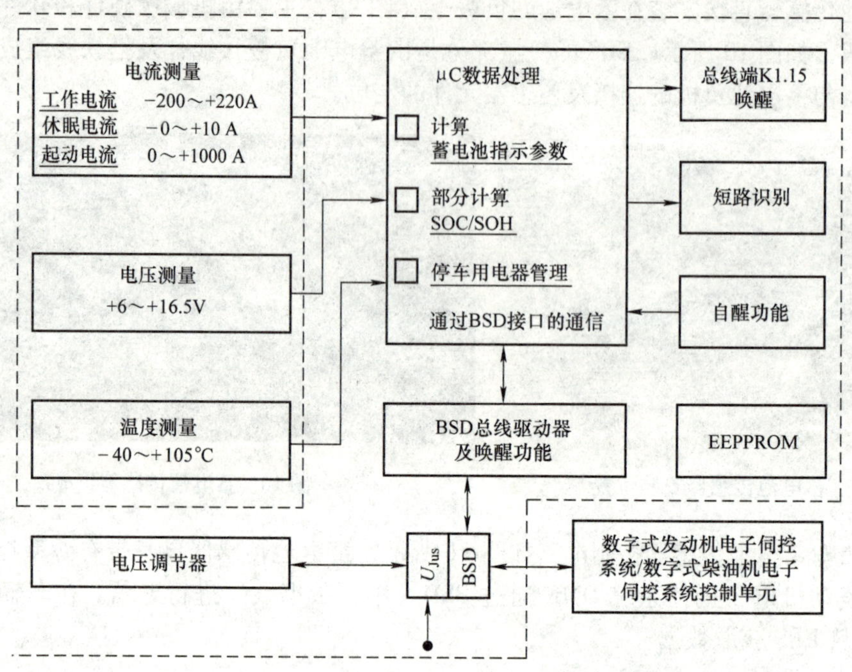

图 12 蓄电池传感器电子分析装置控制原理

（2）通过 EBS 保持充电状态平衡

当车辆处于休眠状态时，EBS 始终保持着蓄电池充电状态的平衡。每 2h 就会在 EBS 中存储当前的 SOC。在存储器中专门保留了 3 个位置，在位置 1 进行首次记录，位置 2 和位置 3 每 4h 会被更新 1 次。从总线端 K1. 15“接通”起，DME 就不断更新 EBS 中的蓄电池指示参数的数值。

（3）休眠电流测量

当车辆处于休眠状态时，EBS 不断获取与蓄电池指示参数有关的数值。EBS 程序设定为每 40s 测量 1 次休眠电流，通过每一次的重新测量来更新测量数值。EBS 测量时间约为 50ms，测量值会记录在 EBS 中的休眠电流频率图中。每次重新起动车辆时，DME 会读取该频率图。如果休眠电流错误，则在 DME 中会存储相关的故障码。

（4）总线端 K1. 15 唤醒

DME 进入休眠模式之前，它会告知 EBS 目前可用的蓄电池 SOC。如果提供的 SOC 已经耗尽，EBS 会发出唤醒信号，DME 向 EBS 查询当前的蓄电池 SOC，如果 EBS 通知 DME 蓄电池 SOC 处于临界状态，然后 DME 会要求停车并关闭用电器，此时，DME 不再允许 EBS 唤醒车辆，车辆接下来重新进入休眠状态。只有车辆处于休眠状态时，唤醒功能才适用。

EBS 对机械负荷极为敏感，因此绝对不要往 EBS 上面放置重物。蓄电池搭铁线也用于 EBS 的散热。当 EBS 损坏时，会在 DME 中存储故障码，DME 采用替代值并进入 EBS 紧急运行状态。EBS 处于紧急运行状态时发动机怠速转速会提高，以确保蓄电池充电。当 EBS 对搭铁短路时，车辆将不会被唤醒。如果 EBS 出现对正极短路，车辆将不能进入休眠模式。

3. 燃爆式蓄电池断开装置

为了提高碰撞安全性，在行李箱内安装有蓄电池的车辆配有蓄电池断开装置。发生事故时会由安全气囊控制单元触发爆破，该爆破断开了蓄电池到起动机间的连线。蓄电池断开装置通过一个很小剂量的爆炸装药来进行燃爆。为了避免无意间触发燃爆开关，操作蓄电池或蓄电池断开装置时务必先拧下负极接线端。如果触发了蓄电池断开装置，那么必须更换燃爆式蓄电池断开装置。

根据汽车装备要求，迈腾汽车燃爆式蓄电池断开装置与在行李箱中的起动蓄电池一起安装，并内置在主熔丝盒内，如图13所示。主熔丝盒在行李箱内，蓄电池的左上侧。

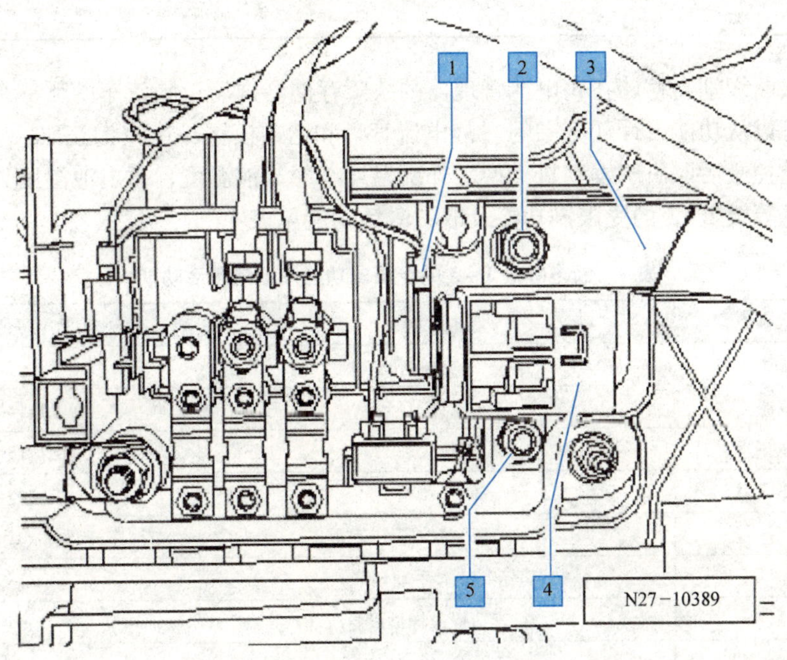

图13 迈腾汽车燃爆式蓄电池断开装置安装位置

1—插头连接到燃爆式蓄电池断开装置 2—B+导线和主熔丝盒内燃爆式蓄电池断开装置的固定螺母（凸肩螺母）
3—B+导线 4—燃爆式蓄电池断开装置 5—用于主熔丝盒内的燃爆式蓄电池断开装置的固定螺母（自锁式）

5.2.3.3 信息页

5.2.3.3 信息页

学校名称		任课教师	
班级		学生姓名	
学习领域	L5 发动机电气系统诊断维修		
学习情境	LS5.2：车辆蓄电池放电，检查蓄电池管理系统	学习时间	40min
工作任务	C：静电流管理	学习地点	理实一体化教室

静电流管理是在发动机不运转时，对汽车用电设备进行的管理，此功能共分六个断电等级，见表3。

表 3 静电流管理断电等级

断电等级	功能区域
1	舒适系统区域的限制
2	舒适系统区域的更多限制 信息娱乐系统区域的限制
3	静电流的减少
4	传输模式
5	辅助暖风系统
6	总线系统的唤醒结果

静电流关断级别会存储在蓄电池管理器的故障存储器内。迈腾汽车的哪一个耗电件或者功能将失效可以从功能设计任务书的“静电流管理和运输模块”中查询获取。

静电流受控激活取决于发动机类型、外部温度、冷却液温度、蓄电池温度、蓄电池寿命状态等，断电等级 1 ~ 3 的受限制功能及取消激活功能见表 4。

表 4 断电等级 1 ~ 3 的受限制功能及取消激活功能

断电等级 1	断电等级 2	断电等级 3
	受限制的功能	
车窗调节器	车窗调节器	无线仪表
内部照明	无线仪表	阅读照明
行李箱内部照明	阅读照明	天窗控制
阅读照明	天窗控制	座椅调节（手动调节）
	座椅调节（手动调节）	
天窗控制	行李箱提拉辅助设备	
座椅调节（手动调节）		
行李箱提拉辅助设备		
	取消激活的功能	
环境照明	所有的信息娱乐系统除了远程信息处理	所有的信息娱乐系统除了远程信息处理
回家	环境照明	环境照明
远光灯	回家	回家
内部反光镜	远光灯	车窗调节器
空调设备	足部区域照明	远光灯
离家	内部照明	指纹功能
接近感应器	内部后视镜	无线遥控操作
雾灯	空调设备	足部区域照明
前照灯清洁设备	行李箱内部照明	内部照明
后视镜加热	离家	内部后视镜
白天行车灯	MMI 手动翻折	空调设备
清洗水加热	接近感应器	行李箱内部照明

（续）

断电等级 1	断电等级 2	断电等级 3
取消激活的功能		
门外部把手照明	雾灯	离家
	轮胎压力检测接收器	MMI 手动翻折
		接近感应器
	前照灯清洁设备	雾灯
	后视镜翻折	轮胎压力检测接收器
	后视镜加热	
	白天行车灯	前照灯清洁设备
	清洗水加热	后视镜翻折
	门外部把手照明	后视镜加热
		白天行车灯
		清洗水加热
		门外部把手照明

断电等级 2 的信息传输过程如图 14 所示。

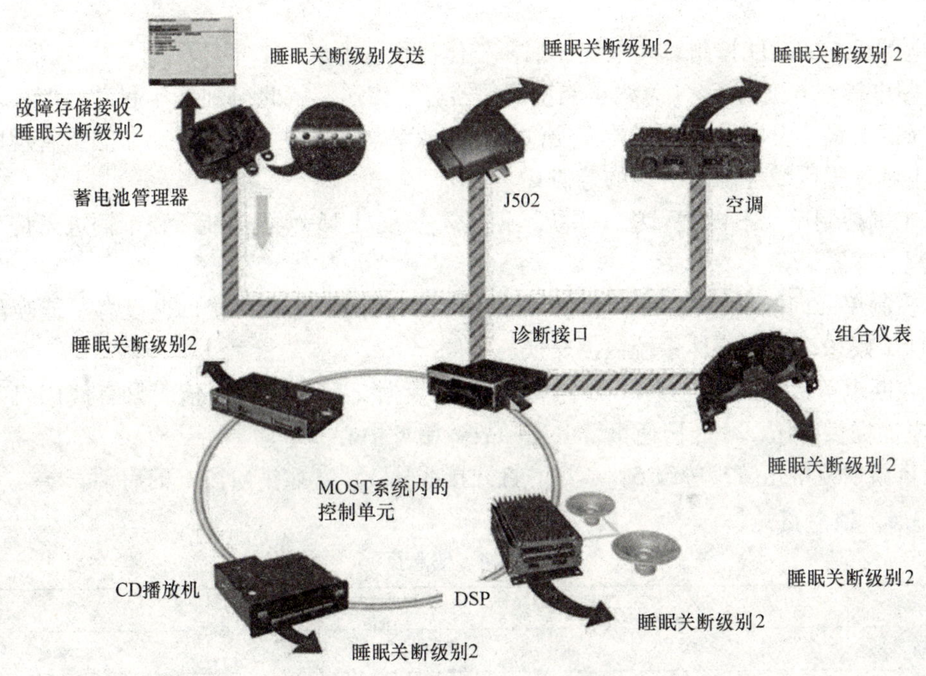

图 14　断电等级 2 信息传输

静电流断电等级 4 为运输模式，其信息传输如图 15 所示。使用发动机诊断仪输入地址码 61－蓄电池调节；功能 10－匹配；通道 1＝1，输入和存储将激活运输模式。输入地址码 61－蓄电池调节；功能 10－匹配；通道 1＝0，输入和存储将取消运输模式，或车辆在牵引

50m 后，将自动启动运输模式失效功能。

断电等级 5 激活后将关闭停车加热功能，如图 16 所示。风扇和电加热塞最多运行 1h。

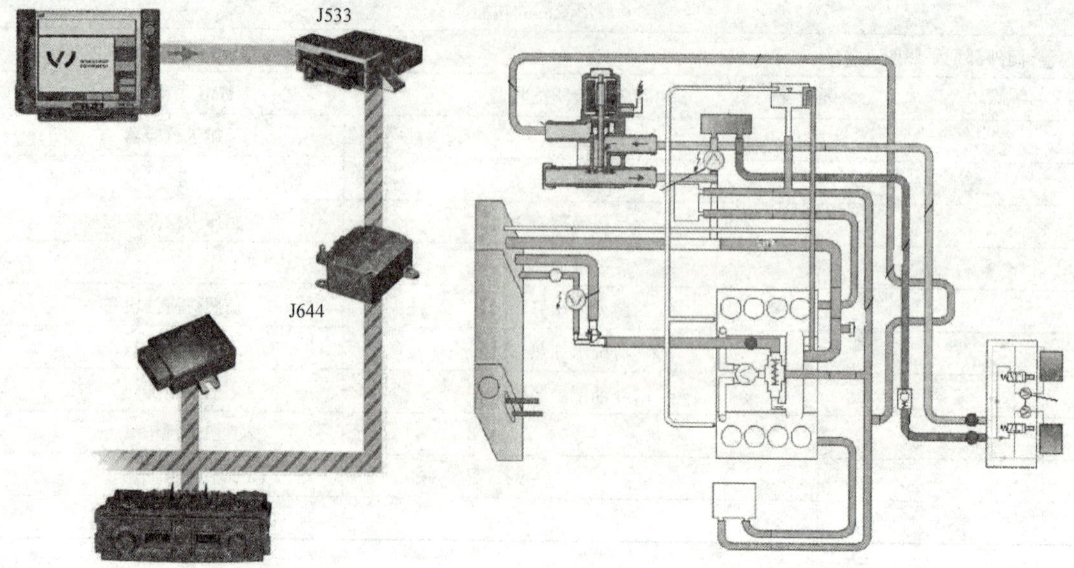

图 15 断电等级 4 信息传输

图 16 断电等级 5 关闭停车加热功能

断电等级 6 的功能控制总线系统休眠，工作过程如下：

① 断电等级 6 通过 CAN 总线从能量管理器进行传送，就此得到汽车起动性能，要达到蓄电池所需的最小发电量（刚好能够使汽车的点火装置正常工作），必须在能量管理中通过 CAN（电脑数据区域控制网络）的等级 6。

② 个别控制单元不再唤醒总线系统，但是“接线柱 15 唤醒功能”和车辆进入许可验证则可唤醒总线系统。

③ 控制单元向能量管理系统传输了管理等级 6 的信号之后，就再也没有可能唤醒汽车上的 MOST 娱乐设施（媒体系统数据交换）。

④ 在断电等级 6 无法通过 MOST（媒体系统数据交换）进行通信。只有使用自身用的备用蓄电池提供电压，才能接通报警电话和故障服务中心的电话。

⑤ 重新恢复电压管理等级 6：通过“打开接线柱 15”，撤销阶段 6 的启动。

5.2.3.4 信息页

5.2.3.4 信息页

学校名称		任课教师	
班级		学生姓名	
学习领域	L5 发动机电气系统诊断维修		
学习情境	LS5.2：车辆蓄电池放电，检查蓄电池管理系统	学习时间	40min
工作任务	D：动态能量管理	学习地点	理实一体化教室

动态能量管理的功能主要包括能量需求分配、充电电压调节、减少能源消耗、高负荷加热系统调节、提升发动机的怠速转速等。

蓄电池动态能量分配跟蓄电池容量、汽车电网中的用电器、发电机功率、发电机电压比、发动机怠速转速和行驶环境有关系。汽车蓄电池构成一个容器，为各种用电器提供充足的电能。因此，必须不断通过发电机为蓄电池充电。如果用电过多，蓄电池渐渐“变空”，将导致充电不足。合理能量分配的理想条件是能量输入（充电）和能量输出（放电）的平衡。附加安装的用电器或极端行驶条件可能会影响能量分配的平衡性。耗电总量和各种行驶条件都是能量分配的决定性因素。

（1）有利条件（图 17）

远光灯主要在较高发动机转速的长途行驶及交通密度较低的情况下使用；在市区行驶、发动机转速较低、怠速行驶时间较多、交通密度较高、行程较短的情况下不需要使用远光灯。这种情况下用电器不会出问题，因为它们大多数都是在适当的发电机转速范围内工作。所有用电器供电充足，且蓄电池也在充电。

（2）不利条件（图 18）

如果多个用电器，例如雾灯、照明灯以及后风窗玻璃加热装置等同时开启，则为不利状况。这些用电器一般都是在转速达到下限范围时开始工作，在这个转速范围内发电机不能输出全部能量。雾天必须缓慢行驶，当对面来车时，就要开启雾灯，因此雾灯的开启持续时间相对较长。

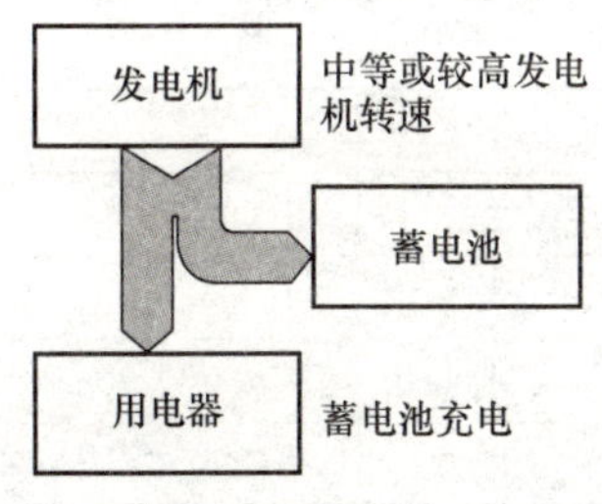

图 17 有利条件

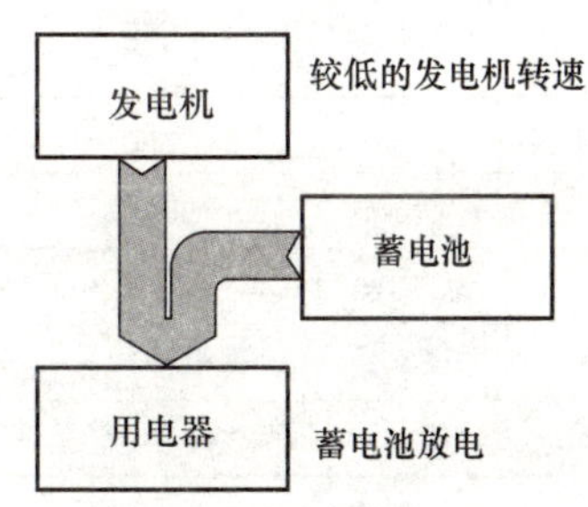

图 18 不利条件

（3）汽车电网控制单元（大众车系为 J519）的功能

车载电网控制单元集中了车辆中各个位置安装的所有控制单元和继电器的功能。车载电网控制单元负责各种舒适用电器的负荷管理，因此要监控蓄电池的电压状况。当达到估算的阈值时，首先要求较高的怠速转速，且发电机转速升高为车载电网提供更有利条件。如果车辆无法重新起动，或与安全有关的用电器运行不正常，则舒适用电器，如可加热后风窗玻璃的加热装置，将短时切断电路。

专家组合作制作海报

教师活动 教师要求学生形成专家组，小组合作设计简单的海报。

学生活动 学生进行小组讨论，合作制作海报。(30min)

专家组展示讲述海报

学生活动 学生每个小组展示讲述本组学习成果，其他组学生认真倾听，提出疑问、建议。(30min)

教师活动 教师在学生讲解海报时及时给出评价和反馈。

拼图学习完成其他工作页

教师活动 教师要求学生先独立完成其他三个工作页的学习，并进行指导和答疑；然后小组讨论并展示结果。

学生活动 学生先是独立完成其他三个工作页的学习，然后和伙伴讨论形成本组意见，进行工作页的展示。(60min)

教学方法：两人小组工作法

3.2 双蓄电池管理系统

关键词法独立学习

教师活动 教师提供5.2.3.5信息页，让学生独立阅读，找出关键词，并整理出逻辑关系思维导图。

学生活动 个人独立学习，学生安静独立地阅读5.2.3.5信息页，找出关键词，完成5.2.3.5工作页，并整理出逻辑关系的思维导图。(30min)

5.2.3.5 信息页

5.2.3.5 信息页

学校名称		任课教师	
班级		学生姓名	
学习领域	L5 发动机电气系统诊断维修		
学习情境	LS5.2：车辆蓄电池放电，检查蓄电池管理系统	学习时间	30min
工作任务	双蓄电池管理系统	学习地点	理实一体化教室

一般汽车上蓄电池的作用是提供发动机起动所需的电能，并保证用电器的供电。在所有运行状态下全部用电器都是仅通过一个蓄电池进行供电。由于车辆装备复杂，尤其是对冷起动性能要求非常高，可能一个蓄电池不足以保证稳定供电。如果是这种情况，则可以使用第二个蓄电池或采用两组蓄电池方案。当发动机运转时，蓄电池和第二个蓄电池是并联连接的，且通过发电机进行充电。当发动机关闭时，两个蓄电池通过断路继电器分开。

对于双蓄电池车辆，有一台起动蓄电池和一台车载电网蓄电池供使用。在正常工作情况下，起动蓄电池在起动过程中向起动机供电，车载电网蓄电池向用电设备供电。如果其中一台蓄电池电量不够，另外一台就会给予支持。该支持过程是由蓄电池监控系统控制单元来控制的。

辉腾汽车的两组蓄电池方案由起动蓄电池、车载电网蓄电池、并联蓄电池继电器(J581)、起动蓄电池转接继电器、车载电网蓄电池转接继电器、蓄电池监控系统控制单元(J367)及起动蓄电池温度传感器组成，如图19所示。

在正常情况下，起动蓄电池为发动机的起动电路提供电源。车载电网蓄电池为车载电网提供12V的电压。在冷起动时，由起动蓄电池辅助。

起动机电路和车载电网电路的开关控制是通过蓄电池监控系统控制单元（J367）完成的，其电路如图20所示。它控制了起动蓄电池的充电，并可靠保证了与起动相关的用电设

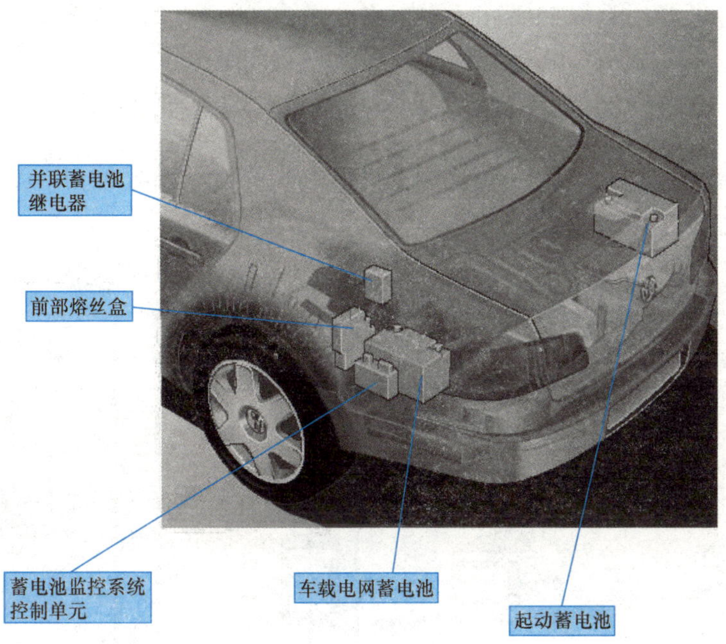

图 19 辉腾汽车双蓄电池管理系统组成

备的正常供电。

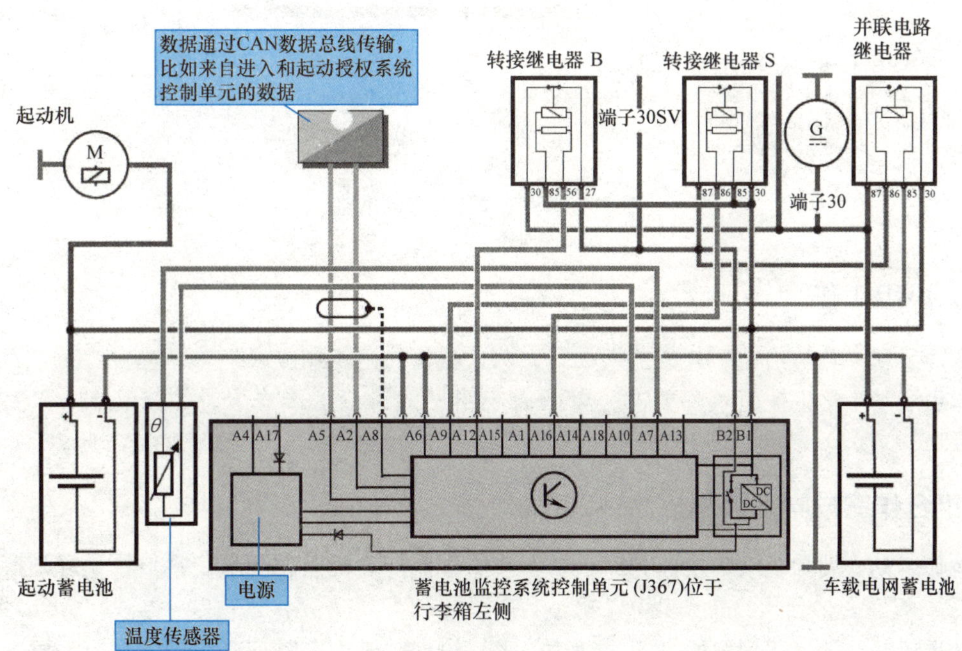

图 20 双蓄电池管理系统电路

A1—端子 50　A4—钥匙插入　A14—端子 15　A15—应急运行

A17—端子 30　A18—端子 15SV

正常起动过程中，起动机电路和车载电网电路是彼此分开的，如图 21 所示。

蓄电池监控系统控制单元由进入和起动授权系统控制单元（J 518）通过信号“钥匙在点火开关中”（Key - In）和“点火开关已打开”（端子 15）以及起动信号（端子 50）进行控制。

车载电网蓄电池转接继电器（继电器 B）被关闭，与起动相关的用电设备将由车载电网蓄电池供电。起动机由起动蓄电池供电。

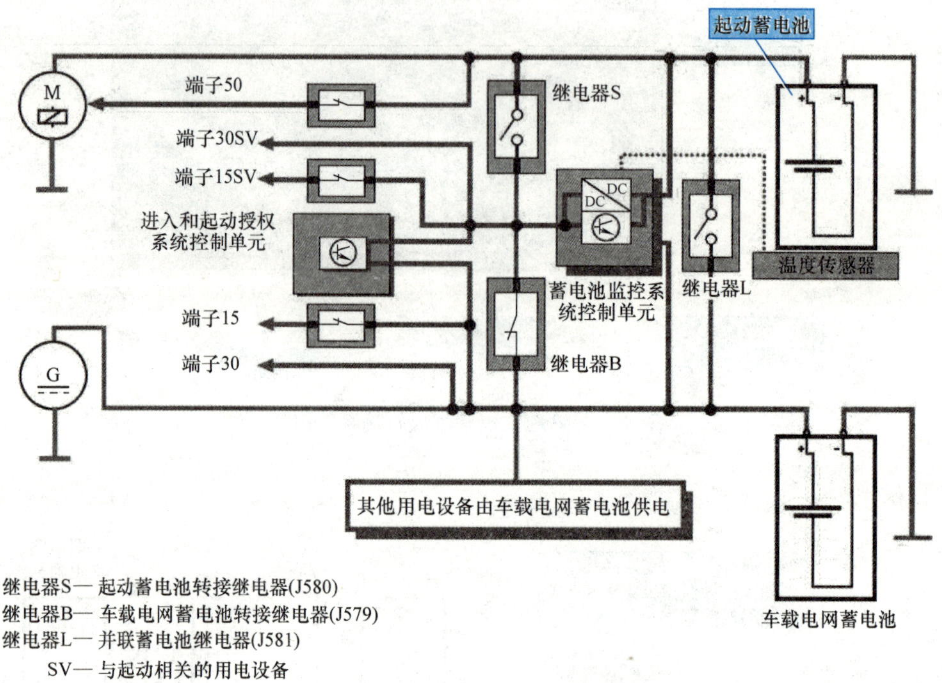

图 21 辉腾汽车正常起动电路

两人小组工作

教师活动 教师给学生分成两人小组，两人小组讨论工作成果。

学生活动 学生按照教师要求，以两人小组形式讨论工作成果，并修改 5.2.3.1 工作页。(15min)

小组合作完成学习海报

教师活动 教师要求学生回到原始学习小组，整理关键内容到笔记本上，完成小组学习海报。

学生活动 学生回到原始学习小组，经过讨论把关键内容整理到笔记本上，完成小组学习海报，并进行展示。(20min)

教学方法：小组拼图法

3.3 双蓄电池管理系统起动过程分析

原始组独立完成工作页

教师活动 教师把学生分成专家组，并提供与之有关的 5.2.3.6 ~5.2.3.10 信息页和 5.2.3.6 ~5.2.3.10 工作页。

学生活动 学生原始组个人独立学习 5.2.3.6 ~5.2.3.10 信息页，并完成 5.2.3.6 ~ 5.2.3.10 工作页。(30min)

5.2.3.6 信息页

5.2.3.6 信息页

学校名称		任课教师	
班级		学生姓名	
学习领域	L5 发动机电气系统诊断维修		
学习情境	LS5.2：车辆蓄电池放电，检查蓄电池管理系统	学习时间	30min
工作任务	A：双蓄电池管理系统冷起动	学习地点	理实一体化教室

双蓄电池电源管理系统冷起动电路如图 22 所示，除了正常起动的输入信号外，还要将蓄电池温度以及 CAN 数据总线传送的冷却液温度信号考虑在内。

车载电网蓄电池转接继电器被关闭，蓄电池监控系统控制单元控制继电器切换到并联。如此控制后，并联继电器关闭，两个蓄电池被并联。

并联的发生取决于温度：对于汽油发动机 < -10℃，对于 V10 TDI 柴油发动机 <0℃。

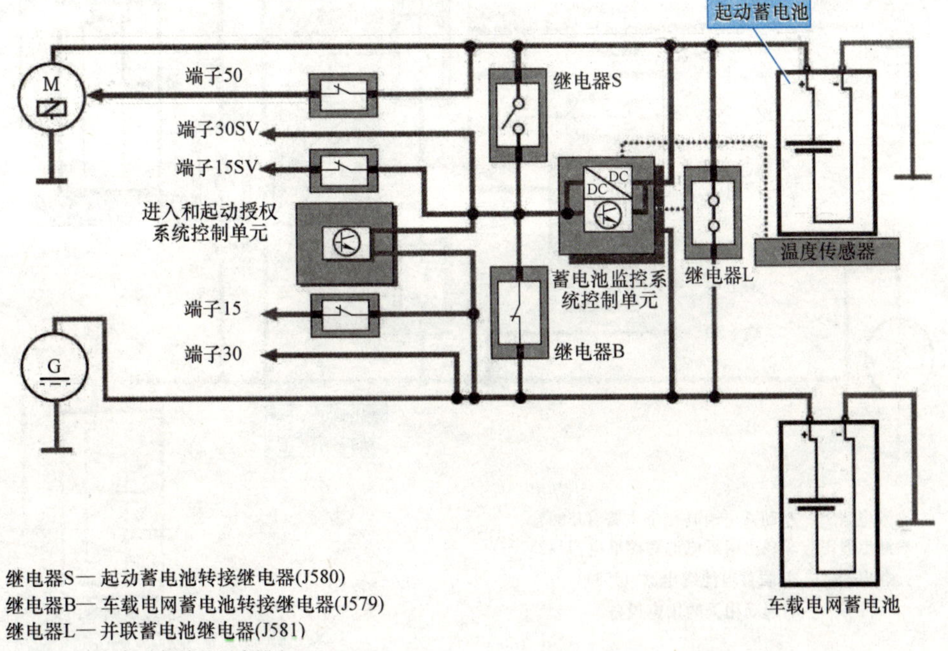

图 22 双蓄电池电源管理系统冷起动电路

5.2.3.7　信息页

5.2.3.7　信息页

学校名称		任课教师	
班级		学生姓名	
学习领域	L5 发动机电气系统诊断维修		
学习情境	LS5.2：车辆蓄电池放电，检查蓄电池管理系统	学习时间	30min
工作任务	B：车载电网蓄电池放电后的起动过程	学习地点	理实一体化教室

车载电网蓄电池放电后的起动电路如图23所示。当接通端子15SV时，如果车载电网蓄电池电压小于11V，将通过CAN数据总线和PIN“应急运行”发送“应急起动”模式信息。

一旦点火钥匙插入点火开关，端子30SV立刻通过起动蓄电池转接继电器连接至起动蓄电池。

当点火开关打开时，动力传动系统CAN总线进入部分工作模式。只有与起动相关的控制单元才参与通信工作。

发动机起动后，与舒适/便利系统相关的加热设备将被关闭2～5min。

在系统检测到发动机运转2s左右后，“应急运行”模式被取消。

在车载电网蓄电池上获得足够的充电电压之前，车载电网将通过并联继电器的并联，由起动蓄电池供电。

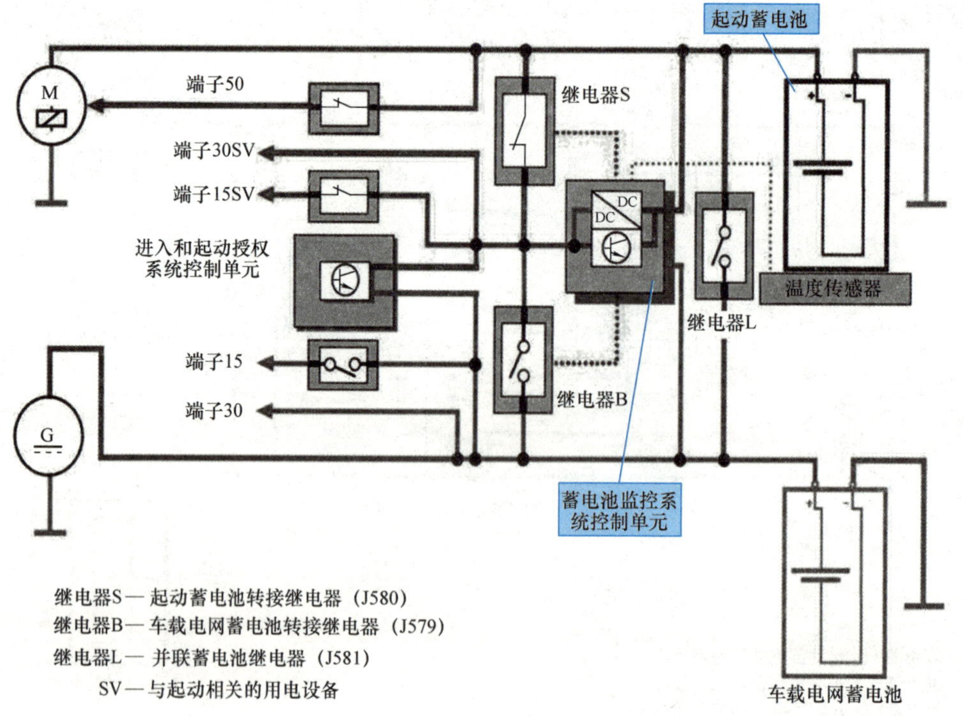

图23　车载电网蓄电池放电后的起动电路

在柴油发动机车辆上，与起动蓄电池的连接是通过接通端子 15SV 实现的，以便启动预热阶段程序。

5.2.3.8　信息页

5.2.3.8　信息页

学校名称		任课教师	
班级		学生姓名	
学习领域	L5 发动机电气系统诊断维修		
学习情境	LS5.2：车辆蓄电池放电，检查蓄电池管理系统	学习时间	30min
工作任务	C：起动蓄电池放电后的起动过程	学习地点	理实一体化教室

起动蓄电池放电后的起动过程为“应急起动”，电路如图 24 所示。“应急起动”模式信息是通过 CAN 数据总线和 PIN“应急运行”发送的。

端子 30SV 通过车载电网蓄电池转接继电器保持与车载电网蓄电池的连接。

在开始起动（端子 50）时，两个蓄电池通过并联继电器进行并联。

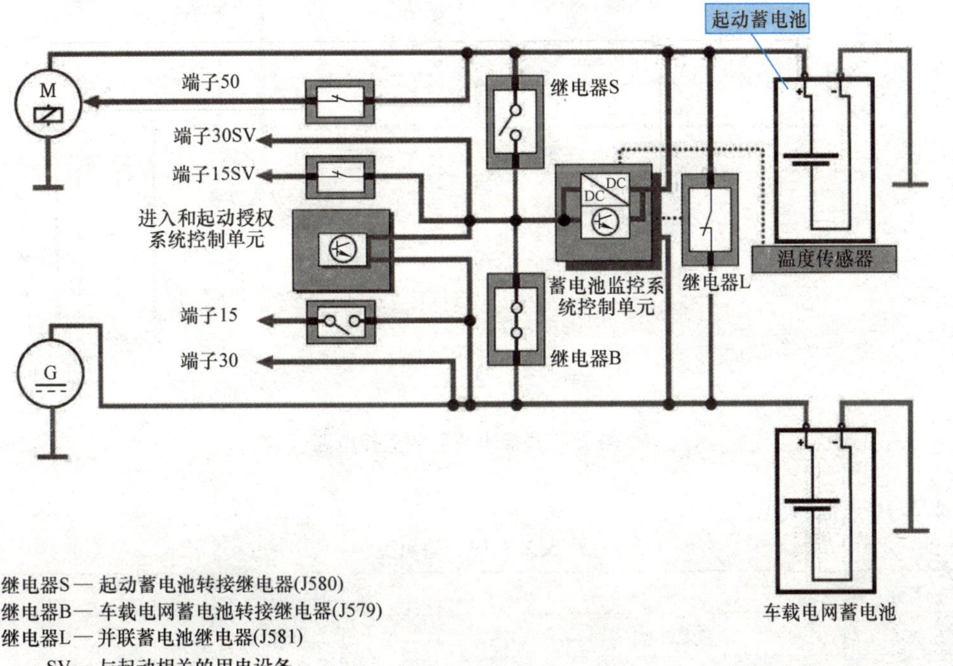

图 24　起动蓄电池放电后的起动电路

5.2.3.9　信息页

5.2.3.9　信息页

学校名称		任课教师	
班级		学生姓名	
学习领域	L5 发动机电气系统诊断维修		
学习情境	LS5.2：车辆蓄电池放电，检查蓄电池管理系统	学习时间	30min
工作任务	D：碰撞事故后的监控	学习地点	理实一体化教室

当发生碰撞事故时，蓄电池监控系统控制单元通过 CAN 数据总线收到碰撞信号，如图 25 所示。起动蓄电池由此中断充电工作。该信号将一直被保存，直到利用测量和诊断系统 VAS5051 复位。

每次接通点火开关时，都会检查连接起动机的导线是否存在短路。当检查到有短路存在时，就不再开始起动过程。

如果没有“Key – In”信号，且车载电网蓄电池没电，则无法进行起动。

通过测量和诊断系统 VAS 5051 可以对蓄电池监控系统控制单元进行诊断。

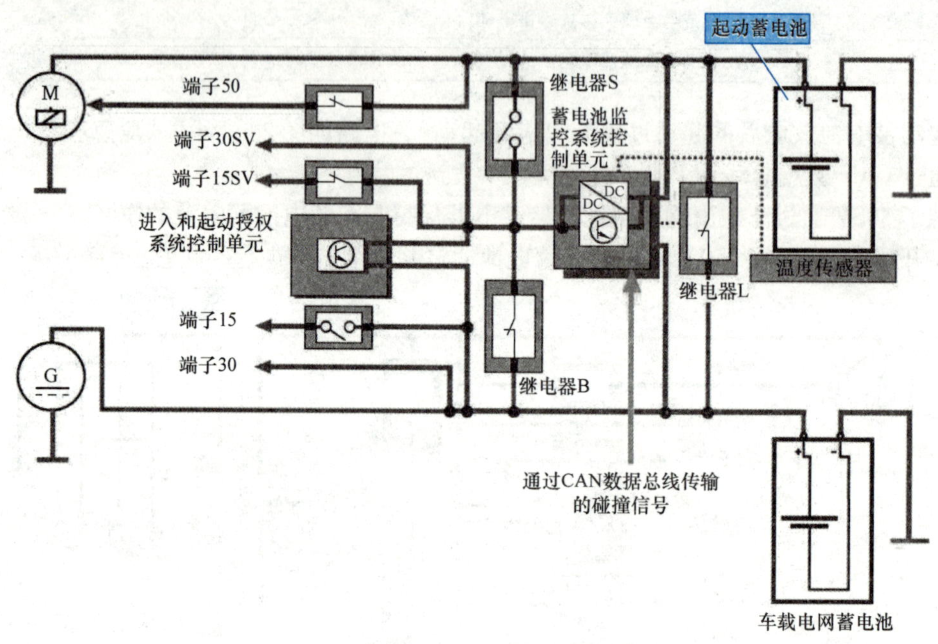

图 25 碰撞事故后的监控电路

5.2.3.10 信息页

5.2.3.10 信息页

学校名称		任课教师	
班级		学生姓名	
学习领域	L5 发动机电气系统诊断维修		
学习情境	LS5.2：车辆蓄电池放电，检查蓄电池管理系统	学习时间	30min
工作任务	E：起动蓄电池的充电过程	学习地点	理实一体化教室

起动蓄电池的充电过程电路如图 26 所示，可以分为两种运行模式，分别是通过晶体管或蓄电池监控系统控制单元中的 DC/DC 直流转换器。

只要起动蓄电池的额定充电电压低于实际的车载电网电压，就会通过晶体管加载起动蓄电池的充电电流。

如果车载电网电压低于充电电压的额定值，将通过 DC/DC 直流转换器加载充电电流。

该充电时间是由蓄电池监控系统控制单元来监控的。如果起动蓄电池的电压值不能达到规定的数值，充电过程将被中断并禁止，从而保证损坏的蓄电池不会被继续充电。

系统会在故障存储器中保存一个故障存储条目：起动蓄电池的充电监控—超出上限。

蓄电池监控系统控制单元可以用测量和诊断系统 VAS 5051 进行诊断。

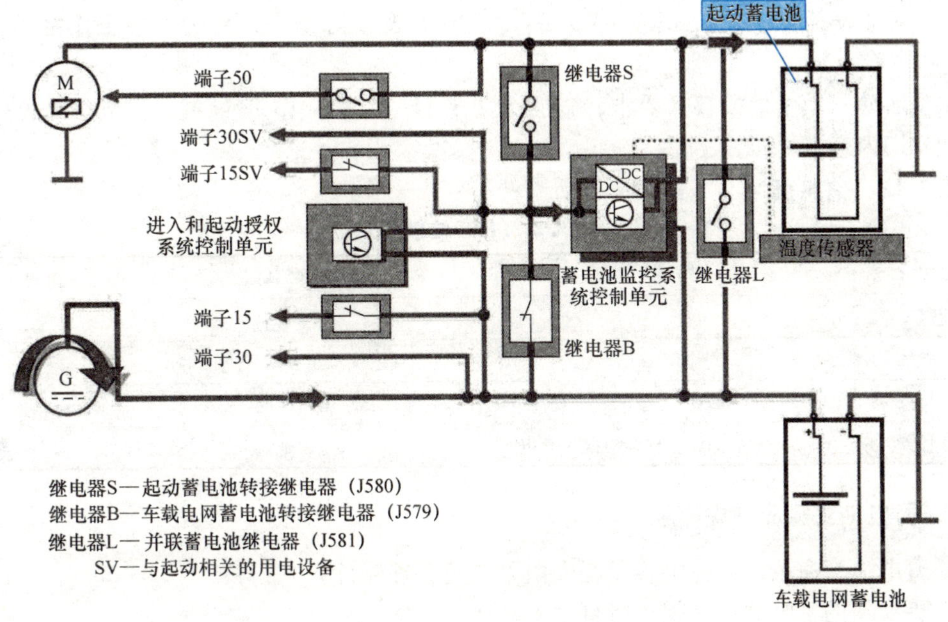

图 26 蓄电池的充电电路

专家组合作制作海报

教师活动 教师要求学生形成专家组，小组合作设计简单的海报。

学生活动 学生进行小组讨论，合作制作海报。（20min）

专家组展示讲述海报

学生活动 学生每个小组 5min 展示讲述本组学习成果，其他组学生认真倾听，提出疑问、建议。（20min）

教师活动 教师在学生讲解海报时及时给出评价和反馈。

拼图学习完成其他工作页

教师活动 教师要求学生先独立完成其他四个工作页的学习，并进行指导和答疑；然后小组讨论并展示结果。

学生活动 学生先是独立完成其他四个工作页的学习，然后和伙伴讨论形成本组意见，进行工作页的展示。（60min）

教学方法：学习站法

3.4 蓄电池管理系统的检修

工作站学习完成工作页（30min）

教师活动 教师提供实验车型的维修手册等资料和工作站，提供5.2.3.11～5.2.3.13信息页，要求学生完成5.2.3.11～5.2.3.13工作页和实际操作，教师对各工作站进行巡视和指导。

学生活动 学生根据教师要求，查阅5.2.3.11～5.2.3.13信息页，完成工作站的学习内容和实操内容。

5.2.3.11 信息页

5.2.3.11 信息页

学校名称		任课教师	
班级		学生姓名	
学习领域	L5 发动机电气系统诊断维修		
学习情境	LS5.2：车辆蓄电池放电，检查蓄电池管理系统	学习时间	30min
工作任务	A：蓄电池更换与充电	学习地点	理实一体化教室

1. 蓄电池更换应考虑事项

① 蓄电池寿命条件和蓄电容量耗失由蓄电池管理器计算。

② 更换新的蓄电池后必须进行自学习。

③ 故障导航：蓄电池管理器编码。

④ 功率、生产厂商以及诸如蓄电池序列号等输入信息。

⑤ 很显然，如果静电流管理有问题，耗电元件将很早就被关闭。

2. 蓄电池编码

① 长编码，带蓄电容量、厂家和完整的蓄电池序列号（标签）等输入信息。

② 故障导航：蓄电池能量管理编码。

③ 很显然，对于未被授权的静电流管理，耗电元件将被提前关闭。

④ 只有在蓄电池充满电的情况下，才能进行编码！在编码时，BEM将实际的充电状态存储在100%上。

3. 蓄电池充电

给蓄电池充电时请留意以下条款，以便控制能源管理系统再次充电的整个过程，并通过一些外部现象，判断蓄电池是否处于充电状态，从而避免一些不良后果的发生。

① 关闭点火装置和耗能装置。

② 充电器的电极夹应该按照规定接到蓄电池的正极和跨接起动接头上，如图27所示。

③ 充电器的电源插头插入插座，并接通电源。

④ 充电完毕，切断电源，并拔出电源插头。

4. 充电注意事项

① 请注意有关发动机的蓄电池操作规则。

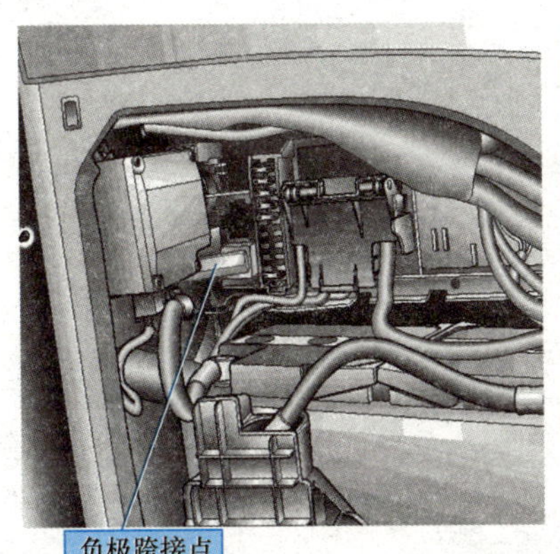

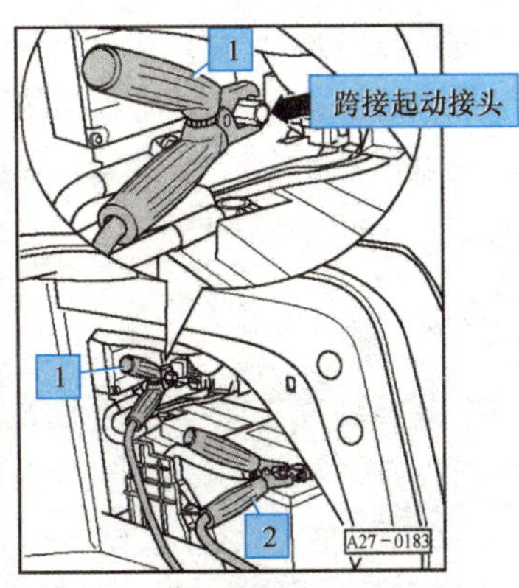

图 27 蓄电池跨接充电的连接

② 请只使用售后服务部认可的充电器。

③ 请勿在 0℃以下温度或蓄电池处于冷却状态时充电。

④ 充电完毕后，要将充电蓄电池塞上罩盖。

⑤ 为了避免在用充电器充电时损坏车内电脑网络，如果输出的电压高于 14.8V（如快速充电），则需将蓄电池和车内电脑网络断开。

⑥ 快速充电不能被能源管理系统加以控制，以至于能通过运行状态和静止状态之间某种特定的变化，计算处于充电状态时的准确数值和预测汽车起动能量值。蓄电池快速充电会发生危险。快速充电要求配有专门的充电器，并要求具备相应的知识。

5.2.3.12 信息页

5.2.3.12 信息页

学校名称		任课教师	
班级		学生姓名	
学习领域	L5 发动机电气系统诊断维修		
学习情境	LS5.2：车辆蓄电池放电，检查蓄电池管理系统	学习时间	30min
工作任务	B：蓄电池管理系统诊断	学习地点	理实一体化教室

蓄电池管理系统可以用专用诊断设备通过关断级别实现用电设备的功能限制

(1) 诊断设备可以读取诊断故障存储器信息

① 带车辆状态（日期，钟点时间，行驶里程）的关断级别。

② 与必要的控制单元进行 CAN 通信（没有信号/通信）。

③ 电压高于 15.5V 或者低于 7.5V 超过 60s 以上。

④ 发电机机械故障（传动带故障）。

⑤ 发电机电气故障（定子断路、短路、励磁绕组断路、调节级别故障）。

⑥ 发电机高温调节超过调节范围（冷却装置）。

⑦ 发电机接口没信号/通信。

⑧ 电源测量导线对正极短路/断路。

⑨ 静电流超过范围。

（2）使用专用诊断设备读取测量数据块

① 发电机理论电压。

② 蓄电池电压。

③ 发电机负荷信号。

④ 导线/蓄电池温度。

⑤ 在大的功率消耗情况下紧急关断状态。

⑥ 静电流关断级别。

⑦ 充电状态（%）。

⑧ 蓄电池内阻。

⑨ 蓄电池容量计算。

⑩ 动态充电/放电电流。

⑪ 静电流平均值（静电流故障）。

⑫ 总能量平衡/流量。

⑬ 中等程度的总量和静电流及目前的使用寿命状态。

⑭ 上次行驶时间。

⑮ 上次行驶的能量平衡。

（3）执行元件自诊断信息

发电机理论电压为15.0 V、13.5V、0.0V。

5.2.3.13 信息页

5.2.3.13 信息页

学校名称		任课教师	
班级		学生姓名	
学习领域	L5 发动机电气系统诊断维修		
学习情境	LS5.2：车辆蓄电池放电，检查蓄电池管理系统	学习时间	30min
工作任务	C：元件拆装	学习地点	理实一体化教室

拆卸和安装燃爆式蓄电池断开装置的安全措施和操作步骤如下文所述。

（1）操作燃爆式蓄电池断开装置时的安全措施

① 只允许受过培训的人员进行检查、安装和维修工作。

② 对蓄电池断开系统进行操作时必须断开蓄电池搭铁线。

③ 操作人员在接触蓄电池断开装置之前必须释放本身的静电。通过触摸诸如水龙头、暖气管或金属支架之类的搭铁金属零部件可实现释放自身静电。

④ 从运输容器中取出蓄电池断开装置后必须立即安装。

⑤ 工作中断时，要把蓄电池断开装置重新放回到运输容器中。

⑥ 不能随便放置蓄电池断开装置。

⑦ 蓄电池断开装置如果曾跌落到硬的地板上或有损坏，则不允许再安装。

⑧ 储存和运输要符合易爆材料的有关法律。

（2）拆卸

① 关闭点火开关和所有用电器，取出点火钥匙或者松开位于位置 0（前向锁定）的起动按钮。

② 打开锁止件，并取出盖板，如图 28 所示。

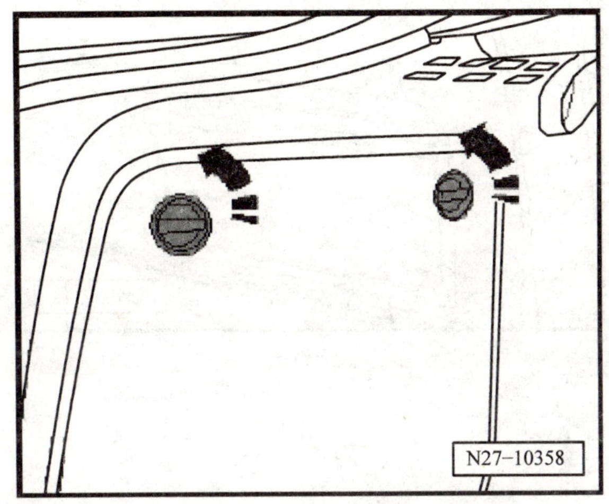

图 28 打开燃爆式蓄电池断开装置锁止件

③ 按箭头方向松开锁止凸耳，并取出杂物箱，如图 29 所示。

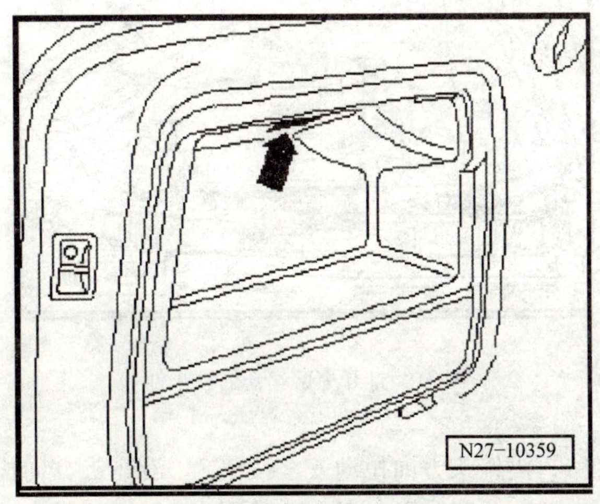

图 29 松开锁止凸耳

④ 解锁锁止件 1，并取出饰板 2 和杂物箱 3，如图 30 所示。

⑤ 断开蓄电池，向左旋转 90°并向下翻折盖子，以此打开主熔丝盒的锁止件 1，如图 31 所示。

⑥ 拧下凸肩螺母 1，并从接口螺纹中取下 B + 导线 2。旋出自锁式螺母 4，在考虑连接的导线长度的情况下，从接口螺纹中取下燃爆式蓄电池断开装置 3，如图 32 所示。

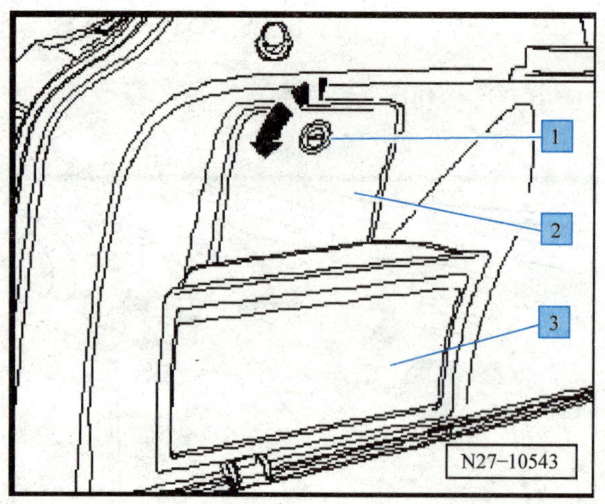

图 30 解锁锁止件

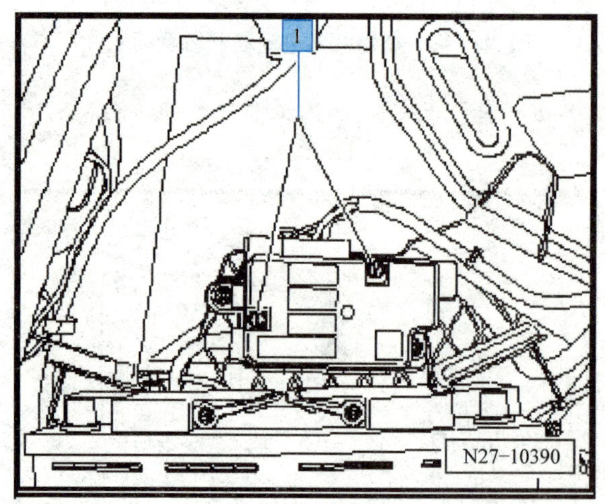

图 31 打开主熔丝盒的锁止件

⑦ 为脱开插头连接 1，沿箭头方向拉动安全按钮 3。沿箭头方向拔下插头连接 1，并且从汽车中取出燃爆式蓄电池断开装置 2，如图 33 所示。

(3) 安装

安装以倒序进行，安装过程中要注意以下几点：

① 在安装插头连接到燃爆式蓄电池断开装置上时，可听见插座销卡入的声音。

② 以规定的拧紧力矩拧紧所有螺栓连接。螺栓连接力矩见表 5。

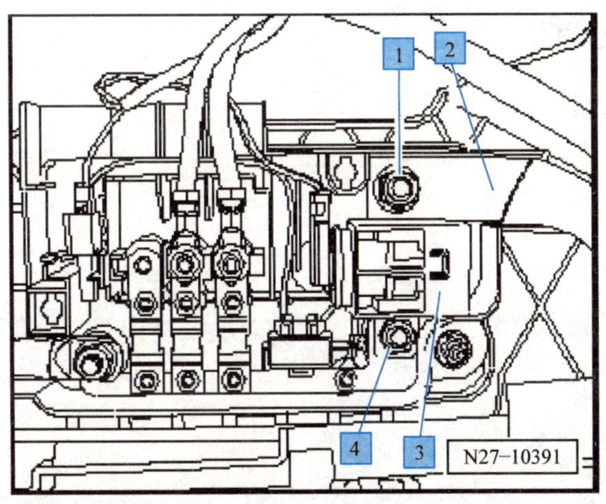

图 32　从接口螺纹中取下燃爆式蓄电池断开装置

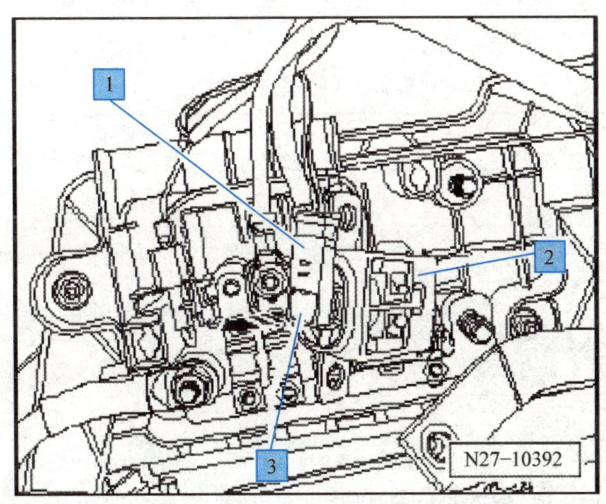

图 33　从汽车中取下燃爆式蓄电池断开装置

表 5　螺栓连接力矩

螺栓连接	拧紧力矩/N · m
安装固定螺母到熔断丝夹上 M6	9
将 B + 导线安装到主熔丝盒的固定螺母 M8	15
燃爆式蓄电池断开装置安装到主熔丝盒上的下部自锁式固定螺母 M8	15
用于把主熔丝盒固定在主熔丝盒支架上的双向螺栓	9

轮换工作站学习

教师活动　教师组织学生轮换工作站进行小组学习。

学生活动　学生轮换工作站进行小组学习。(60min)

小组合作制作综合海报

教师活动 教师要求每个小组完成一张思维导图的总海报。

学生活动 学生分组完成一张总海报。(20min)

展示讲述综合海报

教师活动 教师选出一个组来介绍讲解总海报内容，教师进行评价。

学生活动 被选出的小组展示讲述本组绘制的总海报内容，其他组学生提出疑问、建议。(20min)

完成 5.2.3.1 理论测试

教师活动 教师要求学生独立完成 5.2.3.1 理论测试，不允许查阅任何资料。

学生活动 学生安静独立地在系统上完成理论测试 5.2.3.1 并提交，不能查阅任何资料。(20min)

5.2.3.1 理论测试

5.2.3.1 理论测试

学校名称		任课教师	
班级		学生姓名	
学习领域	L5 发动机电气系统诊断维修		
学习情境	LS5.2：车辆蓄电池放电，检查蓄电池管理系统		
理论学习内容	蓄电池管理系统检修	学习时间	20min

一、填空题（每空 1 分，共 46 分）

1. 蓄电池管理系统功能模块分为三个部分，功能模块 1 是________，负责________的监测与诊断；功能模块 2 是________，负责在静态下汽车________管理，使相关用电器进入________，以节省能量；功能模块 3 是________，进行发动机运转后________的调节，并对大功率用电设备________进行调节。

2. 蓄电池管理器的主要部件有蓄电池、________、________，现代很多车型上还安装了________断开装置。

3. 具有发动机自动起动停止系统的车辆需采用________蓄电池，AGM 蓄电池的优点是________能力比普通铅蓄电池高 3 倍，具有更长的________；在整个使用寿命周期内具有更高的电容量________；低温性能更________，起动能力________；降低事故风险，减少________风险（由于酸液 100% 密封装）。其缺点是________差，因此 AGM 蓄电池安装在汽车后部的________中，在蓄电池更换时需选择正确的蓄电池。

4. 蓄电池传感器（EBS）的基本功能是持续监测车辆蓄电池________、________和________，然后从这些物理量中计算蓄电池的状态，如蓄电池________和蓄电池________。

5. 蓄电池传感器直接安装在________上，主要由________、________和________三部分功能元件组成。EBS 的机械部分是由蓄电池负极接线柱及搭铁线组成，其主要功能是________的连接及________的定位。

6. 为了提高碰撞安全性，在行李箱内安装有蓄电池的车辆配有________。发生事故时会由________控制单元触发爆破，该爆破断开了蓄电池到________间的连线。蓄电池断开装置通过一个很小剂量的________来进行燃爆。为了避免无意间触发燃爆开关，操作蓄电池或蓄电池断开装置时务必先拧下________。

7. 蓄电池动态能量分配跟蓄电池________、汽车电网中的________、________、发电机变压变比、发动机________和________有关系。

8. 对于双蓄电池车辆，有一台________蓄电池和一台________蓄电池供使用。在正常工作情况下，________在起动过程中向起动机供电，________向用电设备供电。如果其中一台蓄电池电量不够，另外一台就会给予支持。该支持过程是由________系统控制单元来控制的。

二、选择题（每题 2 分，共 20 分）

1. 下列不属于蓄电池管理系统功能的是（　　）。

A. 蓄电池监测　B. 胎压监测　C. 智能能量分配　D. 静电压管理

2. 蓄电池管理系统直接检测的蓄电池物理量不包括（　　）。

A. 蓄电池电压　B. 蓄电池温度　C. 蓄电池电流　D. 蓄电池容量

3. 静电流管理器激活的条件是（　　）。

A. 发动机停机　B. 发动机运转　C. 汽车行驶　D. 起动过程

4. 以下不属于 AGM 蓄电池的特点的是（　　）。

A. 耐高温性能好　B. 起动能力强　C. 低温性能好　D. 使用寿命长

5. 蓄电池传感器通常安装在（　　）。

A. 蓄电池内部　B. 蓄电池正极极柱上

C. 蓄电池负极极柱上　D. 车架上

6. 关于蓄电池传感器，甲说当 EBS 对搭铁短路时，车辆将不会被唤醒。乙说如果 EBS 出现对正极短路，车辆将不能进入休眠模式。（　　）。

A. 甲对　B. 乙对　C. 甲和乙都对　D. 甲和乙都不对

7. 燃爆式蓄电池断开装置是由（　　）触发爆破。

A. 发动机控制单元　B. 网关

C. 车载电网控制单元　D. 安全气囊控制单元

8. 静电流管理断电等级 4 是（　　）。

A. 减少静电流　B. 关闭停车加热　C. 运输模式　D. 总线休眠

9. 下列不属于蓄电池管理系统动态能量管理功能的是（　　）。

A. 制动力分配　B. 能量需求分配

C. 充电电压调节　D. 提升发动机的怠速转速

10. 辉腾轿车的双蓄电池方案正常起动时是由（　　）供电的。

A. 起动蓄电池　　　　　　　　B. 车载电网蓄电池

C. 双蓄电池并联　　　　　　　D. 双蓄电池串联

三、判断题（每题2分，共20分）

1. 评估蓄电池的起动能力是蓄电池管理系统的功能之一。（　　）
2. 蓄电池管理系统能直接检测到蓄电池温度。（　　）
3. 蓄电池管理系统的动态管理模式在点火开关闭合后就激活了。（　　）
4. AGM蓄电池可以安装在行李箱中，也可以安装在发动机舱中。（　　）
5. 蓄电池传感器可以直接测量出蓄电池的健康状态。（　　）
6. 智能蓄电池传感器可以监测蓄电池休眠电流。（　　）
7. 燃爆式蓄电池断开装置是在电流过大时燃爆，保护蓄电池。（　　）
8. 在断电等级6条件下无法通过MOST（媒体系统数据交换）进行通信。（　　）
9. 蓄电池管理系统能提升发动机怠速转速，提高充电电压。（　　）
10. 双蓄电池的车辆在起动时，是由双蓄电池并联共同起动的。（　　）

提交理论学习阶段的评价表

教师活动　教师要求学生对理论学习阶段5.2.3.1评价表进行自我评价。

学生活动　学生按照教师的要求对自己在理论学习阶段的表现进行自评，客观真实。

5.2.3.2　理论学习评价表

参与本项目的教师具体见Moodle系统，未参与本项目的教师可以根据实际情况自行制定。

5.2.4　任务计划：车辆蓄电池放电，检查蓄电池管理系统工作计划

独立查阅信息

教师活动　教师提供实验车型的维修手册。

学生活动　学生个人独立查阅教师提供的维修手册，提炼整理关键信息。(20min)

小组制作工作计划海报

教师活动　教师要求学生小组合作制定“车辆蓄电池放电，检查蓄电池管理系统”工作计划海报，把每一步的细节和注意事项写出来，包括为什么干、怎么干，与安全、环保、工具、时间、成本相关内容，以及注意事项、检测标准等。(30min)

学生活动　学生分组讨论，小组合作完成工作计划海报。

5.2.4.1　工作计划海报

见附录。

展示讲述工作计划海报

教师活动　教师选出一个组来介绍讲解海报内容，教师进行评价。

学生活动　被选出的小组展示讲述本组学习成果，其他组学生提出疑问、建议。(20min)

修改工作计划海报

教师活动 教师强调修改工作计划时注意：安全、环保、规范、时间及成本控制意识的训练。

学生活动 每个组根据教师意见认真改进本组海报。(10min)

提交任务计划阶段的评价表

教师活动 教师提供任务计划阶段的评价表，指定组间评价顺序，保证每个组都被评价。要求学生将5.2.4.2评价表以小组形式提交到系统。

学生活动 每个组对老师指定的小组进行评价，合作填写5.2.4.2评价表，小组提交到系统。

5.2.4.2 任务计划评价表

参与本项目的教师具体见Moodle系统，未参与本项目的教师可以根据实际情况自行制定。

5.2.5 任务决策：与师傅和客户沟通工作计划

独立完成任务决策表

教师活动 教师发放5.2.5.1任务决策表要求学生安静地独立完成。

学生活动 学生每个人独立按照任务决策的关键要素完成5.2.5.1任务决策表。(20min)

5.2.5.1 任务决策表

5.2.5.1 任务决策表

决策类型	决策方案
与师傅决策	请站在厂商的角度，和师傅沟通任务计划实施的可能性。(包括：工作任务的时间控制和成本控制，工作步骤的正确性、规范性和合理性，工作过程的安全性和环保性，考虑厂商的经济效益和工作效率等，并记录决策结果与师傅的建议)
与客户决策	请站在客户的角度，和客户沟通任务计划实施的可能性。(包括：是否有几种可能供客户选择？某些项目做或不做？现在做还是未来做？考虑客户的成本控制、时间控制、安全性、环保性、美观性和便利性等，并记录决策结果与客户的意见)

实战演习任务决策

教师活动 教师选出一个学生代表（这个学生是以往决策出现问题较大的）和自己进行任务决策，同时担任师傅和客户双重角色。

学生活动 被选出的学生与教师进行决策对话，其他学生观察，并进行口头评价、补充、改进。(20min)

提交确认任务决策

学生活动 每个学生修改自己的任务决策方案表格，提交到系统。(20min)

教师活动 教师对每个学生制定的任务决策方案进行确认，并将确认信息从系统发给学生。

提交任务决策阶段的评价表

教师活动 教师要求学生对任务决策阶段 5.2.5.2 评价表进行自我评价。

学生活动 学生按照教师的要求对自己在任务决策阶段的表现进行自评，客观真实。

5.2.5.2 任务决策评价表

参与本项目的教师具体见 Moodle 系统，未参与本项目的教师可以根据实际情况自行制定。

5.2.6 任务实施：使用设备进行实车检测诊断

示范操作

教师活动 教师亲自示范操作，或者播放相关视频（操作内容：从接车确认开始，按照诊断思路进行车辆蓄电池放电，检查蓄电池管理系统工作）。(30min)

学生活动 学生观察教师的示范动作，或观察视频中的示范动作。

操作实施

教师活动 教师将学生分组，并要求每组学生分工明确，严格强调安全和事故预防要求等。实施过程中教师进行巡视指导。

学生活动 学生分为4组，分工操作。每组每次安排2名学生操作，所有学生轮流，每个学生都要完成一次操作。当2名学生进行操作时，另外安排2名学生分别对其进行评价，填写 5.2.6.1 评价表，1名学生拍摄视频，1~2名学生监督记录，1~2名学生查阅手册改进计划。(90min)

提交任务实施阶段的评价表和视频

教师活动 教师要求学生对任务实施阶段 5.2.6.1 评价表进行自我评价，并提交任务实施阶段录制的所有视频资料。

学生活动 学生按照教师的要求对自己在任务实施阶段的表现进行自评，客观真实。负责拍摄的学生将视频整理提交到系统，负责评价的学生将5.2.6.1评价表提交到系统。

5.2.6.1 任务实施评价表

参与本项目的教师具体见 Moodle 系统，未参与本项目的教师可以根据实际情况自行制定。

5.2.7 任务检查：5S与检查工作结果

任务检查与5S

教师活动 教师提供5.2.7.1任务检查流程。要求学生分组，小组合作完成任务检查及5S，在5.2.7.1任务检查单上标注。教师要求学生小组成员对工作过程和工作计划进行监督和评估，记录优缺点及改进建议，并口头表达。教师要重点引导学生对队友的支持性意见的表达，并训练学生接纳他人建议。

学生活动 学生分组，小组合作完成任务检查及5S，在5.2.7.1任务检查单上标注。学生按照教师规定严格监督和控制其他成员的工作过程并友善提出改进建议。(30min)

5.2.7.1 任务检查单

5.2.7.1 任务检查单

1. 请进行必要的最终任务检查，在（　　）里进行标记。

检查任务实施过程（　　），是否有改进或需要说明：

如有，处理意见：

检查测量值与标准值（　　），是否有改进或需要说明：

如有，处理意见：

2. 请进行必要的5S。

5S车辆（　　）

5S工位（　　）

5S场地（　　）

3. 请根据实施的诊断与修理工作，编制工作说明，完善改进工作计划（用另一种颜色的笔在任务计划上标注作答）。

小组合作修改工作计划

教师活动 教师要求学生小组合作修改完善工作计划，修改方式：在原有工作计划上用另一种颜色的笔进行真实、全面的复盘改进，并进行标注。

学生活动 学生小组合作修改完善工作计划，修改方式：在原有工作计划上用另一种颜色的笔进行真实、全面的复盘改进，并进行标注。(10min)

提交任务检查阶段的评价表

教师活动 教师要求学生对自己在任务检查阶段的表现进行自我评价。提醒学生：对于自己没有涉及的条目不评价。

学生活动 学生对自己在任务检查阶段的表现进行自我评价，对于自己没有涉及的条目不评价。(5min)

5.2.7.2 任务检查评价表

参与本项目的教师具体见 Moodle 系统，未参与本项目的教师可以根据实际情况自行制定。

5.2.8 任务交付：交车给师傅和客户

任务交付准备

教师活动 在任务交付之前，教师提供5.2.8.1交车剧本给事先安排好的两个学生，一个扮演客户，另一个扮演SA，以便上课时两个学生能在实车上呈现交车过程。

学生活动 两个角色扮演的学生要熟悉交车剧本。

5.2.8.1 交车剧本

5.2.8.1 交车剧本

(一) 任务完成正常交车

前台：先生，您好！您的车修好了，您可以放心使用了。这是针对蓄电池管理系统使用的开车温馨贴士，请您留存！

客户：非常感谢！

前台：不客气！这是费用清单，请您跟我去财务结账。

客户：好的。

前台：这是车钥匙，以后请您放心使用！请您随时观察车况，如果有任何问题，请随时联系我。非常愿意为您服务！

客户：好的！谢谢你！再见！

前台：再见！您慢走！

(二) 任务未完成异常交车

前台：先生，您好！非常抱歉，您的车我们前期预估失误，虽然我们已经尽力了，但是还是不能按照约定时间正常交车给您，预计还得两个小时才能完成。您看您是继续在店里等待，还是先去处理其他事情。等这边结束我及时联系您。

客户：好吧！两个小时后我能取走车吗？

前台：真的非常抱歉！不过，您放心！同样的错误我们不会出现第二次。两个小时后肯定交车给您。

客户：好吧。两个小时后等你电话，我先去处理其他事情。一定要完全修复啊！

前台：请您放心！一定保证您的爱车行驶无忧，我会随时观察进展情况，及时联系您。非常愿意为您服务！

客户：好的！谢谢你！那我先走了，待会儿见！

前台：待会儿见！您慢走！

两人角色扮演

学生活动　学生分组，两人一组。其中，事先安排好的两个学生为一组，一个扮演客户，另一个扮演 SA，先交车给师傅，然后交车给客户。(10min)

教师活动　教师提前安排学生两人一组，观察角色扮演学生的表演过程，同时观察其他学生的表现：倾听的认真程度。

全员换位评价

学生活动　学生认真观看角色扮演情境再现过程，理解客户委托，并与本组学生一起对 SA 角色扮演的学生换位思考进行口头评价：角色扮演时的优缺点，如果是自己怎么改进会更好。(5min)

教师活动　教师指出角色扮演的优缺点，提出注意事项进行强调说明。

全员分组练习

教师活动　教师要求所有学生借鉴两个示范学生的表现，进行任务交付练习。

学生活动　学生按照教师的提示与强调，借鉴示范的两个学生的表现，学生分组在实车上进行任务交付的角色扮演练习。互换角色再练习一次。(5min)

提交任务交付阶段的评价表

教师活动　教师要求学生对任务交付阶段自己扮演 SA 时的表现依据 5.2.8.2 评价表进行自我评价。

学生活动　学生按照教师的要求对自己在任务交付阶段扮演 SA 时的表现进行自评，客观真实。

5.2.8.2　任务交付评价表

参与本项目的教师具体见 Moodle 系统，未参与本项目的教师可以根据实际情况自行制定。

5.2.9　反思评价：总结知识点、技能点和素养点

提交反思评价自评表

教师活动　教师归纳整理理论知识体系，用一页 PPT 展示知识点、技能点和素养点。

学生活动　学生认真反思，倾听，构建适合自己学习的知识体系。学生认真反思，对照学习目标进行自我反思，填写 5.2.9.1 自评表。(20min)

5.2.9.1　反思评价自评表

参与本项目的教师具体见 Moodle 系统，未参与本项目的教师可以根据实际情况自行制定。

提交反思评价他评表

教师活动 教师把每一位学生的反思阶段的评价表分配给其他同学进行评价。

学生活动 学生按照系统分配的评价对象，每个学生都填写一份对另一个学生的评价表。(10min)

5.2.9.2 反思评价他评表

参与本项目的教师具体见 Moodle 系统，未参与本项目的教师可以根据实际情况自行制定。

提交反思评价阶段的评价表

教师活动 教师参照学生的自评与他评在 5.2.9.3 反思评价表上给出学生反思评价成绩。

学生活动 每个学生将自评表和他评表形成的 5.2.9.3 反思评价表进行对照，帮助学生自我认识。(10min)

5.2.9.3 反思评价表

参与本项目的教师具体见 Moodle 系统，未参与本项目的教师可以根据实际情况自行制定。

5.2.10 巩固拓展

迁移新任务

教师活动 教师布置新的客户任务：装备双蓄电池车辆的蓄电池亏电，发动机不能起动故障。要求学生小组合作制定工作计划并用 PPT 展示。

学生活动 学生明确拓展任务：小组合作制定工作计划，下次课前用 PPT 展示和评价。做好完成拓展任务的计划（分工与时间安排）。

分工制作工作计划

教师活动 教师要控制学生的制作过程，要求学生分工完成 5.2.10.1 工作计划，把自己负责的部分提交到系统，让教师看到。

学生活动 学生在小组长的带领下，制作过程合理分工，每人完成工作计划的一部分并提交到系统。(课后)

5.2.10.1 工作计划海报

见附录。

提交过程视频和 PPT

教师活动 教师要求学生制作 PPT 的过程录制视频并把视频提交到系统，同时提交 PPT 结果到系统。

学生活动 小组合作，录制制作 PPT 过程的视频。

巩固拓展阶段的评价表

教师活动 教师要求小组长完成本小组所有成员的5.2.10.2评价表，提交到系统。

学生活动 小组长完成小组评价5.2.10.2评价表，并把每个组员的评价表提交到系统。

5.2.10.2 巩固拓展评价表

参与本项目的教师具体见Moodle系统，未参与本项目的教师可以根据实际情况自行制定。

总体评价

给学生反馈总体评价表

教师活动 教师对每个学生的总体评价表初稿进行补充修改，形成总体评价定稿，作为每个学生本学习情境的最终评价。

学生活动 学生认真对照教师反馈的总体评价表，分析自己的优势和不足，有针对性地制定改进措施，加强培养素养、知识、技能不足的方面。

LS5.3

车辆充电指示灯常亮，检查车辆充电系统

教学准备

教学情境准备

教师活动　教师提前提供给所有学生5.3.0.1客户任务工单。提前在车上设置“汽车充电指示灯常亮”的真实故障。课前提供5.3.0.2接车剧本给事先安排好的两个学生，一个扮演客户，另一个扮演维修接待人员（Service Advisor，简称SA），以便上课时两个学生能在实车上把客户任务真实再现。

学生活动　所有学生在课前熟悉5.3.0.1客户任务工单，提前了解客户委托任务。两个角色扮演的学生要熟悉5.3.0.2接车剧本。（课前）

5.3.0.1　客户任务工单

5.3.0.1　客户任务工单

<table>
<tr><td>车主姓名</td><td></td><td>日期</td><td></td></tr>
<tr><td>车型</td><td></td><td>车牌号</td><td></td></tr>
<tr><td>发动机号</td><td></td><td>底盘号</td><td></td></tr>
<tr><td>联系电话</td><td colspan="3"></td></tr>
<tr><td>通信地址</td><td colspan="3"></td></tr>
<tr><td colspan="4">故障现象描述：
车主反映，车辆充电指示灯常亮，检查充电系统。</td></tr>
<tr><td colspan="4">检查维修建议：</td></tr>
<tr><td colspan="4">故障结论：（更换或维修的零件记录）</td></tr>
<tr><td colspan="2">取车付款：
现金　　　　银行卡</td><td colspan="2">维修人：
收款人：</td></tr>
</table>

5.3.0.2 接车剧本

5.3.0.2 接车剧本

学习情境描述：

一辆大众迈腾轿车，行驶总里程6万km，客户发现发动机起动后，充电指示灯常亮。

前台：您好！有什么需要我帮助的？

客户：您好！是这样的，我的汽车起动后，充电指示灯常亮。您能帮我看看吗？

前台：好的！您给我车钥匙，我给您试一下车，先检查一下。

（上车，打开点火开关，起动发动机，发现充电指示灯常亮，询问客户）

前台：您家车充电指示灯常亮。这个毛病以前出现过吗？最近您修理过什么部件吗？

客户：不瞒您说，我的车车况特别好，在这之前什么毛病也没有，这是第一次有故障。以前只做过正常的维护保养。

前台：那您的车车况是真不错，您使用得很好。我方才初步诊断了一下：充电指示灯常亮。估计是发电机本身的问题，也可能是充电线路的问题。具体原因需要后台检测后才能确认。

客户：好的！那您尽快维修吧，我还着急用车呢。

前台：那您想什么时间取车？

客户：今天下午4点取车吧。

前台：好的！请您到客户区休息等待，如有需要，我会及时和您联系。

教学目标准备

教师活动 教师用一页PPT简介本情境的教学目标：素养点、知识点、技能点。

学生活动 学生思路清楚，明确目标，在头脑中形成个人学习规划。（课前）

素养点：

① 能够展现积极主动的工作态度。

② 能够演示小组工作成果。

③ 能够小组友好合作。

④ 能够在小组中与他人高效沟通交流。

⑤ 能够阅读技术信息，检索提炼，建构逻辑关系。

知识点：

① 电磁学。

② 电磁感应。

③ 交流电的产生。

④ 交流发电机构造。

⑤ 整流器原理。

⑥ 交流发电机励磁方法。

⑦ 充电系统电路。

技能点：

① 交流发电机拆装。

② 交流发电机检测。

③ 交流发电机维护。

④ 交流发电机解体。
⑤ 充电电压测量。
⑥ 遵守事故预防条例。

资料设备清单

参与本项目的教师具体见 Moodle 系统，未参与本项目的教师可以根据实际情况自行制定。

5.3.1 任务接受：接车

两人角色扮演

学生活动 学生分组，两人一组。其中，事先安排好的两个学生为一组，一个扮演客户，另一个扮演 SA，在实车上把客户任务真实再现。(10min)

教师活动 教师观察角色扮演学生的表演过程，同时观察其他学生的表现：倾听的认真程度。

全员换位评价

学生活动 学生认真观看角色扮演情境再现过程，理解客户委托，并与本组学生一起对 SA 角色扮演的学生换位思考进行口头评价：角色扮演时的优缺点，如果是自己怎么改进会更好。(10min)

教师活动 教师指出角色扮演的优缺点，提出注意事项进行强调说明。

全员分组练习

教师活动 教师要求所有学生借鉴两个示范学生的表现，进行任务接受练习。

学生活动 学生按照教师的提示与强调，借鉴示范的两个学生的表现，学生分组在实车上进行任务接受的角色扮演练习。互换角色再练习一次。(5min)

提交任务接受阶段的评价表

教师活动 教师要求学生对任务接受阶段自己扮演 SA 时的表现进行自我评价。

学生活动 学生按照教师的要求对自己在扮演 SA 时的表现进行客观真实的自评。(5min)

5.3.1.1 任务接受评价表

参与本项目的教师具体见 Moodle 系统，未参与本项目的教师可以根据实际情况自行制定。

5.3.2 任务分析：充电指示灯常亮的故障原因

教学方法：关键词卡片法

独立查找原因

教师活动　教师提供5.3.2.1信息页（维修信息、文本资料），指导学生独立查找充电指示灯常亮的原因，并书写在笔记本上。

学生活动　学生个人独立阅读教师提供的5.3.2.1信息页，在信息页上找出关于充电指示灯常亮的原因，形成个人的结论，工整地记录在笔记本上。（30min）

5.3.2.1　信息页

5.3.2.1　信息页

学校名称			任课教师	
班级			学生姓名	
学习领域	L5 发动机电气系统诊断维修			
学习情境	LS5.3：充电指示灯常亮，检查充电系统		学习时间	30min

1. 充电指示灯功能

充电指示灯又称为蓄电池放电警告灯，如图1所示。点火开关打开到点火档位（ON），但不起动发动机，此时充电指示灯点亮，指示蓄电池在对电路供电；发动机起动后，充电指示灯应熄灭，此时发电机向汽车用电系统供电，同时向蓄电池充电。充电指示灯的作用表现为：

① 指示发电机充电系统是否有故障。

② 警告驾驶人停车后关断点火开关。

图1　蓄电池充电指示灯

2. 充电指示灯的工作原理

如图2所示，接通电源总开关S，电流从蓄电池正极→总开关S→充电指示灯HL→D+接线柱→调节器→励磁绕组→蓄电池负极。此时，充电指示灯发亮，表示交流发电机未发电，蓄电池向汽车电气系统供电，同时给交流发电机预励磁。发动机起动后，交流发电机工作时，随着转速的升高，B+的电压升高，当交流发电机B+电压高于蓄电池电动势时，交

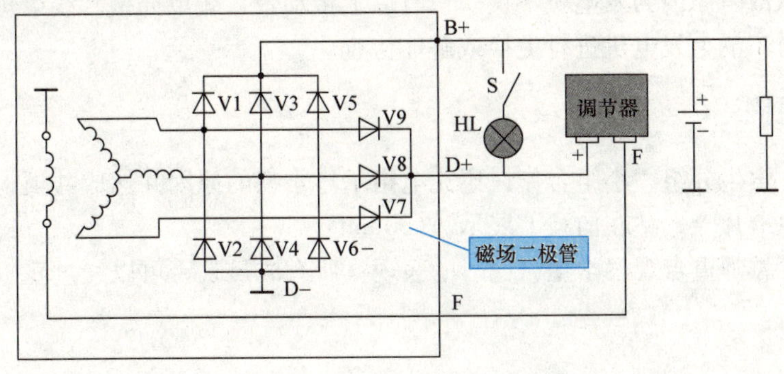

图2　充电指示灯电路

流发电机由蓄电池励磁改为自励发电。因为D+与B+电位相等，充电指示灯因两端等电位而熄灭，表示交流发电机已正常工作。当交流发电机转速低或出现故障，交流发电机B+电压低于蓄电池电动势时，充电指示灯两端电位差增大，充电指示灯又发亮。充电指示灯既能指示交流发电机能否向蓄电池充电，又能通过停车后的发亮提醒驾驶人关掉电源总开关。

3. 充电指示灯常亮的原因

交流发电机充电系统不充电、指示灯常亮故障的主要原因有以下几点。

① 交流发电机驱动不良。交流发电机驱动带松弛、损坏，使发电机转速过低，输出电压不足，不能给蓄电池充电。

② 交流发电机线路故障。交流发电机线路有断路、短路故障导致交流发电机不发电，充电指示灯常亮。

③ 发电机损坏，包括整流二极管损坏；电刷卡死、电刷与滑环不接触或接触不良；定子、励磁绕组断路、短路或搭铁、接柱绝缘不良；防干扰电容器损坏。

④ 电压调节器损坏，调节电压过低，由于触点式调节器调整不当或触点式调节器触点接触不良；调节器调整不当，如果是触点式调节器，可能由于高速触点烧结在一起，或调节器内部短路、断路。如果是晶体管式调节器，可能由于调节器内的大功率管损坏或断路，或者是调节器的其他电阻、电容、二极管和三极管有断路、短路；磁场继电器工作不良，可能是继电器线圈或电阻断路、短路，也可能是触点接触不良。

4. 充电指示灯常亮的检查

① 先检查和观察传动带是否老化、松动或沾有油污，造成传动带打滑，使发电机转速不够，可用挠度仪测量传动带挠度。

② 如果传动带无异常，则检查发电机连接插头以及B+接线柱和蓄电池极柱是否连接可靠，可用手拨动观察是否松动或插拔线束接头观察故障是否消除。

③ 如果以上检查均正常，下一步对线束进行排查，IG端外接励磁线路，在发电初期，提供励磁电流，如果此线路短路或断路将引起发电机不发电，从而导致充电指示灯常亮故障。

因此要检查发电机IG端子→点火开关→蓄电池线路。方法是在发动机不运行的情况下，将车钥匙拧至Key on位置，将发电机IG端上的励磁线拔下，与万用表黑笔连接，红笔搭铁，如果测得电压为0V，则此线路断路，无励磁线路。如果测得电压为蓄电池电压，则线路正常，可确认故障原因为发电机不良。只有以上传动带、线束插接、线束短路或断路等检查正常后才可对车辆上发电机进行更换或解体检查。

合作讨论原因

学生活动 学生分组，小组合作讨论充电指示灯常亮的原因并达成共识，把本组讨论后的原因写在彩色卡片上，贴在白板上展示。(30min)

教师活动 教师重点观察学生讨论时的表现：所有成员是否可以经过妥协或协商快速达成一致意见。

师生确定原因

教师活动　教师带领学生一起逐条对每组的结果进行分析评价，判断对错，总结原因。

学生活动　学生领会理解，修改本组卡片并把最终结果工整记录在笔记本上。(10min)

填写客户工单

教师活动　教师提供行车证等资料，指导学生填写客户工单 5.3.0.1（车辆检验内容，确定维修范围，是否修理车辆建议）。

学生活动　学生小组合作填写完整客户任务工单。(10min)

提交任务分析阶段的评价表

教师活动　教师要求学生对任务分析阶段自己的表现依据 5.3.2.2 评价表进行自我评价。

学生活动　学生按照教师的要求对自己在任务分析阶段的表现对照每一条进行客观真实的自评。

5.3.2.2　任务分析评价表

参与本项目的教师具体见 Moodle 系统，未参与本项目的教师可以根据实际情况自行制定。

5.3.3　理论学习：交流发电机构造与检修

教学方法：旋转木马谈话法

3.1　交流发电机理论基础

关键词法独立学习

教师活动　教师提供 5.3.3.1 和 5.3.3.2 信息页，让学生独立阅读，找出关键词，完成 5.3.3.1 和 5.3.3.2 工作页，并整理出逻辑关系思维导图。

学生活动　学生分 A、B 两组，学生分别安静独立地阅读 5.3.3.1 和 5.3.3.2 信息页，找出关键词，完成 5.3.3.1 和 5.3.3.2 工作页，并整理出逻辑关系的思维导图。(30min)

5.3.3.1　信息页

5.3.3.1　信息页

学校名称		任课教师	
班级		学生姓名	
学习领域	L5 发动机电气系统诊断维修		
学习情境	LS5.3：充电指示灯常亮，检查充电系统	学习时间	30min
工作任务	A：电磁学	学习地点	理实一体化教室

一根直导体通入电流后，导体周围将产生磁场，其磁力线是以导体为圆心的同心圆，方

向与电流的方向有关，可用右手螺旋定则判断：右手握住直导体，用大拇指指向电流方向，则其余四指弯曲的方向就是磁场的方向。设想一个右旋螺纹的螺钉顺着电流的方向被拧入导体，这样就形成了磁力线的旋转方向（图3）。

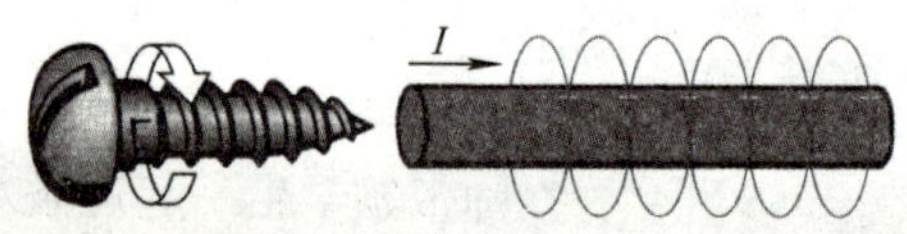

图3 通电的导体的磁场

把导体绕成螺旋状并且通入电流，也能产生磁场，进入到导体内的电流用符号⊗表示，从导体出来的电流用符号⊙表示。通电线圈相当于一块条形永久磁铁的磁场，磁力线会在线圈内部聚集起来呈平行分布，分布密度均匀；在磁力线的出口处形成北极（N 极），在入口处形成南极（S 极），如图4所示。通电导体的磁场强弱不仅与电流的大小有关，还与线圈匝数有关。通电线圈的磁场方向可以用右手螺旋定则确定：右手握住线圈，用弯曲的四指指向电流方向，则拇指所指的方向就是产生磁场 N 极的方向，如图5所示。

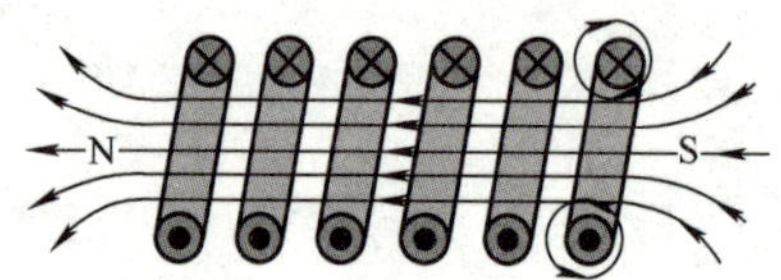

图4 线圈的磁场

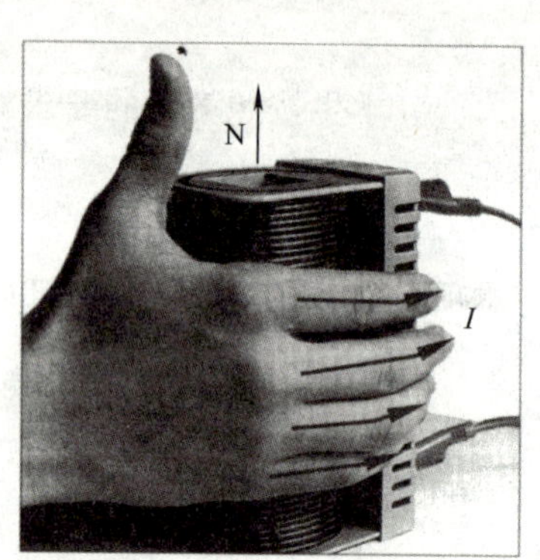

图5 右手螺旋定则

5.3.3.2 信息页

5.3.3.2 信息页

学校名称		任课教师	
班级		学生姓名	
学习领域	L5 发动机电气系统诊断维修		
学习情境	LS5.3：充电指示灯常亮，检查充电系统	学习时间	30min
工作任务	B：电磁感应	学习地点	理实一体化教室

电磁感应现象是指通过改变导体回路或线圈所载有的磁通量，会产生电动势。此电动势称为感应电动势或感生电动势。若将此导体闭合成一回路，则该电动势会驱使电子流动，形成感应电流（感生电流）。

如果将磁铁在一个线圈中来回移动，就会在线圈内部产生交流电压（图6a）。

如果将一个导体回路在磁场中来回运动，就会在导体回路内部产生交流电压（图6b）。

这种电压产生的过程被称为运动电磁感应。此时只有在线圈及导体回路中的磁通量发生改变时才会感应产生电压。磁通量是指由线圈或导体回路所包围的磁力线的总数。

感应电压的高低与线圈所包围的磁通量的改变速度（每个单位时间内的增加或减少）

和线圈匝数成正比。

磁通量的改变可通过下列方式发生：

① 线圈在磁场中的运动或转动。

② 在一个绕组中打开或关闭电流，例如发电机励磁绕组中的励磁电流。

③ 周期性地改变电流强度，例如变电器中的初级绕组。

感应电压的方向取决于磁铁运动的方向及磁场的方向（图 6a）。

电流的方向可由发电机定则决定（图 7），右手平展，使大拇指与其余四指垂直，并且都跟手掌在一个平面内。把右手放入磁场中，若磁力线垂直进入手心（当磁力线为直线时，相当于手心面向 N 极），大拇指指向导线运动方向，则四指所指方向为导线中感应电流的方向。

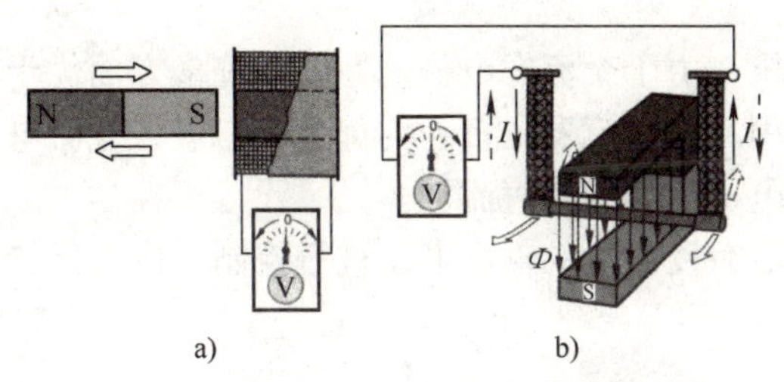

图 6　运动电磁感应

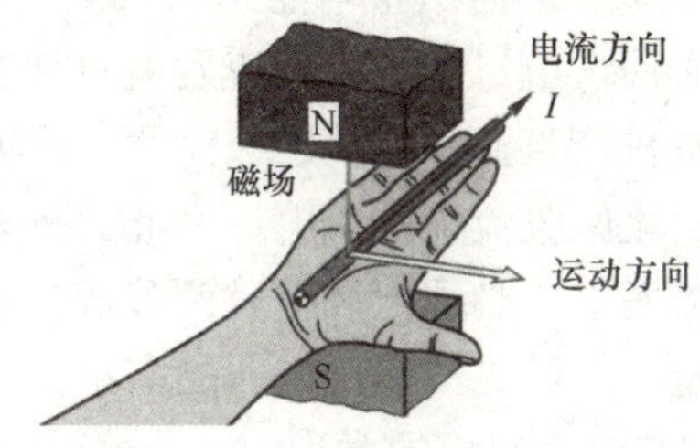

图 7　发电机定则

旋转木马法互学

教师活动　教师给学生分成旋转木马小组，提出要求让学生进行旋转木马互相讲述。

学生活动　学生按照教师要求进行旋转木马讲述。(10min)

小组合作整理笔记

教师活动　教师要求学生回到原始学习小组，整理关键内容到笔记本上，完成另一个工作页。

学生活动　学生回到原始学习小组，经过讨论把关键内容整理到笔记本上，完成另一个工作页。(20min)

教学方法：小组拼图法

3.2　交流发电机构造与原理

原始组独立完成工作页

教师活动　教师把学生分成专家组，并提供与之有关的 5.3.3.3 ~ 5.3.3.6 信息页和 5.3.3.3 ~ 5.3.3.6 工作页。

学生活动　学生原始组个人独立学习信息页，并完成工作页。(50min)

5.3.3.3 信息页

5.3.3.3 信息页

学校名称		任课教师	
班级		学生姓名	
学习领域	L5 发动机电气系统诊断维修		
学习情境	LS5.3：车辆充电指示灯常亮，检查充电系统	学习时间	50min
工作任务	A：交流发电机的构造	学习地点	理实一体化教室

1. 交流发电机的作用

发电机是汽车的主要电源，其功用是在发动机正常运转时，向所有用电设备（起动机除外）供电，同时给蓄电池充电。

汽车用发电机可分为直流发电机和交流发电机，由于交流发电机的性能在许多方面优于直流发电机，直流发电机已被淘汰。目前汽车采用三相交流发电机，内部带有二极管整流电路，将交流电整流为直流电，因此，汽车交流发电机输出的是直流电。

交流发电机必须配装电压调节器，电压调节器对发电机的输出电压进行控制，使其保持基本恒定，以满足汽车用电器的需求。

2. 交流发电机的类型

（1）按总体结构分

① 普通交流发电机，这种发电机既无特殊装置，也无特殊功能特点，使用时需要配装电压调节器。

② 整体式交流发电机，发电机和调节器制成一个整体的发电机。

③ 带泵的交流发电机，发电机和汽车制动系统用真空助力泵安装在一起的发电机。

④ 无刷交流发电机，不需要电刷的发电机。

⑤ 永磁交流发电机，转子磁极为永磁铁制成的发电机。

（2）按整流器结构分

① 6 管交流发电机。

② 8 管交流发电机。

③ 9 管交流发电机。

④ 11 管交流发电机。

3. 交流发电机的构造

普通交流发电机一般由转子、定子、整流器、前后端盖、风扇、带轮等组成。图 8 为 JF132 型 6 管普通交流发电机解体图。

（1）转子

转子的功用是产生磁场。转子由爪极、磁轭、励磁绕组、滑环、转子轴等组成，如图 9 和图 10 所示。

转子轴上压装着两块爪极，爪极被加工成鸟嘴形状，爪极空腔内装有励磁绕组和磁轭。滑环由两个彼此绝缘的铜环组成，压装在转子轴上并与轴绝缘。两个滑环分别与励磁绕组的两端相连。

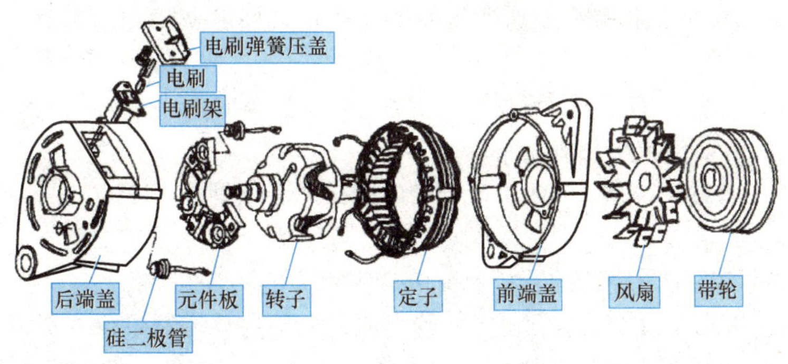

图 8　JF132 型 6 管普通交流发电机解体图

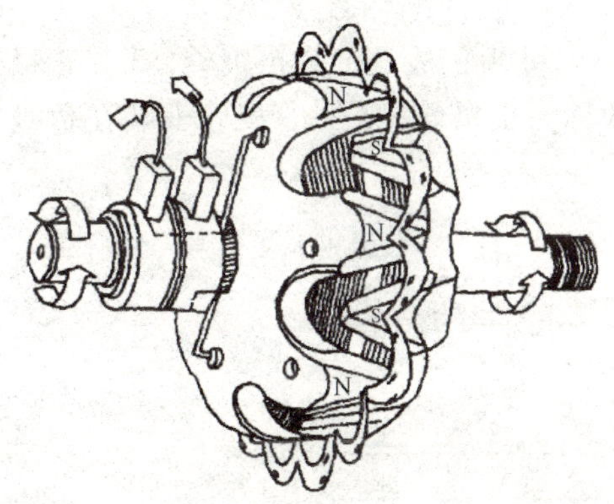

图 9　转子工作示意图

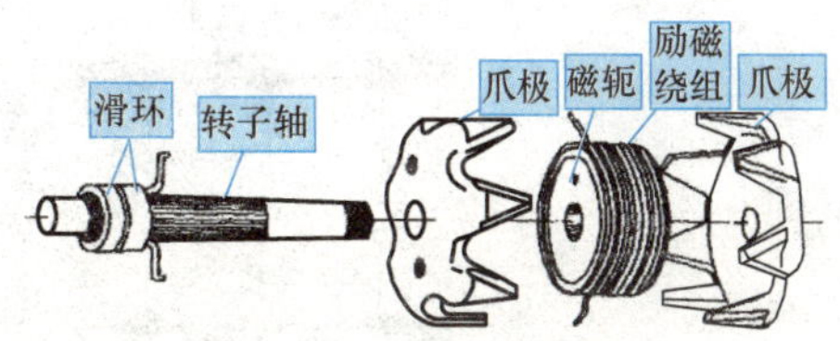

图 10　交流发电机转子分解图

当给两滑环通入直流电时，励磁绕组中就有电流通过，并产生轴向磁通，使爪极一块被磁化为 N 极，另一块被磁化为 S 极，从而形成六对（或八对）相互交错的磁极，如图 9 所示。转子转动时，就形成了旋转的磁场。

（2）定子

定子又称电枢，是用来产生交流电动势的，由铁心和三相绕组组成。定子铁心由相互绝缘的内圆带槽的环状硅钢片叠成，定子槽内置有三相对称绕组，三相绕组的联结方法可分为星形（Y）联结和三角形（△）联结，目前大多数车用交流发电机采用星形（Y）联结，如桑塔纳、奥迪等轿车的交流发电机的定子绕组均采用星形（Y）联结；而神龙富康轿车、北京切诺基轿车发电机定子绕组的联结方法采用三角形联结。定子及定子绕组的联结方式如图 11 所示。

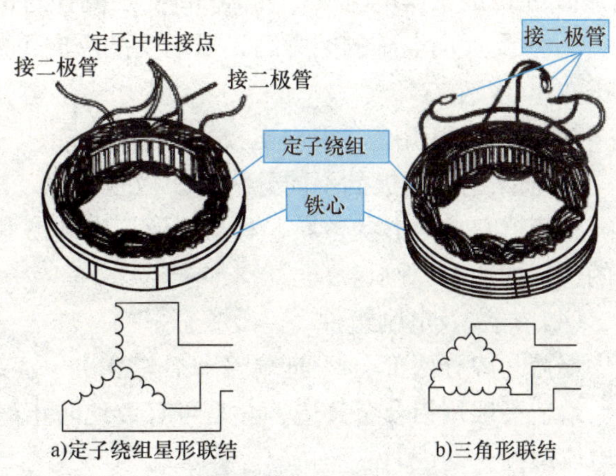

图 11　交流发电机定子总成及联结方式

在三相对称绕组中所产生的电动势是对称电动势，即电动势的大小相等、电位差互差

120°（电角度）。为保证三相绕组中所产生的电动势是对称电动势，三相绕组在定子槽中的绕法必须满足：

① 每相绕组线圈的个数、每个线圈的匝数、每个线圈的大小都必须相等，这样可保证每相绕组所产生的电动势大小相等。

② 三相绕组的首端 U 、V 、W 在定子槽内的排列必须间隔 120°。

(3) 整流器

整流器的功用是将定子绕组的三相交流电变为直流电。

整流器由整流板和整流二极管组成。6 管交流发电机的整流器是由 6 只硅整流二极管分别压装（或焊装）在相互绝缘的两块板上组成的，其中一块为正极板（带有输出端螺栓），另一块为负极板，负极板和发电机外壳直接相连（搭铁），也可以将发电机的后盖直接作为负极板。

6 只整流二极管分为正极管和负极管两种。引出电极为正极的称为正极管，3 只正极管装在同一块板上，称为正极板；引出电极为负极的称为负极管，3 只负极管安装在负极板上，也可直接安装在后盖上，如图 12 所示。

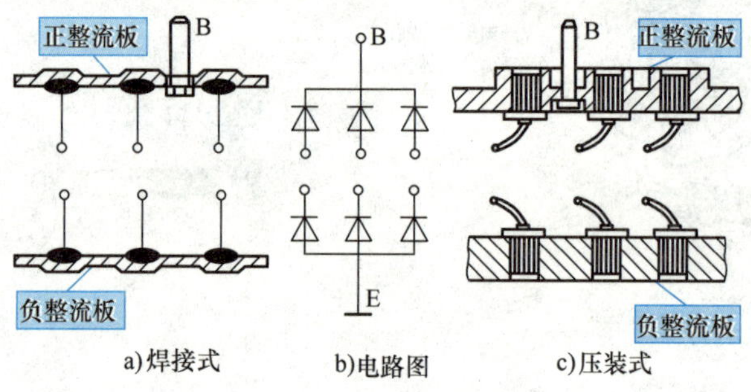

图 12　交流发电机整流二极管安装示意图

汽车用硅整流二极管是专用的，有如下特点：

① 允许的工作电流大，如 ZQ50 型二极管的正向平均电流为 50A，浪涌电流为 600A。

② 承受反向电压的能力高，可承受的反向重复峰值电压在 270V 左右，反向不重复峰值电压在 300V 左右。

③ 只有一根引线（引出电极）。

④ 根据引出电极的不同分为正二极管和负二极管。

整流器总成的形状各异，有马蹄形、半圆形和圆形等，如图 13 所示。整流器和定子绕组的连接如图 14 所示。

(4) 端盖及电刷组件

端盖一般分两部分（前端盖和后端盖），起支撑转子、定子、整流器和电刷组件的作用。端盖一般用铝合金铸造，一是可有效地防止漏磁，二是铝合金散热性能好。后端盖上装有电刷组件。

电刷组件由电刷、电刷架和电刷弹簧组成。国产交流发电机的电刷架有两种形式：一种电刷架可以从发电机的外部拆装，如图 15a 所示；另一种只能在拆下端盖后才能拆装电刷，即内部拆装式，如图 15b 所示。目前多采用外部拆装式。

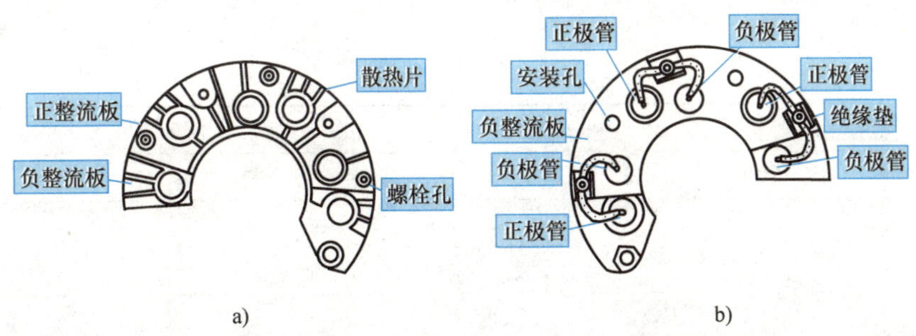

a) b)

图 13 JF132 发电机整流器总成

电刷的作用是将电源通过滑环引入励磁绕组。两个电刷分别装在电刷架的孔内，借助弹簧压力与滑环保持接触。

电刷和滑环的接触应良好，否则会因为磁场电流过小，导致发电机发电不足。

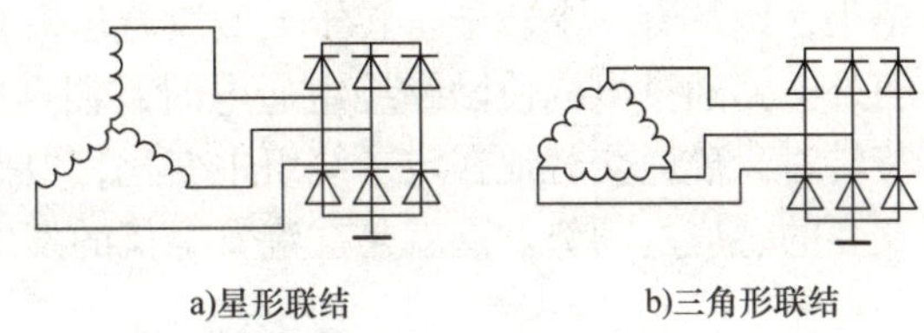

a)星形联结 b)三角形联结

图 14 交流发电机整流器和定子的连接电路图

励磁绕组通过两只电刷（F 和 E）和外电路相连，根据电刷和外电路的连接形式不同，发电机分为内搭铁型和外搭铁型两种，如图 16 所示。

① 内搭铁型交流发电机：励磁绕组的一端经负电刷（E）引出后和后端盖直接相连（直接搭铁）的发电机称为内搭铁型交流发电机，如图 16a 所示。

② 外搭铁型交流发电机：励磁绕组的两端（F 和 E）均和端盖绝缘的发电机称为外搭铁型交流发电机，如图 16b 所示。

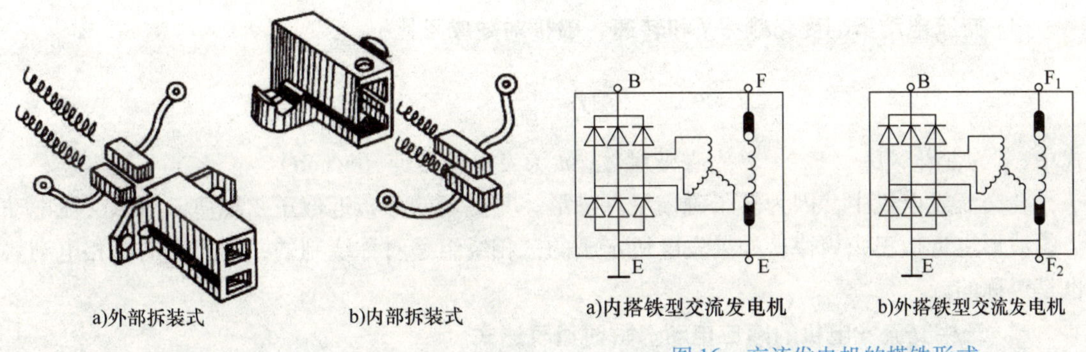

a)外部拆装式 b)内部拆装式

图 15 电刷架结构

a)内搭铁型交流发电机 b)外搭铁型交流发电机

图 16 交流发电机的搭铁形式

（5）带轮及风扇

交流发电机的前端装有带轮和风扇，由发动机通过传动带驱动发电机的转子轴和风扇一起旋转。

发电机工作时，定子绕组和励磁绕组中都会有热量产生，温度过高会烧坏导线的绝缘导致发电机不能正常工作，因此必须要为发电机散热。为了提高散热能力，有的发电机装有两个风扇（前后各一个），如丰田轿车的发电机。

5.3.3.4　信息页

5.3.3.4　信息页

学校名称		任课教师	
班级		学生姓名	
学习领域	L5 发动机电气系统诊断维修		
学习情境	LS5.3：车辆充电指示灯常亮，检查充电系统	学习时间	50min
工作任务	B：交流发电机的发电原理	学习地点	理实一体化教室

交流发电机工作原理如图 17 所示。发电机定子的三相绕组按一定规律分布在发电机的定子槽中，内部有一个转子，转子上安装着爪极和励磁绕组。

当外电路通过电刷使励磁绕组通电时，便产生磁场，使爪极被磁化为 N 极和 S 极。当转子旋转时，磁通交替地在定子绕组中变化，根据电磁感应原理可知，定子的三相绕组中便产生交变的感应电动势。这就是交流发电机的发电原理。

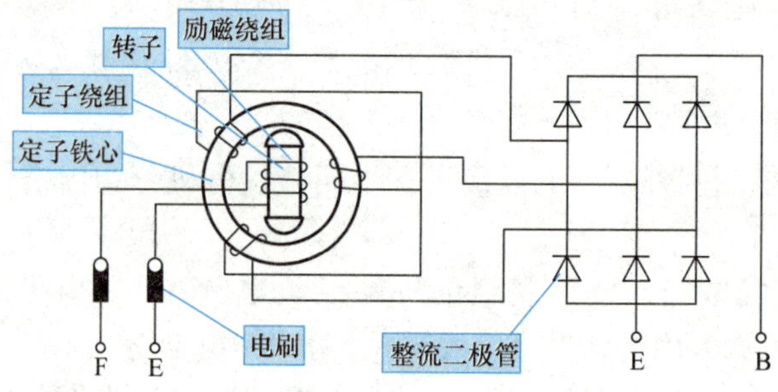

图 17　交流发电机工作原理

1. 交流电动势的变化频率 f 和转速、磁极对数成正比

$$f = \frac{pn}{60}$$

式中，f 为变化频率（Hz）；p 为磁极对数；n 为发电机转速（r/min）。

在交流发电机中，因为转子磁极呈鸟嘴形，其磁场的分布近似正弦规律，所以交流电动势的波形也近似正弦规律；如果发电机定子的三相绕组是对称绕制的，则产生的三相电动势也是对称的。

2. 三相交流发电机的感应电动势瞬时值表达式

$$e_{\mathrm{U}} = E_{\mathrm{m}}\sin\omega t = \sqrt{2}E_{\phi}\sin\omega t$$

$$e_{\mathrm{V}} = E_{\mathrm{m}}\sin\left(\omega t - \frac{2}{3}\pi\right) = \sqrt{2}E_{\phi}\sin\left(\omega t - \frac{2}{3}\pi\right)$$

$$e_{\mathrm{W}} = E_{\mathrm{m}}\sin\left(\omega t - \frac{4}{3}\pi\right) = \sqrt{2}E_{\phi}\sin\left(\omega t - \frac{4}{3}\pi\right)$$

式中，E_{m} 为每相电动势的最大值；E_{ϕ} 为每相电动势的有效值；ω 为电角速度。

3. 定子每相电动势的有效值的表示

$$E_{\phi} = 4.44KfN\Phi = C_e\Phi n$$

式中，K 为绕组系数（和发电机定子绕组的绕线方式有关）；N 为每相绕组的匝数，单位为匝；f 为频率，单位为 Hz；Φ 为每极磁通，单位为 Wb；C_e 为电机结构常数（$C_e = 4.44KNp/60$）；E_{ϕ} 为称为相电动势。

由此可见，当交流发电机结构一定时（结构常数 C_e 不变），相电动势 E_{ϕ} 和发电机转速、磁通成正比。

5.3.3.5　信息页

5.3.3.5　信息页

学校名称		任课教师	
班级		学生姓名	
学习领域	L5 发动机电气系统诊断维修		
学习情境	LS5.3：车辆充电指示灯常亮，检查充电系统	学习时间	50min
工作任务	C：交流发电机的整流原理	学习地点	理实一体化教室

交流发电机定子的三相绕组中，感应产生的是交流电，是通过 6 只二极管组成的三相桥式整流电路整流为直流电的。整流电路如图 18a 所示。三个正二极管 VD_1、VD_3、VD_5 组成共阴极接法，另三个负二极管 VD_2、VD_4、VD_6 级成共阳极接法。

二极管具有单向导通性，当给二极管加上正向电压时二极管导通，当给二极管加上反向电压时二极管截止。将定子的三相绕组和 6 只整流二极管按图 18a 的电路连接，发电机的输出端 B、E 上就输出一个脉动直流电压，如图 18c 所示，这就是发电机的整流原理。

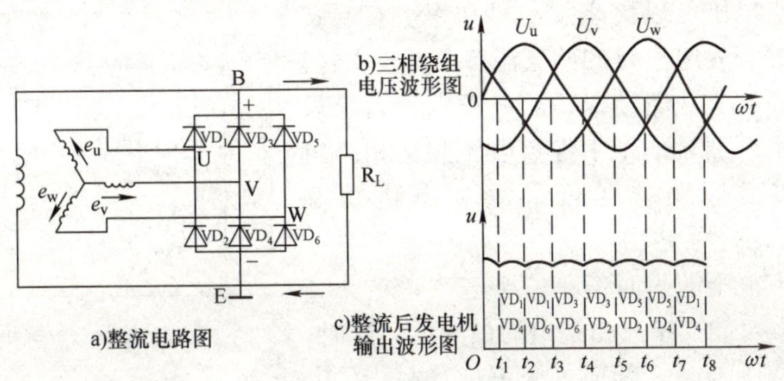

图 18　交流发电机整流原理

1. 整流原理

(1) 二极管的导通原则

当 3 只正二极管负极端连接在一起时，正极端电位最高者导通；如图 19 所示正二极管中具有 +8V 电位的二极管导通，负二极管中具有 −9V 电位的二极管导通。

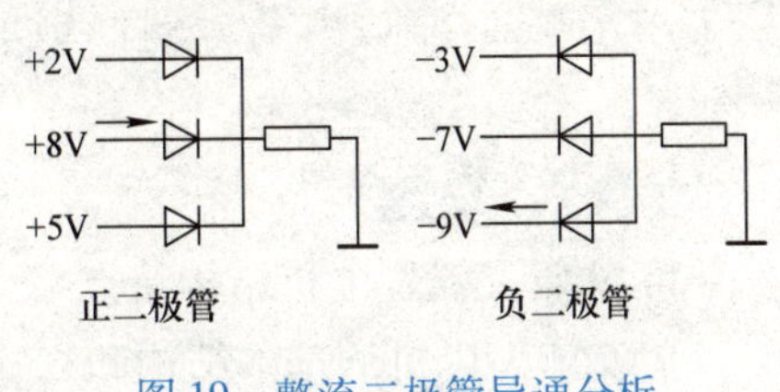

图 19　整流二极管导通分析

当3只负二极管正极端连接在一起时，负极端电位最低者导通。

（2）整流过程的分析

同时导通的二极管总是两个，正、负二极管各一个。

三相桥式整流电路中二极管的依次循环导通，使得负载 R_L 两端得到一个比较平稳的脉动直流电压，如图18c所示。

如在 $t_1 \sim t_2$ 时间内，U相的电位最高，而V相的电位最低，故对应 VD_1、VD_4 处于正向导通状态，电流从U相出发，经 VD_1、负载 R_L、VD_4 回到V相构成回路。此时，发电机的输出电压为U、V相之间的线电压。

在发电机空载运行时，如将三相绕组和二极管内阻的电压降忽略不计，发电机的直流电动势数值为三相交流电线电压的1.35倍，是三相交流电相电压的2.34倍，即

$$U = 1.3U_L = 2.34U_\Phi$$

式中，U 为直流输出电压（V）；U_L 为线电压（V）；U_Φ 为相电压（V）。

2. 中性点电压

在定子绕组为星形联结时，三相绕组的公共结点称为中性点。从三相绕组的中性点引一根导线到发电机外，标记为“N”。“N”点电压称为中性点电压。

中性点电压的瞬时值是一个三次谐波电压，平均值为发电机输出电压（平均值）的一半，即

$$U_N = \frac{U_{BE}}{2}$$

式中，U_N 为中性点电压（V）；U_{BE} 为发电机输出电压（V）。

带有中性点接线柱的发电机，可用中性点电压来控制各种用途的继电器工作。

利用中性点电压可以提高发电机功率。有的发电机（如夏利轿车发电机）的整流器有8只整流管，其中两只整流管接在中性点处（1只正极管和1只负极管），如图20所示。把中性点电压和三相绕组并联输出，实践证明这样可提高发电机功率10%～15%。

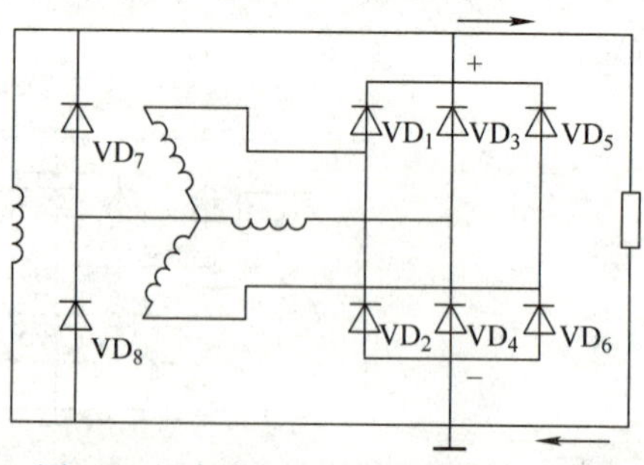

图20 具有中性点二极管的整流电路

由于中性点电压的瞬时值是一个三次谐波，其波峰在有些时候可能大于三相绕组的最高值。此时，中性点正极管 VD_7 导通，其他三个正极管截止，由 VD_7 供给外电路高电压；同理，波谷也可能小于三相绕组的最低值。此时，中性点负极管 VD_8 导通，参与对外输出，这样就提高了发电机的对外输出能力，提高了发电机的输出功率。

3. 9管交流发电机

（1）9管交流发电机结构特点

9管交流发电机的基本结构和6管交流发电机相同，所不同的是整流器，9管交流发电机的整流器是由6只大功率硅整流二极管和3只小功率励磁二极管组成。

图21所示为日立公司生产的LR160－708型整体式外搭铁型9管交流发电机电路图。

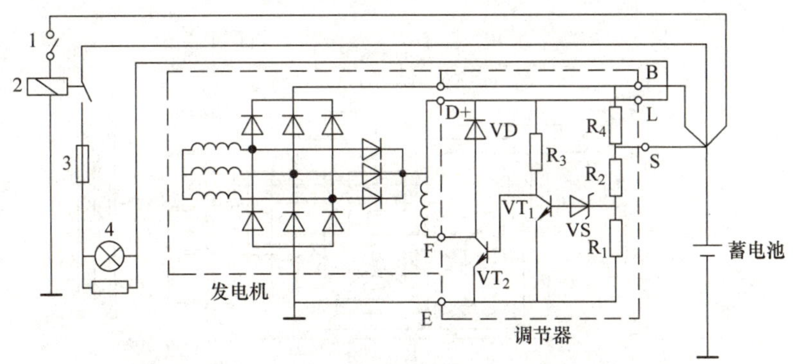

图 21 LR160－708 型 9 管交流发电机电路

1—点火开关 2—主继电器 3—熔丝 4—充电指示灯

（2）充电指示灯电路

LR160－708 型 9 管交流发电机的励磁电路还有一个功能，就是控制充电指示灯电路，在图21 所示电路中，有一充电指示灯，其作用是：

① 指示发电机是否有故障。

② 警告驾驶人停车后关断点火开关。

（3）充电指示灯的工作原理

① 当点火开关接通时，发电机未发电，由蓄电池供给磁场电流。此时充电指示灯亮，表示蓄电池放电，发电机他励。

② 当发动机起动后，转速升高到怠速及以上时，发电机应能正常发电并对外输出，此时，磁场电流由发电机供给，发电机自励发电。若没有熄灭，则说明发电机不发电或充电指示灯电路有故障。

③ 发动机熄火后，由于发电机不再发电，如果没有关断点火开关，蓄电池会通过磁场电路向励磁绕组放电，充电指示灯会再次发亮，可提醒驾驶人关断点火开关，避免蓄电池放电时间过长烧坏励磁绕组和引起蓄电池亏电。

4. 11 管交流发电机

（1）11 管交流发电机整流器的结构特点

11 管交流发电机的整流器由 8 只大功率硅整流二极管和 3 只小功率励磁二极管组成，如图 22 所示。8 只整流管（其中 6 只接三相绕组，2 只接中性点）组成全波桥式整流电路对外负载输出，3 只小功率励磁二极管与 3 只大功率负极管也组成三相全波桥式整流电路，为发电机磁场供电和控制充电指示灯电路。

（2）调节器的特点

桑塔纳轿车的发电机为整体式外搭铁型交流发电机，采用集成电路调节器，调节器和电刷架制成一个整体安装在发电机内部，称为整体式发电机。外搭铁型是指发电机磁场的负电刷通过调节器后再搭铁。

桑塔纳发电机的外部有两个接线柱，分别为火线接线柱 B＋和磁场接线柱 D＋，火线接线柱 B＋向全车供电，磁场接线柱 D＋的作用是由蓄电池向励磁绕组提供励磁电流使发电机发电，并且控制充电指示灯电路。

11 管交流发电机目前在汽车上应用较多，由于它具有中性点二极管，可提高发电机功

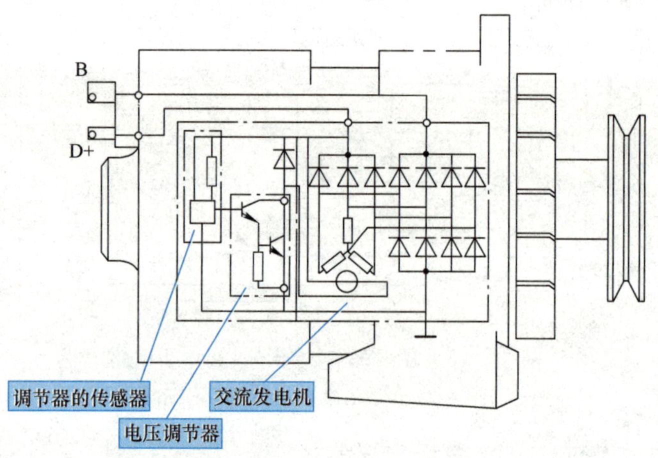

图 22　桑塔纳轿车用整体式外搭铁型 11 管发电机电路原理

率，又有励磁二极管可控制充电指示灯电路。

去掉 11 管交流发电机中的 3 只励磁二极管，就变成了 8 管交流发电机。8 管交流发电机的充电指示灯电路由调节器直接控制。

5.3.3.6　信息页

5.3.3.6　信息页

学校名称		任课教师	
班级		学生姓名	
学习领域	L5 发动机电气系统诊断维修		
学习情境	LS5.3：车辆充电指示灯常亮，检查充电系统	学习时间	50min
工作任务	D：交流发电机的特性	学习地点	理实一体化教室

汽车用硅整流交流发电机的工作特点是转速变化范围大，对于一般汽油发动机来说，其转速变化约为 1:8，柴油机约为 1:5，因此，分析汽车用交流发电机的特性必须以转速的变化为基础，进而分析各有关量的变化。

交流发电机的工作特性是指发电机经整流后输出的直流电压 U、电流 I 和转速 n 之间的关系，包括输出特性、空载特性和外特性。

1. 输出特性

交流发电机的输出特性也称负载特性或输出电流特性，它是指发电机向负载供电时，保持输出电压恒定时，发电机的输出电流与转速之间的关系，即 $I=f(n)$ 的函数关系。交流发电机的输出特性曲线如图 23 所示。

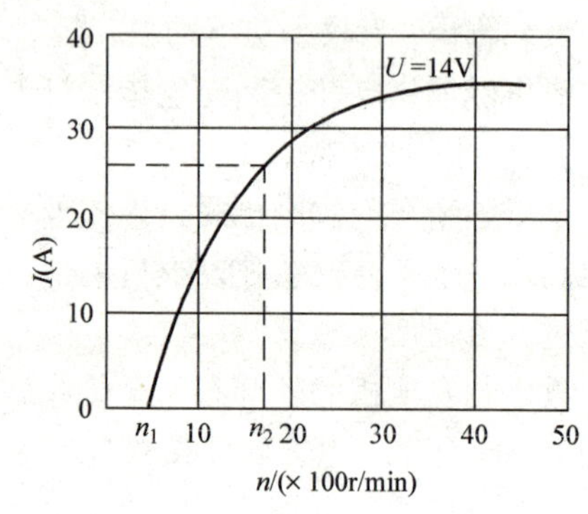

图 23　交流发电机的输出特性曲线

从交流发电机的输出特性曲线可以看出：

① 当发电机的转速很低时，其端电压低于额定电压，此时发电机不能向外供电；当转速达到空载转速 n_1 时，电压达到额定值；当转速高于空

载转速 n_1时，发电机才有能力在额定电压下向外供电。因此空载转速值 n_1 常用做选择发动机与发电机之间传动比的主要依据。

② 当转速超过 n_1时，发电机输出电流将随着转速的升高而增大；当转速等于 n_2时，发电机输出额定功率（即额定电流与额定电压之积），故将转速 n_2称为满载转速。空载转速和满载转速是交流发电机的主要性能指标，在产品说明书中均有规定。在使用中，只要测量这两个数据，与规定值相比较，就可判断发电机性能是否良好。

③ 当发电机转速达到一定后，发电机的输出电流就不再随转速的升高而增大。这时的电流值称为发电机的最大输出电流或限流值。这个性能表明，交流发电机具有自身控制电流的能力，不再需要限流器。交流发电机的最大输出电流约为额定电流的 1.5 倍。

交流发电机之所以能自动限制输出电流，是因为当发电机转速升高到使负载电流增加到一定数值后，如再提高转速，尽管定子绕组中的感应电动势增加，但因定子绕组的阻抗增大，内部电压降增大。另外，电枢反应引起感应电动势下降，两者共同作用使得发电机的输出电流几乎不变，即具有限定输出电流的作用。因此交流发电机不需设置限流器。其限制电流值的大小与定子绕组的电感 L 有关，也就是与定子绕组的匝数等有关。

2. 空载特性

当发电机空载运行时，发电机端电压 U 和转速 n 之间的关系，即负载电流 $I=0$ 时 $U=f(n)$的函数关系，称为发电机的空载特性。发电机空载特性曲线如图 24 所示。

从曲线可以看出，随着转速的升高，端电压上升较快，由他励转入自励时，即能向蓄电池进行补充充电，这进一步证实了低速充电性能好的优点。空载特性是判断硅整流发电机性能是否良好的重要依据。

3. 外特性

当发电机转速一定时，发电机端电压 U 与输出电流 I 之间的关系，即为 n 常数时，$U=f(I)$的函数关系，称为发电机外特性。发电机外特性曲线如图 25 所示。

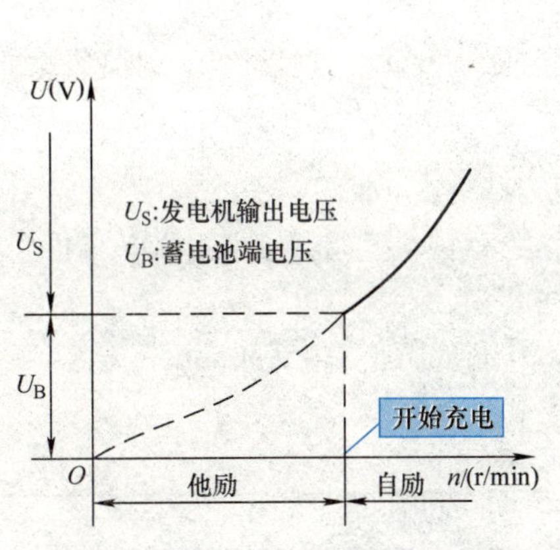

图 24　交流发电机的空载特性曲线

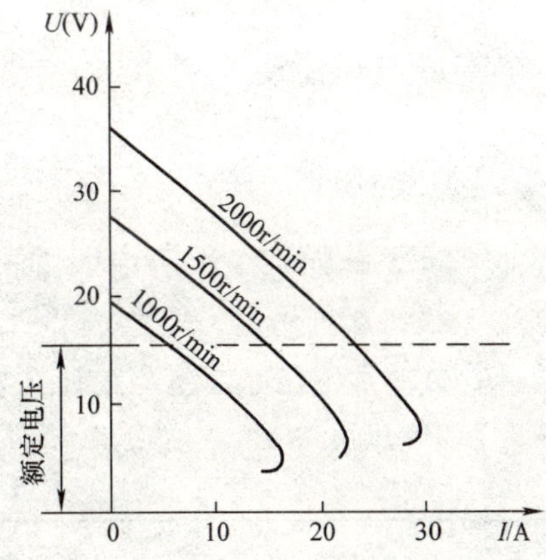

图 25　交流发电机的外特性曲线

外特性曲线表明，在一定的转速下，随着负载即输出电流的增加，发电机的端电压会很快下降，且转速越高，下降的斜率越大。这是由于随着输出电流的增加，发电机定子绕组的压降也会增加，而且转速越高，定子绕组的阻抗越大，压降就越大；与此同时，输出电流的增加还会使电枢反应加强，这都将引起发电机的端电压下降，而端电压的下降又会使磁场电

流减小，从而导致端电压的进一步下降。

另外，当输出电流增大到一定值时，如负载再增加，其输出电流不仅不会增加，反而会同端电压一起下降，即在外特性曲线上存在一个转折点。因此，当发电机短路时，其短路电流是很小的，这也说明交流发电机具有自身限制电流的功能。一般交流发电机工作在转折点以前。

交流发电机端电压受转速和负载变化的影响较大，因此，要使输出电压稳定，必须配备电压调节器。

当发电机在高转速下运转时，如果突然失去负载，其端电压会急剧升高，这时发电机中的二极管以及调节器中的电子元件将有被击穿的危险。

专家组合作制作海报

教师活动 教师要求学生形成专家组，小组合作设计简单的海报。

学生活动 学生进行小组讨论，合作制作海报。(30min)

专家组展示讲述海报

学生活动 学生每个小组5min展示讲述本组学习成果，其他组学生认真倾听，提出疑问、建议。(30min)

教师活动 教师在学生讲解海报时及时给出评价和反馈。

拼图学习完成其他工作页

教师活动 教师要求学生先独立完成其他三个工作页的学习，并进行指导和答疑；然后小组讨论并展示结果。

学生活动 学生先是独立完成其他三个工作页的学习，然后和伙伴讨论形成本组意见，进行工作页的展示。(90min)

教学方法：小组拼图法

3.3 交流发电机励磁电路

原始组独立完成工作页

教师活动 教师把学生分成专家组，并提供与之有关的5.3.3.7~5.3.3.9信息页和5.3.3.7~5.3.3.9工作页。

学生活动 学生在原始组个人独立学习信息页，并完成工作页。(30min)

5.3.3.7 信息页

5.3.3.7 信息页

学校名称		任课教师	
班级		学生姓名	
学习领域	L5 发动机电气系统诊断维修		
学习情境	LS5.3：车辆充电指示灯常亮，检查充电系统	学习时间	30min
工作任务	A：初始励磁电路	学习地点	理实一体化教室

除了永磁式交流发电机不需要励磁以外，其他形式的交流发电机都需要励磁，因为它们的磁场都是电磁场，必须给励磁绕组通电才会有磁场产生而发电，否则发电机将不能发电。

将电流引入到励磁绕组使之产生磁场称为励磁。交流发电机励磁方式有初始励磁和发电机励磁两种。不同汽车的励磁电路各不相同，但有一个共同特点是，励磁电路都必须由点火开关控制。交流发电机的励磁电路如图 26 所示。

在发动机未起动时或起动过程中，发电机自身不能发电或输出电压低于蓄电池电压，这时需要蓄电池供给发电机励磁绕组电流，使励磁绕组产生磁场来发电。这种由蓄电池供给磁场电流的方式称为初始励磁电路或他励电路。

交流发电机初始励磁电路如图 27 所示，初始励磁电路经起动机蓄电池 +/30→点火开关→指示灯→D +→励磁绕组→电压调节器 DF→搭铁 D -/B 至起动机蓄电池 -/31。

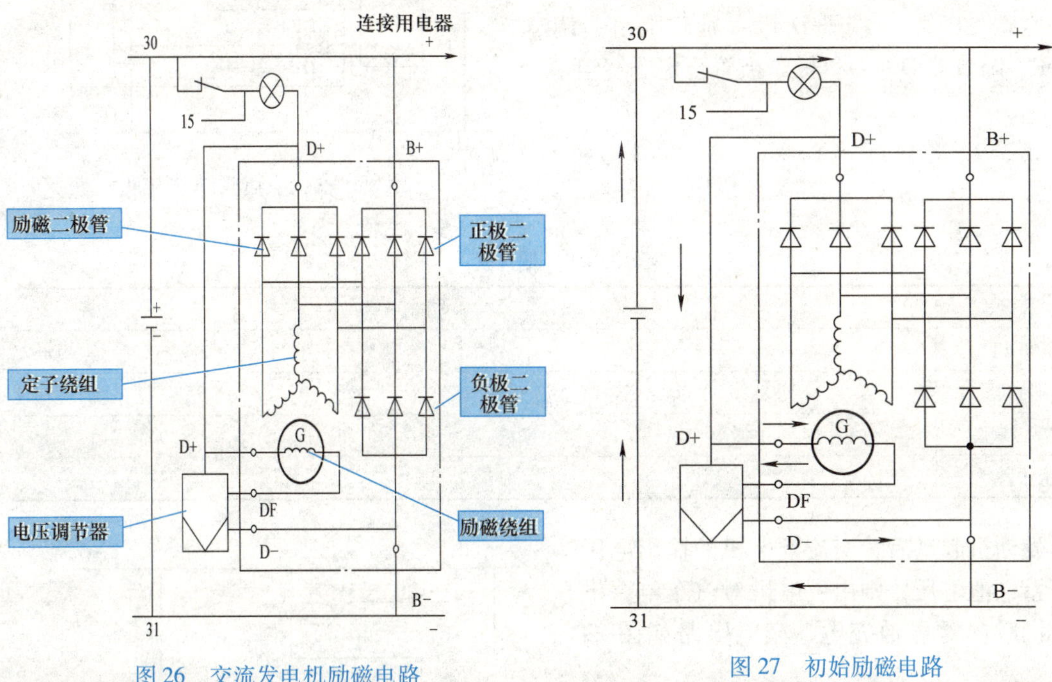

图 26　交流发电机励磁电路

图 27　初始励磁电路

发电机指示灯损坏时，无法产生初始励磁，因为初始励磁电路已中断。

5.3.3.8　信息页

5.3.3.8　信息页

学校名称		任课教师	
班级		学生姓名	
学习领域	L5 发动机电气系统诊断维修		
学习情境	LS5.3：车辆充电指示灯常亮，检查充电系统	学习时间	30min
工作任务	B：励磁电路	学习地点	理实一体化教室

随着转速的提高（一般在发动机达到怠速时），发电机定子绕组的电动势逐渐升高并能

使整流器二极管导通。当发电机的输出电压大于蓄电池电压时，发电机就能对外供电了。当发电机能对外供电时，就可以把自身发的电供给励磁绕组，这种自身供给磁场电流发电的方式也称为自励发电。

励磁电路如图 28 所示。励磁电流在转子的励磁绕组中建立磁场，通过调节器提供各自所需的励磁电流。

如果三相桥式电路也用于励磁电流的整流，则在正极一侧有三个特别的励磁二极管。在负极一侧由负极二极管进行整流。励磁电流经定子绕组→励磁二极管 →端子 D +→ 励磁绕组→调节器 DF→调节器 D -→负极二极管至定子绕组。

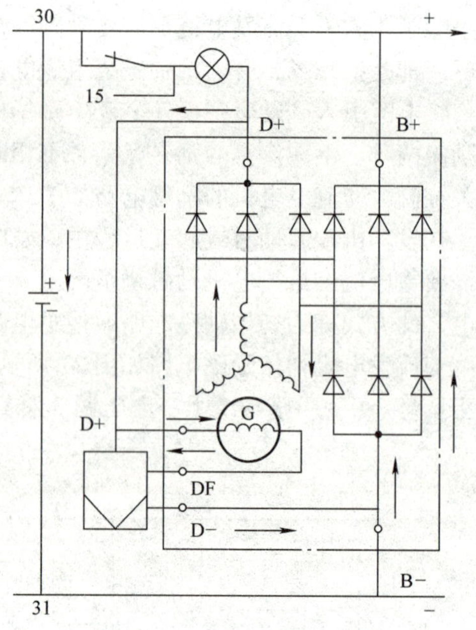

图 28 交流发电机励磁电路

5.3.3.9 信息页

5.3.3.9 信息页

学校名称		任课教师	
班级		学生姓名	
学习领域	L5 发动机电气系统诊断维修		
学习情境	LS5.3：车辆充电指示灯常亮，检查充电系统	学习时间	30min
工作任务	C：充电电路	学习地点	理实一体化教室

发动机起动后，交流发电机的输出电压高于蓄电池电压，则由发电机对汽车电路供电，同时向蓄电池充电，充电电路如图 29 所示。

充电电路为车载电网提供电能。它经定子绕组→正极二极管→端子 B +→蓄电池/用电器→搭铁 B - →负极二极管至定子绕组。

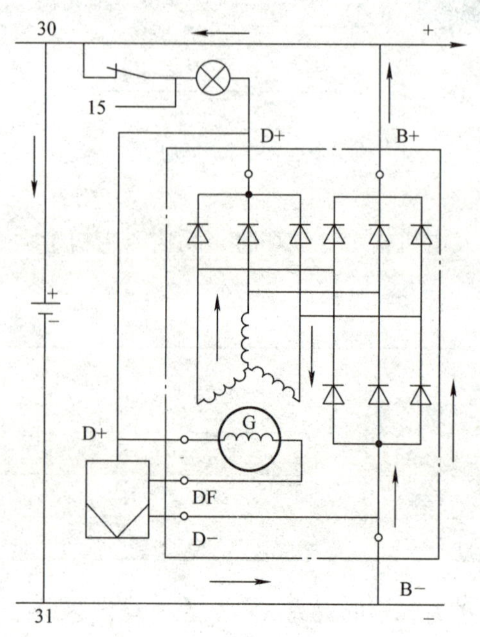

图 29 发电机充电电路

专家组合作制作海报

教师活动 教师要求学生形成专家组，小组合作设计简单的海报。

学生活动 学生进行小组讨论，合作制作海报。(20min)

专家组展示讲述海报

学生活动 学生每个小组展示讲述本组学习成果，其他组学生认真倾听，提出疑问、建议。(20min)

教师活动 教师在学生讲解海报时及时给出评价和反馈。

拼图学习完成其他工作页

教师活动 教师要求学生先独立完成其他两个工作页的学习，并进行指导和答疑；然后小组讨论并展示结果。

学生活动 学生先是独立完成其他两个工作页的学习，然后和伙伴讨论形成本组意见，进行工作页的展示。(20min)

教学方法：学习站法

3.4 交流发电机检测

工作站学习完成工作页

教师活动 教师提供实验车型的维修手册等资料和工作站，提供 5.3.3.10～5.3.3.12 信息页，要求学生完成 5.3.3.10～5.3.3.12 工作页和实际操作，教师对各工作站进行巡视和指导。

学生活动 学生根据教师要求，查阅 5.3.3.10～5.3.3.12 信息页，完成工作站的学习内容和实操内容。(60min)

5.3.3.10 信息页

5.3.3.10 信息页

学校名称		任课教师	
班级		学生姓名	
学习领域	L5 发动机电气系统诊断维修		
学习情境	LS5.3：车辆充电指示灯常亮，检查充电系统	学习时间	60min
工作任务	A：交流发电机解体检测	学习地点	理实一体化教室

拆解发电机后，检测转子、定子的电阻值及绝缘电阻，既可以使用指针式万用表，也可以使用数字式万用表。对于线圈电阻的测量，为取得较准确的数值，建议使用数字式万用表。

1. 检查转子

① 转子绕组（磁场绕组）短路与断路检查。用万用表 R×1 档检测两集电环之间电阻，应符合技术标准。若阻值显示为“∞”，则说明断路；若阻值过小，则说明短路。一般 12V

发电机转子绕组电阻为3.5~6Ω，24V的为15~21Ω。

② 转子绕组搭铁检查即检查转子绕组与铁心（或转子轴）之间的绝缘情况。用万用表电阻最大档检测两集电环与铁心（或转子轴）之间的电阻，若表针有偏转，则说明有搭铁故障。正常应指示“∞”。

③ 集电环（滑环）检查。集电环表面应平整光滑，无明显烧损，否则用00号砂纸打磨。两集电环间隙处应无污垢。集电环圆度误差不超过0.025mm，厚度不小于1.5mm。

④ 转子轴检查。转子轴检测方法如图30所示。用百分表检查轴的弯曲，弯曲度不超过0.05mm（径向圆跳动公差不超过0.1mm），否则应予校正。爪形磁极在转子轴上应固定牢靠，间距相等。

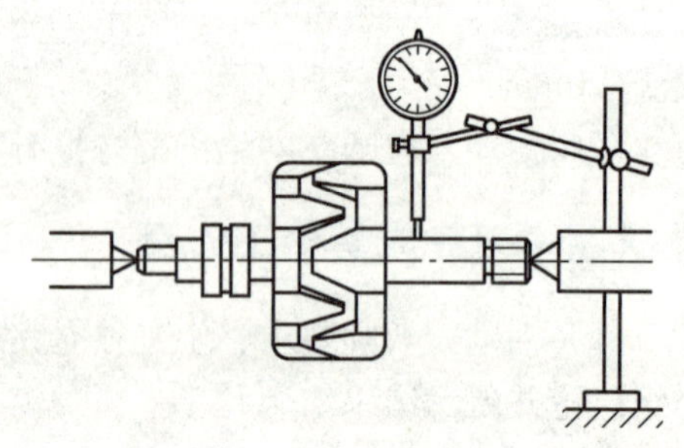

图30 转子轴检测方法

2. 检查定子

① 定子绕组短路与断路检查。用数字万用表检测定子绕组3个接线端，两两相测。正常时阻值小于1Ω且相等。指针不动或阻值过大，说明断路；过小（近似等于0Ω）则说明短路。

② 定子绕组搭铁检查即检查定子绕组与定子铁心间绝缘情况。用数字式万用表电阻最大档检测定子绕组接线端与定子铁心间的电阻，若绝缘电阻≤100kΩ，则说明有搭铁故障。正常应指示趋于“∞”。

3. 检查整流器二极管

测量二极管，既可以使用指针式万用表，也可以使用数字式万用表。数字式万用表红表笔是内部电池的正极，当使用其二极管档位测量时，显示的数值表示的是二极管的正向压降值，单位是mV。

① 检查单个二极管好坏。分解发电机后端盖和整流板，将每个二极管的中心引线从接线柱上拆下或焊下，逐一检测。

当使用指针式万用表检测二极管时，二极管的阻值随万用表内部电压高低及档位不同，数值也会不同。通常使用R×1或者R×10档测量正向电阻值，一般为几十欧；反向电阻值一般为几十千欧以上。若正反向电阻值一大一小差异很大，说明二极管良好。若正反向电阻均为∞，则说明断路；若均为0Ω，则说明短路。使用数字式万用表测量时，质量良好的二极管正向压降一般为500~700mV，反向电阻为几百千欧。

对焊接式整流二极管来说，只要有一只二极管短路或断路，该二极管所在的正或负整流板总成就需要更换新品；如果二极管是压装在整流板或后端盖上，那么在二极管短路或者断路后，只需用同型号规格的二极管更换故障二极管即可。

整流板二极管极性的判定，按照通常检测方法进行。

② 整体式整流器的检查。以图31所示夏利轿车JFZ1542型整体式发电机为例，当检测负极管时，先将万用表黑表笔接端子E（图中有三个部位），红表笔分别接P_1、P_2、P_3、P_4点，万用表均应导通，如不通，说明该负极管断路，则应更换整流器总成。再调换两表笔检测部位进行测量，万用表应不导通，如导通，说明该负极管短路，也需更换整流器总成。当检测正极管时，先将万用表红表笔接整流器端子B，另一只表笔分别接P_1、P_2、P_3、P_4点进

行检测，万用表均应导通。如不通，说明该正极管断路，则应更换整流器总成。再调换两表笔检测部位进行检测，此时万用表应不导通。如导通，则说明该正极管短路，应更换整流器总成。

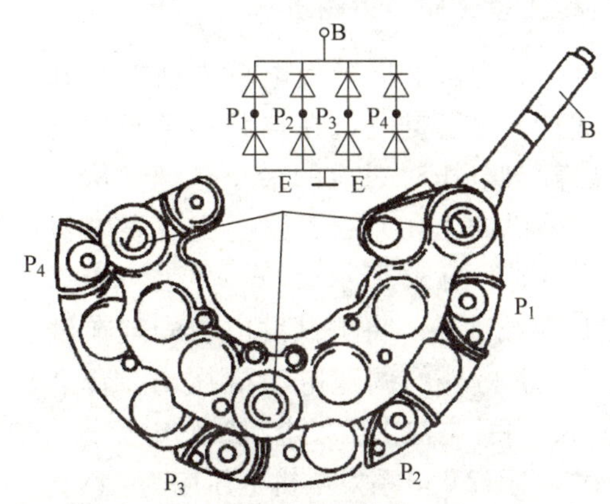

图 31 夏利轿车 JFZ1542 型整体式发电机整流板

4. 检查电刷组件

电刷表面不得有油污，且应在电刷架中活动自如，电刷磨损不得超过原高度的 1/2（用游标卡尺或钢直尺检测）；检测电刷弹簧压力时，当电刷从电刷架中露出长度 2mm 时，电刷弹簧力一般为 2～3N；电刷架应无烧损、破裂或变形。

5. 其他零件检查

检查轴承轴向和径向间隙均不应大于 0.20mm，滚珠、滚道无斑点，轴承无转动异响；检查前后端盖、带轮等应无裂损，绝缘垫应完好。

5.3.3.11 信息页

5.3.3.11 信息页

学校名称		任课教师	
班级		学生姓名	
学习领域	L5 发动机电气系统诊断维修		
学习情境	LS5.3：车辆充电指示灯常亮，检查充电系统	学习时间	60min
工作任务	B：发电机就车检测	学习地点	理实一体化教室

在交流发电机维护作业的解体之前、组装之后，或怀疑存在故障时，皆应进行整体检测，以便判断其技术状况。交流发电机不解体检测，根据其检测方法和手段的不同，分为万用表检测法、万能试验台检测法和示波器检测法等。交流发电机的检测可作为检修前的故障诊断或修理后的性能检查。

1. 万用表检测法

在发电机不解体时，用万用表测量发电机各接线柱之间的电阻值，则可初步判断其性能是否正常。其方法是用万用表 R×1 档测量发电机 F 与 E 之间的电阻值和发电机 B 与 E 之间的电阻值。若 F 与 E 之间的电阻超过规定值，可能是电刷与滑环接触不良；若小于规定值，可能是励磁绕组有匝间短路或搭铁故障；若电阻为零，则可能是两个滑环之间有短路或者 F 接线柱有搭铁故障。

用万用表的黑表笔接触后端盖，红表笔接触发电机电枢（B）接线柱，并以 R×1 档测量电阻值，若指示值在 40～50Ω 或以上，可认为无故障；若示值在 10Ω 左右，则说明有失效的整流二极管，需拆检；显示值为零，则说明有不同极性的二极管被击穿，需拆检。

若交流发电机有中性抽头（N）接线柱，用万用表 R×1 档测量 N 与 E 以及 N 与 B 之间的正反向电阻值，可进一步判断故障在正极管还是在负极管。

2. 万能试验台检测法

可在试验台上进行发电机空载试验和负荷试验，测出发电机在空载和满载情况下发出额定电压时对应的最小转速，从而判断发电机的工作是否正常。交流发电机试验线路图如图 32 所示。

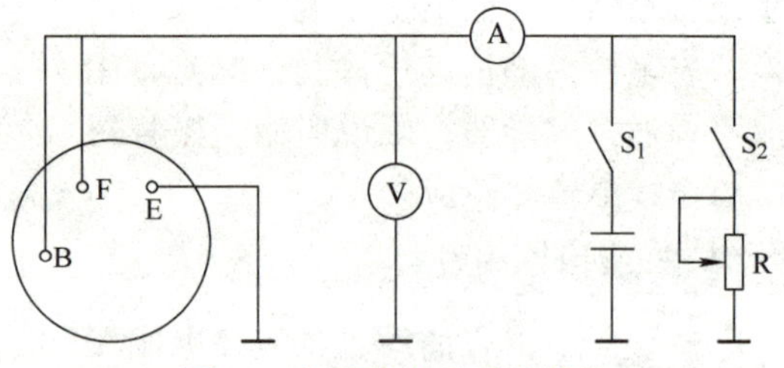

图 32 交流发电机试验线路

① 空载试验。将测试发电机固定在试验台上，由另外的调速电动机拖动。合上开关 S_1，由蓄电池供给发电机励磁电流进行他励，当发电机转速为 1000r/min（用转速表测量）时，对 12V 电系发电机电压应为 14V，对 24V 电系发电机电压应为 28V。

② 负荷试验。断开开关 S_1，发电机转为自励，合上开关 S_2，调节可调电阻 R，在发电机转速为 1000r/min 时，发电机电压应大于 12V 或 24V；在发电机转速为 2500r/min 时，电压应达到 14V 或 28V，电流应达到或接近该发电机的额定电流。

3. 示波器检测法

利用示波器观察发电机输出电压的波形。发电机工作时，其波形有一定的规律性。发电机出现故障时，其输出电压的波形将会发生变化。因此，将其输出电压的波形与正常波形比较，即可根据波形的变化情况判断发电机的故障，如图 33 所示为交流发电机正常输出电压和常见故障时输出电压的波形。

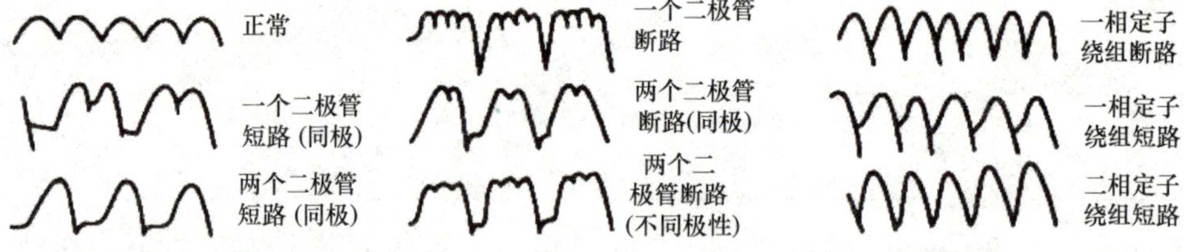

图 33 交流发电机正常输出电压和常见故障时输出电压的波形

4. 交流发电机的就车检查

发电机还可以在汽车上进行检验。将蓄电池搭铁线暂时拆下，把量程为 0～40A 的电流表串接到发电机火线 B 接线柱与火线原接线之间，再把量程为 0～50V 的电压表接到 B 与 E 之间，恢复蓄电池的搭铁线，以保证操作安全。然后起动发动机，并提高转速，当发电机转速为 2500r/min 时，电压应在 14V 以上，电流应为 10A 左右。此时打开前照灯、刮水器等用电设备，电流若为 20A 左右，则表明发电机工作正常。

5.3.3.12 信息页

5.3.3.12 信息页

学校名称		任课教师	
班级		学生姓名	
学习领域	L5 发动机电气系统诊断维修		
学习情境	LS5.3：车辆充电指示灯常亮，检查充电系统	学习时间	60min
工作任务	C：发电机功能检测	学习地点	理实一体化教室

对端子 B + 和蓄电池负极之间的发电机电压进行测量，要得出调节电压，必须起动发动机，使转速保持在 3000 ~ 4000r/min，根据发电机规格的不同，读取的检测值应为 13.7 ~ 14.7V。要检测发电机荷载时的电压，必须使发动机转速保持在 1800 ~ 2200r/min，如果在打开尽可能多的用电器后电压不会降到 13.5V 以下，要在充电电路额外接上一个钳形电流表，打开尽可能多的用电器直至达到希望的额定充电电流。

1. 发电机随负荷变化的功能测试

将博世 FSA 检测设备连到车辆上，将万能示波器的频道 CH1 接蓄电池电压，频道 CH2 接发电机充电电流。不断增大发电机负荷，测得数据见表 1。

表 1 不同负荷下发电机的功能

	1	2	3	4	5
发电机荷载（发动机怠速运行）	无荷载	打开近光灯	增加风扇	增加后风窗玻璃加热	增加负载电阻
蓄电池电压/V	14.3	14.2	14.0	13.8	13.0
发电机充电电流/A	24	36	51	60	85

根据以上数据获得发电机功能随负荷变化的曲线如图 34 所示。由曲线可以看出，随着发电机荷载的增加，充电电流升高；蓄电池电压保持高于 13.5 V 以上，但荷载过大时开始下降。

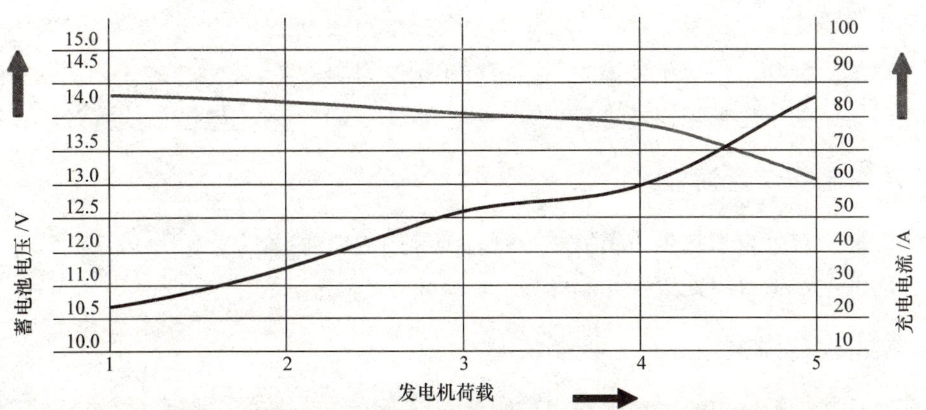

图 34 发电机功能随负荷变化关系

2. 发电机随转速变化的功能测试

将博世 FSA 检测设备连到车辆上。将万能示波器的频道 CH1 接蓄电池电压，频道 CH2 接发电机充电电流。附加连接一个电压表至发电机的 B +。打开近光灯和后风窗玻璃加热。不断提高发动机转速，并记录检测数据，见表 2。

表 2 不同转速下发电机功能

	1	2	3	4
发动机转速/（r/min）	怠速	2000	3000	4000
蓄电池电压/V	13.6	13.6	13.5	13.6
发电机电压/V	13.8	13.8	13.7	13.8
发电机充电电流/A	50	52	59	59

将表格数据转变为曲线，如图35所示。由图可知，蓄电池电压保持在大约13.5V，发电机电流在怠速时稍低，在3000r/min之后基本保持恒定。

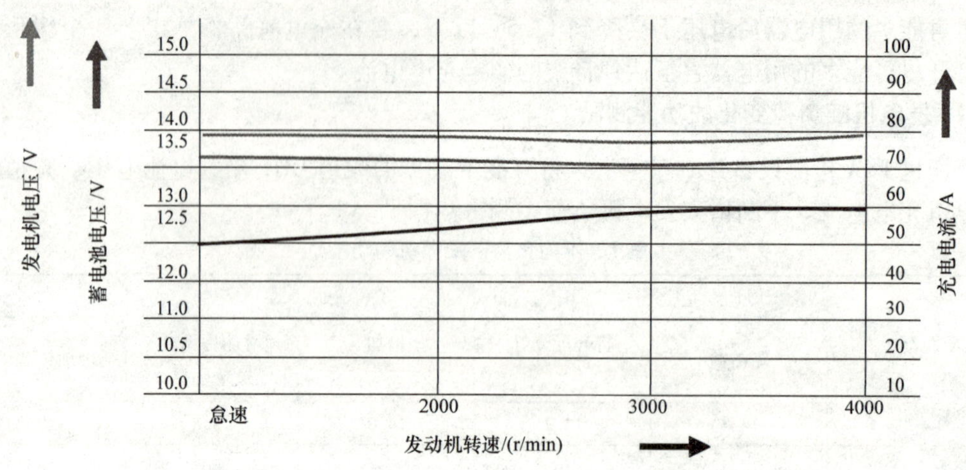

图35 发电机功能随转速变化关系

轮换工作站学习

教师活动 教师组织学生轮换工作站进行小组学习。

学生活动 学生轮换工作站进行小组学习。(120min)

小组合作制作综合海报

教师活动 教师要求每个小组完成一张思维导图的总海报。

学生活动 学生分组完成一张总海报。(30min)

展示讲述综合海报

教师活动 教师选出一个组来介绍讲解总海报内容，教师进行评价。

学生活动 被选出的小组展示讲述本组绘制的总海报内容，其他组学生提出疑问、建议。(20min)

完成5.3.3.1理论测试

教师活动 教师要求学生独立完成5.3.3.1理论测试，不允许查阅任何资料。

学生活动 学生安静独立地在系统上完成5.3.3.1理论测试并提交，不能查阅任何资料。(20min)

5.3.3.1 理论测试

5.3.3.1 理论测试

学校名称		任课教师	
班级		学生姓名	
学习领域	L5 发动机电气系统诊断维修		
学习情境	LS5.1：蓄电池不断放电，对车辆进行静态电流检查		
理论学习内容	交流发电机构造与检测	学习时间	20min

一、填空题（每空1分，共24分）

1. 围绕一个通电的导体形成了一个________的磁场。磁力线的形状为圆形。磁场方向取决于________的方向，可通过________定则来判定。

2. 一个通电线圈的磁场由相邻导体的磁场叠加而形成。线圈内部的磁力线呈________分布，并在线圈的________形成闭合圆环。线圈的南北极可通过________来确定。将________的四根手指指向________握住线圈，那么竖起的________就指向北极方向。

3. 普通交流发电机一般由________、________、________、前后端盖、风扇、带轮等组成。

4. 硅整流发电机按励磁绕组搭铁方式可分为________搭铁式和________搭铁式两种。

5. 充电指示灯亮，表明蓄电池处于________状态，硅整流发电机处于________励状态；充电指示灯由亮转灭，表明电池处于________状态，发电机处于________励状态。

6. 交流发电机的工作特性是指发电机经整流后输出的________、________和转速 n 之间的关系，包括________、________和外特性。

7. 发电机励磁线圈的供电方式有________和________两种。

二、选择题（每题2分，共20分）

1. 检测发动机励磁绕组阻值过大说明（　　）。

A. 电刷与滑环接触不良　　B. 励磁绕组短路

C. 励磁绕组搭铁　　D. 励磁绕组与转子轴绝缘良好

2. 一般硅整流发电机都采用（　　）联结，即每相绕组的首端分别与整流器的硅二极管相接，每相绕组的尾端在一起，形成中性点N。

A. 星形　　B. 串联　　C. 三角形　　D. 并联

3. 发电机中励磁绕组的功用是（　　）。

A. 产生交流电　　B. 产生直流电　　C. 产生感应电动势　　D. 产生旋转的磁场

4. 发动机中整流电路的作用是（　　）。

A. 调节输出电压　　B. 调节输出电流　　C. 将交流变为直流　　D. 将直流变为交流

5. 标示为“N”的交流发电机的输出接线柱是（　　）。

A. 正极接线柱　　B. 负极接线柱　　C. 中性点接线柱　　D. 磁场接线柱

6. 在交流发电机空载特性图上，发电机的端电压随（　　）的增大而上升。

A. 发电机转速　　B. 励磁电流　　C. 负载电阻　　D. 励磁线圈匝数

7. 九管发动机中，多增加的三个励磁二极管的具有（　　）作用。

A. 提高发电机的功率　　B. 引出中性点接线柱

C. 用来控制充电指示灯　　D. 用来调节输出电压，使输出电压保持恒定

8. 对于采用星形联结的交流发电机三相绕组来说，下面哪种说法是错误的（　　）。

A. 一定是对称绕组　　B. 一定是用来产生交流电的

C. 每相绕组的首端连接一个电刷　　D. 一定是末端连接在一起

9. 当发电机电刷坏时，发电机将不发电，其原因是电刷坏了以后，将使（　　）。

A. 励磁电路断路　　B. 三相绕组中的某一相绕组断路

C. 使发电机的输出线路中断　　D. 使发电机的中性点输出线路中断

10. 交流发电机中性点抽头的电压约为输出电压的（　　）倍。

A. 1　　B. 2　　C. 0.5　　D. 1/3

三、判断题（每题2分，共20分）

1. 当发电机向蓄电池充电时，充电指示灯应亮起。（　　）
2. 当充电指示灯常亮时，应检查发电机驱动带是否正常。（　　）
3. 通电导体的磁场方向用右手螺旋定则判断。（　　）
4. 通电线圈内部磁场呈平行分布，由N极指向S极。（　　）
5. 磁感应电流的方向可由发电机定则判定。（　　）
6. 交流发电机的定子线圈是通过电刷与电路连接的。（　　）
7. 发电机三相绕组的首端在定子槽内的排列必须间隔120°。（　　）
8. 交流发电机整流器的功用是将定子绕组的三相交流电变为直流电。（　　）
9. 交流发电机是通过电磁感应产生电动势的。（　　）
10. 发动机起动后，交流发电机就不再需要励磁了。（　　）

提交理论学习阶段的评价表

教师活动　教师要求学生对理论学习阶段评价表5.3.3.1进行自我评价。

学生活动　学生按照教师的要求对自己在理论学习阶段的表现进行自评，客观真实。

理论学习评价表5.3.3.1

参与本项目的教师具体见Moodle系统，未参与本项目的教师可以根据实际情况自行制定。

5.3.4 任务计划：车辆充电指示灯常亮，检查充电系统工作计划

独立查阅信息

教师活动　教师提供实验车型的维修手册。

学生活动　学生个人独立查阅教师提供的维修手册，提炼整理关键信息。(20min)

小组制作工作计划海报

教师活动　教师要求学生小组合作制定“车辆充电指示灯常亮，检查充电系统”工作

计划海报，把每一步的细节和注意事项写出来，包括为什么干、怎么干、安全、环保、工具、时间、成本、注意事项、检测标准等。

学生活动　学生分组讨论，小组合作完成工作计划海报。(30min)

5.3.4.1　工作计划海报

见附录。

展示讲述工作计划海报

教师活动　教师选出一个组来介绍讲解海报内容，教师进行评价。

学生活动　被选出的小组展示讲述本组学习成果，其他组学生提出疑问、建议。(20min)

修改工作计划海报

教师活动　教师强调修改工作计划时注意：安全、环保、规范、时间及成本控制意识的训练。

学生活动　每个组根据教师意见认真改进本组海报。(10min)

提交任务计划阶段的评价表

教师活动　教师提供任务计划阶段的评价表，指定组间评价顺序，保证每个组都被评价。要求学生将5.3.4.2评价表以小组形式提交到系统。

学生活动　每个组对老师指定的小组进行评价，合作填写5.3.4.2评价表，小组提交到系统。

5.3.4.2　任务计划评价表

参与本项目的教师具体见Moodle系统，未参与本项目的教师可以根据实际情况自行制定。

5.3.5　任务决策：与师傅和客户沟通工作计划

独立完成任务决策表

教师活动　教师发放5.3.5.1任务决策表要求学生安静地独立完成。

学生活动　学生每个人独立按照任务决策的关键要素完成5.3.5.1任务决策表。(20min)

5.3.5.1　任务决策表

5.3.5.1　任务决策表

决策类型	决策方案
与师傅决策	请站在厂商的角度，和师傅沟通任务计划实施的可能性。(包括：工作任务的时间控制和成本控制，工作步骤的正确性、规范性和合理性，工作过程的安全性和环保性，考虑厂商的经济效益和工作效率等，并记录决策结果与师傅的建议)

（续）

决策类型	决策方案
与客户决策	请站在客户的角度，和客户沟通任务计划实施的可能性。（包括：是否有几种可能供客户选择？某些项目做或不做？现在做还是未来做？考虑客户的成本控制、时间控制、安全性、环保性、美观性和便利性等，并记录决策结果与客户的意见）

实战演习任务决策

教师活动 教师选出一个学生代表（这个学生是以往决策出现问题较大的）和自己进行任务决策，同时担任师傅和客户双重角色。

学生活动 被选出的学生与教师进行决策对话，其他学生观察，并进行口头评价、补充、改进。(20min)

提交确认任务决策

学生活动 每个学生修改自己的任务决策方案表格，提交到系统。(20min)

教师活动 教师对每个学生制定的任务决策方案进行确认，并将确认信息从系统发给学生。

提交任务计划阶段的评价表

教师活动 教师要求学生对任务决策阶段5.3.5.2评价表进行自我评价。

学生活动 学生按照教师的要求对自己在任务决策阶段的表现进行自评，客观真实。

5.3.5.2 任务决策评价表

参与本项目的教师具体见 Moodle 系统，未参与本项目的教师可以根据实际情况自行制定。

5.3.6 任务实施：使用设备进行实车检测诊断

示范操作

教师活动 教师亲自示范操作，或者播放相关视频（操作内容：从接车确认开始，按照诊断思路进行车辆充电指示灯常亮，检查充电系统工作）。(30min)

学生活动 学生观察教师的示范动作，或观察视频中的示范动作。

操作实施

教师活动 教师将学生分组，并要求每组学生分工明确，严格强调安全和事故预防要求等。实施过程中教师进行巡视指导。

学生活动 学生分为4组，分工操作。每组每次安排2名学生操作，所有学生轮流，每个学生都要完成一次操作。当2名学生进行操作时，另外安排2名学生分别对其进行评价，填写5.1.6.1评价表，1名学生拍摄视频，1～2名学生监督记录，1～2名学生查阅手册改进计划。(90min)

提交任务实施阶段的评价表和视频

教师活动 教师要求学生对任务实施阶段5.3.6.1评价表进行自我评价，并提交任务实施阶段录制的所有视频资料。

学生活动 学生按照教师的要求对自己在任务实施阶段的表现进行自评，客观真实。负责拍摄的学生将视频整理提交到系统，负责评价的学生将5.3.6.1评价表提交到系统。

5.3.6.1 任务实施评价表

参与本项目的教师具体见Moodle系统，未参与本项目的教师可以根据实际情况自行制定。

5.3.7 任务检查：5S与检查工作结果

任务检查与5S

教师活动 教师提供5.3.7.1任务检查流程。要求学生分组，小组合作完成任务检查及5S，在5.3.7.1任务检查单上标注。教师要求学生小组成员对工作过程和工作计划进行监督和评估，记录优缺点及改进建议，并口头表达。教师要重点引导学生对队友的支持性意见的表达，并训练学生接纳他人建议。

学生活动 学生分组，小组合作完成任务检查及5S，在5.3.7.1任务检查单上标注。学生按照教师规定严格监督和控制其他成员的工作过程并友善提出改进建议。(30min)

5.3.7.1 任务检查单

5.3.7.1 任务检查单

1. 请进行必要的最终任务检查，在（ ）里进行标记。

检查任务实施过程（ ），是否有改进或需要说明：

如有，处理意见：

检查测量值与标准值（　　），是否有改进或需要说明：

如有，处理意见：

2. 请进行必要的5S。

5S车辆（　　）

5S工位（　　）

5S场地（　　）

3. 请根据实施的诊断与修理工作，编制工作说明，完善改进工作计划（以另一种颜色的笔在任务计划上标注作答）。

小组合作修改工作计划

教师活动 教师要求学生小组合作修改完善工作计划，修改方式：在原有工作计划上用另一种颜色的笔进行真实、全面的复盘改进，并进行标注。

学生活动 学生小组合作修改完善工作计划，修改方式：在原有工作计划上用另一种颜色的笔进行真实、全面的复盘改进，并进行标注。（10min）

提交任务检查阶段的评价表

教师活动 教师要求学生对自己在任务检查阶段的表现进行自我评价。提醒学生：对于自己没有涉及的条目不评价。

学生活动 学生对自己在任务检查阶段的表现进行自我评价，对于自己没有涉及的条目不评价。（5min）

5.3.7.2 任务检查评价表

参与本项目的教师具体见Moodle系统，未参与本项目的教师可以根据实际情况自行制定。

5.3.8 任务交付：交车给师傅和客户

任务交付准备

教师活动 在任务交付之前，教师提供5.3.8.1交车剧本给事先安排好的两个学生，一个扮演客户，另一个扮演SA，以便上课时两个学生能在实车上呈现交车过程。

学生活动 两个角色扮演的学生要熟悉交车剧本。

5.3.8.1 交车剧本

5.3.8.1 交车剧本

（一）任务完成正常交车

前台： 先生，您好！您的车修好了，您可以放心使用了。

客户： 非常感谢！

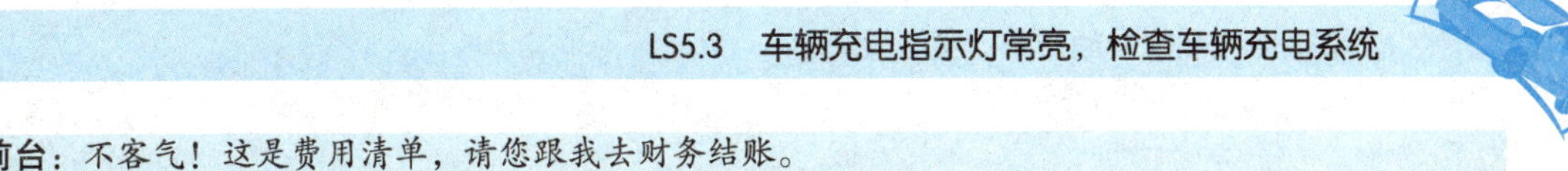

前台：不客气！这是费用清单，请您跟我去财务结账。

客户：好的。

前台：这是车钥匙，以后请您放心使用！请您随时观察车况，如果有任何问题，请随时联系我。非常愿意为您服务！

客户：好的！谢谢你！再见！

前台：再见！您慢走！

（二）任务未完成异常交车

前台：先生，您好！非常抱歉，您的车我们前期预估失误，虽然我们已经尽力了，但是还是不能按照约定时间正常交车给您，预计还得两个小时才能完成。您看您是继续在店里等待，还是先去处理其他事情。等这边结束我及时联系您。

客户：好吧！两个小时后一定能取走我的车吗？

前台：真的非常抱歉！不过，您放心！同样的错误我们不会出现第二次。两个小时后肯定交车给您。

客户：好吧。两个小时后等你电话，我先去处理其他事情。一定要完全修复啊！

前台：请您放心！一定保证您的爱车行驶无忧，我会随时观察进展情况，及时联系您。非常愿意为您服务！

客户：好的！谢谢你！那我先走了，待会儿见！

前台：待会儿见！您慢走！

两人角色扮演

学生活动　学生分组，两人一组。其中，事先安排好的两个学生为一组，一个扮演客户，另一个扮演 SA，先交车给师傅，然后交车给客户。（10min）

教师活动　教师提前安排学生两人一组，观察角色扮演学生的表演过程，同时观察其他学生的表现：倾听的认真程度。

全员换位评价

学生活动　学生认真观看角色扮演情境再现过程，理解客户委托，并与本组学生一起对 SA 角色扮演的学生换位思考进行口头评价：角色扮演时的优缺点，如果是自己怎么改进会更好。（5min）

教师活动　教师指出角色扮演的优缺点，提出注意事项进行强调说明。

全员分组练习

教师活动　教师要求所有学生借鉴两个示范学生的表现，进行任务交付练习。

学生活动　学生按照教师的提示与强调，借鉴示范的两个学生的表现，学生分组在实车上进行任务交付的角色扮演练习。互换角色再练习一次。（10min）

提交任务交付阶段的评价表

教师活动　教师要求学生对任务交付阶段自己扮演 SA 时的表现依据 5.3.8.2 评价表进行自我评价。

学生活动　学生按照教师的要求对自己在任务交付阶段扮演 SA 时的表现进行自评，客观真实。

5.3.8.2 任务交付评价表

参与本项目的教师具体见 Moodle 系统，未参与本项目的教师可以根据实际情况自行制定。

5.3.9 反思评价：总结知识点、技能点和素养点

提交反思评价自评表

教师活动 教师归纳整理理论知识体系，以一页 PPT 展示知识点、技能点和素养点。

学生活动 学生认真反思，倾听，构建适合自己学习的知识体系。学生认真反思，对照学习目标进行自我反思，填写 5.3.9.1 自评表。(20min)

5.3.9.1 反思评价自评表

参与本项目的教师具体见 Moodle 系统，未参与本项目的教师可以根据实际情况自行制定。

提交反思评价他评表

教师活动：教师把每一位学生的反思阶段的评价表分配给其他同学进行评价。

学生活动：学生按照系统分配的评价对象，每个学生都填写一份对另一个学生的评价表。(10min)

5.3.9.2 反思评价他评表

参与本项目的教师具体见 Moodle 系统，未参与本项目的教师可以根据实际情况自行制定。

提交反思评价自评表

教师活动：教师参照学生的自评与他评在 5.3.9.3 反思评价表上给出学生反思评价成绩。

学生活动：每个学生将自评表和他评表形成的 5.3.9.3 反思评价表进行对照，帮助学生自我认识。(10min)

5.1.9.3 反思评价表

参与本项目的教师具体见 Moodle 系统，未参与本项目的教师可以根据实际情况自行制定。

5.3.10 巩固拓展

迁移新任务

教师活动：教师布置新的客户任务：永磁式发电机不能充电。要求学生小组合作制定工作计划并用 PPT 展示。

学生活动：学生明确拓展任务：小组合作制定工作计划，下次课前用 PPT 展示和评价。做好完成拓展任务的计划（分工与时间安排）。

分工制作工作计划

教师活动 教师要控制学生的制作过程，要求学生分工完成5.3.10.1工作计划，把自己负责的部分提交到系统，让教师看到。

学生活动 学生在小组长的带领下，制作过程合理分工，每人完成工作计划的一部分并提交到系统。(课后)

5.3.10.1 工作计划海报

见附录。

提交过程视频和PPT

教师活动 教师要求学生录制制作PPT过程的视频并把视频提交到系统，同时提交PPT结果到系统。

学生活动 小组合作，录制制作PPT过程的视频。

巩固拓展阶段的评价表

教师活动 教师要求小组长完成本小组所有成员的5.3.10.2评价表，提交到系统。

学生活动 小组长完成小组评价5.3.10.2评价表，并把每个组员的评价表提交到系统。

5.3.10.2 巩固拓展评价表

参与本项目的教师具体见Moodle系统，未参与本项目的教师可以根据实际情况自行制定。

总体评价

给学生反馈总体评价表

教师活动 教师对每个学生的总体评价表初稿进行补充修改，形成总体评价定稿，作为每个学生本学习情境的最终评价。

学生活动 学生认真对照教师反馈的总体评价表，分析自己的优势和不足，有针对性地制定改进措施，加强培养素养、知识、技能不足的方面。

LS5.4

车辆仪表显示屏上显示发电机功能故障

教学准备

教学情境准备

教师活动 教师提前提供给所有学生 5. 4. 0. 1 客户任务工单。提前在车上设置“车辆仪表显示屏上显示发电机功能故障”的真实故障。课前提供 5. 4. 0. 2 接车剧本给事先安排好的两个学生，一个扮演客户，另一个扮演维修接待人员（Service Advisor，简称 SA），以便上课时两个学生能在实车上把客户任务真实再现。

学生活动 所有学生在课前熟悉 5. 4. 0. 1 客户任务工单，提前了解客户委托任务。

两个角色扮演的学生要熟悉 5. 4. 0. 2 接车剧本。（课前）

5. 4. 0. 1 客户任务工单

5. 4. 0. 1 客户任务工单

车主姓名		日期	
车型		车牌号	
发动机号		底盘号	
联系电话			
通信地址			
故障现象描述： 车主反映，车辆仪表显示屏上显示发电机功能故障。			
检查维修建议：			
故障结论：（更换或维修的零件记录）			
取车付款： 现金　　　　银行卡		维修人： 收款人：	

5.4.0.2 接车剧本

5.4.0.2 接车剧本

学习情境描述：

一辆丰田轿车，行驶总里程6万km，客户发现车辆行驶过程中，车辆仪表显示屏上显示发电机功能故障。

前台：您好！有什么需要我帮助的？

客户：您好！是这样的，我的汽车起动后，车辆仪表显示屏上显示发电机功能故障。您能帮我看看吗？

前台：好的！您给我车钥匙，我给您试一下车，先检查一下。

（上车，打开点火开关，起动发动机，发现仪表显示屏上显示发电机功能故障，询问客户）

前台：您家车仪表显示屏上显示发电机功能故障。这个毛病以前出现过吗？最近您修理过什么部件吗？

客户：不瞒您说，我的车车况特别好，在这之前什么毛病也没有，这是第一次有故障，只做过正常的维护保养。

前台：那您的车车况是真不错，您使用得很好。我方才初步诊断了一下：仪表显示屏上显示发电机功能故障。估计是发电机多功能电压调节器的问题，也可能是控制电路的问题。具体原因需要后台检测后才能确认。

客户：好的！那您尽快维修吧，我还着急用车呢。

前台：那您想什么时间取车？

客户：今天下午4点取车吧。

前台：好的！请您到客户区休息等待，如有需要，我会及时和您联系。

教学目标准备

教师活动 教师用一页PPT简介本情境的教学目标：素养点、知识点、技能点。

学生活动 学生思路清楚，明确目标，在头脑中形成个人学习规划。（课前）

素养点：

① 能够展现积极主动的工作态度。

② 能够以口头和书面形式准确无误地传达信息。

③ 能够提出各种不同的解决建议并相互比较。

④ 能够共同找出解决方案。

⑤ 能够阅读技术信息，检索提炼，建构逻辑关系。

知识点：

① 电压调节器功能。

② 电压调节器调节方法。

③ 晶体管电压调节器工作原理。

④ 集成电路多功能电压调节器工作原理。

技能点：

① 电压调节器检测。

② 电压调节器就车检查。

资料设备清单

参与本项目的教师具体见 Moodle 系统，未参与本项目的教师可以根据实际情况自行制定。

5.4.1 任务接受：接车

两人角色扮演

学生活动 学生分组，两人一组。其中，事先安排好的两个学生为一组，一个扮演客户，另一个扮演 SA，在实车上把客户任务真实再现。(10min)

教师活动 教师观察角色扮演学生的表演过程，同时观察其他学生的表现：倾听的认真程度。

全员换位评价

学生活动 学生认真观看角色扮演情境再现过程，理解客户委托，并与本组学生一起对 SA 角色扮演的学生换位思考进行口头评价：角色扮演时的优缺点，如果是自己怎么改进会更好。(10min)

教师活动 教师指出角色扮演的优缺点，提出注意事项进行强调说明。

全员分组练习

教师活动 教师要求所有学生借鉴两个示范学生的表现，进行任务接受练习。

学生活动 学生按照教师的提示与强调，借鉴示范的两个学生的表现，学生分组在实车上进行任务接受的角色扮演练习。互换角色再练习一次。(5min)

提交任务接受阶段的评价表

教师活动 教师要求学生对任务接受阶段自己扮演 SA 时的表现进行自我评价。

学生活动 学生按照教师的要求对自己在扮演 SA 时的表现进行客观真实的自评。(5min)

5.4.1.1 任务接受评价表

参与本项目的教师具体见 Moodle 系统，未参与本项目的教师可以根据实际情况自行制定。

5.4.2 任务分析：车辆仪表显示屏上显示发电机功能故障原因

教学方法：关键词卡片法

独立查找原因

教师活动　教师提供信息页5.4.2.1、车辆维修资料，指导学生独立查找车辆仪表显示屏上显示发电机功能故障的原因，并书写在笔记本上。

学生活动　学生个人独立阅读教师提供的车辆维修资料，并通过查询故障码，找出关于车辆仪表显示屏上显示发电机功能故障的原因，形成个人的结论，工整地记录在笔记本上。(30min)

5.4.2.1　信息页

5.4.2.1　信息页

学校名称		任课教师	
班级		学生姓名	
学习领域	L5 发动机电气系统诊断维修		
学习情境	LS5.4：车辆仪表显示屏上显示发电机功能故障	学习时间	30min

故障案例分析：新帕萨特怠速不发电故障排除

故障现象：车主反映汽车仪表上充电指示灯常亮，如图1所示。

图1　充电指示灯常亮

故障诊断：据车主反映该车有蓄电池充电指示灯常亮现象，我站在接到此车后首先对车主描述的故障现象进行验证。当车辆起动后大约1min后确实如车主描述的那样蓄电池充电指示灯常亮，此时使用万用表对蓄电池进行测量，发现只有12.38V；当加速到2000r/min以上时仪表内的充电指示灯仍然不灭，再次对蓄电池进行测量，发现蓄电池的工作电压达到14.30V左右，如图2所示。

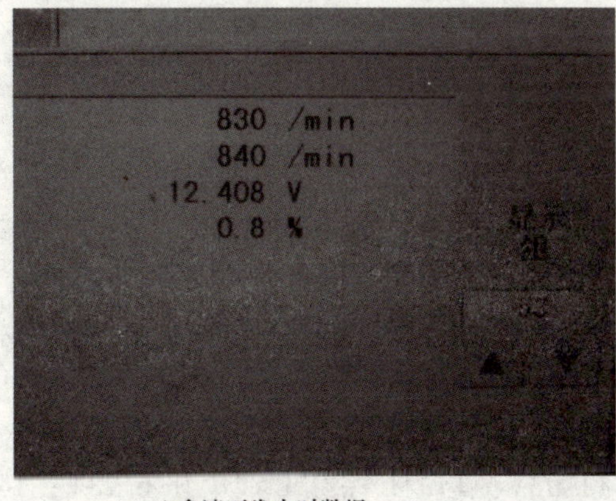

a) 怠速不发电时数据

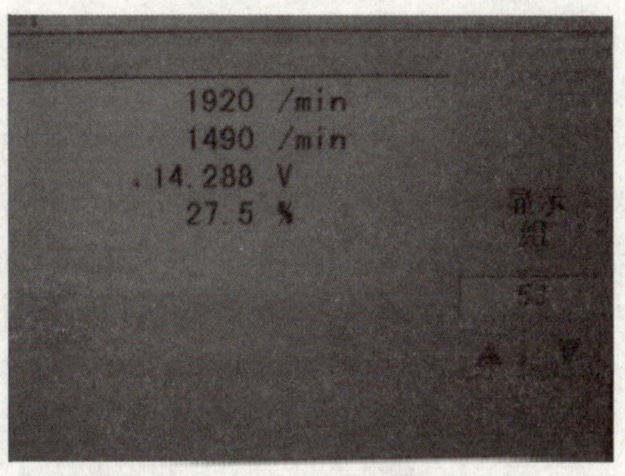

b) 故障车发电时数据

图2　蓄电池检测数据

由此可以判断，此时发电机开始对车内用电器和蓄电池供电，使用VAS5052故障诊断仪对此车的所有控制单元进行检测，发现系统没有故障存储，显示全部正常，如图3所示。在怠速时读取数据流发现第4组第2区显示的是蓄电池电压，充电时的标准值应该是13～15V，当加速时显示与使用万用表测量的差不多，系统显示在13.60V，读取系统53组发电机工作负荷怠速时在0.8%，工作时大约在49%，此时验证了故障确实存在。

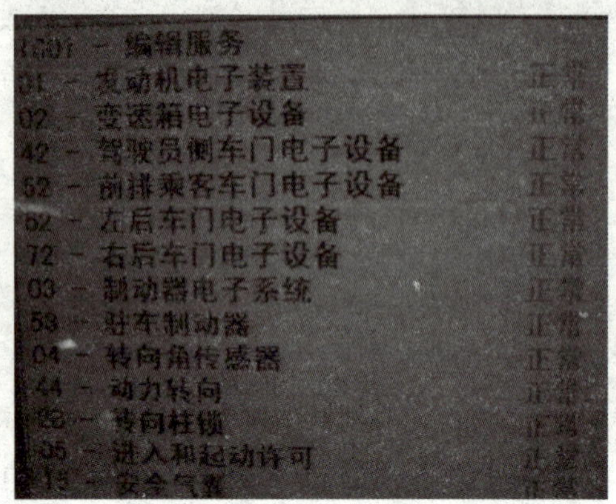

图3 故障存储

故障分析：由此故障现象进行分析可以看出，引起发电机不发电的原因主要有以下几点：①发电机内部线圈损坏。②发电机整流器故障。③电刷磨损过大。④充电指示灯损坏。⑤励磁线路电路故障。⑥其他故障。通过对以上原因进行分析可以看出，由于此车是新车，可以排除外围人为因素，没有另外加装任何附件，把第一个怀疑的发电机本身故障先排除掉；而且更换新的发电机后试车，故障并没有排除。通过查阅相关技术资料，此车的发电机结构不同于以往的发电机，这款全新帕萨特车的发电机是在以往传统发电机的基础上为了节约油耗而进行全新设计的。由相关资料可以看出，该发电机不仅有传统的励磁电路，另外还增加了发电机的负荷控制系统，发电机的发电负荷由控制单元J519根据整车电网所需的用电量和蓄电池的实际电量进行控制，J519根据发动机控制单元提供的发电机的充电电压信号进行发电机的负荷控制。对发电机负载的控制主要有以下几点：

① 负载管理模式1：点火开关打开，交流发电机起动。

② 当蓄电池电压低于12.7V时，J519要求提高怠速转速。

③ 当蓄电池电压低于12.2V时，依次关闭下列用电器：座椅加热、后风窗加热、车外后视镜加热、自动空调、信息娱乐系统。

④ 负载管理模式2：点火开关打开，交流发电机不起动。

⑤ 当蓄电池电压低于12.2V时，依次关闭下列用电器：自动空调、信息娱乐系统。

⑥ 负载管理模式3：点火开关关闭。

⑦ 当蓄电池电压低于11.8V时，依次关闭下列用电器：车内照明灯、离家照明灯、信息娱乐系统。

故障排除：通过以上进行的故障分析可以看出发电机的发电与否不仅与线路和相关的零件有关，更要注意的是要对发电机的负载控制进行分析。通过对电路的查阅并进行相关线路的检测，检查发电机上励磁线DFM和L线的接触情况，分别断开相关的连接插头T4n（发动机舱前部，左前纵梁右侧）和J519（T52c/32棕色插头），进行测量线路的通断和对搭铁以及对正极的短路和断路情况，分别检查从发电机到J519的发电机线路连接，发现发电机T2ax插头到T4n插头以及到J519之间均正常。以下是检测数据，如图4所示：

打开点火开关：T4n/2蓝色DFM线电压11.93V；T4n/1棕红L线电压6.28V；T4n/2至发电机电阻为215Ω；T4n/1至发电机电阻值为253Ω。

图 4　发电机端子检测数据

翻阅电路图发现连接线 B344 到车载逆变器之间线路也正常。看来线路是没有什么问题了，那问题到底是出现在哪里呢？线路和发电机都没有问题，难道是 J519 和车载逆变器出问题了吗？带着疑问对 J519 和逆变器的线路进行检查，其电路如图 5 所示。对相关电路图进行检查，发现车载逆变器上的 T3ak/3 是到 J519 上 T52c/32 的，也就是到发电机上的 T2ax1 蓝色 DFM 励磁线的，车载逆变器根据此信号对逆变器的工作情况进行控制。如果 DFM 电压等于蓄电池电压的话，车载逆变器是不工作的；如果 DFM 电压达到 13～15V 发电机正常工作电压的话车载逆变器才会工作。这种线路设计不仅巧妙利用发电机励磁线路的工作原理，更能简化线路、节约成本，并能够在很大程度上减小蓄电池的电能消耗。通过分析决定先易后难，先更换新的 J519 试试看。由于 J519 配件部没有，从相同车辆上拆了相同的零件安装上并进行编码后试车，故障依旧。看来只有车载逆变器这一个元件了，于是拔下车载逆变器的插头再次试车并读取数据流，怠速发电机的负载能到 49% 以上，从发动机读取发电机的工作电压怠速时能够达到 13.75V，正常发电，故障排除。最后把车载逆变器从车上拆下来，检测发现逆变器内部端子 T3ak/2 和 T3ak1 端子内部短路。更换新的车载逆变器后故障排除。

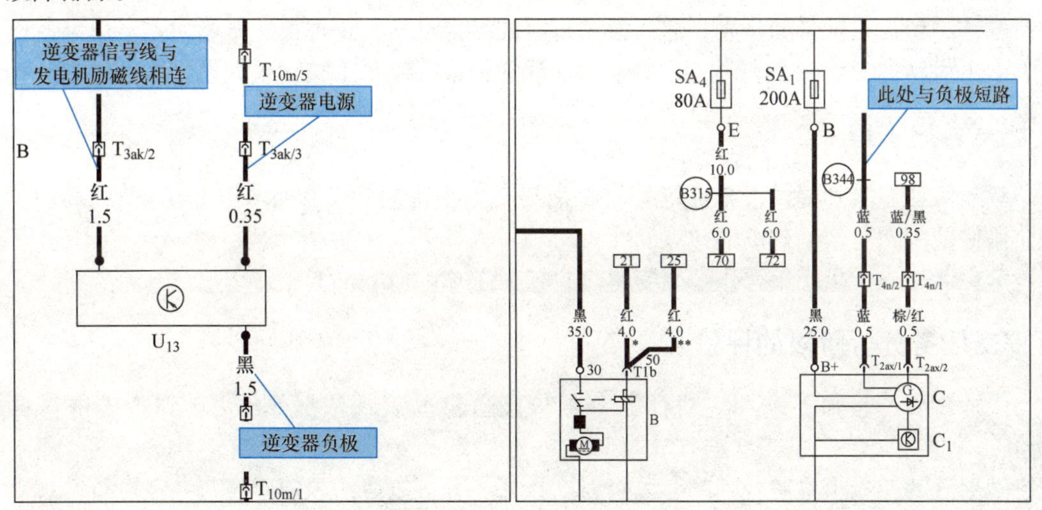

图 5　J519 和逆变器电路

故障总结：通过以上故障案例排除可以看出，随着车辆装备电子化的逐步提高，尤其是新车型新技术的应用，这对我们售后的维修工作提了更高的要求。平时我们不仅要进行实践学习，更要对理论知识，特别是原理分析和基础性的知识进行学习，不仅对其结构要了若指掌，更要将学习到的相关知识再加上相关的设备辅助更好地应用到实际工作中。本案例中的车载逆变器的信号线与负极线之间短路造成车辆在怠速时不发电就是一个很好的故障体现，由车载逆变器的电路图可以看出，车载逆变器共有三个端子，分别是信号线、工作电源线和负极线。只有信号电源能够达到13～15V工作电源才能工作，正是由于信号线对搭铁短路，J519并没有判断出故障。而车辆在行驶时怠速工况是很少的，随着发动机转速的提高，励磁电流逐渐减小，发电机开始发电，励磁电压也开始升高，车载逆变器开始工作，怠速时由于励磁电压有部分被车载逆变器分压，造成励磁线路的电压下降，以至于出现怠速不发电的现象。组合仪表内的充电指示灯是发光二极管做成的，由二极管原理可以看出，二极管的特点之一就是单向导通，如果加载到二极管两侧之间的电压相等的话二极管是不工作的；发电机在不工作的时候二极管两端有电压差，因此二极管开始点亮，就出现了客户所描述的现象。今后我们在对相关故障进行判断时，一定要先把故障现象搞清楚，然后对故障进行分析和判断，不要盲目地去更换零件，特别是新车型，更要结合相关的资料进行参考后再去逐步排除。每排除一个故障点最好都要进行记录，直至把故障完全排除，这样我们才能更好地为客户服务，提高客户满意度。

合作讨论原因

学生活动 学生分组，小组合作讨论车辆仪表显示屏上显示发电机功能故障的原因并达成共识，把本组讨论后的原因写在彩色卡片上，贴在白板上展示。(30min)

教师活动 教师重点观察学生讨论时的表现：所有成员是否可以经过妥协或协商快速达成一致意见。

师生确定原因

教师活动 教师带领学生一起逐条对每组的结果进行分析评价，判断对错，总结原因。

学生活动 学生领会理解，修改本组卡片并把最终结果工整记录在笔记本上。(10min)

填写客户工单

教师活动 教师提供行车证等资料，指导学生填写客户工单5.4.0.1（车辆检验内容，确定维修范围，是否修理车辆建议）。

学生活动 学生小组合作填写完整客户任务工单。(10min)

提交任务分析阶段的评价表

教师活动 教师要求学生对任务分析阶段自己的表现依据5.4.2.2评价表进行自我评价。

学生活动 学生按照教师的要求对自己在任务分析阶段的表现对照每一条进行客观真实的自评。

5.4.2.2 任务分析评价表

参与本项目的教师具体见Moodle系统，未参与本项目的教师可以根据实际情况自行制定。

5.4.3 理论学习：交流发电机电压调节器原理与检修

教学方法：旋转木马法

3.1 电压调节器原理

关键词法独立学习

教师活动 教师提供5.4.3.1信息页，让学生独立阅读，找出关键词，完成5.4.3.1工作页，并整理出逻辑关系思维导图。

学生活动 学生分别安静独立地阅读5.4.3.1信息页，找出关键词，完成5.4.3.1工作页，并整理出逻辑关系的思维导图。(40min)

5.4.3.1 信息页

5.4.3.1 信息页

学校名称		任课教师	
班级		学生姓名	
学习领域	L5 发动机电气系统诊断维修		
学习情境	LS5.4：车辆仪表显示屏上显示发电机功能故障	学习时间	40min
工作任务	电压调节器原理	学习地点	理实一体化教室

1. 电压调节器的作用

交流发电机的转子是由发动机通过传动带驱动旋转的，且发动机和交流发电机的速比为1.7~3，因此交流发电机转子的转速变化范围非常大。这样将引起发电机的输出电压发生较大变化，无法满足汽车用电设备的工作要求。为了满足用电设备恒定电压的要求，交流发电机必须配用电压调节器才能工作。

电压调节器是把发电机输出电压控制在规定范围内的装置，其功用是在发电机转速变化时，自动控制发电机电压保持恒定，使其不因发电机转速高时电压过高烧坏用电设备和导致蓄电池过充电，也不会因发电机转速低而电压不足导致用电设备工作失常。

2. 电压调节器的类型

随着电子技术的发展，目前交流发电机几乎全部采用电子调节器。其优点是电压调节精度高，不产生火花，还具有重量轻、体积小、寿命长、可靠性高、电波干扰小等优点。电子调节器的发展又经历了晶体管调节器、集成电路调节器、多功能集成电路调节器及计算机控制电压调节等几个阶段。电子调节器外形如图6所示。

a) 晶体管调节器

b) 集成电路调节器

图6 晶体管调节器和集成电路调节器

电子调节器按所匹配的交流发电机搭铁类型可分为两种。

（1）内搭铁型调节器

适用于内搭铁型交流发电机的电子调节器称为内搭铁型电子调节器。

（2）外搭铁型调节器

适用于外搭铁型交流发电机的电子调节器称为外搭铁型电子调节器。

对于晶体管调节器，在使用过程中，最好使用汽车说明书中指定的调节器。如果采用其他型号替代，除标称电压、功率等规定参数与原调节器相同外，代用调节器必须与原调节器的搭铁形式相同；否则发电机可能由于励磁电路不通而不能正常工作。

3. 电压调节器工作原理

（1）基本原理

根据电磁感应原理，发电机的感应电动势为 $E_{\Phi}=C_1 n\Phi$，即感应电动势 E_{Φ} 与发电机转速 n 和磁通 Φ 成正比，发电机的空载电压 $U=E_{\Phi}=C_1 n\Phi$。发电机在汽车上是按固定的传动比驱动旋转的，其转速 n 随发动机转速变化而在很大范围内变化。如果要在转速 n 变化时维持发电机电压恒定，就必须相应地改变磁极磁通 Φ。因为磁极磁通 Φ 取决于磁场电流的大小，所以在发电机转速变化时，只要自动调节磁场电流，就能使发电机电压保持恒定。电压调节器就是利用自动调节磁场电流使磁极磁通改变这一原理来调节发电机输出电压的。

交流发电机在低速时就要发出足够的电压供汽车用电器及对蓄电池充电使用，因此在低速时需以较大的电流供应磁场线圈以产生强力磁场，使发电机能产生足够的电压。当交流发电机的转速升高后，必须降低流过磁场线圈的电流，以减弱磁场强度，保持发电机的电压不继续升高，以免烧坏电器。电压调节器通常利用功率管的开关特性，使磁场电流接通与切断，从而调节磁场电流，以控制发电机输出电压。

（2）晶体管电压调节器基本电路

1）晶体管调节器结构。晶体管电压调节器一般由 1 ~ 2 个稳压管、1 ~ 3个二极管、2 ~ 3 个晶体管、若干个电阻、电容器等电子元器件组成。如图 7 所示为晶体管电压调节器的基本电路，其组成如下：VT_2 为大功率晶体管；VT_1 为小功率晶体管；VS 为稳压管；R_1、R_2 为分压器；R_3 为 VT_1 的负载电阻。

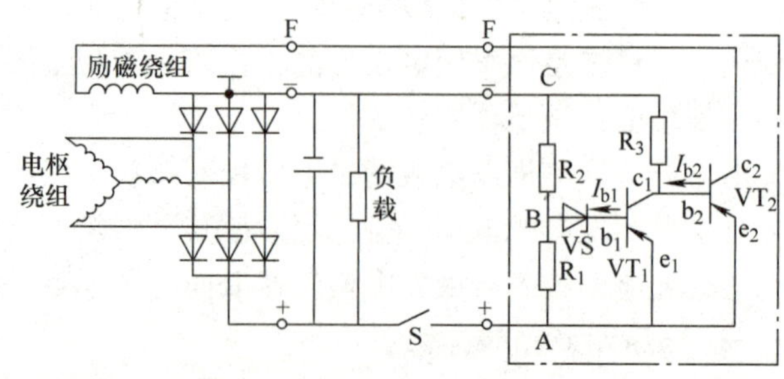

图 7　晶体管电压调节器基本电路

2）工作原理。U_{AB} 电压反向加在稳压管 VS 上，$U_{AB}=U_{AC}R_1/(R_1+R_2)$。$R_1$ 的阻值是这样确定的：当发电机输出电压 U_{AC} 达到规定的调整值时（如桑塔纳为 13.5 ~ 14.5V），U_{AB} 电压正好等于稳压管 VS 的反向击穿电压。

① 点火开关闭合发电机起动运转。

蓄电池正极上的电压通过 S→ + 极接柱后分成多路分别加到电压调节电路。

加到电压调节电路的第一路电压经 R_1、R_2 电阻分压后的电压 U_{AB} 加到稳压管 VS 上。该

电压较低，不足以使 VS 反向击穿而导通，故 VT_1 管处于截止状态。

加到电压调节电路的第二路电压作用在 VT_2 的基极，VT_2 的基极为高电平而导通，由此就形成了如下的电流通路：蓄电池正极→点火开关 S→调节器“+”接线柱→VT_2 e－c 极间→调节器“F”接线柱→发电机“F”接线柱→励磁绕组→蓄电池负极（搭铁）。

这一电流通路使发电机的励磁电流通路形成。

② 发电机随转速上升电压高于蓄电池电压。

当发电机起动运转，且转速达到 1000r/min 时，发电机开始发电，其定子绕组中产生的交变电压经二极管整流以后送给有关电路。

一路直接加到蓄电池上给其充电，补充能量。

另一路经点火开关 S→+极接柱后，通过分压电阻 R_1 的电压 U_{AB} 作用在稳压器 VS 上，此时，该取代电压仍不能使 VS 稳压二极管反向击穿而导通，故 VT_1 管处于截止状态。

加到电压调节电路的第二路电压作用在 VT_2 的基极，VT_2 的基极为高电平而导通，由此就形成了如下的电流通路：发电机正极→点火开关 S→调节器“+”接线柱→VT_2 e－c 极间→调节器“F”接线柱→发电机“F”接线柱→励磁绕组→发电机负极（搭铁）。

此阶段发电机的输出电压高于蓄电池的电压，发电机的励磁电流由他励转变为自励。

③ 发电机电压随转速上升超过额定值。

随着转速变化，当发电机输出电压高于调整值时，U_{AB} 升至 VS 反向击穿电压，VS 导通，VT_1 导通，VT_2 截止，切断励磁电路，发电机输出电压下降；当输出电压低于调整值时，U_{AB} 低于 VS 反向击穿电压，VS 截止，VT_1 截止，VT_2 导通，接通励磁电路，发电机输出电压上升。如此反复调节，使输出电压在规定的范围。

3）晶体管调节器的工作特性。调节器通过晶体管 VT_2 的通断控制磁场电流，随着转速的提高，大功率晶体管 VT_2 的导通时间减少，截止时间增加，这样可使得磁场电流平均值减小，磁通减小，保持输出电压 U_B 不变。发电机的输出电压 U_B、磁场电流 I_f（平均值）随转速 n 的变化关系称为电子调节器的工作特性，如图 8 所示。

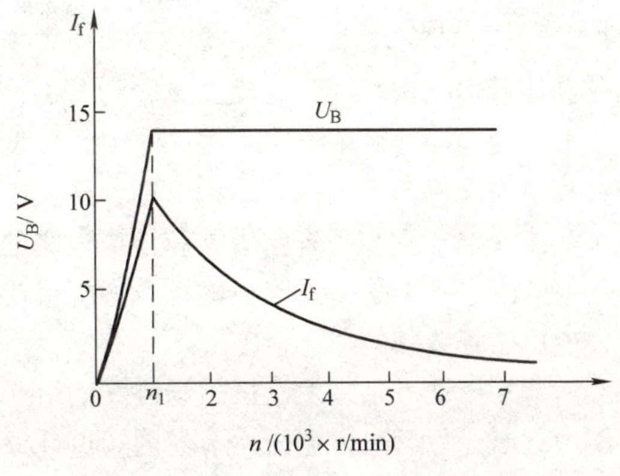

图 8 电子调节器工作特性曲线

从电子调节器的工作特性曲线可以看出，n_1 为调节器开始工作转速，称为工作下限，随着发电机转速的升高，磁场电流减小。当发电机转速很高时，大功率晶体管可不导通，磁场电流被切断，发电机仅靠剩磁发电。因此，电子调节器的工作转速上限很高，调节范围很大。

旋转木马法互学

教师活动 教师给学生分成旋转木马 A、B 小组，提出要求让学生进行旋转木马互相讲述。

学生活动 学生按照教师要求进行旋转木马讲述。(10min)

小组合作整理笔记

教师活动 教师要求学生回到原始学习小组，整理关键内容到笔记本上，完成小组学习海报。

学生活动 学生回到原始学习小组，经过讨论把关键内容整理到笔记本上，完成小组学习海报。(20min)

教学方法：小组拼图法

3.2 电压调节器工作过程

原始组独立完成工作页

教师活动 教师把学生分成专家组，并提供与之有关的5.4.3.2~5.4.3.5信息页和5.4.3.2~5.4.3.5工作页。

学生活动 学生原始组个人独立学习信息页，并完成工作页。(50min)

5.4.3.2 信息页

5.4.3.2 信息页

学校名称		任课教师	
班级		学生姓名	
学习领域	L5 发动机电气系统诊断维修		
学习情境	LS5.4：车辆仪表显示屏上显示发电机功能故障	学习时间	50min
工作任务	A：晶体管电压调节器	学习地点	理实一体化教室

晶体管电压调节器是利用晶体管的开关作用，控制发电机励磁电路的通、断，在发电机转速发生变化时，调节励磁电路的电流，使发电机电压保持稳定。这种调节器没有触点，使用过程中无须保养和维护，结构简单，体积小，重量轻，目前已经逐步取代触点式调节器。

晶体管电压调节器有内搭铁和外搭铁之分。

所谓内搭铁1是指发电机磁场线圈绕组在发电机内部搭铁，励磁电流是由调节器流出进入发电机磁场线圈的。

所谓外搭铁1是指发电机磁场线圈绕组一端通过电压调节器后搭铁，其内电流是从磁场线圈中流出，然后进入电压调节器内经过开关晶体管控制后搭铁。

下面介绍几种电子电压调节器的工作原理。

1. 内搭铁电子电压调节器原理

图9所示为国产内搭铁型JFT248型电子电压调节器电路原理。许多型号的电子电压调节器的电路结构与此相同或大同小异。在该电路中，C1为滤波电容；R1、C2、R2、VD1、VD2、R3、VT1组成了取样放大电路；VD3、VT3、R7等组成了开关控制电路；VT2、R5、R6、C3组成了发电机磁场线圈短路保护电路；R8、VD5为电压调节指示电路。该电路的工作原理如下。

(1) 发电机的起动发电过程

当接通点火开关SA1后，24V蓄电池的正极电流经开关SA1→FU→H1→电子电压调节

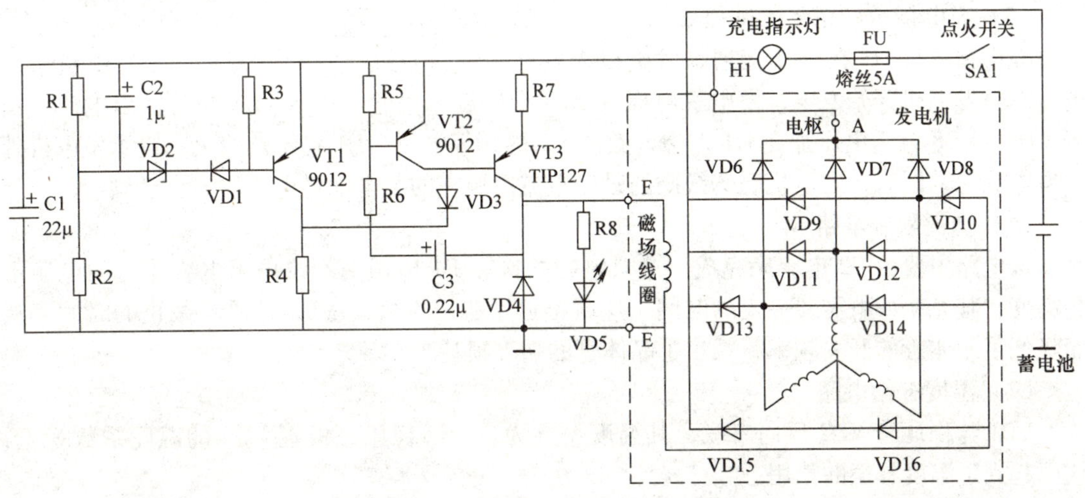

图9 JFT248型内搭铁电子电压调节器电路原理

器的正极接线柱，然后进入电子电压调节器内分成多路。

充电时，通过R5、R6电阻对C3电容进行充电，充电回路为：D+电源→R5电阻→R6电阻→C3电容→调节器F端接线柱→发电机磁场线圈→搭铁→蓄电池负极。这一充电回路使C3电容充上了上正下负的电压，使VT2基极为高电平而截止，对电路不会产生影响。

另一路经电阻R3加到VT1的基极及取样稳压二极管VD2、VD1上。这样，因R3引来的电压不足以使VD2击穿，从而使VT1基极为高电平而截止，其集电极为低电平→VD3负极为低电平而导通→VT3基极为低电平也导通。这样，就形成了如下的电流通路：蓄电池正极输出的电压→SA1→FU→H1→电子电压调节器正极接线柱→R7电阻→VT3导通的e－c极间从集电极输出后分成两路，一路通过R8电阻加到VD5发光二极管正极，使其发光，作为电子电压调节器工作指示；另一路通过电子调节器F端接线柱→发电机内磁场线圈→搭铁，使磁场线圈中有电流流过，从而使发电机有励磁电流产生。当发电机达到一定转速后（一般为1000r/min），就开始发电。

（2）当发电机电压随转速升高至高于蓄电池电压

蓄电池不再供电，发电机磁场线圈的励磁电流由发电机发出的电压供给。

（3）当发电机电压高于电子调节器的上限值

当发电机电压高于电子调节器的上限值29V（如为14V电子电压调节器，则上限值为14.5V左右）时，该电压经调节器的R3取样后的电压将使稳压二极管VD2击穿→VT1基极电压下降而导通，其集电极为高电平，VD3二极管截止，VT3也截止，从而切断或减小了发电机磁场线圈中励磁电流，使输出电压下降。

（4）当发电机电压降低至低于额定值

此时，由于加到稳压二极管VD2的反向电压低于其击穿电压，VD2重新截止，VT1也截止，VD3导通，VT3的基极重新获得低电位而导通，于是又接通了发电机励磁线圈电路，发电机电压重新升高。

上述控制作用使发电机输出的电压稳定在规定值范围内。当发电机输出的电压过高或过

低时，可通过改变 R1、R2 分压电阻的分压比来进行调整。

（5）充电指示灯亮、灭过程

充电指示灯 H1 在 SA1 接通、发电机未发电之前一直处于点亮状态，以示发电机未发电。一旦发电机开始发电，发电机电枢 A 和 3 个励磁二极管 VD6 ~ VD8 同时输出电压。由于 VD6 ~ VD8 输出电压加在 H1 左边，致使 H1 两端等电位，H1 指示灯熄灭，以示发电机处于发电状态。同时，发电机磁场线圈的励磁电流由原来的蓄电池供电，改为自己供给。

（6）功耗限制电路

该电路主要由 C2 电容来完成。这只电容并接在 R1 电阻两端，由于电容器上的电压不会突变，其充、放电需要一定的时间，这就推迟了稳压二极管 VD2 导通与截止的时间，从而降低了晶体管的开关频率，减小了晶体管的功率损耗。

（7）温度补偿电路

VD1 与稳压管 VD2 反向串联，其温度系数为负，而稳压二极管 VD2 的温度系数为正，故而起到了温度补偿的作用。

（8）磁场线圈短路保护电路

该电路由 VT2、R5、R6、C3 等元器件构成。当发电机磁场线圈短路以后，等效于 C3 电容的负极搭铁，并进行充电，由于电容上的电压不能突变，在 C3 起始充电的瞬间，VT2 基极为低电位有电流通过，VT2 导通，其集电极为高电平，VT3 为高电平截止，从而起到了短路保护作用。

当 C3 电容器充电完毕，它将通过 R5、R6 电阻等进行放电，VT2 基极没有电流通过，其将截止，VT3 又导通。如果调节器短路现象继续存在，调节器短路保护电路重复上述过程，形成振荡，VT3 断续导通，其截止的时间远大于导通时间。使电子调节器 F（磁场）接线柱与搭铁等效短路保护后，通过的平均电流极小，达到了保护 VT3 晶体管的目的。

需要说明的是，当发电机转速降低或发电机有故障时，VD6 ~ VD8 三个磁场二极管输出的电压降低，由于 H1 两端的电位差增大，指示灯也会发亮，但发亮的程度因转速降低或损坏的程度不同而不一样。另外，该充电指示灯不仅可在停车后发光警告驾驶人及时关掉电源开关，又可指示发电机的工作情况。

2. 外搭铁电子电压调节器原理

外搭铁式电子电压调节器的型号较多，一种典型的外搭铁式电子电压调节器 JFT184 如图 10 所示。该调节器主要由电压调节电路和充电指示控制两部分电路组成。电子电压调节电路主要由 VT1 ~ VT3、VD9、VD8、R4 ~ R8、RP1 等元器件组成。其中：R4 ~ R7、VT1、RP1、VD8 组成了取样控制电路；VT2、VT3、VD9、R8 组成了发电机磁场线圈电流控制电路。

充电指示控制电路由 VT4、VT5、R1 ~ R3、VD7 等元器件构成。

（1）点火开关闭合发电机起动运转

当接通 SA1 后，蓄电池正极上的电压通过 SA1→FU→电子电压调节器 IG 端接线柱后分成多路分别加到电压调节电路和 H1 控制电路。

① 电压调节电路。加到电压调节电路的第一路电压经 R4、RP1、R5 电阻分压后加到 VT1 的基极。该电压较低，不足以使 VT1 管导通，故 VT1 管处于截止状态。

加到电压调节电路的第二路电压经 R8→VT3 的基极为高电平而导通，由此就形成了如

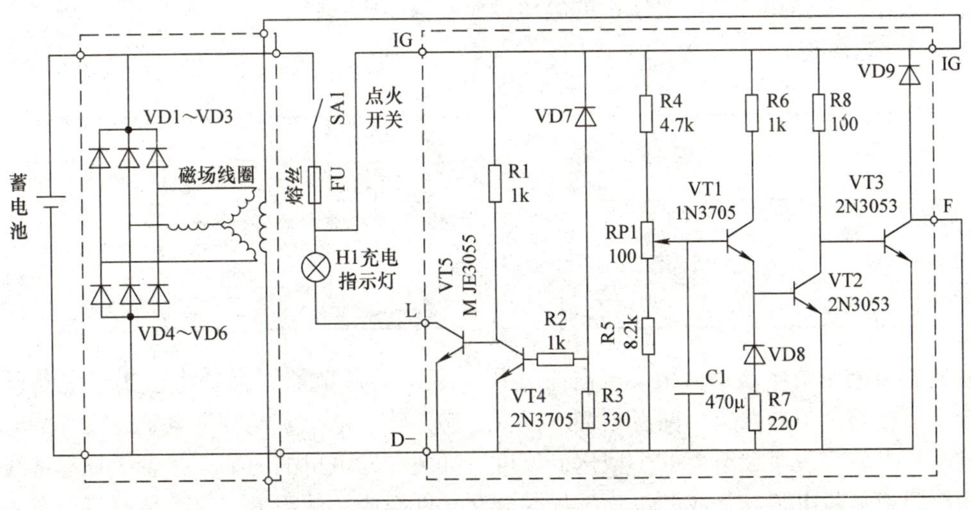

图 10 JFT184 型外搭铁式电子电压调节器电路原理

下的电流通路：蓄电池正极输出的电流→SA1→FU→电压调节器 IG 端子→发电机内磁场线圈→电子电压调节器 F 端接线柱→VT3 导通的 c－e 极间→搭铁→蓄电池的负极。

这一电流通路使发电机的励磁电流通路形成。

② 加到充电指示灯控制电路的电压：一路加到 VD7 稳压二极管负极端。该电压还达不到该稳压二极管的稳压电压，故 VD7 处于截止状态，VT4 基极为低电平也截止。

加到充电指示控制电路的第二路电压经 R1→VT5 的基极为高电平而导通，这就相当于将 H1 的下端等效搭铁，使 H1 的电流通路形成而发光，以示发电机处于未充电状态。

(2) 发电机随转速上升电压高于蓄电池电压

当发电机起动运转，且转速达到 1000r/min 时，发电机开始发电，其定子绕组中产生的交变电压经 VD1～VD6 二极管整流以后送给有关电路。

① 直接加到蓄电池上给其充电，补充能量。

② 经 SA1→FU 后分成两路：一路取代原蓄电池电压提供给调节器内的有关电路；另一路加到 H1 的上端。此时，由于该取代电压略高于蓄电池电压而使 VD7 稳压二极管反向击穿，R2 与 R3 分压后的电压加至 VT4 的基极，使其导通，集电极为低电平（约 0.1V），VT5 基极为低电平而截止，从而切断了 H1 的电流回路，使 H1 熄灭，以示发电机处于充电状态。

(3) 发电机电压随转速上升超过额定值

当发电机电压随转速上升超过电子电压调节器的额定值（14.5V）时，此电压经 R4、RP1、RS5 分压以后加到 VT1 的基极，该电压满足 VT1 的正偏导通条件，从而就形成了下述反应过程：发电机电压经 R6→VT1 导通的 c－e 极间→VT2 基极为高电平使 VT2 也导通，其集电极为低电平（约 0.1V），VT3 基极为低电平而截止，从而切断或减小了发电机磁场线圈中的电流，使发电机输出的电压下降。

(4) 发电机电压随转速下降低于额定值

当发电机输出电压随转速下降低于额定值以后，VT2 管又截止，其集电极又为高电平，VT3 又导通，发电机又恢复至正常的运转状态，并进行发电。

由于上述调节作用，发电机输出的电压稳定在规定值范围内。

5.4.3.3 信息页

5.4.3.3 信息页

学校名称		任课教师		
班级		学生姓名		
学习领域	L5 发动机电气系统诊断维修			
学习情境	LS5.4：车辆仪表显示屏上显示发电机功能故障		学习时间	50min
工作任务	B：集成电路电压调节器		学习地点	理实一体化教室

集成电路电压调压器是利用集成电路（IC）组成的调节器，可分为全集成电路调节器和混合集成电路调节器两类。前者是将二极管、晶体管、电阻、电容等电子元器件同时制在一块硅基片上，实现了调节器的小型化，故可将其装在发电机的内部，减少了外部接线。后者是用厚膜或薄膜电阻与集成的单片芯片或分立元件组成，使用最广泛的是厚膜混合集成电路调节器。例如，桑塔纳轿车采用的发电机调节器应用了混合电路加集成电路技术，集成电路和保护电阻共同贴在一块陶瓷基片上，封装在一个金属盆中，并与电刷连成一体，便于安装和维护。

集成电路调节器除具有晶体管调节器的优点外，还具有耐高温（可在1300℃高温下正常工作）、更加耐震、使用寿命长等特点。

集成电路电压调节器是通过对汽车电源电压变化的检测，利用晶体管的开关特性控制硅整流交流发电机励磁电流的相应变化，达到稳定发电机输出电压的目的。也有内搭铁和外搭铁之分，而且以外搭铁的使用较多。

按检测电源电压的方式不同，集成电路调节器可分为硅整流发电机电压检测式和铅蓄电池检测式两种，对于大功率硅整流发电机多采用后者。

1. 集成电路电压调节器电压检测方法

（1）发电机电压检测法

发电机电压检测法的线路如图11所示。加在分压器R1、R2上的电压是磁场二极管输出端L的电压UL，而硅整流发电机输出端B的电压为UB。因为UL＝UB，所以调节器检测点P加到稳压管VD1两端的反向电压UP与发电机的端电压UB成正比，该线路称为发电机电压检测法。

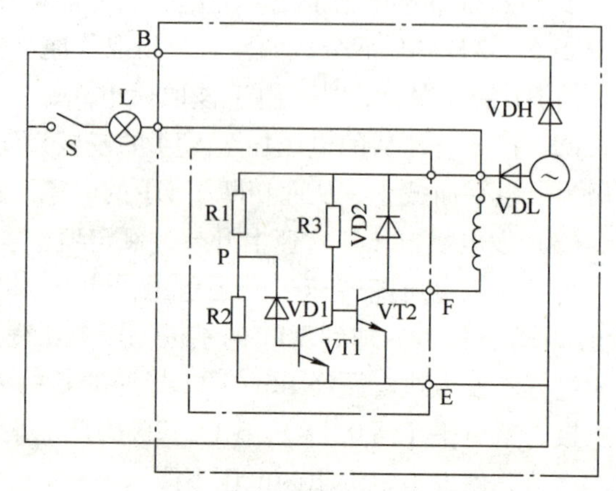

图11 发电机电压检测法的线路

（2）蓄电池电压检测法

蓄电池电压检测法的线路如图12所示。加在分压器R1、R2上的电压为蓄电池端电压，因为通过检测点P加到稳压管VD1上的反向电压与蓄电池

的端电压成正比，所以该线路称为蓄电池电压检测法。

上述两种基本电路中，如果采用发电机电压检测法线路，发电机的引出线可以少一根。不足之处在于，当图 11 中 B 点到蓄电池正极之间的电压降较大时，蓄电池的充电电压将会偏低，使蓄电池充电不足。因此，一般大功率发电机要采用蓄电池电压检测法线路的电压调节器。

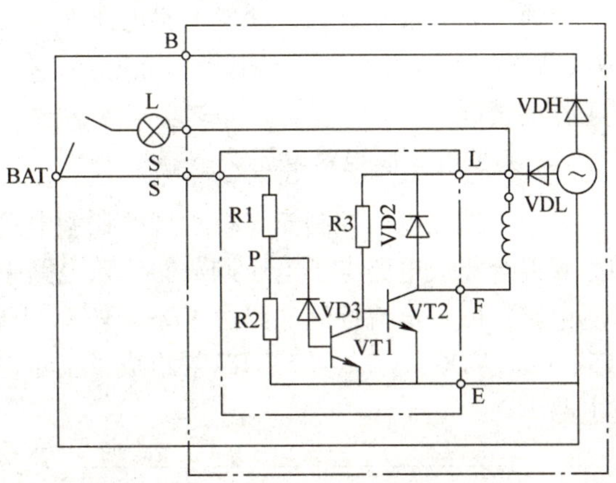

图 12 蓄电池电压检测法的线路

在采用图 12 中的蓄电池电压检测法线路时，当 B 点与蓄电池正极之间或 S 点与蓄电池正极之间断路时，由于不能检测出发电机的端电压，发电机电压将会失控。为了克服这一不足之处，线路上应采取一定的措施。如图 13 所示为实际采用的蓄电池电压检测法线路，在这个线路中，在调节器的分压器与发电机 B 之间增加了一个电阻 R6 和一个二极管 VD2，这样，当 B 点与蓄电池正极之间或 S 点与蓄电池正极之间出现断路时，由于 R6 的存在，仍然能检测出发电机的端电压 UB，使调节器正常工作，可以防止发电机电压过高的现象。

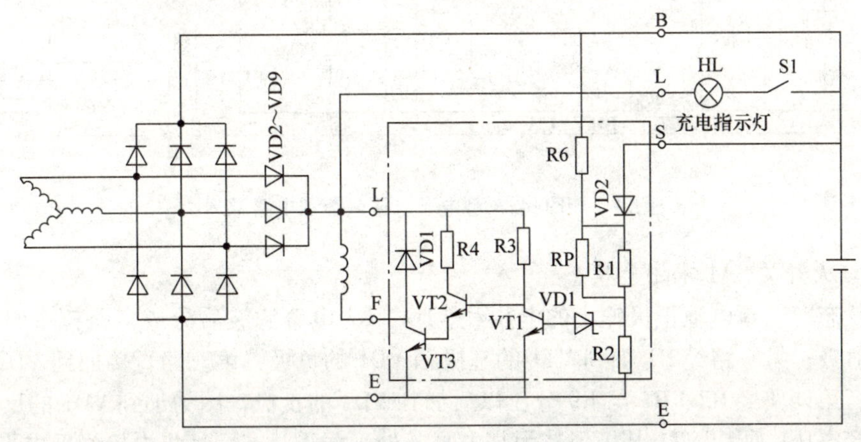

图 13 实际采用的蓄电池电压检测法线路

其电路工作情况如下：由 R1、R2 组成分压器，在 R1 两端并联有热敏电阻 RP，用来改善受温度影响而造成的充电电压不稳定。稳压管从该分压器上获得比较电压。当发电机电压低于规定值时，稳压管 VD1 和晶体管 VT1 截止，VT2、VT3 导通，发电机励磁绕组中有励磁电流通过，其电流路径为：三个磁场二极管 VD7、VD8、VD9 共阴极组的输出端 L→发电机励磁绕组→导通的 VT3 “c－e” →三个共阳极组接法二极管的 E 端，于是发电机的端电压升高。当发电机电压低于规定值时，经 S 端通过二极管 VD2 加在分压器上的电压超过稳压管稳定电压，稳压管 VD1 反向击穿而导通，VT1 导通，VT2、VT3 截止，使励磁电路断

开，发电机端电压下降。当发电机电压又低于规定值时，稳压管 VD1，和 VT1 截止，VT2、VT3 导通，如此反复进行，使发电机电压保持在一恒定值。此外，该线路采用了磁场二极管 VD7、VD8、VD9，省去了充电指示继电器，仅仅利用简单的充电指示灯 HL 即可指示发电机工作的情况。

2. 典型的集成电路电压调节器

采用中性点电压控制充电指示灯的典型电路如图 14 所示，其型号为 BJFT142A。它是一种厚膜混合集成电路电子电压调节器。该电路中的 VT1、VD1、R9、R1 ~ R3 等组成了取样检测电路；磁场电流控制电路由 VD3、VT2、VT3、R4、R8、C4、VD4 等组成；VT4、VD8、VT5、R5、VD6、VD7、R6、R7 等组成了指示灯控制电路；VD9、C3 与 VD5、C2 为整流滤波电路。

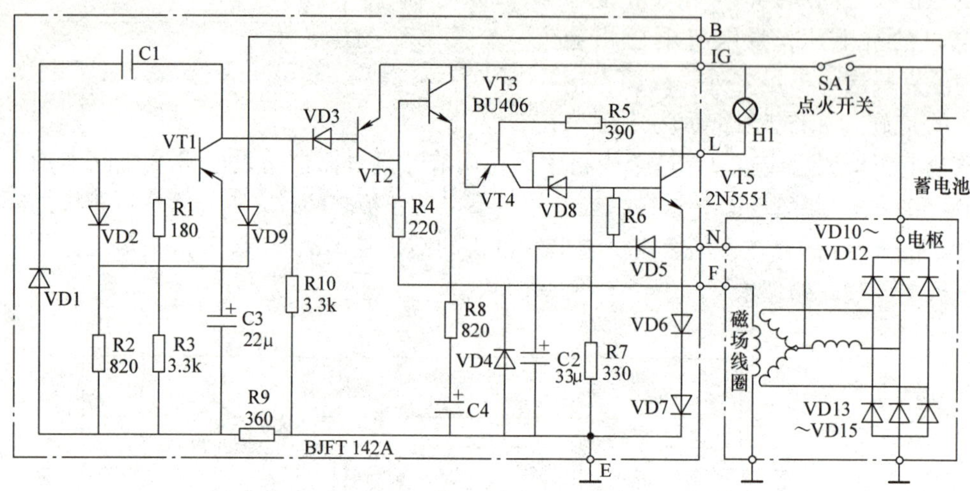

图 14 BJFT142A 型电子电压调节器电路原理

（1）点火开关 SA1 未闭合状态

在此状态时，蓄电池正极输出的电压经 VD9、C3 电容滤波后分成多路：一路直接加到 VT1 的发射极；另一路经 R1 加到 VT1 的基极和 VD1 的负极；第三路直接加到 VD2 的负极，使其截止；第四路经 R2、R3 与 R9 分压以后加到 VD1 的正极，因为加到 VD1 的反向电压未超过其击穿电压，所以 VT1 基极保持为高电平，处于截止状态，其集电极为低电平。

（2）点火开关闭发电机起动运转

当接通 SA1 后，蓄电池正极的电压经 SA1 后分成两路：一路加到 H1 的一端；另一端经电子调节器的 IG 端接线柱后又分成多路，一路直接加到 VT3 的集电极和 VT4 的发射极，另一路加到 VT2 的发射极。此时，由于 VD3 的负极通过 R10 搭铁，故使 VT2 导通，其集电极为高电平，VT3 基极为高电平而导通。这样，就形成了如下的电流通路：蓄电池正极→电子调节器 IG 端子→VT3 导通的 c－e 极间→电子调节器 F 端接线柱→发电机磁场线圈→搭铁→蓄电池负极。

上述这一电流回路，使发电机励磁电流通路形成。

（3）发电机电压随转速升高至高于蓄电池电压

发电机被发动机带动运转后，当其转速达到1000r/min时，发电机开始发电，在发电机定子的三相绕组中产生的三相交流电动势，经VD10～VD15六个二极管组成的三相全波桥式整流电路整流后输出的直流电压给蓄电池充电。同时，发电机励磁电流也由该电压提供。

（4）发电机电压随转速升高至超过额定值

当发电机输出的电压随转速升高到超过额定值14.5V时，由于此时加到VD1稳压二极管上的反向电压超过其击穿电压，致使VT1基极有电流流过而导通，其集电极为高电平，VD3反偏截止，VT2也截止，VT3基极失去正偏电压也截止，从而切断或减小了流过发电机励磁线圈中的电流，发电机输出的电压下降。

（5）发电机输出电压降低至低于额定值

当发电机输出的电压降低至低于额定值后，VD1截止→VT1也截止→VD3正偏导通→VT2导通→VT3也导通，于是又接通了励磁线圈电流通路，发电机电压重新升高。

上述调节作用使发电机输出的电压稳定在一个规定的范围内。

（6）充电指示灯控制电路

该电路由VT4、VT5、VD6～VD8、VD5、C2、R6、R7等元器件组成。

1）未充电点亮过程。当接通SA1后，就形成了如下的电流通路：蓄电池正极经SA1后分成两路：一路通过IG加到VT4的发射极；另一路经H1→电子电压调节器L接线端→VD8的负极。由于该电压大于VD8反向击穿电压，使输出的电压分两路。

一路加到VT5的基极，由于VT5发射极加接有VD6、VD7，从而使VT5发射极电压被垫高→VD8稳压管送来的电压不能使VT5管导通；另一路经R7至地，从而形成了如下的电流通路：蓄电池正极→SA1→H1→L接线端→VD8→R7→E接线端→搭铁→蓄电池负极。

上述电流通路使H1点亮，以示发电机处于未充电状态。

2）充电熄灭过程。当发电机转速达到1000r/min时，由于发电机定子线圈的中性点N处将有电压输出，这一电压经VD5整流、C2电容滤波，得到的直流电压经R6与R7分压后加至VT5的基极及VD8的正极端。后者使VD8正极电压升高、反向击穿电压变低而截止；前者使VT5基极为高电平而正偏导通，其集电极为低电平→VT4基极为低电平而导通，这就等效于将H1两端短接，从而使H1熄灭，以示发电机处于充电状态。

5.4.3.4　信息页

5.4.3.4　信息页

学校名称		任课教师	
班级		学生姓名	
学习领域	L5 发动机电气系统诊断维修		
学习情境	LS5.4：车辆仪表显示屏上显示发电机功能故障	学习时间	50min
工作任务	C：多功能电压调节器	学习地点	理实一体化教室

目前，国内主流厂家仍使用单功能电压调节器，部分车型采用多功能电压调节器，如宝马全系、奇瑞A3等，而欧美汽车发电机多采用多功能电压调节器。随着车载用电器数量和种类的增多，功能单一的电压调节器已不适应车载电器设备的用电需求，逐渐被多功能电压调节器所取代。多功能电压调节器的功能也在不断丰富，由简单的指示、保护、诊断等功能发展到能够与车载电脑通信、调整整车用电策略、根据用电情况智能调节怠速转速等。

1. 多功能电压调节器工作原理

（1）基本工作原理

普通的电压调节器功能较为单一，不具备检测、保护功能，电路异常造成的瞬间高电压可能会造成调节器和用电器件的损坏。而多功能电压调节器在普通调节器功能的基础上，增加了警告、保护、检测等功能，使得汽车电气系统运行更加可靠、稳定。多功能调节器的发电机电路原理如图15所示。

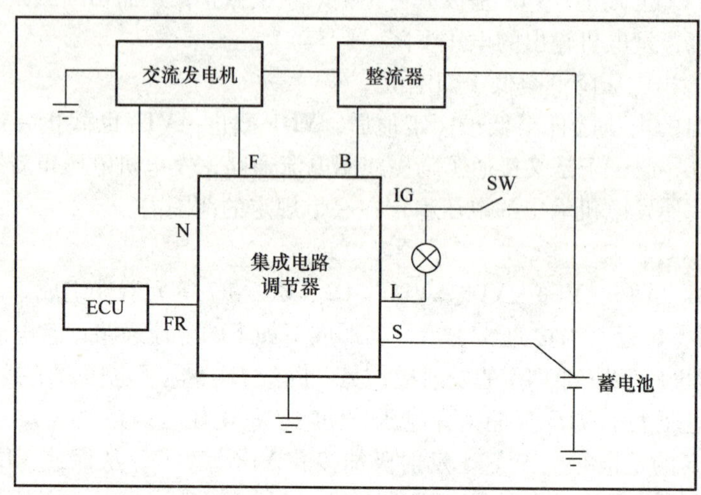

图15 多功能电压调节器原理

图中SW为点火开关，IG在他励时为调节器供电，L连接充电指示灯，S直接检测蓄电池端电压，用以调节充电电压使其更加精确，B端在正常发电后为调节器供电，F连接发电机励磁电路，N为中性点电压检测端，FR为通信端口，可发送励磁电流的PWM等信息至ECU。该调节器的基本工作原理如下。

① 点火开关接通，发动机停机时。蓄电池通过IG向调节器供电，调节器检测到N端电压为0，S端电压为12V，控制开关点亮充电指示灯，并且间断导通励磁电路，使励磁电路通过电流减小，防止磁场绕组过热。

② 输出电压低于调节电压时。发动机起动后，调节器开始正常工作。当N端电压为调节电压的一半时，控制开关熄灭充电指示灯，表示发电机开始发电。

③ 输出电压高于调节电压时。当S端电压等于调节电压上限时，调节器控制断开励磁电路，发电机输出电压减小；当S端电压等于调节电压下限时，调节器控制励磁电路导通，发电机输出电压增大。通过控制开关的闭合与断开，使得发电机输出电压稳定在一定范围内。

（2）多功能电压调节器的附加功能

多功能集成电路电压调节器可完成电路检测、警告及保护的功能，也可与车辆ECU之间通信，ECU进行综合分析运算，管理用电器的使用策略，或者调整发动机转速以适应整车用电需求。下面介绍几种多功能电压调节器的附加功能。

① 过电压欠电压保护功能。当发电机输出电压过高或过低时，点亮过电压或欠电压指

示灯，提醒驾驶人发电机工作异常，以便及时排除故障。可用比较器、基准电压源和分压电路方便实现该功能。

② 过热保护功能。当发电机温度升高导致调节器温度过高时，调节器会关断励磁电路，使发电量减小或不发电，避免调节器和发电机因高温而损坏。当温度降低后，调节器又会控制恢复发电。

③ 发电机延时切入功能。发动机起动时，发电机励磁方式为他励，一方面消耗了蓄电池的能量，另一方面产生的电磁阻力矩不利于发动机的起动。因此，在发动机起动过程中，关断励磁电路，发电机不工作，电磁力矩损耗为0，使发动机起动更轻松，更平顺。当发动机成功起动后，发电机进入正常工作状态。

④ 负载信号输出功能。利用调节器的PWM负载信号输出，ECU可智能调节发动机怠速转速。其工作原理是：ECU通过比较PWM信号与预设值，判断当前用电负荷情况，根据用电情况相应地提高或降低发动机怠速转速，以便在轻负载情况下尽量降低怠速转速、减小怠速噪声及节约油耗，而在重负载情况下提高怠速转速，以避免整车亏电及熄火等风险。

⑤ 软加载功能。负载突然增大时，输出功率的突然增大会导致机械转矩突变，在低速时，会对发动机造成较大影响，怠速时可能产生熄火现象。软加载就是指负载突变时，调节器励磁占空比逐渐增加，发电机的输出功率不立即增大，而是在一定时间内逐渐增大，避免导致发动机转速较大波动及熄火的风险。同时，由负载信号输出功能得出的PWM负载信号，结合发动机转速，可获得发电机阻力转矩补偿量对发动机进行转矩补偿，消除转速波动。

2. M型多功能集成电路电压调节器

（1）结构

丰田汽车发电机使用的M型多功能集成电路电压调节器采用蓄电池电压检测调节电压，其外形和端子如图16所示。

（2）电路原理

M型多功能集成电路电压调节器通过B、IG、L、S和外壳上E端子与电源电路连接。典型装用M型多功能集成电路电压调节器的发电机的电路如图17所示。

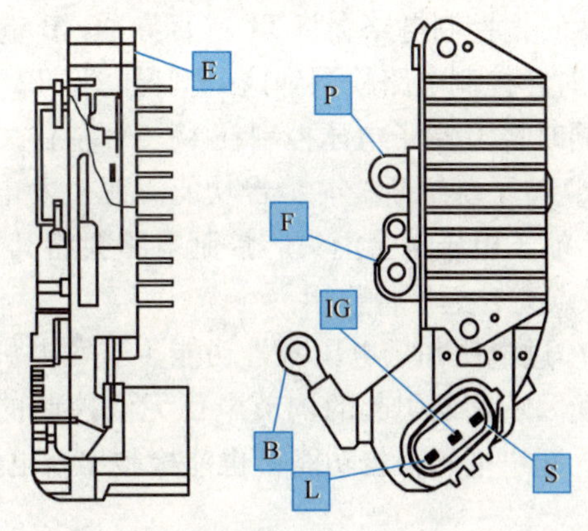

图16　M型多功能电压调节器

① 初期励磁功能。当准备起动时，发动机不运转。点火开关SW闭合。通过IG端子向控制电路供电，控制电路检测到P端子为0V、S端子为12V。将T1间断导通向转子绕组供电。间断导通转子绕组的电流，将励磁电流控制在较小数值，保护T1和转子绕组，同时控制T2导通，仪表上充电指示灯CL点亮。

② 指示功能。刚刚起动时，控制电路检测到P端子电压上升至一定数值，控制T2截

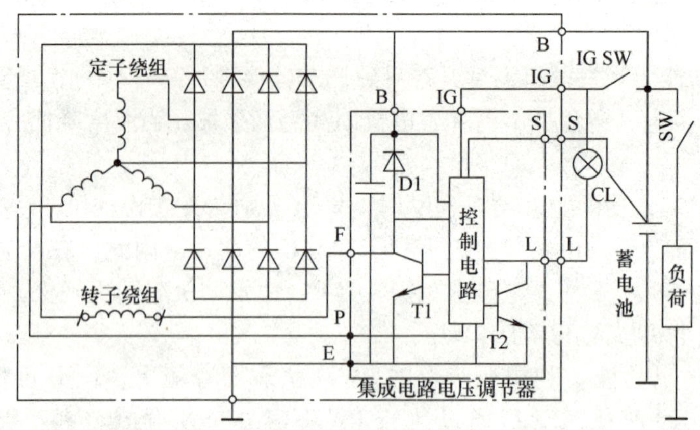

图17 M型多功能电压调节器电路原理

止，仪表上充电指示灯CL熄灭，指示电路充电正常。

③ 电压调节功能。起动后发动机转速升高，当S端子电压上升到调节电压为14.5V左右时，控制电路根据S端子电压，控制发电机输出电压；当S端子电压大于14.5V时，T1截止，切断转子绕组励磁电流，发电机电压下降；小于14.5V时，T1导通，接通转子绕组励磁电流，发电机电压上升。通过励磁电流的不断通断，使发电机输出电压保持在14.5V左右。

④ S端子断开警告和保护功能。发电机运转中，如果S端子断开，控制电路检测到S端子电压为0V，T2则导通。仪表上充电指示灯CL点亮，起警告作用。同时，控制电路自动以集成电路电压调节器的B端子电压代替S端子，对T1进行通断控制，保持发电机输出电压（即调节电压）在14.5V左右，防止B端子的电压异常上升，起保护作用。

⑤ B端子断开警告和保护功能。发电机运转中，如果B端子断开，这时不能对蓄电池进行充电，因此蓄电池电压（S端子的电压）会逐渐减小。当S端子电压低于调节电压14.5V时，控制电路会将T1一直导通，B端子电压会上升；当B端子电压大于S端子电压2.5V时，控制电路检测到这一情况，将T2导通，使仪表上充电指示灯CL点亮，起警告作用，同时将B端子电压控制在17.5V左右，起保护作用。

⑥ 转子绕组断线时警告功能。万一发电机运转中转子绕组断路，发电机会失去发电功能，P端子电压也会消失。控制电路会将其检测出来，并控制T2导通，仪表盘上充电指示灯CL点亮，起警告作用。

⑦ 过电压和低电压警告功能。当发电机运转时，控制电路能检验出内部集成电路的端子之间因短路而引起的调节电压无法控制的状态，并控制T2导通，仪表上充电指示灯CL点亮，起过电压警告功能；也能检验出蓄电池过度放电等引起的低电压，并点亮充电指示灯警告。

⑧ 阶段温度特性。所谓的阶段温度特性，就是根据控制电压调节器的温度变化进行2阶段的调节电压控制，如图18所示，提高低温时的充电性能。

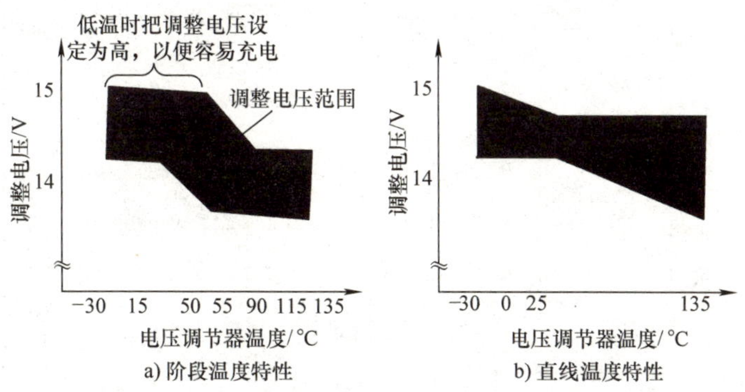

图 18　M 型多功能电压调节器阶段温度特性

5.4.3.5　信息页

5.4.3.5　信息页

学校名称		任课教师			
班级		学生姓名			
学习领域	L5 发动机电气系统诊断维修				
学习情境	LS5.4：车辆仪表显示屏上显示发电机功能故障		学习时间	50min	
工作任务	D：计算机控制的电压调节		学习地点	理实一体化教室	

1. 计算机控制的电压调节原理

现在，越来越多的汽车已不再采用分立式电压调节器，取而代之的是将电压调节器电路接在汽车的电子控制模块或组件中，其原理与晶体管电压调节器相似，控制模块关于电压调节是基于蓄电池的电压和蓄电池温度等信息，当获得了期望的输出电压时，控制模块根据需要接通或切断晶体管，该晶体管使交流发电机的励磁绕组搭铁来控制输出电压。

计算机控制的电压调节系统是由计算机以每秒400 个脉冲的固定频率向励磁绕组提供电流脉冲（脉冲宽度调制技术），通过改变占空比得到正确的励磁电流平均值，从而控制发电机的输出电压。

脉冲宽度调制 PWM（Pulse Width Modulation）是通过对一系列脉冲的宽度进行调制，来等效地获得所需要波形（含形状和幅值）。

占空比是指输出的 PWM 中，高电平保持的时间与该 PWM 的时钟周期的时间之比，如一个 PWM 的频率是 1000Hz，那么它的时钟周期就是 1ms，就是 1000μs，如果高电平出现的时间是 200μs，那么低电平的时间肯定是 800μs，那么占空比就是 200:1000，也就是说 PWM 的占空比就是 1:5。

计算机控制调节电路如图 19 所示，计算机工作时，可使发电机励磁电路间歇性地搭铁，从而保持发电机的电压在规定值范围内。

发电机正常工作时励磁电路为：发电机“+”→继电器→发电机磁场接线柱 B→励磁绕组→磁场接线柱 C→ECU 发电机励磁接线柱 20→晶体管→搭铁→发电机“−”。在继电器触点闭合时，只要计算机控制晶体管导通构成发电机磁场搭铁，就能接通励磁电路。晶体管截止，则切断励磁电路。

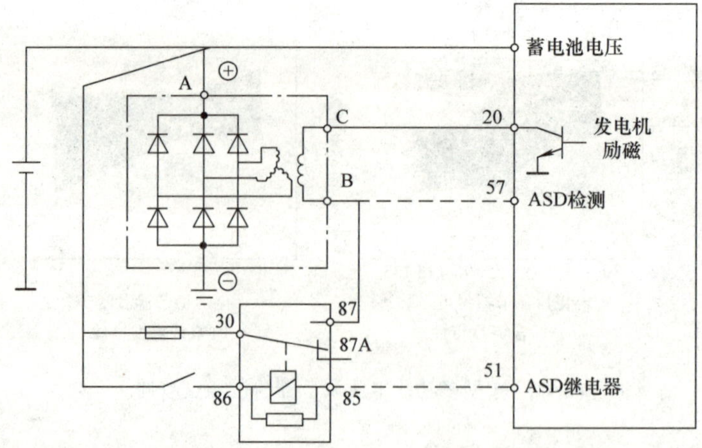

图 19 计算机控制电压调节电路

如果计算机检测到发电机的输出电压低于规定电压值，它会使励磁电路搭铁的相对时间变长，即增大占空比，晶体管的相对导通率增大，平均励磁电流增大，形成较强的磁场，提高发电机的电压或增大发电机的输出功率。如果计算机检测到发电机的输出电压高于规定电压值，它就会使励磁电路搭铁的相对时间缩短，即占空比减小，晶体管的相对导通率减小，平均励磁电流减小，形成较弱的磁场，降低发电机的输出电压。

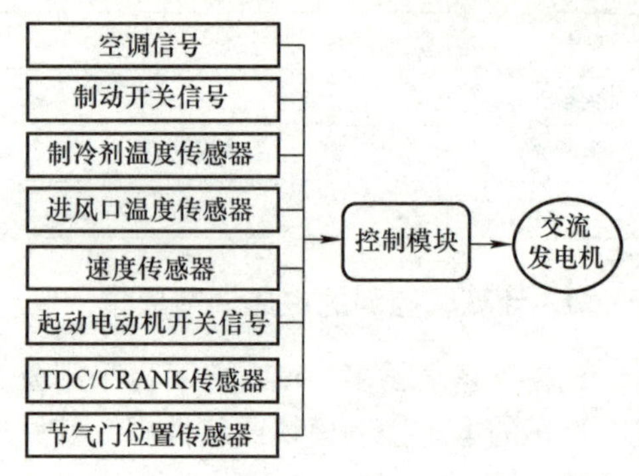

图 20 控制模块根据不同的输入信号控制发电机的输出

这类系统的显著特点就是能根据车辆电器的需求、环境温度和其他输入来维持并控制蓄电池的充电率（图 20），而且这种系统能发挥计算机的诊断能力，用于诊断充电系统中诸如低输出电压或高输出电压之类的故障。

2. 别克新君威轿车计算机控制电压调节系统的控制原理

别克新君威轿车配备的计算机控制电压调节系统电路如图 21 所示。该车的电压调节受发动机控制模块 ECM 控制。

L 端子是 25 号线路，作用是在发动机起动后向发电机提供 11V 励磁电压，着车后万用表测量 L 端子电压为 11V 左右，不着车无电压。发动机控制模块（ECM）向电压调节器 L 端子提供电压，以此来控制电压调节器接通和断开磁场电路，以控制发动机上的发电机负载。发动机控制模块监测发电机接通控制电路的状态。当点火开关置于 ON 位置且发动机关闭，或充电系统发生故障时，发动机控制模块应在发电机接通控制电路上检测到低电压。发动机运行时，发动机控制模块应在发电机接通控制电路上检测到高电压。

F 端子是 23 号线路，作用是向发动机控制模块反馈发电机负荷以及发电机故障，正常用万用表测量该端子电压在 3V 左右，发动机控制模块（ECM）使用发电机磁场占空比信号

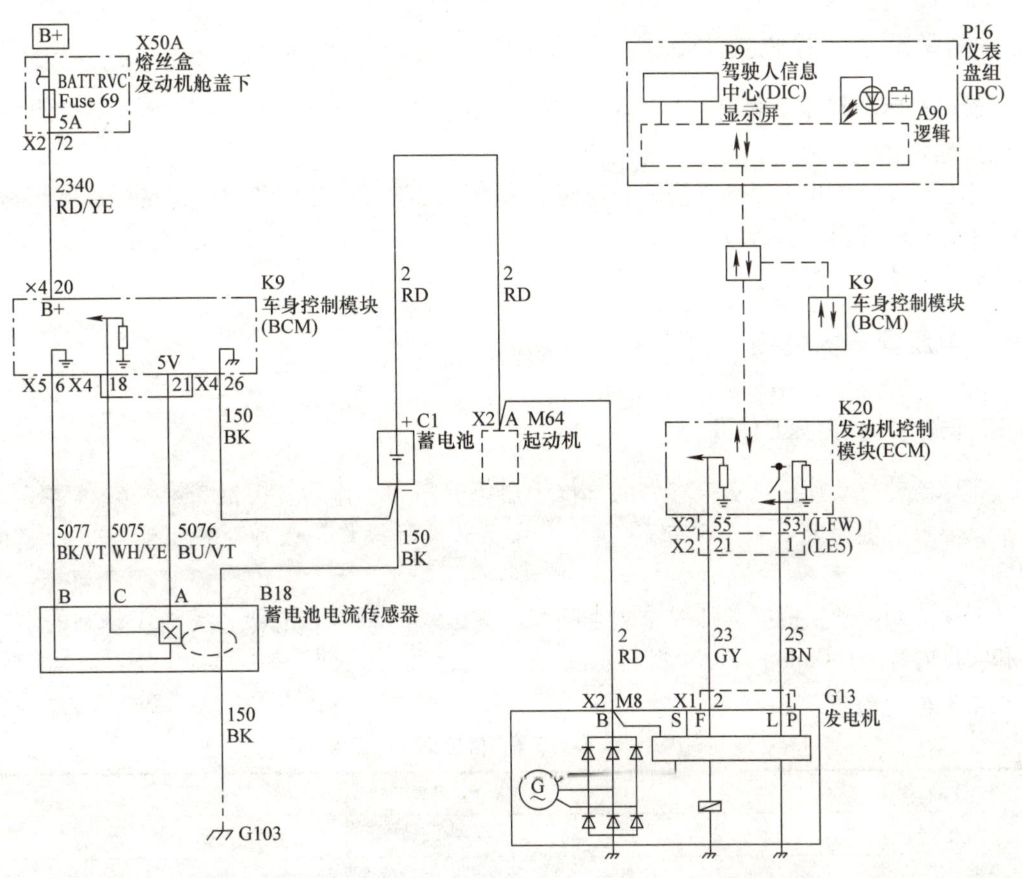

图 21 别克新君威轿车计算机控制电压调节系统电路

电路或 F 端子电路，以监测发电机的占空比。发电机磁场占空比信号电路连接至发电机励磁线圈的正极侧。发动机控制模块使用脉冲宽度调制信号输入，以确定发动机上的发电机负载。这样，发动机控制模块可以调节怠速转速以补偿高电气负载。发动机控制模块监测发电机磁场占空比信号电路的状态。点火开关置于 ON 位置且发动机关闭时，发动机控制模块应检测到占空比接近 0。发动机正在运行时，占空比应为 5% ~99% 。

专家组合作制作海报

教师活动 教师要求学生形成专家组，小组合作设计简单的海报。

学生活动 学生进行小组讨论，合作制作海报。(30min)

专家组展示讲述海报

学生活动 学生每个小组展示讲述本组学习成果，其他组学生认真倾听，提出疑问、建议。(30min)

教师活动 教师在学生讲解海报时及时给出评价和反馈。

拼图学习完成其他工作页

教师活动 教师要求学生先独立完成其他两个工作页的学习，并进行指导和答疑；然后小组讨论并展示结果。

学生活动 学生先是独立完成其他两个工作页的学习，然后和伙伴讨论形成本组意见，进行工作页的展示。(60min)

教学方法：学习站法

3.3 电压调节器检测

工作站学习完成工作页

教师活动 教师提供实验车型的维修手册等资料和工作站，提供5.4.3.6~5.4.3.8信息页，要求学生完成5.4.3.6~5.4.3.8工作页和实际操作，教师对各工作站进行巡视和指导。

学生活动 学生根据教师要求，查阅5.4.3.6~5.4.3.8信息页，完成工作站的学习内容和实操内容。(40min)

5.4.3.6 信息页

5.4.3.6 信息页

学校名称		任课教师		
班级		学生姓名		
学习领域	L5 发动机电气系统诊断维修			
学习情境	LS5.4：车辆仪表显示屏上显示发电机功能故障	学习时间	40min	
工作任务	A：电压调节器检测	学习地点	理实一体化教室	

1. 晶体管电压调节器的检测（稳压电源检测法）

使用可调直流稳压电源和测试灯检测晶体管电压调节器的性能。检测设备包括可调直流稳压电源（输出电压为0~30V，电流为5A）和一只20W的汽车灯泡（代替发电机磁场线圈），接线方法如图22所示。检查内搭铁式晶体管调节器时，测试灯应接在调节器“F”与“-”接线柱

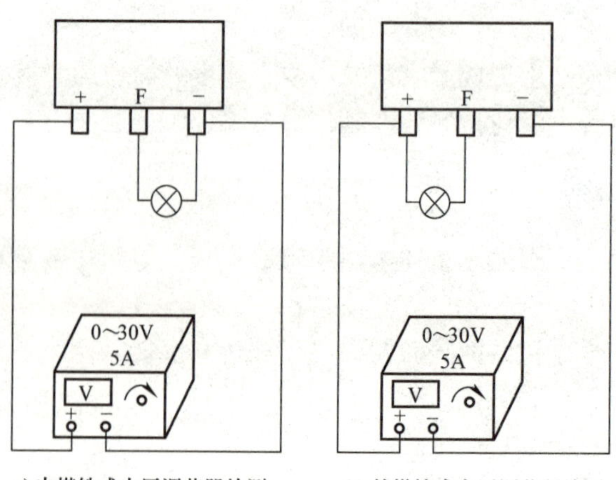

a) 内搭铁式电压调节器检测　b) 外搭铁式电压调节器检测

图22 调节器调节电压检测

之间；检查外搭铁式晶体管调节器时，测试灯应接在调节器“F”与“+”接线柱之间。

调节直流稳压电源，使其输出电压从0逐渐升高，14V调节器当电压升高到6V（28V调节器电压升高到12V）时，测试灯开始点亮；随着电压的不断升高，测试灯逐渐变亮，14V调节器当电压升高到（14±0.5）V，28V调节器当电压升高到（28±1）V时，测试灯应立即熄灭。继续调节直流稳压电源，使电压逐渐降低，测试灯又重新变亮，且亮度随电压的降低逐渐减弱，则说明调节器良好。

当施加到调节器上的电压超过调节电压规定值时，测试灯仍不熄灭，或者起控电压数值与规定值相差较大时，说明调节器有故障，已不能起调节作用。如测试灯一直不亮，也说明调节器有故障。

2. M型多功能电压调节器的检测

若就车检测无法排除故障，一般应解体发电机，对电压调节器进行检测。M型集成电路电压调节器检测连接线路如图23所示。

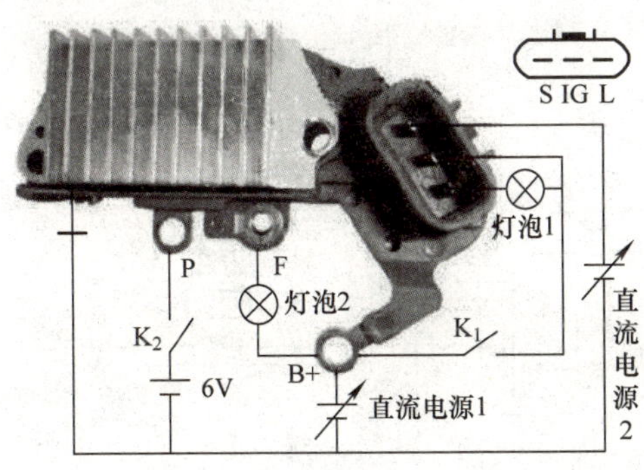

图23 M型电压调节器检测电路

① 在调节器B、S与E端子之间，各接1个0~16V的可调直流电源，B与F端子之间接1只12V/4W的直流灯泡（代替磁场绕组），L与IG端子之间接1只12V/4W的灯泡（代替充电指示灯），并在IG与B端子之间接1只开关K1。当开关接通时（相当于发动机点火开关接通，发动机未起动工况），灯泡1、2都应点亮。

② P与E端子间接6V蓄电池和开关K2。保持K1接通，当K2接通时（相当于发动机起动），灯泡1熄灭；K2断开，灯泡1应点亮。

③ 断开直流电源1，调节可调直流电源2，当电压升高到17.5V以上时，灯泡2应熄灭；当电压下降到16.5V以下时，灯泡2应点亮。灯泡1一直点亮（相当于S端断路）。

④ 断开直流电源2，调节可调直流电源1，当电压升高到14.5V以上时，灯泡2应熄灭；当电压下降到13.5V以下时，灯泡2应点亮。灯泡1一直点亮（相当于B端断路）。

若检测结果不符合产品的工作参数，则表明调节器已损坏。

该方法虽然电路连接复杂，所用的仪器多，但是能准确显示出电压调节器的调节电压（包括S端断路以后的调节电压），以及充电指示灯的警告功能。根据同样的思路，只要掌握某种电压调节器的工作原理，既可对其进行动态模拟检测，又能准确判别其工作性能和参数。

5.4.3.7 信息页

5.4.3.7 信息页

学校名称		任课教师	
班级		学生姓名	
学习领域	L5 发动机电气系统诊断维修		
学习情境	LS5.4：车辆仪表显示屏上显示发电机功能故障	学习时间	40min
工作任务	B：电压调节器电路检测	学习地点	理实一体化教室

1. 晶体管电压调节器电路检测

① 关闭所有电器负荷，如前照灯、空调、刮水器等。车辆行驶后不宜立刻检验，应待电压调节器冷却至适当温度后再检查。

② 接上电压表、电流表，如图 24 所示。

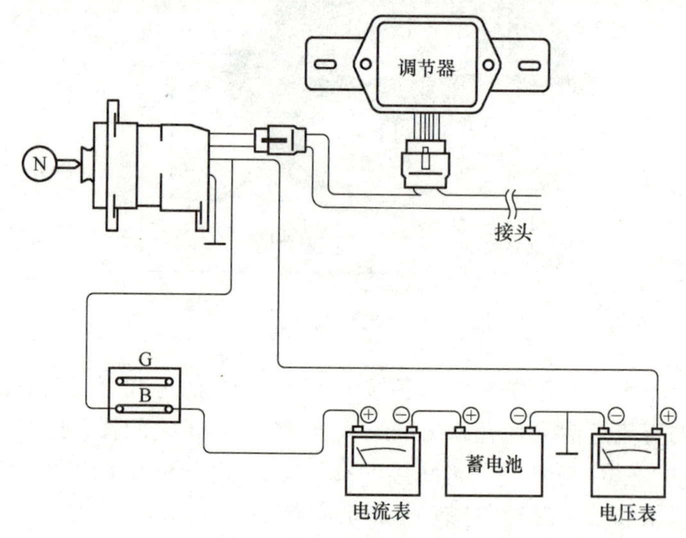

图 24 电压调节器就车检查

③ 起动发动机，暖车后并以 2500r/min 运转。

④ 检查电流表，正常情形下，充电电流应在 5A 以下。

⑤ 发动机转速在怠速与 2500r/min 间升降，检查电压表读数，若在 14.4 ~ 15.1V 范围内时，表示电压调节器功能正常。

2. M 型多功能电压调节器电路检测

① 起动发动机，用薄铁片靠近发电机带轮，感知有无吸力。若有吸力，而发电机不发电，可能是定子绕组断路或整流器损坏；若无吸力，说明磁场绕组无电流，可能是绕组断路或电压调节器故障。

② 断开发电机插接器，测量线束插座上各端子的电压。

B 端子检测：因为 B 端与蓄电池正极直接连接，所以，无论点火开关是否接通，用万用表电压档测量线束侧 B 端子，其电压值均应为蓄电池电压，否则说明线路断路或接触不良。因为发电机通过整流器对外供电，将交流电转变为直流电，B 端为正极，外壳为负极，所以，用万用表测量发电机上的 B 端子与外壳之间的电阻，正反接各测一次，应一次导通，一次不导通；否则说明整流器有问题。

S 端子检测：因为 S 端与蓄电池正极直接连接，所以无论点火开关是否接通，其电压值均应为蓄电池电压，否则说明线路断路。

L 端子检测：因为 L 端为充电指示灯的搭铁控制端，所以接通点火开关时，其电压值应为蓄电池电压，否则说明灯泡损坏、开关接触不良或线束断路。

IG 端子检测：接通点火开关，其电压值应为蓄电池电压，否则说明断路；断开点火开关，其线束侧电压值均为 0 V，否则有短路现象。

就车检测是发电机发生故障以后的初步检测，用于判定故障范围是发生于外围电路（线束）、整流器、磁场绕组、定子绕组还是发生于电压调节器。

5.4.3.8 信息页

5.4.3.8 信息页

学校名称		任课教师	
班级		学生姓名	
学习领域	L5 发动机电气系统诊断维修		
学习情境	LS5.4：车辆仪表显示屏上显示发电机功能故障	学习时间	40min
工作任务	C：计算机控制电压调节电路检测	学习地点	理实一体化教室

1. 别克君越轿车电压调节电路的控制原理和检测

别克君越轿车电压调节电路的控制原理如图 25 所示。

J1－2 端子是发电机的 F 端子，发动机控制模块（ECM）向发电机提供 5V 脉宽调制信号。该信号是一个 128Hz、0%～100% 占空比信号，正常情况下占空比为 5%～95%。此电压需要发动机着车后才有，使用万用表测量正常的电压在 2～3V 之间，低于 1V 时 ECM 指令仪表点亮故障灯。如果发动机控制模块（ECM）检测到发电机接通信号电路电压过低，则设置 DTC P0621。当设置该故障诊断码时，发动机控制模块将发送一条串行数据信息至组合仪表（IPC）以点亮充电指示灯。

J1－1 端子是发电机的 L 端子，作用是发电机向 ECM 反馈负荷信号，使用的是脉宽调制信号，使用万用表测量电压在 4V 左右。

2. 速腾轿车电压调节电路控制原理与检测

速腾轿车电压调节电路控制如图 26 所示，发电机 L 端子与车载电网控制单元 J519 连接，车载控制单元向电压调节器提供励磁控制电压。发电机 DFM 端子与发动机控制单元连接，向 ECM 反馈负荷信号，使用的是脉宽调制 PWM 信号，在怠速时发电机 DFM 端子 PWM 信号波形及负荷波形如图 27 所示。

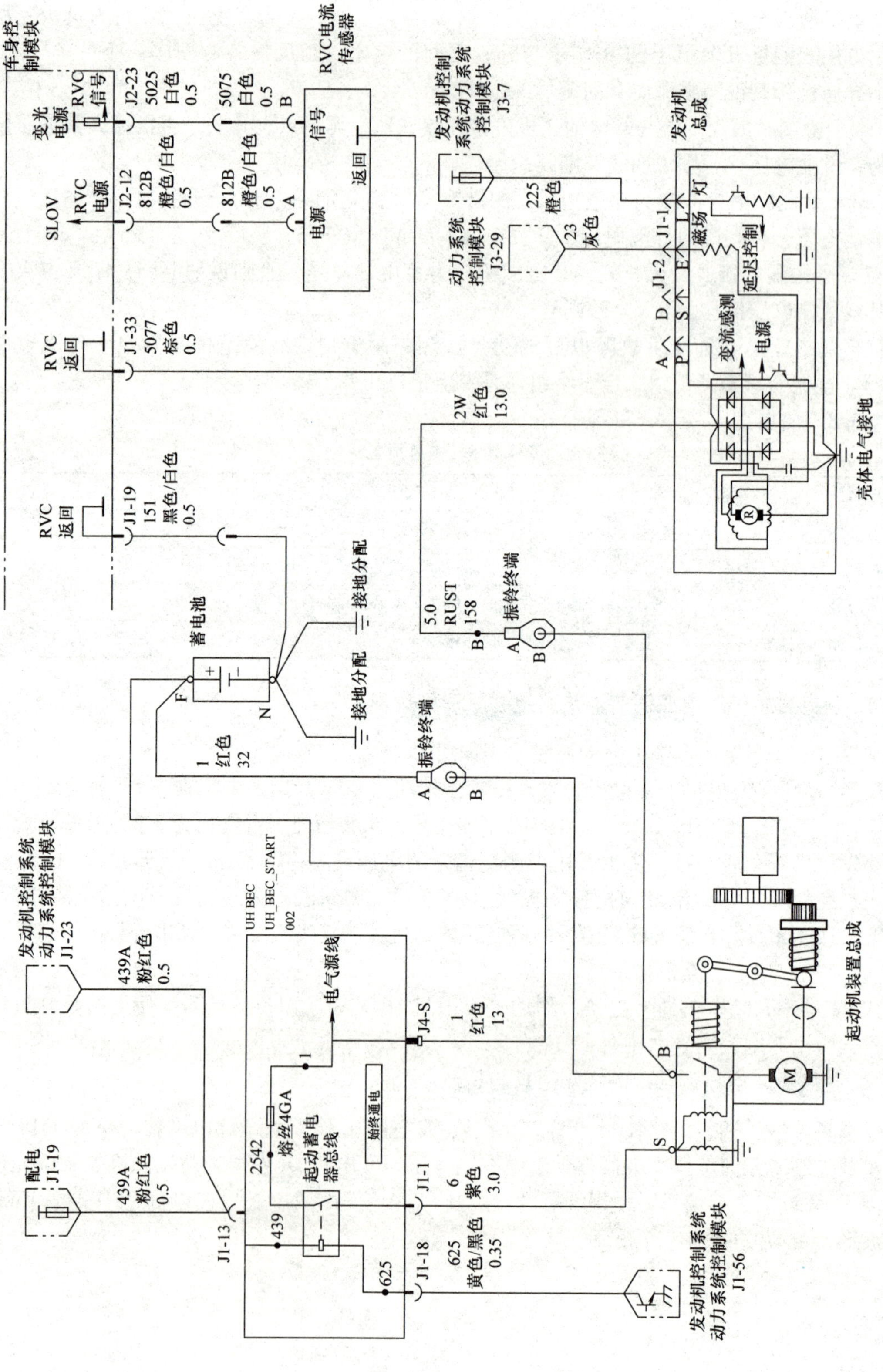

图25 别克君越轿车电压调节电路的控制原理

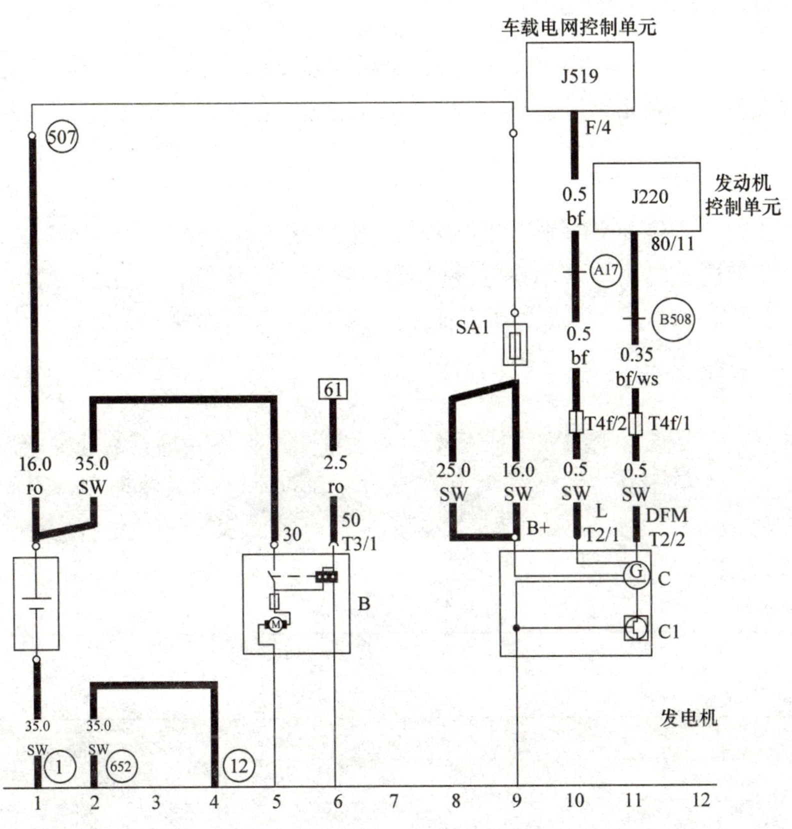

图 26 速腾轿车电压调节电路

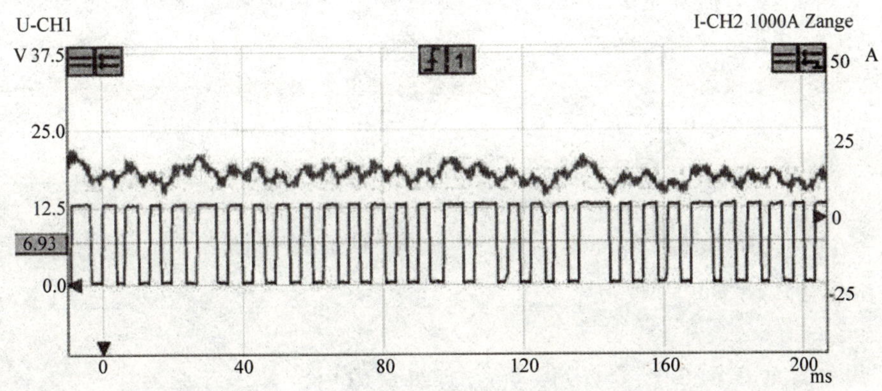

图 27 DFM 端子 PWM 信号波形及负荷波形

轮换工作站学习

教师活动 教师组织学生轮换工作站进行小组学习。

学生活动 学生轮换工作站进行小组学习。（80min）

小组合作制作综合海报

教师活动 教师要求每个小组完成一张思维导图的总海报。

学生活动 学生分组完成一张总海报。(30min)

展示讲述综合海报

教师活动 教师选出一个组来介绍讲解总海报内容，教师进行评价。

学生活动 被选出的小组展示讲述本组绘制的总海报内容，其他组学生提出疑问、建议。(10min)

完成 5.4.3.1 理论测试

教师活动 教师要求学生独立完成 5.4.3.1 理论测试，不允许查阅任何资料。

学生活动 学生安静独立地在系统上完成 5.4.3.1 理论测试并提交，不能查阅任何资料。(20min)

5.4.3.1 理论测试

5.4.3.1 理论测试

学校名称		任课教师	
班级		学生姓名	
学习领域	L5 发动机电气系统诊断维修		
学习情境	LS5.1：蓄电池不断放电，对车辆进行静态电流检查		
理论学习内容	电压调节器原理与检测	学习时间	20min

一、填空题(每空1分，共24分)

1. 电压调节器是把发电机________控制在规定范围内的装置，其功用是在发电机________变化时，自动控制发电机________保持恒定，使其不因发电机转速高时________过高烧坏用电设备和导致蓄电池________；也不会因发电机转速低而________不足导致用电设备工作失常。

2. 电子调节器的优点是调节精度高，且不产生火花，还具有________轻、________小、寿命长、________高、电波干扰小等优点。电子调节器的发展又经历了________、集成电路调节器及________调节器等三个阶段。

3. 晶体管电压调节器一般由________、________、________、________、电容器等电子元器件组成。

4. 集成电路电压调压器是利用________组成的调节器，可分为________调节器和________调节器两类。按检测电源电压的方式不同，集成电路调节器可分为________检测式和________检测式两种。

5. 计算机控制的电压调节系统是由计算机以每秒________个脉冲的固定频率向励磁绕组提供电流脉冲（脉冲宽度调制技术），通过改变________，得到正确的励磁电流________，从而控制发电机的________。

二、选择题（每题2分，共20分）

1. 交流发电机的磁场电流是在（ ）中传导的。

A. 转子线圈 B. 定子线圈 C. 整流二极管 D. 电枢

2. 收音机发出一种随发动机转速增大的低沉噪声。当交流发电机磁场导线断开时，这种噪声消失。以下各条中不可能是此问题原因的是（ ）。

A. 定子故障 B. 二极管故障 C. 电容器故障 D. 磁场线圈开路

3. 检测发动机励磁绕组阻值过大说明（ ）。

A. 电刷与滑环接触不良 B. 励磁绕组短路

C. 励磁绕组搭铁 D. 励磁绕组与转子轴绝缘良好

4. 检测调节器，利用直流稳压器和试灯，试灯（ ）。

A. 代替发电机绕组 B. 代替发电机励磁绕组

C. 一端接调节器“+”接柱，另一端接发电机“F”接柱

D. 一端接调节器“-”接柱，另一端接发电机“B”接柱

5. 发电机中励磁绕组的功用是（ ）。

A. 产生交流电 B. 产生直流电 C. 产生感应电动势 D. 产生磁场

6. 发电机输出电压调节的实质是（ ）。

A. 调节励磁电压 B. 调节励磁电流 C. 调节输出电压 D. 调节输出电流

7. 当发电机电刷坏时，发电机将不发电，其原因是电刷坏了以后，将使（ ）。

A. 励磁电路断路 B. 三相绕组中的某一相绕组断路

C. 使发电机的输出线路中断 D. 使发电机的中性点输出线路中断

8. 励磁电路中是利用（ ）的开关特性来接通或切断磁场电流的。

A. 二极管 B. 三极管 C. 可变电阻 D. 电容器

9. 技术员甲说，在旁路掉调节器时满励磁产生了低于规格的输出，则说明调节器是问题的根源。技术员乙说，满励磁检测不能确定检测出的问题是否存在于交流发电机或调节器之中。以下说法正确的是（ ）。

A. 甲正确 B. 乙正确 C. 甲和乙都正确 D. 甲和乙都不正确

10. 在讨论电压输出的检测结果，技术员甲说，如果充电电压太高，则说明可能有松散的或打滑的传动带。技术员乙说，如果充电电压太低，则故障可能来自调节器的搭铁励磁接线（满励磁）。以下说法正确的是（ ）。

A. 甲正确 B. 乙正确 C. 甲和乙都正确 D. 甲和乙都不正确

三、判断题（每题2分，共20分）

1. 电压调节器的作用是用来调节发电机励磁电压的。（ ）

2. 电压调节器安装在发电机内部称为内搭铁式发电机。（ ）

3. 发电机电压调节是通过变频器调节速度来调节电压的。（ ）

4. 晶体管电压调节器没有机械触点，所以使用寿命长，工作可靠。（ ）

5. 励磁电路中是利用晶体管的开关特性来接通或切断磁场电流的。（ ）

6. 晶体管电压调节器的励磁电流是脉宽调制信号。（ ）

7. 发电机空载时，转速越高，励磁电流越大。（ ）

8. 在晶体管电压调节器电路中，充电指示灯断路则发电机将不能发电。（ ）

9. 蓄电池电压检测法有利于保证蓄电池的充电电压。 ( )

10. 发电机延时切入功能使发电机更晚切换到自励。 ( )

提交理论学习阶段的评价表

教师活动 教师要求学生对理论学习阶段5.4.3.1评价表进行自我评价。

学生活动 学生按照教师的要求对自己在理论学习阶段的表现进行自评，客观真实。

5.4.3.1 理论学习评价表

参与本项目的教师具体见Moodle系统，未参与本项目的教师可以根据实际情况自行制定。

5.4.4 任务计划：车辆仪表显示屏上显示发电机功能故障工作计划

独立查阅信息

教师活动 教师提供实验车型的维修手册。

学生活动 学生个人独立查阅教师提供的维修手册，提炼整理关键信息。(20min)

小组制作工作计划海报

教师活动 教师要求学生小组合作制定“车辆仪表显示屏上显示发电机功能故障”工作计划海报，把每一步的细节和注意事项写出来，包括为什么干、怎么干，与安全、环保、工具、时间、成本相关的内容，以及注意事项、检测标准等。

学生活动 学生分组讨论，小组合作完成工作计划海报。(30min)

5.4.4.1 工作计划海报

见附录。

展示讲述工作计划海报

教师活动 教师选出一个组来介绍讲解海报内容，教师进行评价。

学生活动 被选出的小组展示讲述本组学习成果，其他组学生提出疑问、建议。(20min)

修改工作计划海报

教师活动 教师强调修改工作计划时注意：安全、环保、规范、时间及成本控制意识的训练。

学生活动 每个组根据教师意见认真改进本组海报。(10min)

提交任务计划阶段的评价表

教师活动 教师提供任务计划阶段的评价表，指定组间评价顺序，保证每个组都被评价。要求学生将5.4.4.2评价表以小组形式提交到系统。

学生活动 每个组对老师指定的小组进行评价，合作填写5.4.4.2评价表，小组提交到系统。

5.4.4.2 任务计划评价表

参与本项目的教师具体见 Moodle 系统，未参与本项目的教师可以根据实际情况自行制定。

5.4.5 任务决策：与师傅和客户沟通工作计划

独立完成任务决策表

教师活动 教师发放 5.4.5.1 任务决策表要求学生安静地独立完成。

学生活动 学生按照任务决策的关键要素独立完成 5.4.5.1 任务决策表。(20min)

5.4.5.1 任务决策表

5.4.5.1 任务决策表

决策类型	决策方案
与师傅决策	请站在厂商的角度，和师傅沟通任务计划实施的可能性。(包括：工作任务的时间控制和成本控制，工作步骤的正确性、规范性和合理性，工作过程的安全性和环保性，考虑厂商的经济效益和工作效率等，并记录决策结果与师傅的建议)
与客户决策	请站在客户的角度，和客户沟通任务计划实施的可能性。(包括：是否有几种可能供客户选择？某些项目做或不做？现在做还是未来做？考虑客户的成本控制、时间控制、安全性、环保性、美观性和便利性等，并记录决策结果与客户的意见)

实战演习任务决策

教师活动 教师选出一个学生代表（这个学生是以往决策出现问题较大的）和自己进行任务决策，同时担任师傅和客户双重角色。

学生活动 被选出的学生与教师进行决策对话，其他学生观察，并进行口头评价、补充、改进。(20min)

提交确认任务决策

学生活动 每个学生修改自己的任务决策方案表格，提交到系统。(20min)

教师活动 教师对每个学生制定的任务决策方案进行确认，并将确认信息从系统发给学生。

提交任务决策阶段的评价表

教师活动 教师要求学生对任务决策阶段5.4.5.2评价表进行自我评价。

学生活动 学生按照教师的要求对自己在任务决策阶段的表现进行自评，客观真实。

5.4.5.2 任务决策评价表

参与本项目的教师具体见Moodle系统，未参与本项目的教师可以根据实际情况自行制定。

5.4.6 任务实施：使用设备进行实车检测诊断

示范操作

教师活动 教师亲自示范操作，或者播放相关视频（操作内容：从接车确认开始，按照诊断思路进行车辆仪表显示屏上显示发电机功能故障工作）。(30min)

学生活动 学生观察教师的示范动作，或观察视频中的示范动作。

操作实施

教师活动 教师将学生分组，并要求每组学生分工明确，严格强调安全和事故预防要求等。实施过程中教师进行巡视指导。

学生活动 学生分为4组，分工操作。每组每次安排2名学生操作，所有学生轮流，每个学生都要完成一次操作。当2名学生进行操作时，另外安排2名学生分别对其进行评价，填写5.1.6.1评价表，1名学生拍摄视频，1～2名学生监督记录，1～2名学生查阅手册改进计划。(90min)

提交任务实施阶段的评价表和视频

教师活动 教师要求学生对任务实施阶段5.4.6.1评价表进行自我评价，并提交任务实施阶段录制的所有视频资料。

学生活动　学生按照教师的要求对自己在任务实施阶段的表现进行自评，客观真实。负责拍摄的学生将视频整理提交到系统，负责评价的学生将5.4.6.1评价表提交到系统。

5.4.6.1　任务实施评价表

参与本项目的教师具体见Moodle系统，未参与本项目的教师可以根据实际情况自行制定。

5.4.7　任务检查：5S与检查工作结果

任务检查与5S

教师活动　教师提供5.4.7.1任务检查流程。要求学生分组，小组合作完成任务检查及5S，在5.4.7.1任务检查单上标注。教师要求学生小组成员对工作过程和工作计划进行监督和评估，记录优缺点及改进建议，并口头表达。教师要重点引导学生对队友的支持性意见的表达，并训练学生接纳他人建议。

学生活动　学生分组，小组合作完成任务检查及5S，在5.4.7.1任务检查单上标注。学生按照教师规定严格监督和控制其他成员的工作过程并友善提出改进建议。(30min)

5.4.7.1　任务检查单

5.4.7.1　任务检查单

1. 请进行必要的最终任务检查，在（　　）里进行标记。

检查任务实施过程（　　），是否有改进或需要说明：

如有，处理意见：

检查测量值与标准值（　　），是否有改进或需要说明：

如有，处理意见：

2. 请进行必要的5S。

5S车辆（　　）

5S工位（　　）

5S场地（　　）

3. 请根据实施的诊断与修理工作，编制工作说明，完善改进工作计划（以另一种颜色的笔在任务计划上标注作答）。

小组合作修改工作计划

教师活动　教师要求学生小组合作修改完善工作计划，修改方式：在原有工作计划上用另一种颜色的笔进行真实、全面的复盘改进，并进行标注。

学生活动　学生小组合作修改完善工作计划，修改方式：在原有工作计划上用另一种颜色的笔进行真实、全面的复盘改进，并进行标注。(10min)

提交任务检查阶段的评价表

教师活动 教师要求学生对自己在任务检查阶段的表现进行自我评价。提醒学生：对于自己没有涉及的条目不评价。

学生活动 学生对自己在任务检查阶段的表现进行自我评价，对于自己没有涉及的条目不评价。(5min)

5.4.7.2 任务检查评价表

参与本项目的教师具体见 Moodle 系统，未参与本项目的教师可以根据实际情况自行制定。

5.4.8 任务交付：交车给师傅和客户

任务交付准备

教师活动 在任务交付之前，教师提供5.4.8.1交车剧本给事先安排好的两个学生，一个扮演客户，另一个扮演SA，以便上课时两个学生能在实车上呈现交车过程。

学生活动 两个角色扮演的学生要熟悉交车剧本。

5.4.8.1 交车剧本

5.4.8.1 交车剧本

(一) 任务完成正常交车

前台：先生，您好！您的车修好了，您可以放心使用了。

客户：非常感谢！

前台：不客气！这是费用清单，请您跟我去财务结账。

客户：好的。

前台：这是车钥匙，以后请您放心使用！请您随时观察车况，如果有任何问题，请随时联系我。非常愿意为您服务！

客户：好的！谢谢你！再见！

前台：再见！您慢走！

(二) 任务未完成异常交车

前台：先生，您好！非常抱歉，您的车我们前期预估失误，虽然我们已经尽力了，但是还是不能按照约定时间正常交车给您，预计还得两个小时才能完成。您看您是继续在店里等待，还是先去处理其他事情。等这边结束我及时联系您。

客户：好吧！两个小时后一定能取走我的车吗？

前台：真的非常抱歉！不过，您放心！同样的错误我们不会出现第二次。两个小时后肯定交车给您。

客户：好吧。两个小时后等你电话，我先去处理其他事情。一定要完全修复啊！

前台：请您放心！一定保证您的爱车行驶无忧，我会随时观察进展情况，及时联系您。非常愿意为您服务！

客户：好的！谢谢你！那我先走了，待会儿见！

前台：待会儿见！您慢走！

两人角色扮演

学生活动 学生分组，两人一组。其中，事先安排好的两个学生为一组，一个扮演客户，另一个扮演 SA，先交车给师傅，然后交车给客户。(10min)

教师活动 教师提前安排学生两人一组，观察角色扮演学生的表演过程，同时观察其他学生的表现：倾听的认真程度。

全员换位评价

学生活动 学生认真观看角色扮演情境再现过程，理解客户委托，并与本组学生一起对 SA 角色扮演的学生换位思考进行口头评价：角色扮演时的优缺点，如果是自己怎么改进会更好。(5min)

教师活动 教师指出角色扮演的优缺点，提出注意事项进行强调说明。

全员分组练习

教师活动 教师要求所有学生借鉴两个示范学生的表现，进行任务交付练习。

学生活动 学生按照教师的提示与强调，借鉴示范的两个学生的表现，学生分组在实车上进行任务交付的角色扮演练习。互换角色再练习一次。(10min)

提交任务交付阶段的评价表

教师活动 教师要求学生对任务交付阶段自己扮演 SA 时的表现依据 5.4.8.2 评价表进行自我评价。

学生活动 学生按照教师的要求对自己在任务交付阶段扮演 SA 时的表现进行自评，客观真实。

5.4.8.2 任务交付评价表

参与本项目的教师具体见 Moodle 系统，未参与本项目的教师可以根据实际情况自行制定。

5.4.9 反思评价：总结知识点、技能点和素养点

提交反思评价自评表

教师活动 教师归纳整理理论知识体系，以一页 PPT 展示知识点、技能点和素养点。

学生活动 学生认真反思，倾听，构建适合自己学习的知识体系。学生认真反思，对照学习目标进行自我反思，填写 5.4.9.1 自评表。(20min)

5.4.9.1 反思评价自评表

参与本项目的教师具体见 Moodle 系统，未参与本项目的教师可以根据实际情况自行制定。

提交反思评价他评表

教师活动 教师把每一位学生的反思阶段的评价表分配给其他同学进行评价。

学生活动 学生按照系统分配的评价对象，每个学生都填写一份对另一个学生的评价表。(10min)

5.4.9.2 反思评价他评表

参与本项目的教师具体见 Moodle 系统，未参与本项目的教师可以根据实际情况自行制定。

提交反思评价自评表

教师活动 教师参照学生的自评与他评在 5.4.9.3 反思评价表上给出学生反思评价成绩。

学生活动 每个学生将自评表和他评表形成的 5.4.9.3 反思评价表进行对照，帮助学生自我认识。(10min)

5.1.9.3 反思评价表

参与本项目的教师具体见 Moodle 系统，未参与本项目的教师可以根据实际情况自行制定。

5.4.10 巩固拓展

迁移新任务

教师活动 教师布置新的客户任务：LIN 线控制的发电机不能充电。要求学生小组合作制定工作计划并用 PPT 展示。

学生活动 学生明确拓展任务：小组合作制定工作计划，下次课前用 PPT 展示和评价。做好完成拓展任务的计划（分工与时间安排）

分工制作工作计划

教师活动 教师要控制学生的制作过程，要求学生分工完成 5.4.10.1 工作计划，把自己负责的部分提交到系统，让教师看到。

学生活动 学生在小组长的带领下，合理分工制作过程，每人完成工作计划的一部分并提交到系统。(课后)

5.4.10.1 工作计划

见附录。

提交过程视频和 PPT

教师活动 教师要求学生制作 PPT 的过程录制视频并把视频提交到系统，同时提交 PPT 结果到系统。

学生活动 小组合作，录制制作 PPT 过程的视频。

巩固拓展阶段的评价表

教师活动 教师要求小组长完成本小组所有成员的5.4.10.2评价表，提交到系统。

学生活动 小组长完成小组评价5.4.10.2评价表，并把每个组员的评价表提交到系统。

5.4.10.2 巩固拓展评价表

参与本项目的教师具体见Moodle系统，未参与本项目的教师可以根据实际情况自行制定。

总体评价

给学生反馈总体评价表

教师活动 教师对每个学生的总体评价表初稿进行补充修改，形成总体评价定稿，作为每个学生本学习情境的最终评价。

学生活动 学生认真对照教师反馈的总体评价表，分析自己的优势和不足，有针对性地制定改进措施，加强培养素养、知识、技能不足的方面。

LS5.5

起动机在起动过程中无法带动发动机

教学准备

教学情境准备

教师活动 教师提前提供给所有学生5.5.0.1客户任务工单。提前在车上设置“起动机在起动过程中无法带动发动机”的真实故障。课前提供5.5.0.2接车剧本给事先安排好的两个学生，一个扮演客户，另一个扮演维修接待人员（Service Advisor，简称SA），以便上课时两个学生能在实车上把客户任务真实再现。

学生活动 所有学生在课前熟悉5.5.0.1客户任务工单，提前了解客户委托任务。两个角色扮演的学生要熟悉5.5.0.2接车剧本。（课前）

5.5.0.1 客户任务工单

5.5.0.1 客户任务工单

<table>
<tr><td>车主姓名</td><td></td><td>日期</td><td></td></tr>
<tr><td>车型</td><td></td><td>车牌号</td><td></td></tr>
<tr><td>发动机号</td><td></td><td>底盘号</td><td></td></tr>
<tr><td>联系电话</td><td colspan="3"></td></tr>
<tr><td>通信地址</td><td colspan="3"></td></tr>
<tr><td colspan="4">故障现象描述：
车主反映，起动机在起动过程中无法带动发动机。</td></tr>
<tr><td colspan="4">检查维修建议：</td></tr>
<tr><td colspan="4">故障结论：（更换或维修的零件记录）</td></tr>
<tr><td colspan="2">取车付款：
现金　　　　银行卡</td><td colspan="2">维修人：
收款人：</td></tr>
</table>

5.5.0.2　接车剧本

5.5.0.2　接车剧本

学习情境描述：

一辆大众迈腾轿车，行驶总里程 6 万 km，客户发现起动机在起动过程中无法带动发动机。

前台：您好！有什么需要我帮助的？

客户：您好！是这样的，我的汽车在起动过程中，发动机不能起动。您能帮我看看吗？

前台：好的！您给我车钥匙，我给您试一下车，先检查一下。

（上车，打开点火开关，起动发动机，起动机不工作，发动机不能起动，询问客户）

前台：您家车的起动机不工作，所以发动机不能起动。这个毛病以前出现过吗？最近您修理过什么部件吗？

客户：不瞒您说，我的车车况特别好，在这之前什么毛病也没有，这是第一次有故障，只做过正常的维护保养。

前台：那您的车车况是真不错，您使用得很好。我方才初步诊断了一下：起动机不工作。估计是起动机本身的问题，也可能是起动系统电路的问题。具体原因需要后台检测后才能确认。

客户：好的！那您尽快维修吧，我还着急用车呢。

前台：那您想什么时间取车？

客户：今天下午 4 点取车吧。

前台：好的！请您到客户区休息等待，如有需要，我会及时和您联系。

教学目标准备

教师活动　教师用一页 PPT 简介本情境的教学目标：素养点、知识点、技能点。

学生活动　学生思路清楚明确目标，在头脑中形成个人学习规划。（课前）

素养点：

① 能够展现积极主动的工作态度。

② 能够准备和作出决定并说明理由。

③ 能够专注于任务并且目标明确地实施。

④ 能够在小组中与他人高效沟通交流。

⑤ 能够阅读技术信息，检索提炼、建构逻辑关系。

知识点：

① 通电导体在磁场中的运动。

② 电动机的类型、特点。

③ 汽车起动系统的功能、组成。

④ 起动机的构造。

⑤ 电动机的原理。

⑥ 起动机的控制电路。

⑦ 起动系统故障诊断。

技能点：

① 起动机拆装。

② 起动机元件检测。

③ 起动机维护。

④ 起动电路检测。
⑤ 遵守事故预防条例。

资料设备清单

参与本项目的教师具体见 Moodle 系统，未参与本项目的教师可以根据实际情况自行制定。

5.5.1 任务接受：接车

两人角色扮演

学生活动 学生分组，两人一组。其中，事先安排好的两个学生为一组，一个扮演客户，另一个扮演 SA，在实车上把客户任务真实再现。(10min)

教师活动 教师观察角色扮演学生的表演过程，同时观察其他学生的表现：倾听的认真程度。

全员换位评价

学生活动 学生认真观看角色扮演情境再现过程，理解客户委托，并与本组学生一起对 SA 角色扮演的学生换位思考进行口头评价：角色扮演时的优缺点，如果是自己怎么改进会更好。(10min)

教师活动 教师指出角色扮演的优缺点，提出注意事项进行强调说明。

全员分组练习

教师活动 教师要求所有学生借鉴两个示范学生的表现，进行任务接受练习。

学生活动 学生按照教师的提示与强调，借鉴示范的两个学生的表现，学生分组在实车上进行任务接受的角色扮演练习。互换角色再练习一次。(5min)

提交任务接受阶段的评价表

教师活动 教师要求学生对任务接受阶段自己扮演 SA 时的表现进行自我评价。

学生活动 学生按照教师的要求对自己在扮演 SA 时的表现进行客观真实地自评。(5min)

5.5.1.1 任务接受评价表

参与本项目的教师具体见 Moodle 系统，未参与本项目的教师可以根据实际情况自行制定。

5.5.2 任务分析：起动机在起动过程中无法带动发动机

教学方法：关键词卡片法

独立查找原因

教师活动　教师提供5.5.2.1信息页（维修信息、文本资料），指导学生独立查找起动机在起动过程中无法带动发动机的原因，并书写在笔记本上。

学生活动　学生个人独立阅读教师提供的5.5.2.1信息页，在信息页上找出关于起动机在起动过程中无法带动发动机的原因，形成个人的结论，工整地记录在笔记本上。(30min)

5.5.2.1　信息页

5.5.2.1　信息页

学校名称		任课教师	
班级		学生姓名	
学习领域	L5 发动机电气系统诊断维修		
学习情境	LS5.5：起动机在起动过程中无法带动发动机	学习时间	30min

起动系统常见故障主要有起动机不转、起动机运转无力及起动机空转等故障。起动系统出现故障，可能是由蓄电池、起动机、起动继电器、点火开关、起动系统线路等出现故障引起的。

1. 起动发动机时起动机不转

(1) 故障现象

将点火开关转到起动档时，起动机不转动，无动作迹象。

(2) 故障原因

起动机不转的原因可以归纳为三个方面：电源及线路部分、起动继电器、起动机故障等。

① 电源及线路部分

a. 蓄电池严重亏电。

b. 蓄电池正、负极柱上的电缆接头松动或接触不良。

c. 控制线路断路。

② 起动继电器的故障

a. 继电器线圈绕组烧毁造成断路。

b. 继电器触点严重烧蚀或触点不能闭合。

③ 起动机的故障

a. 起动机电磁开关触点严重烧蚀或两触点高度调整不当而导致触点表面不在同一平面内，使触盘不能将两个触点接通。

b. 换向器严重烧蚀而导致电刷与换向器接触不良。

c. 电刷弹簧压力过小或电刷卡死在电刷架中。

d. 电刷与励磁绕组断路或正电刷搭铁。

e. 磁场绕组或电枢绕组有断路、短路或搭铁故障。

f. 电枢轴的铜衬套磨损过多，使电枢轴偏心或电枢轴弯曲，导致电枢铁心“扫膛”（即电枢铁心与磁极发生摩擦或碰撞）。

(3) 故障诊断与排除

根据故障排除从易到难的一般原则，首先应检查蓄电池储电情况和蓄电池搭铁线、相线的连接是否松动，然后再做进一步的检查。故障诊断与排除程序如图 1 所示。主要过程如下：

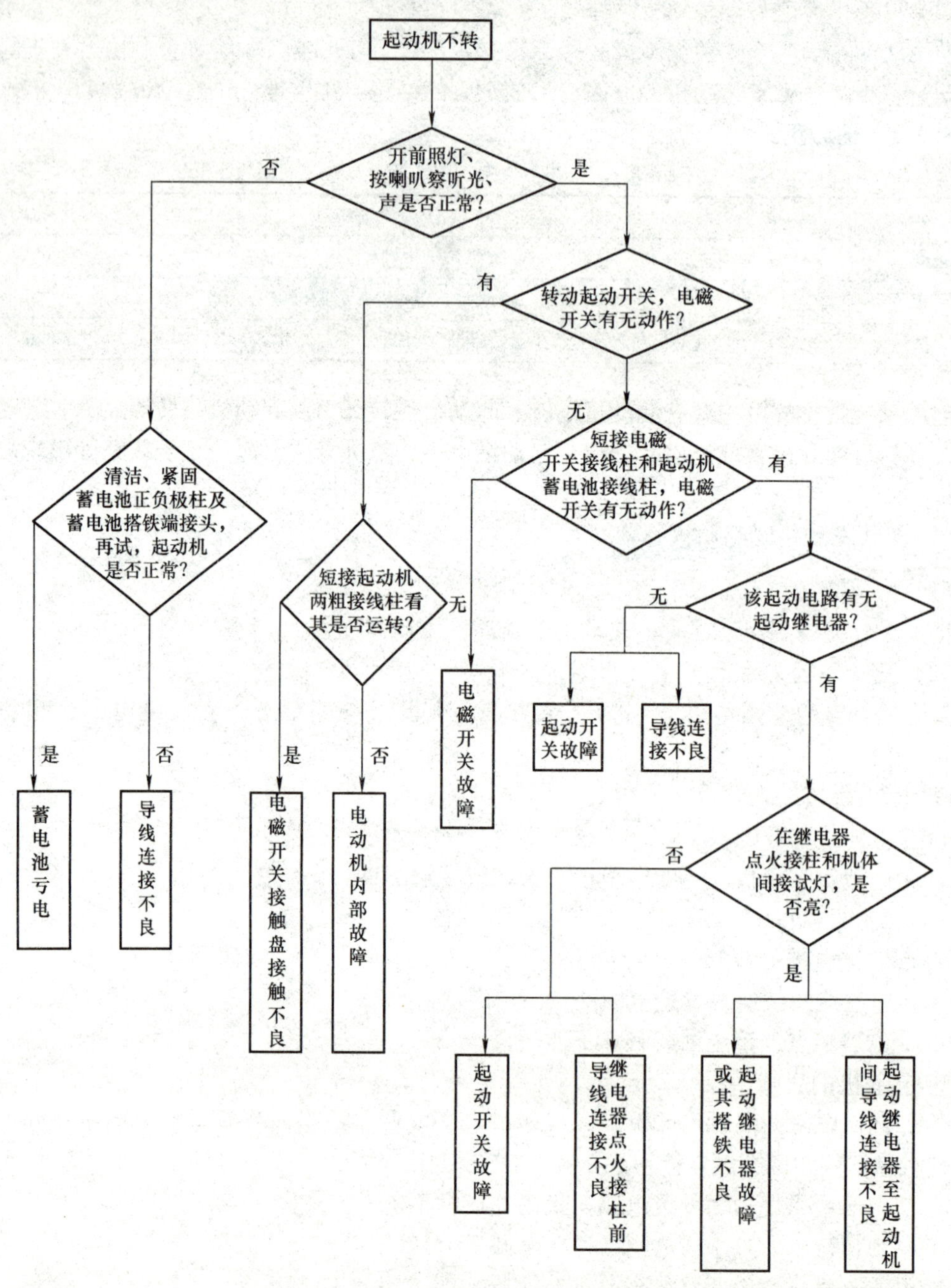

图 1 起动机不转故障的诊断与排除程序

① 打开前照灯开关或按下喇叭按钮，若灯光较亮或喇叭声音洪亮，说明蓄电池存电较足，故障不在蓄电池；若灯光很暗或喇叭声音很小，说明蓄电池容量严重不足；若灯不亮或

喇叭不响，则说明蓄电池或电源线路有故障，应检查蓄电池相线及搭铁电缆的连接有无松动以及蓄电池储电是否充足。

② 若灯亮或喇叭响，则说明故障发生在起动机、电磁开关或控制电路。可用螺钉旋具将电磁开关的30#接柱与C接柱接通。若起动机不转，则起动机有故障；若起动机空转正常，说明电磁开关或控制电路有故障。

③ 诊断电磁开关或控制电路故障时，可用导线将蓄电池正极与电磁开关50号接柱接通（时间为3～5s），如接通时起动机不转，则说明电磁开关故障，应拆下检修或更换电磁开关；如接通时起动机转动，则说明开关回路或控制回路有断路故障。

④ 判断是开关回路还是控制回路故障时，可以根据是否有起动继电器吸合的响声来判断。若有继电器吸合的响声，说明是开关回路有断路故障；若无继电器吸合的响声，则说明是控制回路有断路故障。

⑤ 排除线路的断路故障，可用万用表或试灯逐段检查排除。

2. 起动机转动无力

（1）故障现象

将点火开关旋至“起动”档，驱动齿轮发出“咔哒”声向外移出，但是起动机不转动或转动缓慢无力。

（2）故障原因

① 蓄电池亏电。

② 起动机内部电路短路（电枢绕组）。

③ 起动机电磁开关内部触点烧蚀或接触不良。

④ 电刷接触不良。

⑤ 起动机电源线路接触不良。

（3）诊断思路与方法

诊断流程如图2所示。

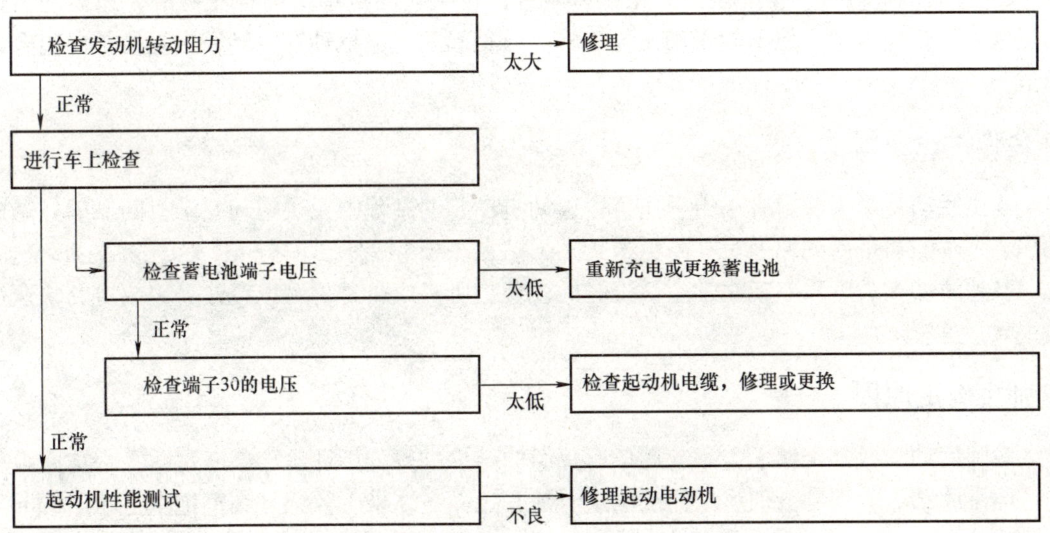

图2 起动机运转无力故障诊断图

① 首先应该查蓄电池容量和电源导线的连接情况，确认蓄电池容量是否足够，线路连接是否良好。

② 若故障依然存在要区分故障在起动机或发动机本身，还是在主电路接线柱之前的电路，方法是用螺钉旋具短接起动机电磁开关主电路的两个接线柱。若短接后起动有力且运转正常，说明起动机电磁开关内主触点和接触盘接触不良；若短接后起动仍然无力，则可认定电动机有故障，需进一步拆检。故障可能是由主开关接触不良、电刷和换向器之间电阻过大或接触不良、单向离合器打滑等引起的。

③ 如果在接通起动开关后，起动机有连续的“咔哒”声，若短接起动机电磁开关的两个主接线柱，起动机转动正常，说明电磁开关保持线圈断路或短路。

3. 起动机空转

（1）故障现象

接通点火开关“起动”开关，起动机只是空转，不能带动发动机运转。

（2）故障原因

① 起动机空转时，有较轻的摩擦声音，原因是起动机驱动齿轮不能与飞轮轮齿啮合。

② 起动机空转时，速度较快但无碰齿声音，原因是单向离合器打滑或电磁开关铁心（开关盘）行程太短。

③ 起动机空转时，有严重的碰撞轮齿的声音，原因是飞轮轮齿或起动机驱动齿轮严重磨损。

（3）诊断思路与方法

① 起动机空转时，有较轻的摩擦声音，起动机驱动齿轮不能与飞轮轮齿啮合而产生空转，即驱动齿轮还没有啮合到飞轮轮齿中，电磁开关就提前接通，说明主回路的接触盘行程过短，应拆下起动机，进行起动机接通时刻的调整。

② 起动机空转时，有严重的碰擦轮齿的声音，说明飞轮轮齿或起动机驱动齿轮严重磨损，应拆下起动机进一步检查，根据实际情况更换驱动齿轮或飞轮轮齿。

③ 起动机空转时，速度较快但无碰齿声音，说明起动机单向离合器打滑，即驱动齿轮已经啮入飞轮轮齿中，但不能带动飞轮旋转，只是起动机电枢轴在空转，应更换单向离合器总成。

合作讨论原因

学生活动　学生分组，小组合作讨论起动机在起动过程中无法带动发动机的原因并达成共识，把本组讨论后的原因写在彩色卡片上，贴在白板上展示。(30min)

教师活动　教师重点观察学生讨论时的表现：所有成员是否可以经过妥协或协商快速达成一致意见。

师生确定原因

教师活动　教师带领学生一起逐条对每组的结果进行分析评价，判断对错，总结原因。

学生活动　学生领会理解，修改本组卡片并把最终结果工整记录在笔记本上。(10min)

填写客户工单

教师活动 教师提供行车证等资料，指导学生填写 5.5.0.1 客户工单（车辆检验内容，确定维修范围，是否修理车辆建议）。

学生活动 学生小组合作填写完整客户任务工单。(10min)

提交任务分析阶段的评价表

教师活动 教师要求学生对任务分析阶段自己的表现依据 5.5.2.2 评价表进行自我评价。

学生活动 学生按照教师的要求对自己在任务分析阶段的表现对照每一条进行客观真实的自评。

5.5.2.2 任务分析评价表

参与本项目的教师具体见 Moodle 系统，未参与本项目的教师可以根据实际情况自行制定。

5.5.3 理论学习：起动机构造与检修

教学方法：两人小组工作法

3.1 电动机工作原理

关键词法独立学习

教师活动 教师提供 5.5.3.1 信息页，让学生独立阅读，找出关键词，并整理出逻辑关系思维导图。

学生活动 个人独立学习，学生安静独立地阅读 5.5.3.1 信息页，找出关键词，并整理出逻辑关系的思维导图。(20min)

5.5.3.1 信息页

5.5.3.1 信息页

学校名称		任课教师	
班级		学生姓名	
学习领域	L5 发动机电气系统诊断维修		
学习情境	LS5.5：起动机在起动过程中无法带动发动机	学习时间	30min
工作任务	电动机工作原理	学习地点	理实一体化教室

1. 通电导体在磁场中的受力

通电导线在磁场中受到力的作用，这种磁场对电流的作用力称为安培力。电流强度为 I、长为 L 的直导线，在磁感应强度为 B 中受到的安培力大小为：$F = ILB\sin(I,B)$，其中 (I, B) 为电流方向与磁场方向间的夹角。安培力的方向由左手定则判定，伸开左手，使拇指与其余四个手指垂直，并且都与手掌在同一平面内，让磁力线从掌心进入，使四指指向电

流的方向，这时拇指所指的方向就是通电导体在磁场中所受安培力的方向（即导体受力方向）。

应该注意，当电流方向与磁场方向相同或相反时，即（I, B）为0°或180°时，电流不受磁场力作用。当电流方向与磁场方向垂直时，电流受的安培力最大为 $F=BIL$。

磁场对电流的作用力如图3所示，在导体的一侧，通电导体磁场的磁力线方向与磁极磁场的磁力线方向相反，在此重合的磁场互相削弱。在导体的另一侧，两个磁场的磁力线方向相同，在这一侧，合力磁场变得更加密集。相同方向的磁力线相互排斥，由此而在通电的导体上产生一个力。导体上的力取决于电流强度、磁感应强度和有效的导体长度。

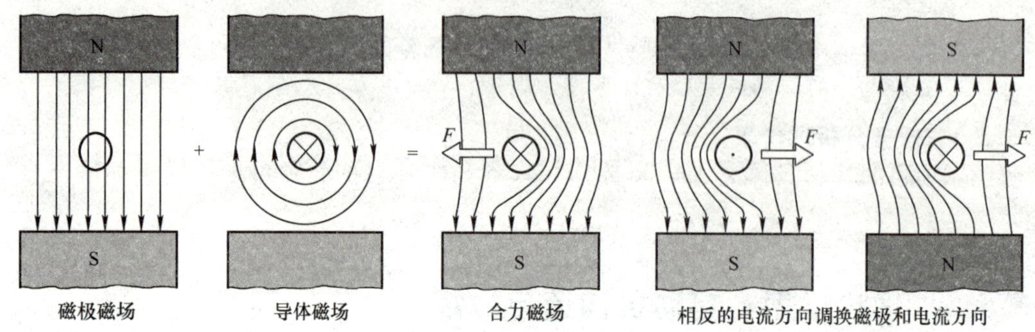

图3 磁场对电流的作用力分析

2. 通电线圈在磁场中的运动

如图4所示，将通电线圈放置在磁场中，线圈与磁力线平行，线圈的受力分析如图5所示。线圈在两个导体中的电流形成了一个磁场（线圈磁场）。它与磁铁的磁极磁场一起产生了一个合力磁场。线圈的两个通电的导体根据电流方向相应地产生偏移，这产生了一个旋转运动，直到线圈平面与磁力线垂直，旋转力矩为0。

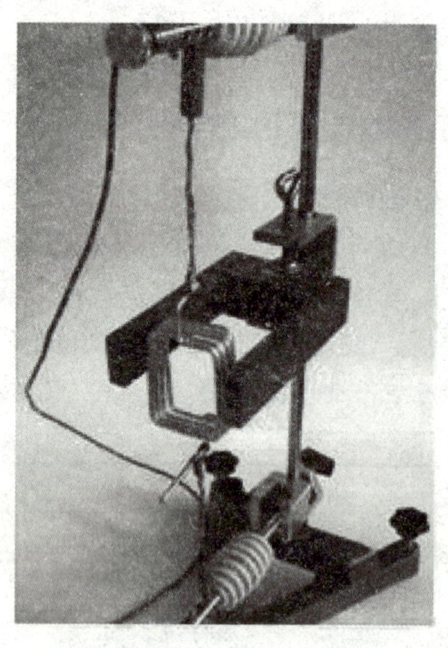

图4 通电线圈在磁场中的运动

3. 电动机工作原理

如图4所示，通电线圈在磁场中只旋转至其磁场与磁极磁场的方向一致为止，不能产生连续旋转的力矩。为使通电线圈能连续旋转，在旋转线圈上安装一个电流换向器，当快到终点位置时切换线圈中的电流方向，就可以达到持续的旋转。

如图6所示，在磁场中放一线圈abcd，线圈两端分别与两换向片A、B连接，两电刷分别与两换向片接触。在线圈旋转过程中，图6a所示线圈电流方向为蓄电池正极→绝缘电刷→换向片A→线圈→换向片B→负电刷→蓄电池负极，线圈中电流方向为a→b→c→d，线圈受逆时针方向转矩作用而转动。当线圈转过半周如图6b所示，线圈中电流方向为d→c→b→a，线圈受转矩作用仍按逆时针方向转动。当电源连续对电动机供电时，可保证电动机线圈一直按同一方向转动。

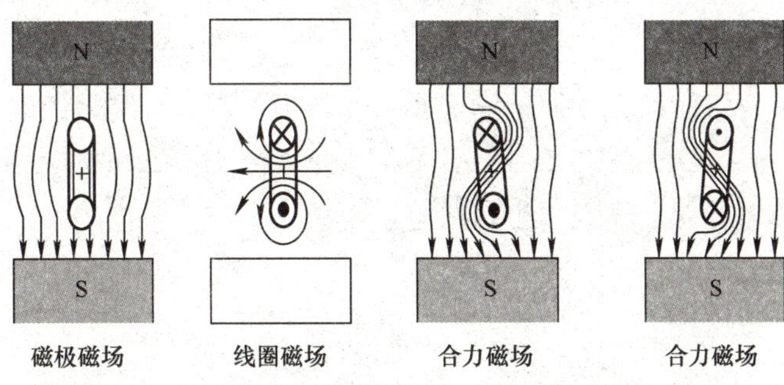

图 5 通电线圈在磁场中的受力分析

由于一个线圈产生的转矩太小，转速又不稳定，为了增大电磁转矩和提高电动机运转的平顺性能，实际使用的电动机采用多组电枢绕组和多对磁极。换向片的数量也随绕组匝数的增多而增加，如图 7 所示。对于结构一定的电动机，由电磁理论可以得出，其电磁转矩的大小与磁极磁通和电枢电流成正比，其数学表达式为

$$M = C_m \Phi I_a$$

式中，C_m为电动机结构常数（取决于电动机的结构）；Φ 为磁极磁通；I_a为电枢电流。

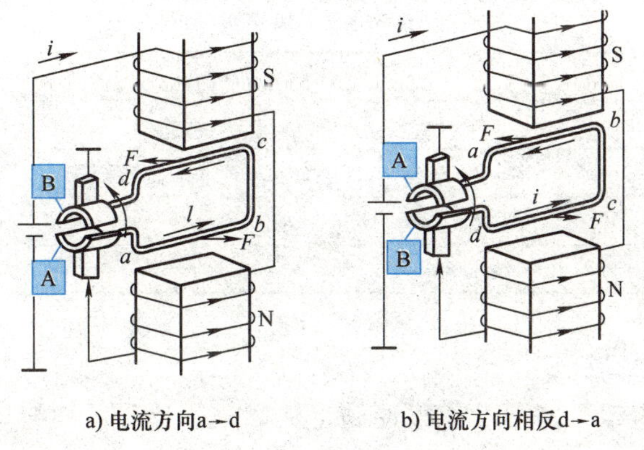

图 6 直流电动机工作原理

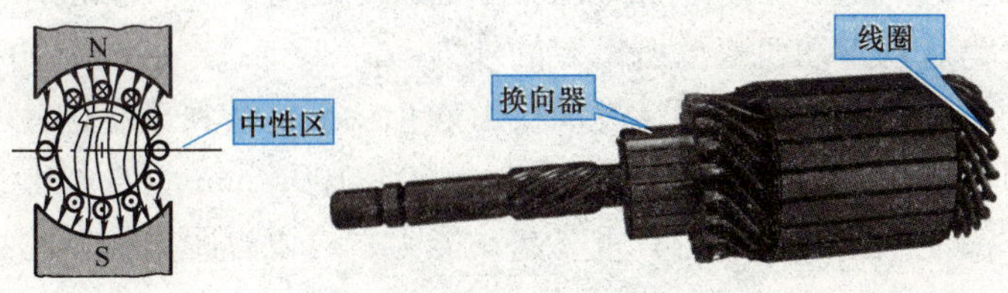

图 7 电动机多匝线圈与换向器

两人小组工作

教师活动 教师给学生分成两人小组，提供通电导体在磁场中的运动实验设备。

学生活动 学生按照教师要求，以两人小组形式完成实验，并填写 5.5.3.1 工作页。（30min）

小组合作完成学习海报

教师活动 教师要求学生回到原始学习小组，整理关键内容到笔记本上，完成小组学习海报。

学生活动 学生回到原始学习小组，经过讨论把关键内容整理到笔记本上，完成小组学习海报，并进行展示。(20min)

教学方法：小组拼图法

3.2 起动机构造与特性

原始组独立完成工作页

教师活动 教师把学生分成专家组，并提供与之有关的5.5.3.2~5.5.3.6信息页和5.5.3.2~5.5.3.6工作页。

学生活动 学生原始组个人独立学习信息页5.5.3.2~5.5.3.6，并完成工作页5.5.3.2~5.5.3.6。(50min)

5.5.3.2 信息页

5.5.3.2 信息页

学校名称		任课教师	
班级		学生姓名	
学习领域	L5 发动机电气系统诊断维修		
学习情境	LS5.5：起动机在起动过程中无法带动发动机	学习时间	50min
工作任务	A：起动机概述	学习地点	理实一体化教室

1. 起动系统的作用

内燃机无法自行起动，需要动能以便满足从燃烧循环到压缩与气体交换循环所需的力矩，主要克服发动机机件的惯性力（这些部件包括活塞、气门、曲轴、机油泵、散热器泵、发电机等）、摩擦力（静止状态下发动机润滑不足，冷起动时机油黏度高）、压缩阻力。起动系统的作用就是为起动发动机提供所需要的外力。

发动机的起动是指借助外力作用，发动机由静止状态过渡到自行运转的过程。发动机由静止状态过渡到自行运转的最低转速，汽油机为60~100r/min，柴油机为100~200r/min。电力起动具有操作简便、起动迅速、有重复起动能力、可以远距离控制的特点，在现代汽车上得到广泛采用。

2. 起动机的类型

车用起动机种类繁多，形式各异，主要有以下三种分类方法。

（1）按总体结构不同分类

车用起动机可分为普通起动机、永磁式起动机和减速起动机三种类型。

① 普通起动机无特殊结构和装置，如桑塔纳轿车配用的QD1225型起动机。

② 永磁式起动机用永磁材料（铁氧体或钕铁硼等）作为磁极，取代了普通起动机中的

电磁铁，使结构简化，体积变小，质量减轻，如奥迪 100 型轿车配用的起动机。

③ 减速起动机的最大特点是在传动机构设有减速装置，减速装置能将电动机转速降低、转矩增大。与同功率的普通起动机相比，减速起动机的质量和体积可减小 30% ~35%，其缺点是结构和工艺比普通起动机复杂，如切诺基越野车配用的 DW1. 4 型减速起动机。

（2）按传动机构不同分类

车用起动机可分为惯性啮合式起动机、强制啮合式起动机、电枢移动式起动机和齿轮移动式起动机四类。

① 强制啮合式起动机依靠电磁力或人力拉动杠杆机构，拨动驱动齿轮强制啮入飞轮齿圈，工作可靠性高，被现代汽车广泛采用。

② 惯性啮合式起动机的最大特点是驱动齿轮借旋转时的惯性力啮入飞轮齿圈，工作可靠性较差，目前已很少采用。

③ 电枢移动式起动机在工作时，依靠起动机磁极的电磁力使电枢产生轴向移动，使驱动齿轮啮入飞轮齿圈。该起动机结构比较复杂，东欧国家采用较多，如太脱拉 T111、T138 等汽车。

④ 齿轮移动式起动机依靠电磁开关推动电枢轴孔内的啮合杆，使驱动齿轮啮入飞轮齿圈，如奔驰 2026 型越野汽车配用的博世 KB 型起动机。

（3）按电机磁场的励磁方式不同分类

直流电动机按励磁方式不同可分为并励电动机、永磁电动机、串励电动机、复励电动机等。不同励磁方式的直流电动机描述见表 1。

表 1　不同励磁方式电动机的比较

内部电路原理图	M	M　N S	M	M
名称	并励电动机	永磁电动机	串励电动机	复励电动机
描述（如何产生磁场，励磁绕组如何控制）	励磁绕组与电枢绕组并联	由永磁体建立磁场。发电机只拥有一个电枢绕组	励磁绕组与电枢绕组串联	有一个串励绕组和一个并励绕组
特性曲线（转速－转矩特征曲线）	转速 n；n_N；M_N；转矩 M	转速 n；n_N；M_N；转矩 M	转速 n；n_N；M_N；转矩 M	转速 n；n_N；M_N；转矩 M
特性	负载时转速下降少 起动转矩小	价格便宜 构造简单 转矩小，通常需要额外的动力	起动转矩很大 无荷载时有转速过快的趋势	绕组用量大 起动转矩大 负载时转速下降少
应用范围	风扇电动机，车窗电动机，不适用起动电动机	作为小型汽油发动机汽车的起动电动机	轿车和小型商用车起动电动机	大型柴油发动机的起动电动机

3. 起动系统的要求

为了完成起动的任务，不管何种起动机都要满足以下要求：

① 起动时应该平顺，起动机的齿轮与发动机的飞轮齿圈啮合要柔和，不应发生冲击。

② 发动机起动后，起动机的小齿轮应能自动打滑或脱离啮合。

③ 发动机在工作中，起动机的小齿轮不能再进入啮合，防止发生冲击。

④ 起动系统应结构简单，工作可靠。

4. 起动系统的组成

如图 8 所示，起动系统在广义上主要由蓄电池、起动机、起动继电器、点火开关、空档起动开关及相互连接的线束（起动电路）组成；在狭义上由起动机及其控制电路组成。

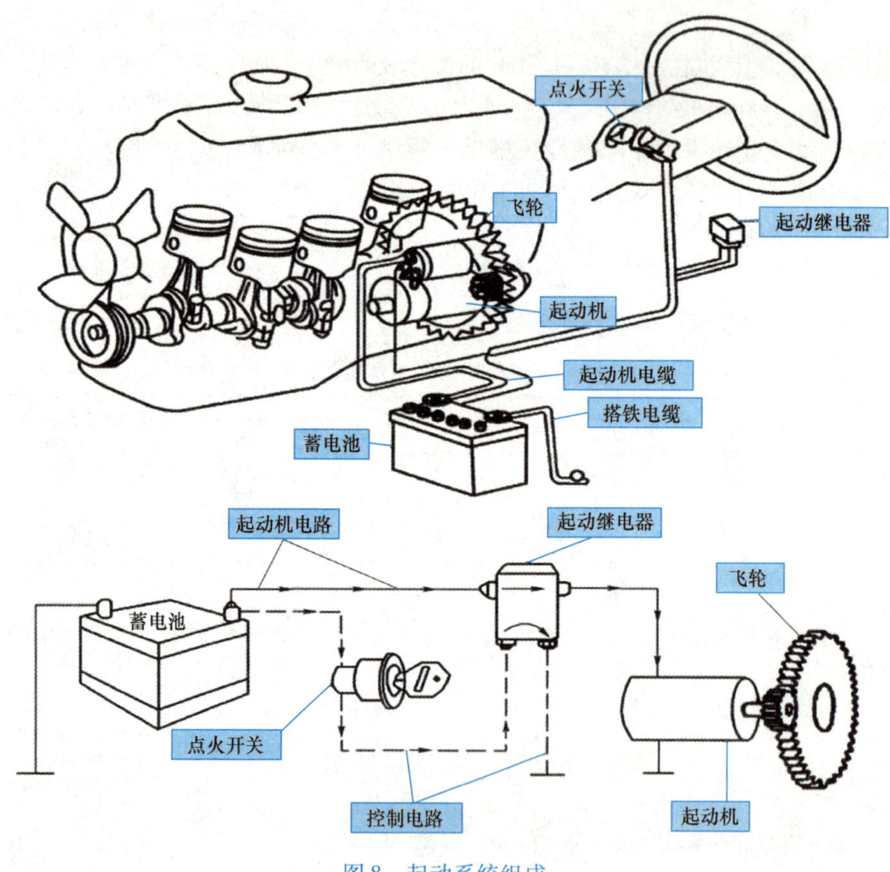

图 8 起动系统组成

（1）蓄电池

蓄电池为起动机提供起动发动机所需要的大电流。

（2）点火开关

点火开关用来接通起动机控制电路并且控制全车的用电器工作。汽车的点火开关装在转向柱上，通常有 5 个档位，如图 9 所示。

① 锁止（LOCK）：钥匙在此位置才能拔出，也在此位置锁住转向盘，以防汽车无钥匙被移动或被开走。

② 关闭（OFF）：在此位置全车电路不通，但转向盘可以转动，以便不起动发动机移动汽车使用。

③ 附件（ACC）：在此位置汽车附属电器的电路接通，如点烟器、收音机等，但点火系统不通。不起动发动机听收音机时应开在此位置。

④ 点火（ON）：在此位置时点火系统及汽车各用电器均接通，一般汽车行驶时均在此位置。

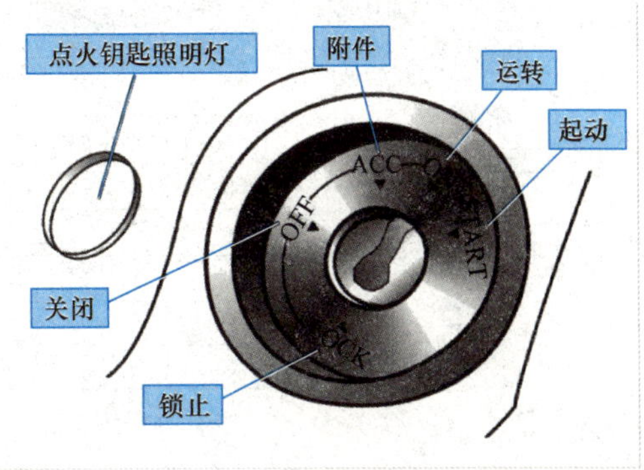

图 9　点火开关各档位置

⑤ 起动（START）：由运转（ON）位置顺时针方向旋转钥匙即为起动位置，手放松时，钥匙又可回到运转（ON）位置。在起动位置，点火系统及起动系统均接通以起动发动机。

（3）起动继电器

起动机的工作电流很大，为 50 ~ 300A，不方便直接控制，因此一般使用点火开关以较小的电流（3 ~ 5A），经起动继电器中线圈产生的磁力来控制触点的开闭，以控制主电路的通断。

（4）起动机

起动机是起动系统中的重要组成部分，起动机由直流串励式电动机、传动机构和电磁开关（也叫控制装置）三部分组成。

起动机主要完成两个主要作用：

① 利用起动机小齿轮与发动机飞轮齿圈啮合，以摇转发动机的方式使其起动。

② 发动机起动后，小齿轮与飞轮齿圈必须立刻分离，以免起动机受损。

（5）空档起动开关

空档起动开关是一种常开开关，是防止变速器不在空档或发动机运转中，起动系统突然产生作用而发生危险或损坏齿轮的安全装置。

装用自动变速器的汽车，都要安装空档起动开关。自动变速器车只有变速杆在空档 N 位或驻车 P 位时，起动线路才能接通，发动机才能起动，如图 10 所示。

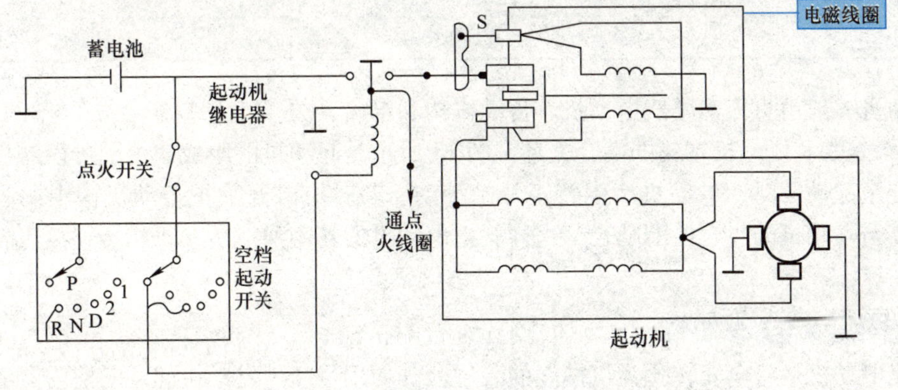

图 10　空档起动开关电路图

(6) 起动控制电路

汽车的起动系统控制电路如图 11 所示。

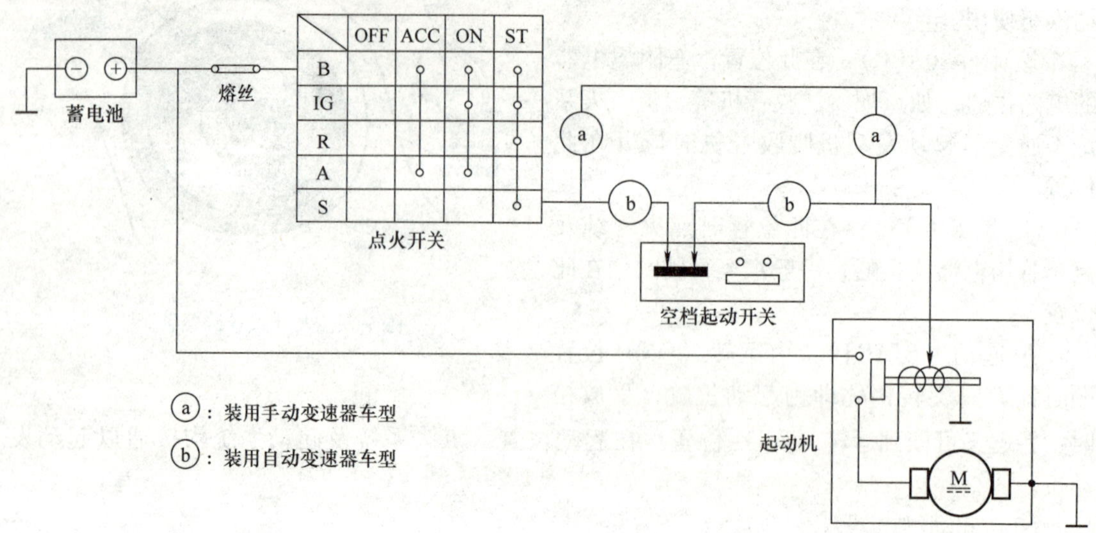

图 11 起动系统控制电路

为保护全车电路，在蓄电池与点火开关间装有熔丝。如果电路发生严重短路漏电，则电流超过熔丝规定电流，熔丝烧断，以保护电路。

点火开关在“ST”位置时，至点火系统点火线圈的电流可由“IG”经“R”接头供应，不再流经外电阻。因起动起动机时，起动机消耗大量电流，使蓄电池电压降低 1 ~2V，如此可使起动发动机时点火线圈的电压与平常运转时相同，能产生强烈火花，使发动机容易起动。

5.5.3.3 信息页

5.5.3.3 信息页

学校名称		任课教师	
班级		学生姓名	
学习领域	L5 发动机电气系统诊断维修		
学习情境	LS5.5：起动机在起动过程中无法带动发动机	学习时间	50min
工作任务	B：电磁控制强制啮合式起动机构造	学习地点	理实一体化教室

起动机一般由直流串励式电动机、传动机构和电磁开关（也称控制装置）三部分组成。图 12 所示是其和发动机飞轮的啮合关系，图 13 所示是起动机的组成。由图可以看出，把点火开关旋至起动档时，电动机产生转矩开始转动，同时电磁开关把传动机构中的小齿轮推出，使其与发动机的飞轮齿圈啮合，这样就把电动机的转矩通过传动机构传递给飞轮，使发动机起动。

1. 直流串励式电动机

直流电动机是将电能转化为机械能的装置，其功用是产生发动机起动时所需要的电磁转矩。一般均采用直流串励式电动机。“串励”是指电枢绕组与磁场绕组串联。

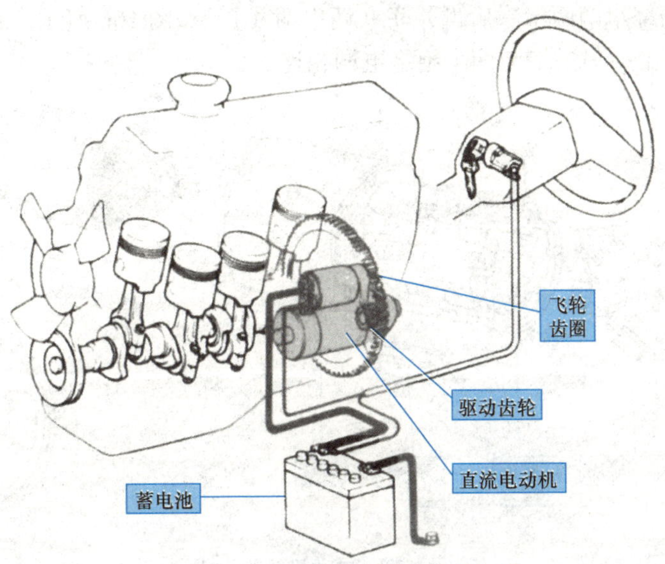

图 12 起动机和发动机的啮合关系

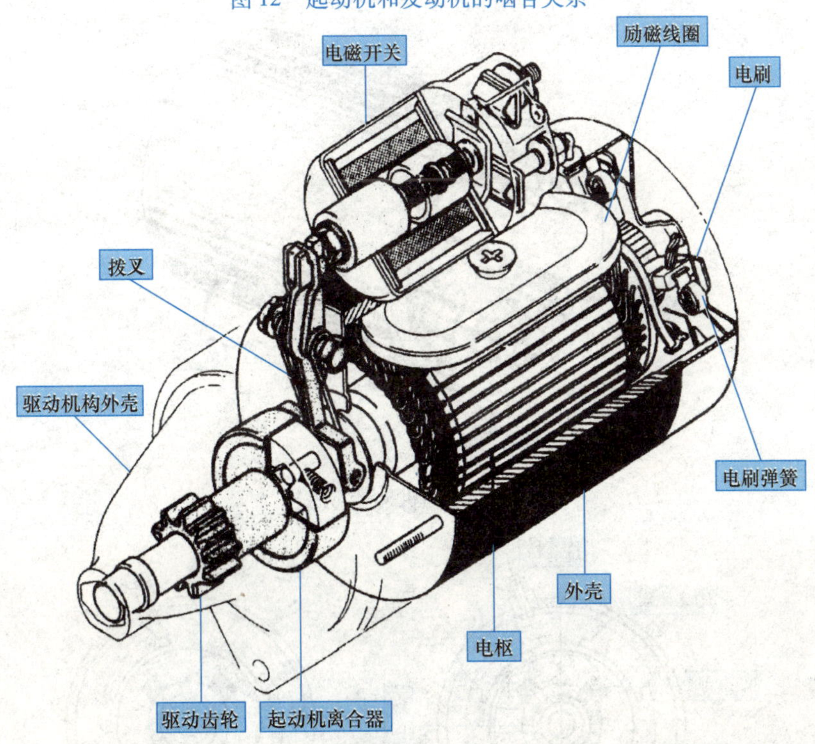

图 13 起动机的组成

直流电动机由磁极、电枢、换向器和外壳等组成，如图 14 所示。

（1）磁极

磁极由软钢制成，通常使用 4 个磁极，由固定在机壳上的磁极铁心和磁场绕组组成，作用是产生电枢转动时所需要的磁场。它与外壳精密配合，用螺钉固定在外壳上，如图 15 所示。4 个磁场线圈的连接方法主要有两种：一种是 4 个磁场绕组相互串联，如图 16a 所示；

另一种是 4 个磁场绕组两两串联后再并联（两串两并），如图 16b 所示。励磁绕组一端接在外壳的绝缘接线柱上，另一端与两个绝缘电刷相连。

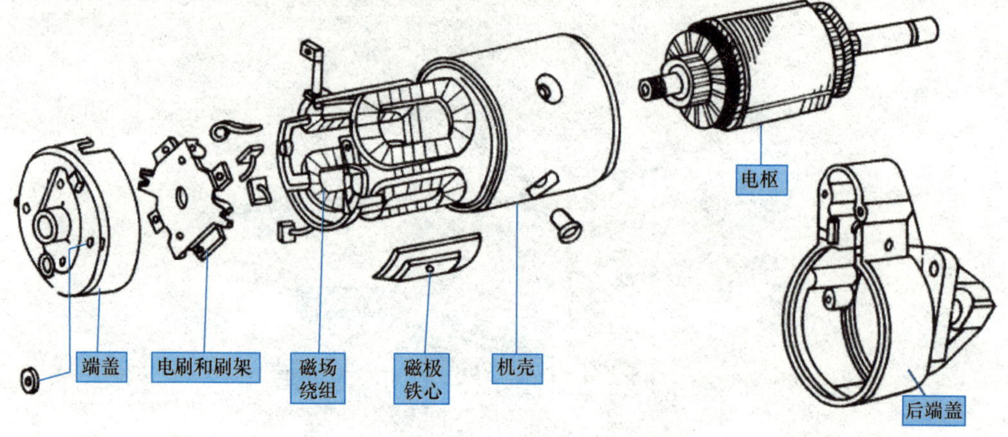

图 14　直流电动机结构组成

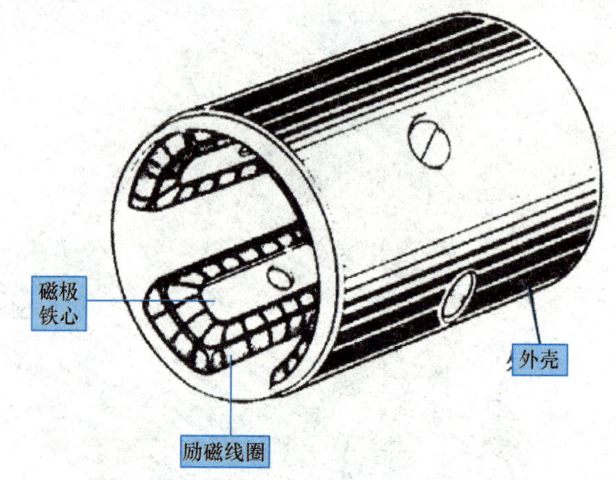

图 15　起动机外壳与磁极

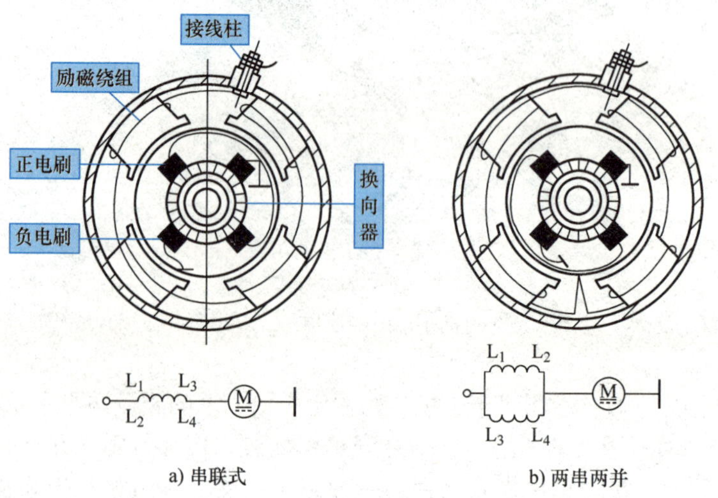

图 16　励磁绕组的接法

(2) 电枢

电枢是电动机的转子，其作用是产生电磁转矩。电枢包括轴、硅钢片叠合成的铁心、换向器及电枢线圈，如图 17 所示。电枢轴上有直槽或螺旋槽，供小齿轮移动用。铁心的硅钢片表面上涂有绝缘油，可以防止涡电流的产生而发热。电枢线圈绕在铁心上，每一槽中只有两条，以绝缘纸包扎。

换向器装在电枢轴上，其作用是将通入电刷的直流电流转换为电枢绕组中导体所需的交变电流，以使不同磁极下导体受力的方向保持不变。它由许多换向片组成。换向片嵌装在轴套上，各换向片之间均用云母片绝缘。

(3) 电刷

电刷和换向器配合使用来连接磁场绕组和电枢绕组的电路，并使电枢轴上的电磁力矩保持固定方向。电刷装在端盖上的电刷架中，电刷弹簧使电刷与换向片之间具有适当的压力以保持配合，如图 18 所示。

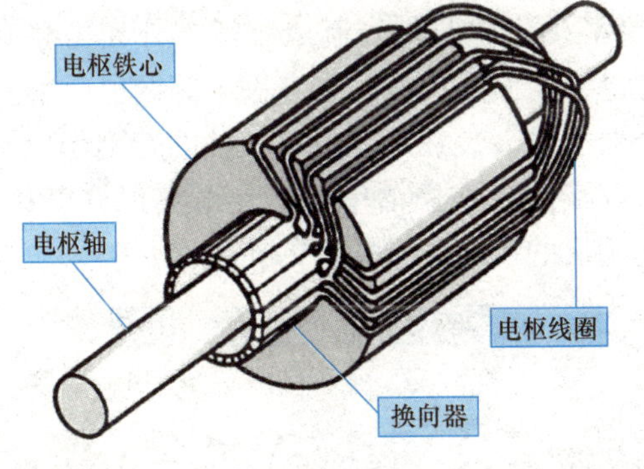

图 17　电枢总成

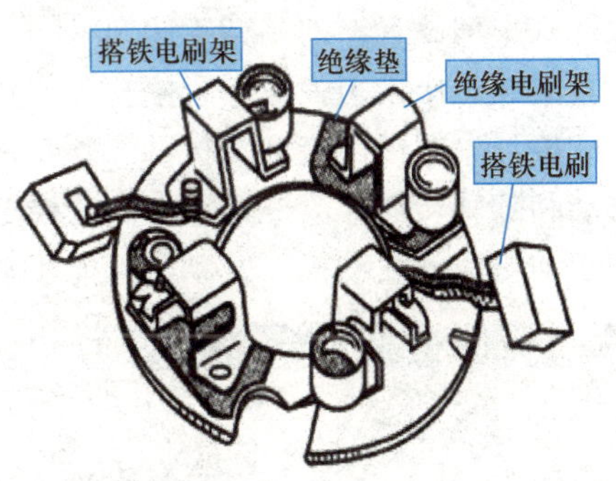

图 18　电刷及电刷架

以四磁极电动机为例，其中两个电刷与机壳绝缘，电流通过这两个电刷进入电枢绕组，另外两个为搭铁电刷，通过电枢绕组的电流通过这两个电刷搭铁。

(4) 机壳

机壳是电动机的磁极和电枢的安装机体，其中一端有四个检查窗口，便于进行电刷和换向器的维护，同时起动机的电磁开关也安装在机壳上，其上有一绝缘接线端，是电动机电流的引入线。

2. 传动机构

传动机构的作用是把直流电动机产生的转矩传递给飞轮齿圈，再通过飞轮齿圈把转矩传递给发动机的曲轴，使发动机起动；起动后，飞轮齿圈与驱动齿轮自动打滑脱离。减速型起动机的传动机构中设有减速机构，起减速增矩的作用。起动机小齿轮齿数与飞轮齿圈齿数比为 1:20 ~ 1:15，即传动比为 15:1 ~ 20:1。传动机构一般由驱动齿轮、单向离合器、拨叉、啮合弹簧等组成，其工作过程如图 19 所示。

单向离合器的作用是单方向传递转矩，即起动发动机时将电动机转矩传给发动机曲轴，而在发动机起动后自动打滑，保护起动机电枢不致飞散。常见的单向离合器主要有滚柱式、摩擦片式和弹簧式三种类型。

(1) 滚柱式单向离合器

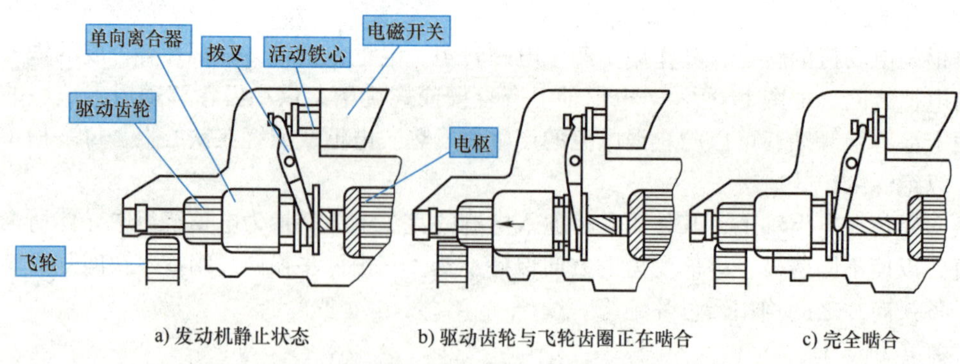

图 19 传动机构工作过程

滚柱式单向离合器具有结构简单、体积小、重量轻、工作可靠等优点，因此在汽车上得到广泛应用。

滚柱式单向离合器的结构如图 20 所示，其驱动齿轮与外壳制成一体，外壳内装有十字块和 4 套滚柱、压帽与弹簧。十字块与传动花键套筒固定连接。在花键套筒的另一端套有啮合弹簧和拨环，拨环由传动叉拨动。整个离合器总成套装在起动机电枢轴的花键部位，可作轴向移动和随轴转动。滚柱式单向离合器通过改变滚柱在楔槽中的位置来实现分离和接合，以实现起动机驱动发动机而发动机不能驱动起动机的单向传递动力的作用。

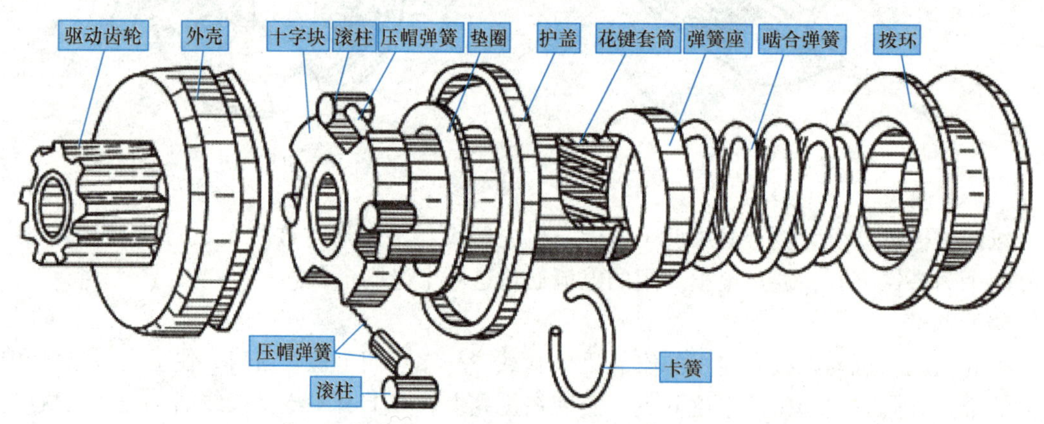

图 20 滚柱式单向离合器

工作原理如图 21 所示。当起动机电枢轴旋转时，转矩经套筒带动十字块旋转，滚柱在压帽与弹簧的作用下滚入楔形槽窄端，将十字块与外壳卡紧，使十字块与外壳之间能传递力矩，如图 21a 所示；发动机起动以后，飞轮齿圈带动驱动齿轮旋转。当转速超过电枢转速时，滚柱滚入宽端打滑，如图 21b 所示，发动机的转矩就不会传递至起动机，从而防止电枢超速飞散，起到保护起动机的作用。

（2）摩擦片式单向离合器

摩擦片式离合器结构较复杂，能传递较大的转矩，并能在超载时自动打滑，但由于其摩擦片容易磨损，需经常检查、调整。

摩擦片式单向离合器的结构如图 22 所示。花键套筒套在电枢轴的螺旋花键上，它的外表面有三线螺旋花键，套有内接合鼓（主动鼓）。内接合鼓上有四个轴向槽，用来插放主动摩擦片的内凸齿，被动摩擦片的外凸齿插在与驱动齿轮成一体的外接合鼓的槽中。主、被动摩擦片相间排列。单向离合器工作时，利用两者的摩擦力经凸齿传递转矩。

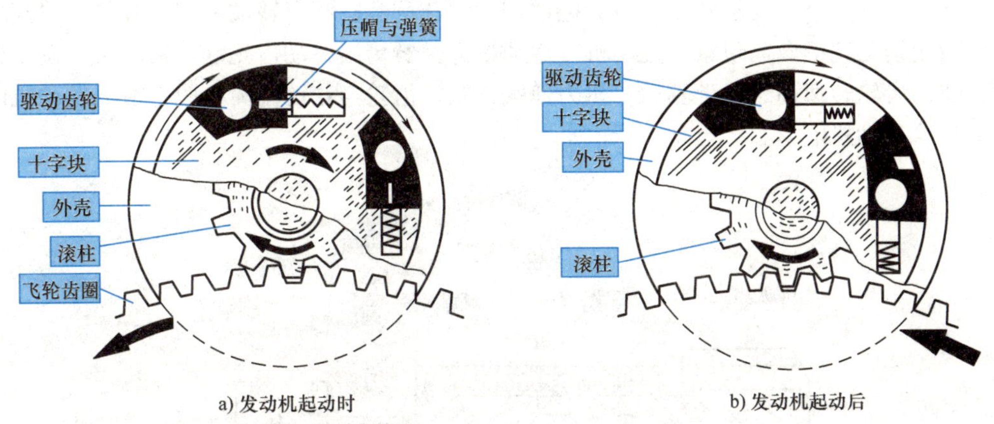

图 21 滚柱式单向离合器工作原理

其工作原理如下：发动机起动时，内接合鼓开始瞬间是静止的，在惯性力的作用下，内接合鼓由于花键套筒的旋转而左移，从而使主、被动摩擦片压紧在一起。电枢转矩经内接合鼓、主被动摩擦片和外接合鼓传给驱动齿轮。发动机起动后，飞轮齿圈转速高于驱动齿轮，于是内接合鼓又沿传动套筒的螺旋花键右移，使主、被动摩擦片出现间隙而打滑，避免了超速飞散。

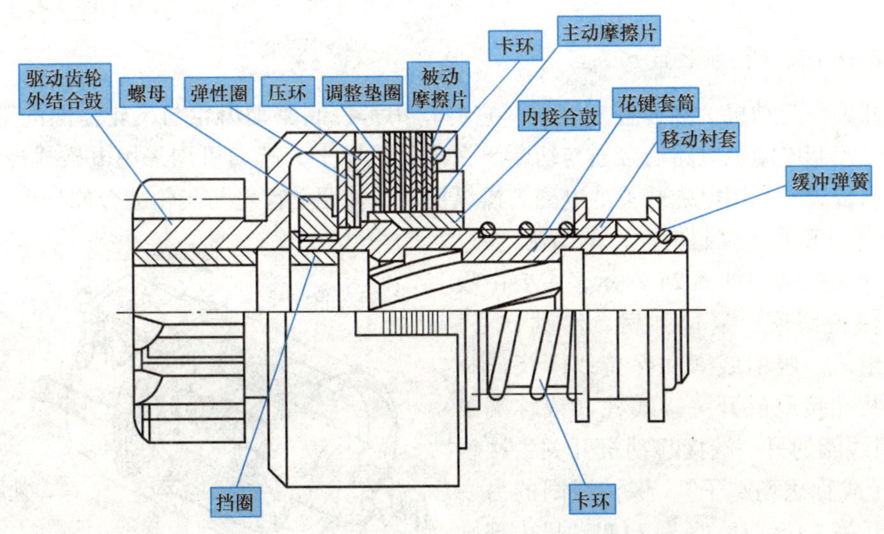

图 22 摩擦片式单向离合器

(3) 弹簧式单向离合器

弹簧式离合器结构简单，寿命长，成本低，但其轴向尺寸较大。因此在小型起动机上应用受到限制。

弹簧式单向离合器的结构如图 23 所示，花键套筒套在电枢轴的螺旋花键上，驱动齿轮套在轴的光滑部分，两者间用两个月形键连接，使驱动齿轮与花键套筒之间不能作轴向移动，但可以相对转动。在驱动齿轮柄和花键套筒外装有扭力弹簧，弹簧的两端各有1/4圈内径较小，分别箍紧在齿轮柄和花键套筒上。

其工作原理如下：起动发动机时，电枢轴带动花键套筒稍有转动，扭力弹簧顺着其螺旋方向将齿轮柄与花键套筒包紧，起动机转矩经扭力弹簧传给驱动齿轮起动发动机。发动机起动后，驱动齿轮转速高于花键套筒，扭力弹簧放松，齿轮与花键套筒松脱打滑，发动机的转矩不能传给起动机电枢。

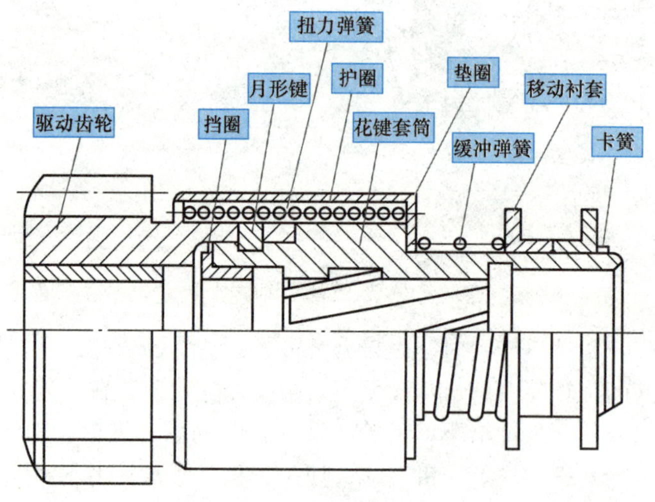

图23 弹簧式单向离合器

3. 电磁开关（控制装置）

电磁开关在起动机上称为控制装置，它的作用是控制驱动齿轮与飞轮齿圈的啮合与分离，并同时控制电动机电路的接通与切断。在现代汽车上，起动机均采用电磁式控制电路，电磁式控制装置是利用电磁开关的电磁力操纵拨叉，使驱动齿轮与飞轮啮合或分离。

（1）电磁开关（控制装置）的结构

电磁开关的结构如图24所示，主要由吸引线圈、保持线圈、复位弹簧、活动铁心、接触片等组成。吸引线圈和保持线圈绕向相同，其公共端接电磁开关接线柱（或称端子50），吸引线圈的另一端接起动机开关主接线柱“C”（或称磁场端子），保持线圈的另一端搭铁。开关主接线柱“C”与起动机内部励磁绕组相连，主接线柱“30”与蓄电池正极相连。

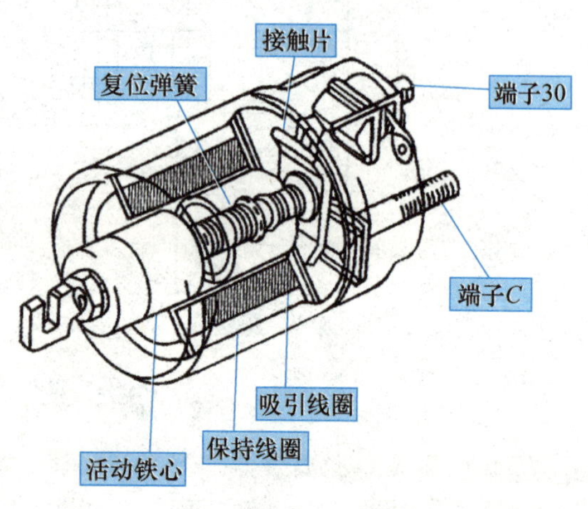

图24 电磁开关的结构

（2）基本工作过程

电磁开关的工作过程如图25所示，具体起动过程如下：

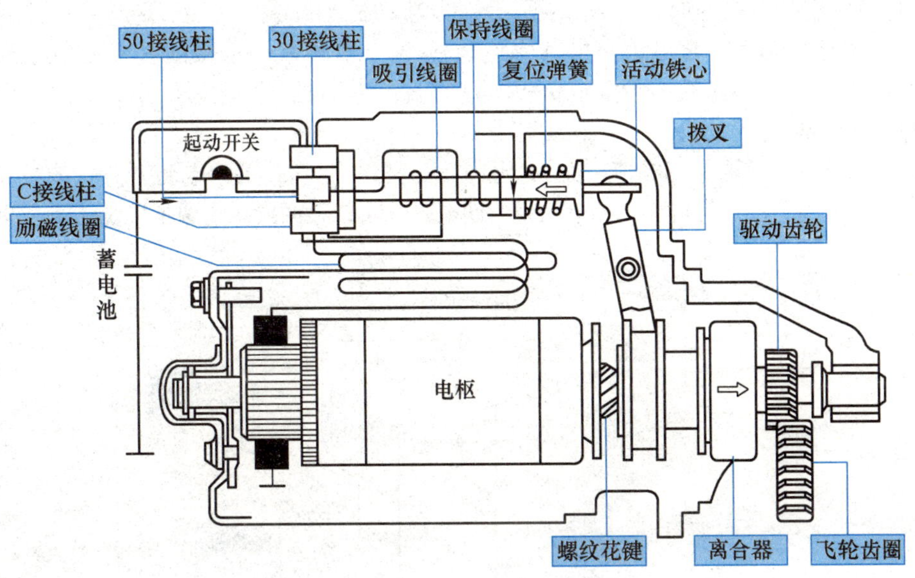

图25　起动机电磁开关工作过程

① 当起动开关接通起动时。如图26所示，起动发动机时，当点火开关转到起动档时，电路电流由蓄电池正极经点火开关起动端子到起动机电磁开关接线柱（50端子）。电流分两路：一路经较细的保持线圈（又称并联线圈）到外壳搭铁产生吸力；另一路经较粗的吸引线圈（又称串联线圈），经电磁线圈的C端子及起动机磁场线圈与电枢线圈搭铁。此时，起动机电路中串联了吸引线圈，电动机缓慢旋转，吸引线圈与保持线圈的电流绕向相同，磁场方向相同，活动铁心在两个线圈磁场力的共同作用下克服回位弹簧的作用向左移动，通过拨叉使驱动齿轮与飞轮啮合。当驱动齿轮与飞轮啮合后，接触盘将主接线柱C、30内侧触头接通，于是起动机的主电路接通。

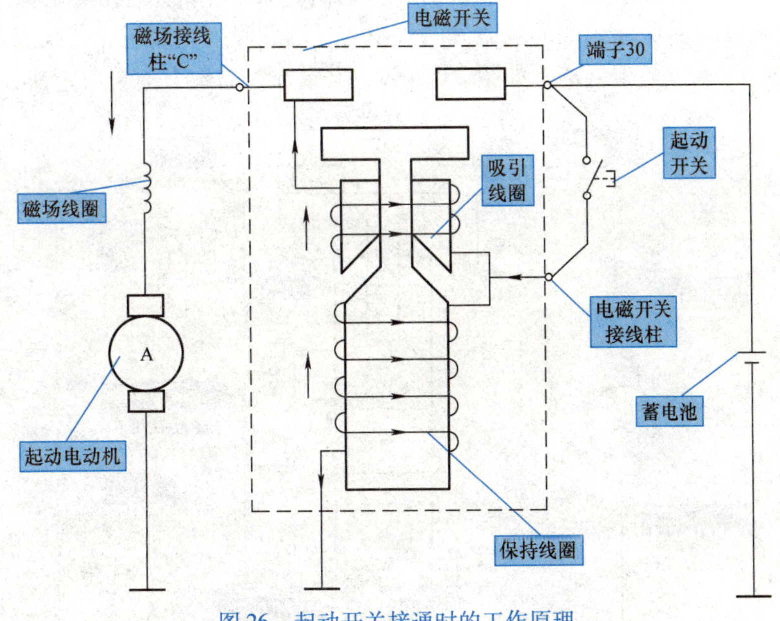

图26　起动开关接通时的工作原理

② 起动机主开关接通时。如图 27 所示，当起动机主开关（端子 30 与 C）接通时，起动电动机的电流回路为：蓄电池正极→主接线柱 30→接触盘→主接线柱 C→励磁绕组→电刷→电枢绕组→电刷→搭铁→蓄电池负极。这时直流电动机产生电磁转矩，通过单向离合器带动曲轴旋转，起动发动机。

同时保持线圈依然通电，电流回路为：蓄电池正极→起动开关→电磁开关接线柱→保持线圈→搭铁→蓄电池负极。保持线圈的电磁吸力使电磁开关铁心保持在使两主接线柱闭合的位置。

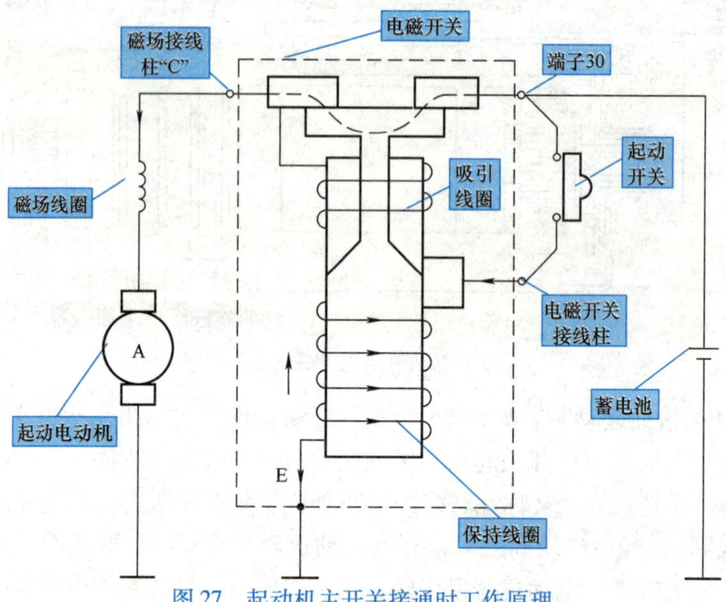

图 27 起动机主开关接通时工作原理

③ 点火开关复位到“ON”时。发动机起动后，松开点火开关，则点火开关自动由“ST”回到“ON”，此时电磁开关接线柱的电流切断。因起动机主开关 30、C 端子仍闭合，故电流改由 30 端子经 C 端子流入吸引线圈，通过保持线圈后搭铁。此时吸引线圈的电流方向与原来方向相反，而保持线圈的电流方向仍不变，因此吸引线圈与保持线圈两线圈的电流方向相反，产生的磁力互相抵消，如图 28 所示。电磁开关的磁力消失后，铁心及接触盘在

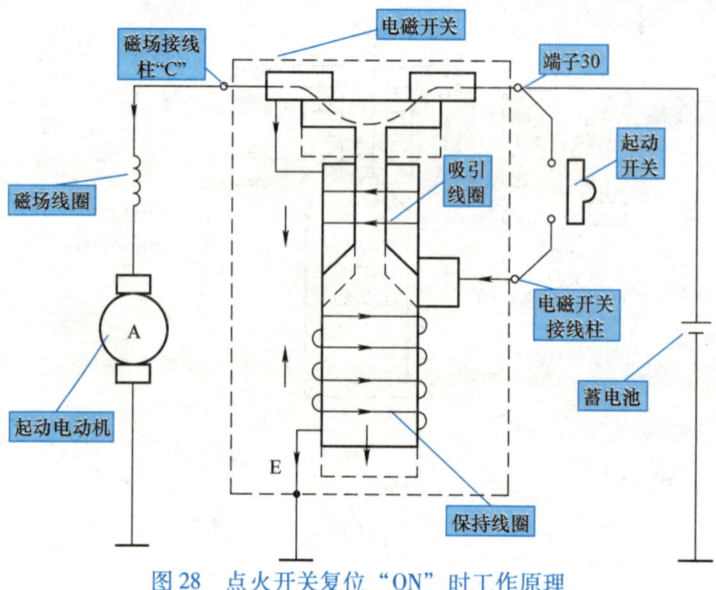

图 28 点火开关复位“ON”时工作原理

回位弹簧的作用下回位，断开主接线柱端子 30 与 C 的连接，起动电动机断电，停止运转。拨叉将驱动小齿轮拨回到原来位置。

5.5.3.4　信息页

5.5.3.4　信息页

学校名称		任课教师	
班级		学生姓名	
学习领域	L5 发动机电气系统诊断维修		
学习情境	LS5.5：起动机在起动过程中无法带动发动机	学习时间	50min
工作任务	C：其他起动机的构造	学习地点	理实一体化教室

1. 永磁起动机

（1）永磁起动机的构造

永磁起动机的组成结构及工作原理与普通强制啮合式起动机大致相同，只是磁极不是铁心缠绕线圈的结构，而是直接以永久磁铁代替，不用给磁极通电。永磁齿轮减速式起动机用 4 或 6 块永久磁铁磁场组件取代励磁绕组，蓄电池的电流直接输入给电枢绕组。因为永久磁铁易碎，所以在搬运时要轻拿轻放，避免落地和震动。

永磁起动机是用永磁材料作为磁极，永磁体通过其磁力和简单的固定夹固定在薄壁的磁极壳体中。它们取代了磁场绕组，使结构简化，体积减小，质量减轻，其结构如图 29 所示。

为了增大起动转矩，在电枢轴与滚柱式单向离合器之间装有行星齿轮减速器，如图 30 所示，称为永磁减速起动机。其工作时由电枢带动小齿轮（太阳轮）运转，小齿轮带动行星齿轮沿着固定的内齿圈转动，再由行星齿轮带动行星齿轮架及其驱动齿轮运转。行星齿轮减速器将电枢的转速降低，传动比大约为 3.4:1，驱动小齿轮对曲轴齿圈的齿轮驱动将电枢

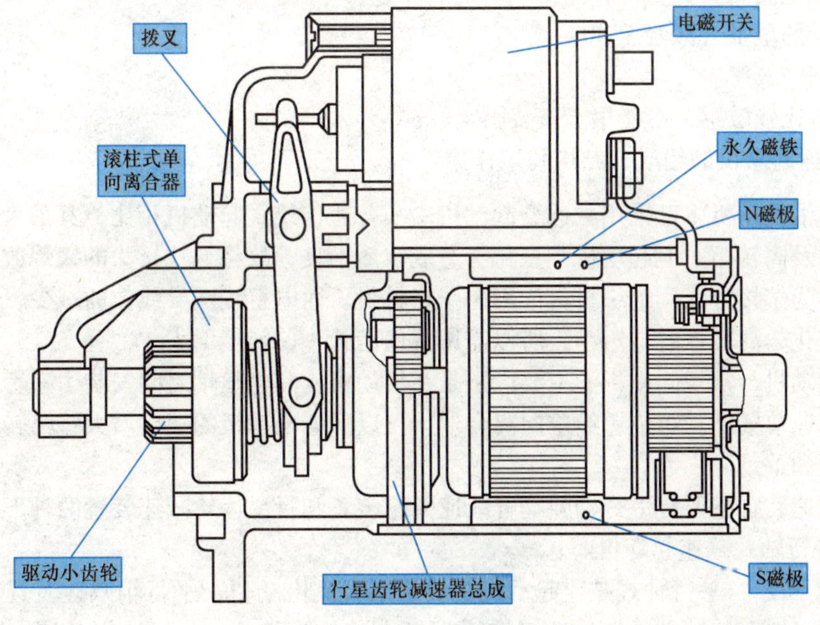

图 29　永磁起动机结构

转速下降，传动比约为13∶1，这样汽油机的起动机电枢转速至少达到4000r/min。行星减速器的太阳轮是电枢轴的一部分，材料为塑料或铝的齿圈固定不动，行星架的转动方向与太阳轮相同，并且转速比太阳轮降低了约1/3。

在电气控制方面，永磁减速起动机与一般励磁绕组的起动机基本相同。

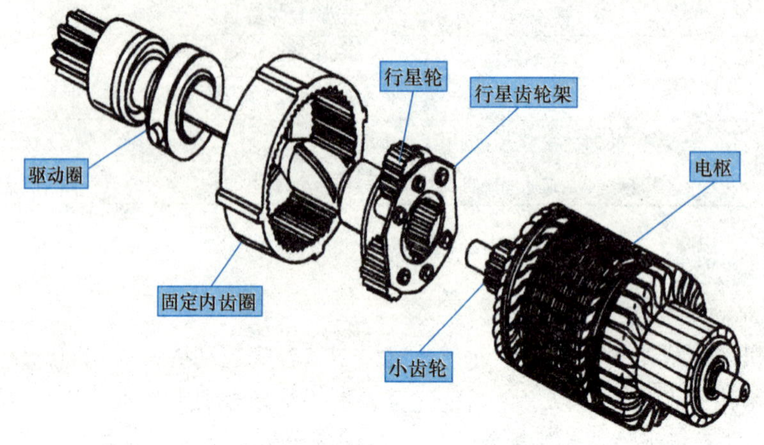

图30　永磁起动机行星齿轮减速机构

（2）与常规强制式啮合起动机的主要区别

① 用永磁体取代励磁绕组。

② 并励性能取代串励性能。

③ 增加了用于提高转矩的减速行星变速器。

④ 电枢转速更高（至少4000r/min）。

⑤ 电枢电流高。

⑥ 更少的重量（减轻至40%）。

⑦ 更高的效率。

⑧ 壳体比较敏感，不能用于安装固定。

2. 减速起动机的组成、结构和工作原理

现代汽油发动机多已采用减速型起动机。与普通传统式起动机相比，其最大特点为小型化、轻量化及高转矩。但起动机小型化会造成散热不良，故将导线接头的锡焊改为铜焊，甚至将铜焊改为熔接方式，绝缘材料使用高耐热材料。而电枢线圈导线数的减少，使起动机小型化且高速化，高转速时转矩小，所以需用减速齿轮，使转矩增大。

减速起动机与常规起动机的主要区别是在传动机构和电枢轴之间安装了一套齿轮减速装置，通过减速装置把转矩传递给单向离合器，可以降低电动机的速度增大输出转矩，减小起动机的体积和重量。

齿轮减速装置主要有平行轴外啮合减速齿轮装置和行星齿轮减速装置两种形式。

（1）平行轴式减速起动机

如图31所示，平行轴式减速起动机主要包括直流电动机、平行轴减速装置、传动机构和控制装置。在电枢轴上的惰轮驱动离合器轴上的较大齿轮，为第一次减速，减速比约为3∶1；离合器轴上的小齿轮驱动飞轮齿圈时，为第二次减速，总减速比约为45∶1，以提供较

高的起动转矩。

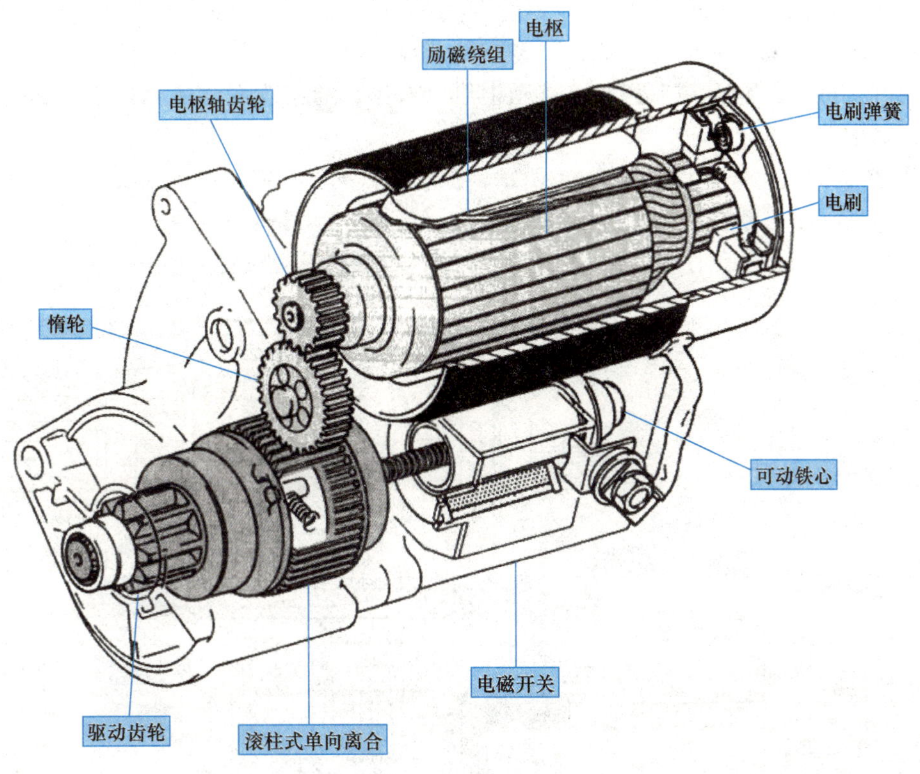

图 31　平行轴式减速起动机的构造

① 直流电动机。该直流电动机的四个磁场绕组相互并联后再与电枢绕组串联，仍为串励式电动机。如图 32 所示，基本部件与常规起动机相似。

② 传动机构及减速装置。如图 33 所示为减速装置中齿轮的啮合关系和传动机构中单向离合器示意图。

图 32　磁场绕组的连接

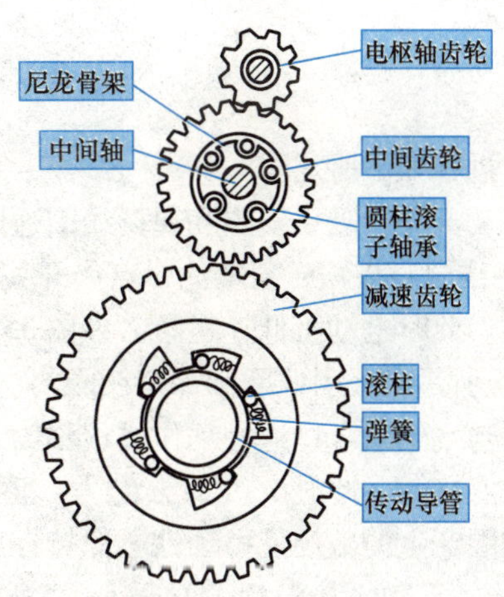

图 33　减速齿轮啮合关系和单向离合器

滚柱式单向离合器设置在减速齿轮内毂，工作原理和常规起动机中的滚柱式单向离合器工作原理相同，此处不再进行分析。

减速齿轮装置采用平行轴外啮合减速齿轮装置，该装置中设有三个齿轮，即电枢轴齿轮、惰轮（中间齿轮）及减速齿轮。从图中可以看出，与常规起动机相比该减速装置传动比较大，输出转矩也较大。

③ 控制装置及工作过程。如图 34 所示，控制装置的结构同传统式电磁控制装置大致相同。不同之处在于可动铁心的左端固装的挺杆，经钢球推动驱动齿轮轴，引铁右端绝缘地固装着接触片。起动机不工作时，触盘与触点分开，驱动齿轮与飞轮分离。

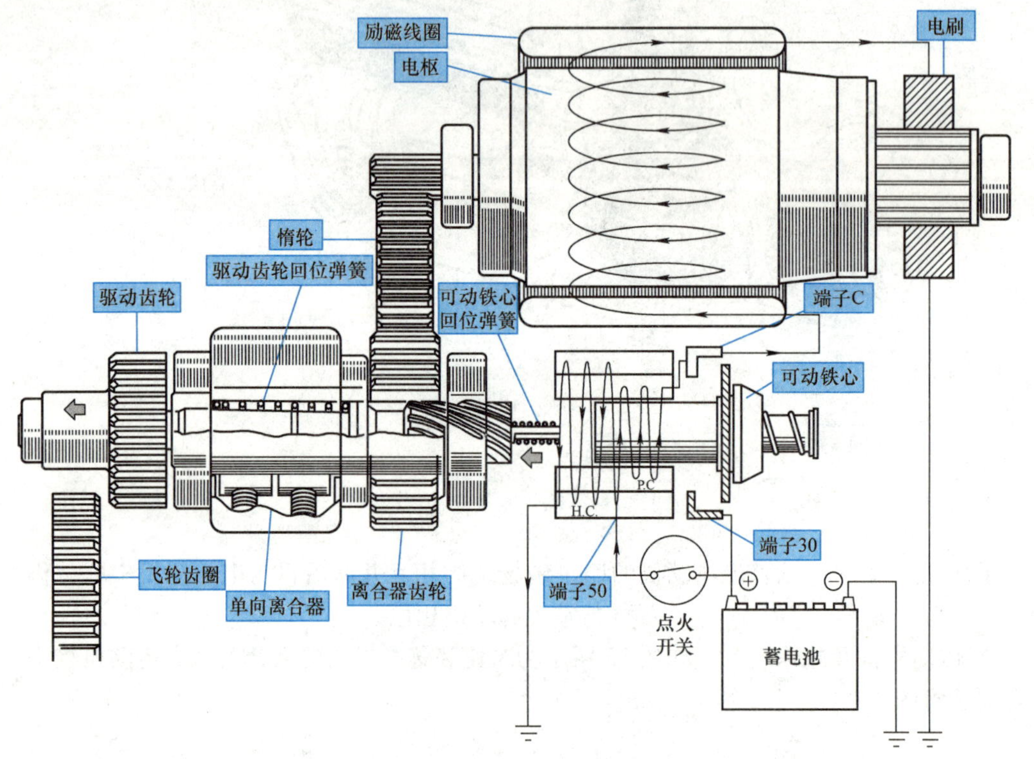

图 34 平行轴式减速起动机结构及电路

其工作过程如下所述。

接通起动开关，吸引线圈和保持线圈通电，此时的电流流向为：蓄电池→点火开关→端子 50→保持线圈→搭铁；蓄电池→点火开关→端子 50→吸引线圈→端子 C 励磁线圈→电枢绕组→搭铁。此时电动机低速运转，如图 35 所示。

如图 36 所示，吸引线圈和保持线圈的电磁力吸引可动铁心左移，推动驱动齿轮轴，迫使驱动齿轮与飞轮啮合，这种动作过程称为直动齿轮式。驱动齿轮与飞轮齿圈进入啮合后，接触片和触点接触，此时电流的方向为：蓄电池→点火开关→端子 50→保持线圈→搭铁。这样保持线圈产生的磁场使可动铁心保持在原位。同时电流还流经磁场线圈，电路为：蓄电池“+”→端子 30→接触片→端子 C→励磁线圈→电枢绕组→搭铁。这样电枢电路接通并开始旋转。电枢轴产生的转矩经电枢轴齿轮→惰轮→减速齿轮→滚柱式单向离合器→驱动齿轮轴→驱动齿轮→飞轮齿圈，带动曲轴旋转，使发动机起动。

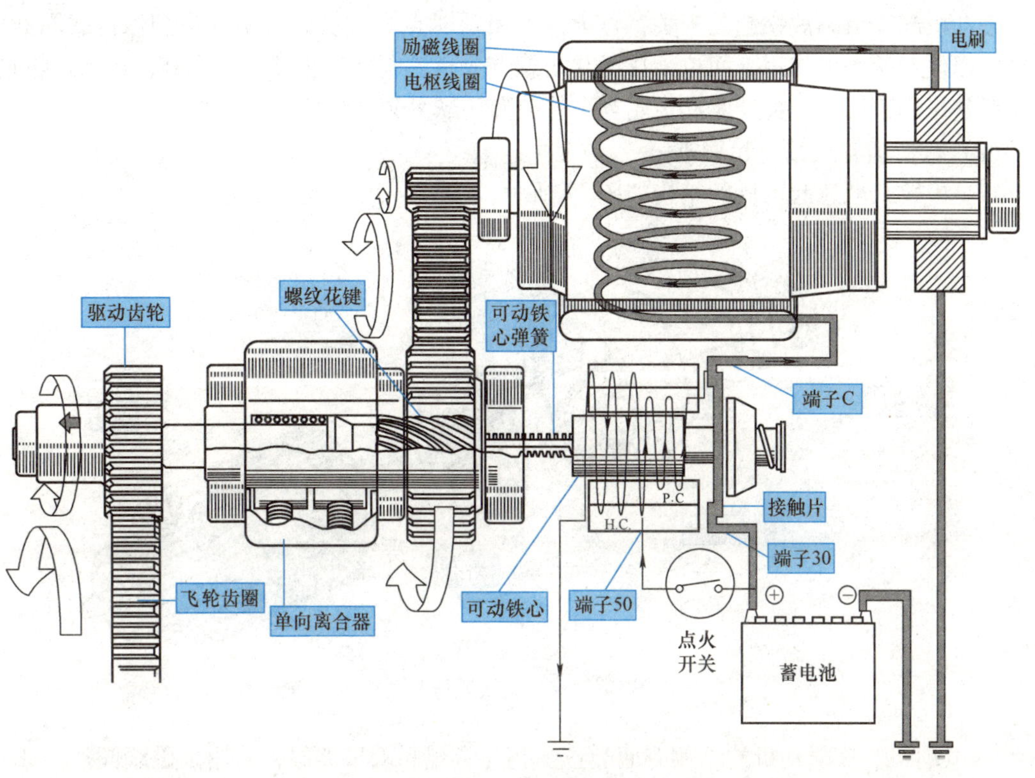

图35 驱动齿轮和齿圈啮合过程

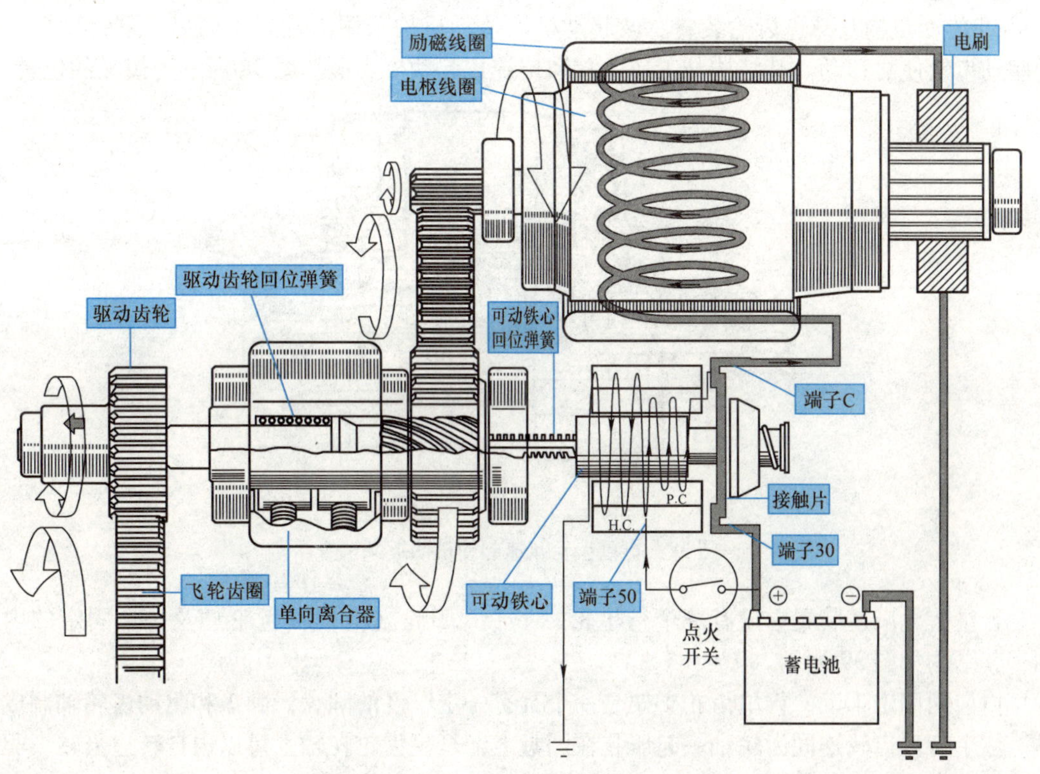

图36 驱动齿轮和齿圈脱离

发动机起动后，放松起动开关，点火开关回到“点火”档。吸引线圈和保持线圈断电，引铁在回位弹簧张力作用下回位，接触片与触点分离，电枢停止转动。同时，驱动齿轮轴在回位弹簧作用下回位，拖动驱动齿轮与飞轮分离，恢复到初始状态。

（2）行星齿轮式减速起动机

行星齿轮式减速起动机的结构如图 37 所示。

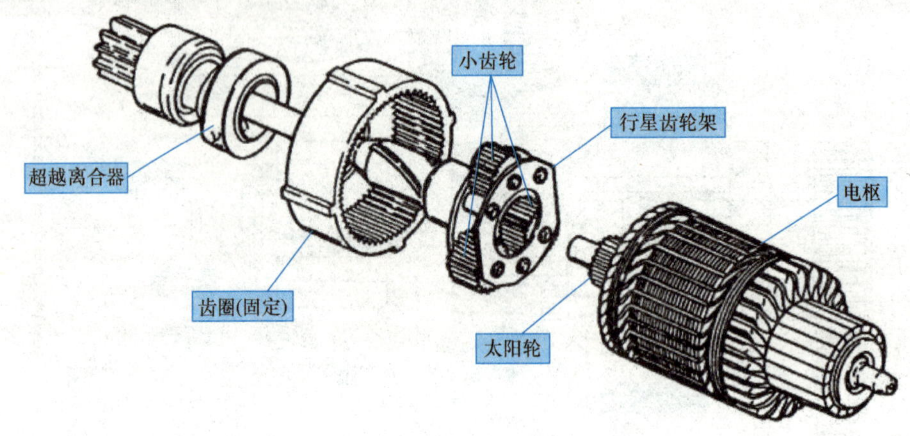

图 37 行星齿轮式减速起动机

① 电动机。该电动机的结构有两类：一类与常规起动机类似，采用励磁线圈产生磁场；另一类采用永久磁铁代替励磁绕组，减小了起动机的体积，提高了起动性能。

② 传动机构及减速齿轮装置。该起动机的传动机构采用滚柱式单向离合器，用拨叉拨动驱动齿轮使之移动。其结构与工作过程和传统式起动机类似。图 38 所示为拨叉的位置。

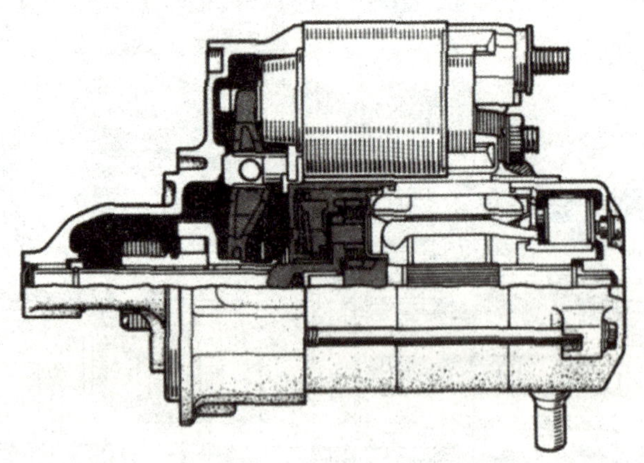

图 38 行星齿轮减速起动机的拨叉位置

行星齿轮减速装置中设有三个行星轮、一个太阳轮（电枢轴齿轮）及一个固定的内齿圈，其结构如图 39 所示。

内齿圈固定不动，行星齿轮支架是一个具有一定厚度的圆盘，圆盘和驱动齿轮轴制成一体。三个行星齿轮连同齿轮轴一起压装在圆盘上，行星齿轮在轴上可以边自转边公转。驱动齿轮轴一端制有螺旋键齿，与离合器传动导管内的螺旋键槽配合。

如图 40 所示，为了防止起动机中过大的转矩对齿轮造成损坏，弹簧垫圈把离合器片压紧在内齿轮上，这样当内齿圈受到的转矩过大时，离合器片和弹簧垫圈可以吸收过大的转矩。

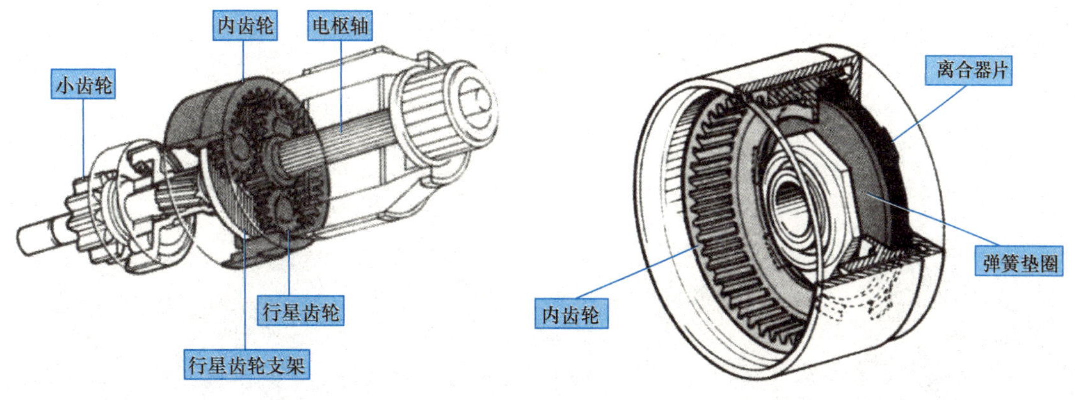

图 39　行星齿轮减速装置结构　　　　图 40　减速装置中内齿圈的结构

5.5.3.5　信息页

5.5.3.5　信息页

学校名称		任课教师		
班级		学生姓名		
学习领域	L5 发动机电气系统诊断维修			
学习情境	LS5.5：起动机在起动过程中无法带动发动机	学习时间	50min	
工作任务	D：起动机控制电路	学习地点	理实一体化教室	

起动系统的控制电路指除起动机本身电路以外的起动系统电路，起动系统的控制电路随车型的不同而有所不同，大体上可以分为无起动继电器的控制电路、带有起动继电器的控制电路和带有保护继电器的控制电路。

1. 无起动继电器的起动控制电路（图 41）

（1）丰田车系无起动继电器的控制电路实例分析

如图 42 ~ 图 44 所示为丰田 AE 系列发动机中常用的起动机控制电路及其工作过程。

如图 42 所示，当点火开关位于起动档时，电流的流向为：蓄电池“ + ”→点火开关起动开关→端子 50→保持线圈→搭铁。同时吸引线圈中也通过电流，方向为：蓄电池“ + ”→点火开关起动开关→端子 50→吸引线圈→端子 C→励磁线圈→电枢→搭铁。此时吸引线圈和励磁线圈中的电流非常小，电动机低速运转。同时吸引线圈和保持线圈中产生的磁场吸引可动铁心向右运动，克服回位弹簧的作用力，拉动拨叉向左运动，拨叉使离合器的小齿轮向左和飞轮的齿圈啮合。这个过程电动机的转速低，可以保证齿轮之间平顺啮合。

当小齿轮和飞轮齿圈完全啮合以后，如图 43 所示，与可动铁心连在一起的接触片向右运动，和端子 30 及端子 C 接触，从而接通了主开关，通过起动机的电流增大，电动机的转速升高。而电枢轴上的螺纹使小齿轮和飞轮齿圈更加牢固地啮合。此时吸引线圈两端的电压相等，因此无电流通过。保持线圈产生的磁场力使可动铁心保持在原位不动。此时的电流方向分别为：蓄电池“+”→点火开关起动开关→端子50→保持线圈→搭铁；蓄电池“+”→端子30接触片→端子C→励磁线圈→电枢绕组→搭铁。

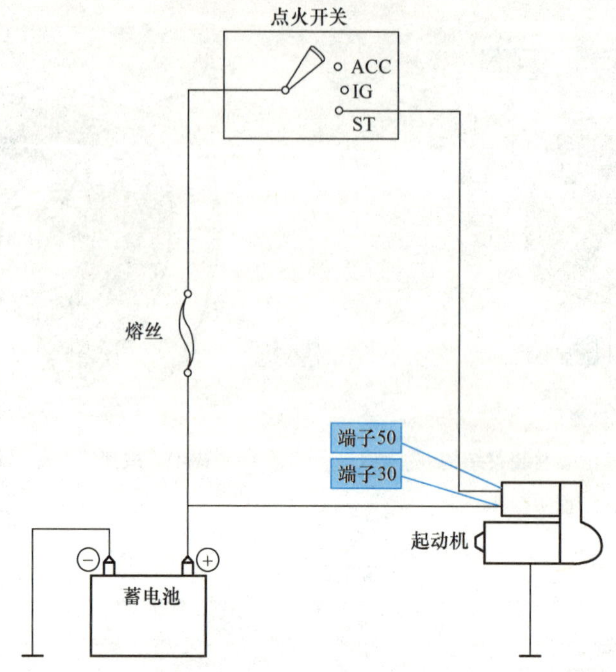

图41 无起动继电器的控制电路

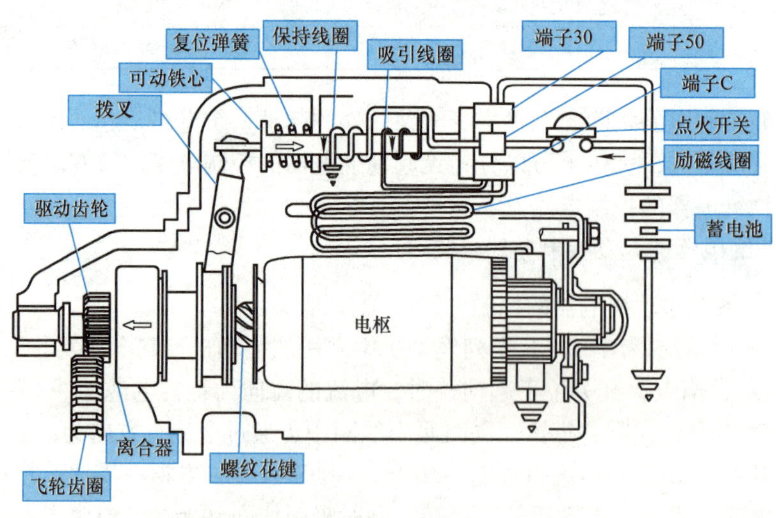

图42 点火开关位于起动位置时

发动机起动以后，点火开关会从起动档回到点火档，这就切断了端子50上的电压。这时，接触片和端子30及端子C仍保持接触。如图44所示，电路中的电路流程为：蓄电池“+”→端子30→接触片→端子C→吸引线圈→保持线圈→搭铁。同时电流还经过端子C→励磁线圈→电枢→搭铁。由于此时吸引线圈和保持线圈的电流方向相反，产生的磁场力相互抵消，在复位弹簧的作用下，可动铁心向左运动，使得小齿轮与飞轮齿圈脱离，同时，接触

片和两个端子断开，切断电动机中的电流，整个起动过程结束。

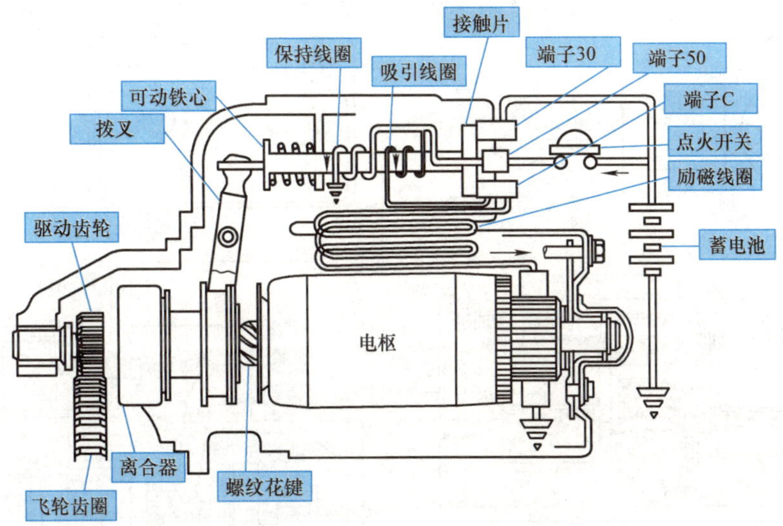

图 43 小齿轮和飞轮齿圈完全啮合时

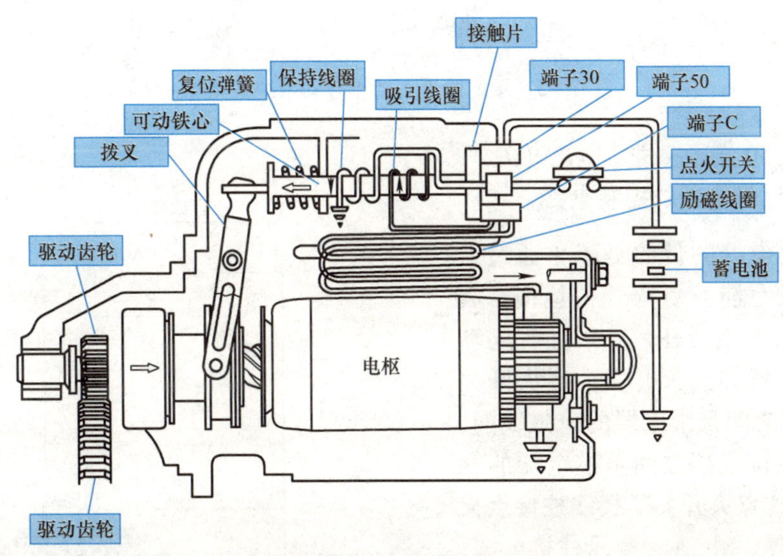

图 44 起动完成后

（2）桑塔纳轿车的无起动继电器的控制电路实例分析

桑塔纳轿车采用 QD1225 型起动机，起动系统的控制电路采用无起动继电器的起动电路，如图 45 所示，在其控制电路中，点火开关 30 接线柱接电源，由红/黑色导线从点火开关上 50 接线柱送至中央线路板 B8 节点，再通过中央线路板 C18 节点，引到起动机电磁开关 50 接线柱。用黑色导线连接蓄电池正极与起动机 30 接线柱。

工作过程如下：

点火开关拨到第二档，其 30 端子与 50 端子接通，使起动机的电磁开关通电，使起动机进入工作状态。其电路为：蓄电池正极端子→红色导线→中央线路板的单端子插座 P 端子→中央线路板内部线路→中央线路板单端子插座 P 端子→红色导线→点火开关 30 端子→点火开关→点火开关 50 端子→中央线路板 B8 端子→中央线路板内部线路→中央线路板 C18

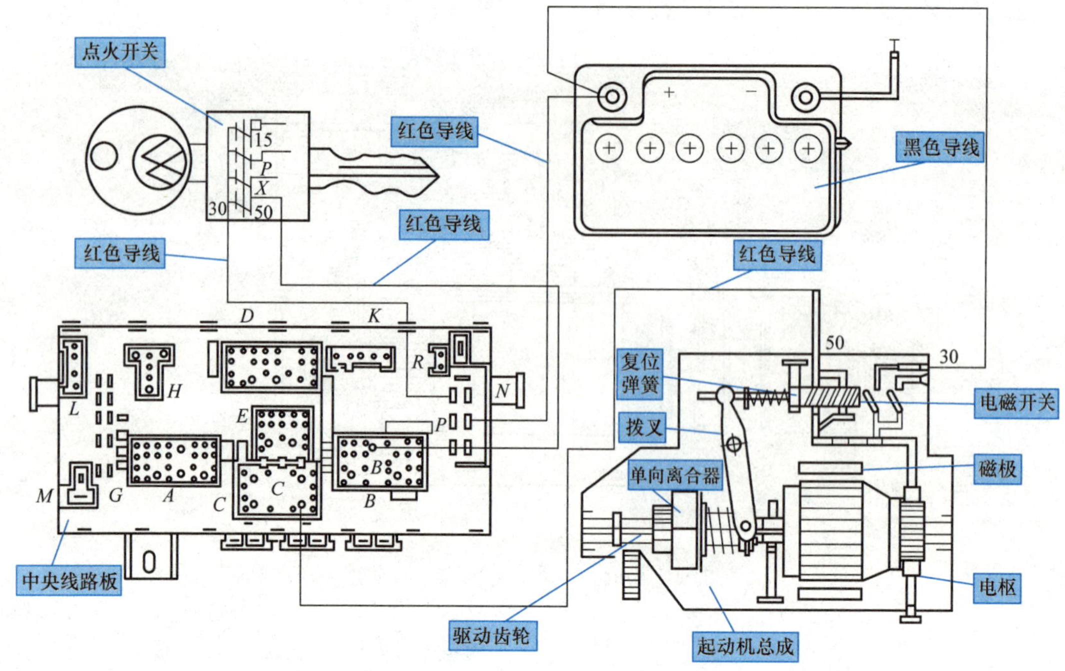

图 45　桑塔纳系列轿车起动系统线路

端子→起动机 50 端子→进入电磁开关。

2. 带起动继电器的控制电路

装起动继电器的目的是减小通过点火开关的电流，防止点火开关烧损。起动继电器有四个接线柱，分别标有起动机、电池、搭铁和点火开关，点火开关与搭铁接线柱之间是继电器的电磁线圈，起动机和电池接线柱之间是继电器的触点。接线时，“点火开关”接线柱接点火开关的起动档，“电池”接线柱接电源，“搭铁”接线柱直接搭铁，“起动机”接线柱接起动机电磁开关上起动机接线柱，如图 46 所示。

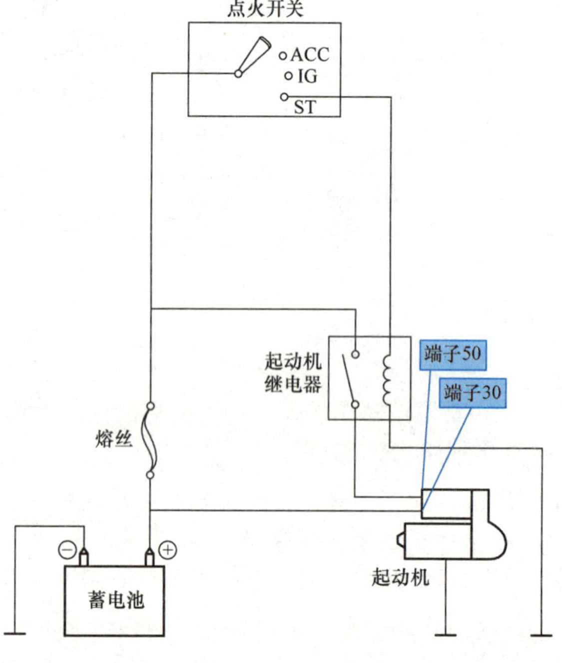

图 46　带起动继电器的控制电路

发动机起动时，将点火开关起动档接通，继电器的电磁线圈通电，使触点闭合，电源的电流便经继电器的触点通往起动机电磁开关的起动机接线柱，电磁开关通电后，便控制起动机进入工作状态。从电路中可以看出，起动期间流经点火开关起动档和继电器线圈的电流较小，大电流经过继电器开关流入起动机，保护了点

火开关。

3. 带空档起动开关或离合器起动开关的起动机控制电路

在装用自动变速器的汽车上需安装起动安全开关（又称抑制开关）。起动安全开关是一种常开开关，是防止变速器不在空档或发动机运转中，起动系统突然产生作用而发生危险或损坏齿轮的安全装置。起动安全开关串接在起动继电器控制电路中，使起动电路必须选择在空档 N 位或驻车档 P 位时才能作用。

有些配备手动变速器的汽车装用离合器起动开关，起到起动安全保护的作用。起动时只有踩下离合器踏板，使离合器开关接合，起动机才能起动，以防止变速器不在空档时起动发动机发生危险。离合器起动开关串接在起动继电器控制电路中，只有当离合器起动开关接通时，离合器起动继电器线圈通电，触点闭合，才能使起动线路接通。

带空档起动开关或离合器起动开关控制的起动机控制电路如图 47 所示。这是卡罗拉轿车的起动系统电路图。

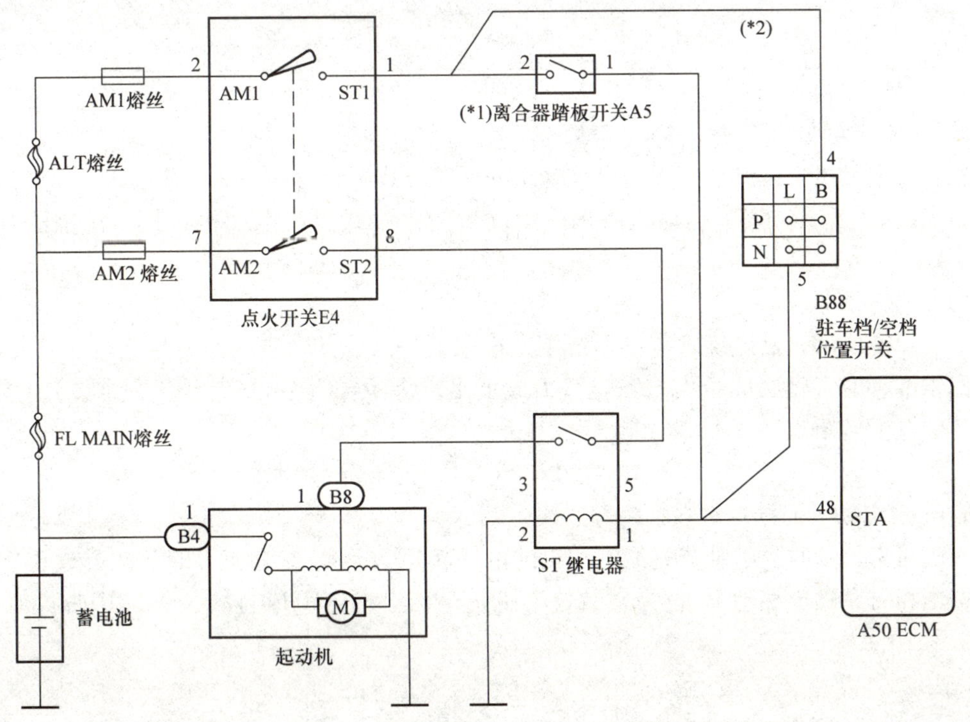

图 47　卡罗拉轿车起动系统电路图

注：（*1）为手动变速器车型，（*2）为自动变速器车型

（1）起动机控制电路

起动机主电路是否接通，依赖于控制电路。只有在控制电路导通的情况下，主电路才能接通。控制电路流程为：蓄电池“+”→FL MAIN 熔丝→AM2 熔丝→点火开关（AM2 - ST2）→ST 继电器开关→起动机电磁开关→保持线圈→搭铁。

（2）起动机控制电路的控制电路

起动机控制电路的导通又受控于 ST 继电器线圈是否有电。

① 自动变速器车电路流程为：蓄电池“+”→FL MAIN 熔丝→AM1 熔丝→点火开关（AM1－ST1）→驻车档/空档位置开关（4－5）→ST 继电器线圈→搭铁。

② 手动变速器车电路流程为：蓄电池“+”→FL MAIN 熔丝→AM1 熔丝→点火开关（AM1－ST1）→离合器踏板开关 A5→ST 继电器线圈→搭铁。

（3）起动机主电路

起动机主电路是真正让电动机运转的电路，其电路流程为：蓄电池“+”→起动机主接线柱→起动机开关触盘→直流电动机电枢绕组→搭铁。

5.5.3.6 信息页

5.5.3.6 信息页

学校名称		任课教师			
班级		学生姓名			
学习领域	L5 发动机电气系统诊断维修				
学习情境	LS5.5：起动机在起动过程中无法带动发动机		学习时间	50min	
工作任务	E：起动机特性		学习地点	理实一体化教室	

1. 串励式直流电动机的工作特性

在直流电动机中，励磁绕组与电枢绕组的连接方式可分为串励式、并励式和复励式三种形式，如图 48 所示。汽车起动机所用的电动机为串励式直流电动机，其工作特性有以下几点。

（1）转矩特性

如图 49a 所示，励磁绕组与电枢绕组是串联的，因此其励磁电流 I_J 与电枢电流 I_s 相等，在磁路未饱和时，磁通量 Φ 与励磁电流 I_J 成正比，即 $\Phi = C_1 I_J = C_1 I_s$（C_1 为常数），故电动机产生的电磁转矩为

$$M = C_m \Phi I_s = C_m C_1 I_s I_s = C I_s^2$$

式中，C_m 为电动机的结构常数；C 为常数。

在磁路未饱和时，串励式直流电动机的电磁转矩 M 与电枢电流 I_s 的二次方成正比。但在磁路饱和时，磁极磁通量 Φ 为常数，电磁转矩与电枢电流成直线关系，M 曲线如图 49 所示。

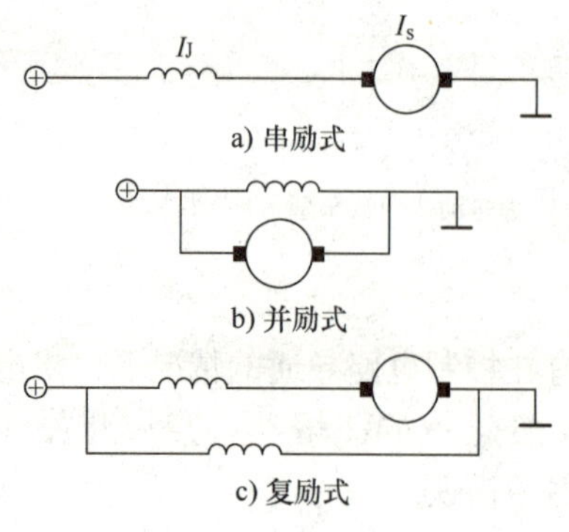

图 48 直流电动机的励磁方法

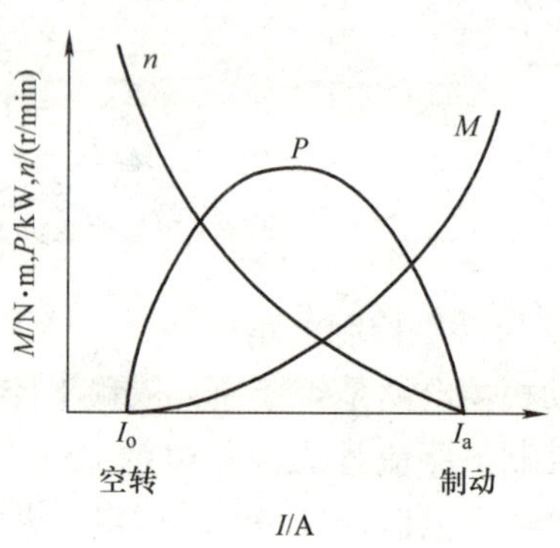

图 49 起动机的特性

由上式可知，当电枢电流相同时，串励式直流电动机产生的电磁转矩比并励式直流电动机产生的电磁转矩（$M = CI_s$）要大得多，这是汽车起动机采用串励式直流电动机的原因之一。

当电枢在电磁转矩的作用下转动时，电枢绕组在转动的同时由于切割磁力线而产生感应电动势，根据右手定则可判定其方向与电枢电流 I_s 的方向相反，故称为反电动势 E_f。而且，$E_f = C_m \Phi n$（C_m 为电动机的结构常数），这样，外加电压 U 除一部分降落在电枢绕组的电阻 R_S 和励磁绕组的电阻 R_J 上外，另一部分则用来平衡反电动势 E_f，即

$$U = E_f + I_s R_S + I_s R_J$$

$$I_s = \frac{U - E_f}{R_S + R_J} = \frac{U - C_m \Phi n}{R_S + R_J}$$

在起动瞬间，由于发动机的阻力矩很大，起动机处于完全制动的情况下，$n = 0$，所以 $E_f = 0$。此时电枢电流 I_s 将达到最大值（称为制动电流），产生最大转矩（称为制动转矩），从而使起动机易于起动，这就是汽车上采用串励式直流电动机的另一主要原因。

（2）转速特性

由电动机的电压平衡方程式可知，起动机的转速为

$$n = \frac{U - I_s(R_S + R_J)}{C_m \Phi}$$

由上式可知，串励式直流电动机在轻载时 I_s 小，转速高；重载时 I_s 大，转速低，如图 49 所示的曲线 n。

串励式直流电动机在重载时转速低而转矩大的特性，可以保证起动安全可靠；但是在轻载和空载时转速很高，容易造成电枢绕组飞散。因此，串励式直流电动机不可在轻载或空载下运行。

（3）功率特性

起动机的输出功率 P（kW）可以通过测量电枢轴上的输出转矩 M 和电枢的转速 n 来确定，即

$$P = Mn/9550$$

式中，M 为起动机输出转矩（N·m）；n 为起动机的转速（r/min）。

从上式可以看出，在完全制动（$n = 0$）和空载（$M = 0$）两种情况下，起动机的输出功率都等于 0。如图 49 所示 P 曲线，在 I_s 接近全制动电流一半时，起动机的输出功率最大。因为起动机工作时间很短，所以允许在最大输出功率状态下工作。通常把起动机的最大输出功率称为起动机的额定功率。

2. 影响起动机功率的因素

（1）接触电阻

主要指蓄电池的极桩与起动电缆线、起动电缆线与搭铁、接触盘与主接线柱内侧触头、起动机电刷与换向器片等接触不良，导致起动主电路电阻增大，起动电流下降，使起动机功率下降。另外起动机的电缆线不要随意更换，最好使用与车型配套的电缆线，否则电缆线过长、过细都会使电阻增大，使起动机输出功率下降。

（2）蓄电池的容量

蓄电池的容量越小，则内阻越大，起动电流下降，使起动机输出功率下降。因此在使用

蓄电池时，要经常保持蓄电池充足电。

(3) 温度

温度降低会引起蓄电池的内阻增大，容量下降，导致起动机输出功率下降。

3. 起动机型号

根据 QC/T73—1995《汽车电气设备产品型号编制方法》的规定，起动机的型号由以下五部分组成。

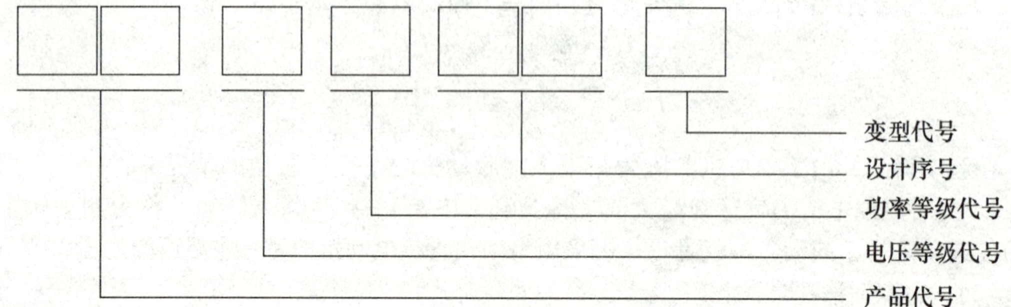

① 产品代号：QD 表示起动机，QDJ 表示减速起动机，QDY 表示永磁起动机（包括永磁减速型起动机）。

② 电压等级代号：1 表示 12V；2 表示 24V。

③ 功率等级代号的说明见表 2。

④ 设计序号和变型代号的规定与其他电气产品中的有关规定相同。

例如：QD1225 表示额定电压为 12V，功率为 1 ~2kW，第 25 次设计的起动机。

表 2 起动机的功率等级代号

功率等级代号	1	2	3	4	5	6	7	8	9
功率/kW	<1	1 ~2	2 ~3	3 ~4	4 ~5	5 ~6	6 ~7	7 ~8	>8

专家组合作制作海报

教师活动 教师要求学生形成专家组，小组合作设计简单的海报。

学生活动 学生进行小组讨论，合作制作海报。(30min)

专家组展示讲述海报

学生活动 学生每个小组展示讲述本组学习成果，其他组学生认真倾听，提出疑问、建议。(30min)

教师活动 教师在学生讲解海报时及时给出评价和反馈。

拼图学习完成其他工作页

教师活动 教师要求学生先独立完成其他三个工作页的学习，并进行指导和答疑；然后小组讨论并展示结果。

学生活动 学生先是独立完成其他三个工作页的学习，然后和伙伴讨论形成本组意见，进行工作页的展示。(90min)

教学方法：学习站法

3.3　起动机检测

工作站学习完成工作页

教师活动　教师提供实验车型的维修手册等资料和工作站（A、B 工作站各 2 个），提供 5.5.3.7～5.5.3.8 信息页，要求学生完成 5.5.3.7～5.5.3.8 工作页和实际操作，教师对各工作站进行巡视和指导。

学生活动　学生根据教师要求，查阅 5.5.3.7～5.5.3.8 信息页，完成工作站的学习内容和实操内容。(60min)

5.5.3.7　信息页

5.5.3.7　信息页

学校名称		任课教师	
班级		学生姓名	
学习领域	L5 发动机电气系统诊断维修		
学习情境	LS5.5：起动机在起动过程中无法带动发动机	学习时间	60min
工作任务	A：起动机的拆装与检测	学习地点	理实一体化教室

1. 起动机的拆装

(1) 起动机的分解

起动机解体前应先观察外部结构的装配标记，清洁外部的油污和灰尘，然后按下列步骤进行解体。

① 旋出防尘盖固定螺钉，取下防尘盖，用专用钢丝钩取出电刷；拆下电枢轴上止推圈处的卡簧，如图 50 所示。

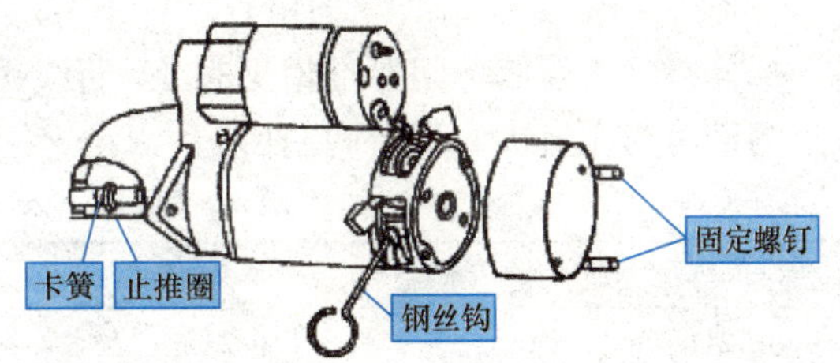

图 50　拆卸电刷

② 用扳手旋出两个紧固穿心螺栓，取下前端盖，抽出电枢，如图 51 所示。

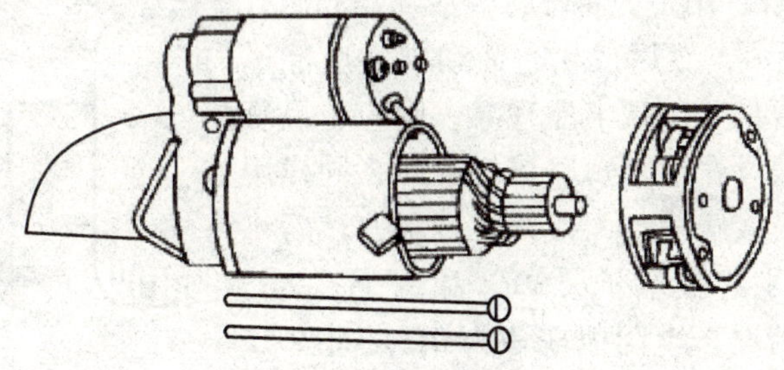

图 51　拆卸前端盖和电枢

③ 拆下电磁开关主接线柱与电动机接线柱间的导电片；旋出后端盖上的电磁开关紧固螺钉，使电磁开关后端盖与中间壳体分离，如图 52 所示。

④ 从后端盖上旋下中间支承板紧固螺钉，取下中间支承板，旋出拨叉轴销螺钉，抽出拨叉，取出单向离合器，如图 53 所示。

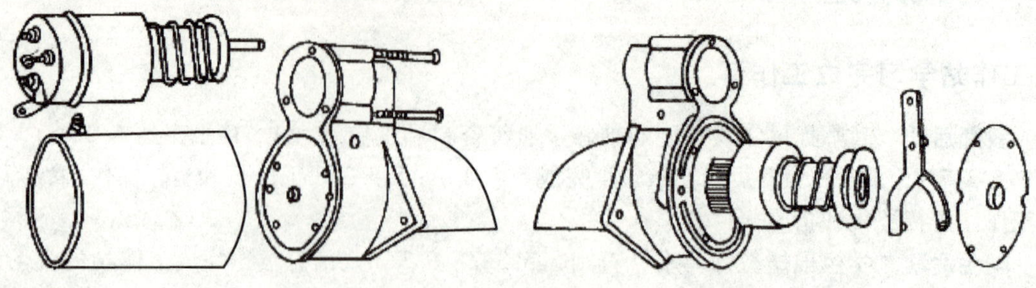

图 52 拆卸电磁开关

图 53 拆卸单向离合器

⑤ 将已解体的机械部分浸入清洗液中清洗，电气部分用棉纱蘸少量汽油擦拭干净。

（2）起动机的组装

起动机的形式不同，具体装复的步骤也不可能完全相同，但基本原则是按与分解时相反的步骤进行。组装的一般步骤是，先将离合器和传动拨叉装入后端盖内，再装中间轴承支撑板，将电枢轴装入后端盖内，装上电动机外壳和前端盖，并用长螺栓结合紧，然后装电刷和防尘罩，装起动机开关可早可晚。

2. 起动机的检查

（1）电磁开关的检查

电磁开关的检查主要包括吸引线圈和保持线圈、复位弹簧和短路接触盘的检查。

① 吸引线圈和保持线圈的检查。可用万用表 R×1 档位或 200Ω 档位对其电阻值进行测量，部分起动机线圈电阻标准值见表 3。若线圈内部短路（即电阻测量值为 0）或断路（即电阻测量值为无穷大），则应更换。

表 3 起动机电磁开关线圈电阻值

起动机型号	保持线圈/Ω	吸引线圈/Ω	起动机型号	保持线圈/Ω	吸引线圈/Ω
QD1211	0.88 ±0.1	0.27 ±0.05	QD124A	1.29 ±0.12	0.33 ±0.03
QD124F	0.97 ±0.1	0.6 ±0.05			

② 复位弹簧的检查。用手先将挂钩及活动铁心压入电磁开关，如图 54 所示，然后放松，活动铁心应能迅速复位。如铁心不能复位或出现卡滞现象，则应更换复位弹簧或电磁开关总成。在检查短路接触片时，同样用手推动活动铁心，使其接触片与两接线柱接触，然后将万用表的两只表笔分别连接端子“30”和端子“C”，应导通，并且在正常情况下电阻值应该为 0Ω，如图 55 所示。

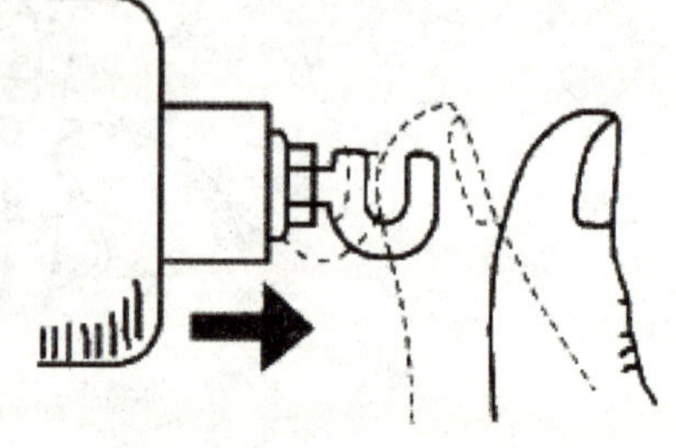

图 54 检查弹簧的复位功能

（2）直流串励式电动机的检查

直流串励式电动机的检查主要包括电枢、磁极、电刷和电刷架的检查。

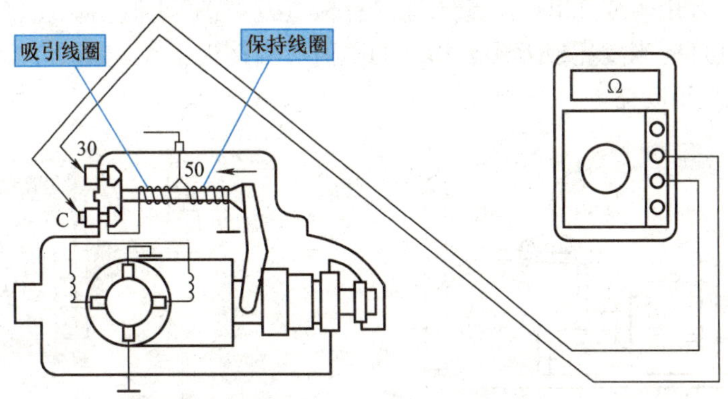

图 55　检查电磁开关的接触片

1）电枢的检查包括电枢绕组、换向器和电枢轴的检查。电枢绕组导线很粗，一般不会发生断路故障。如有断路发生，通过外观检查即可判断，不必采用仪器检查。电枢绕组比较常见的故障是搭铁和短路。

① 电枢绕组搭铁故障可用万用表或 220V 交流测试灯进行检查。如图 56 所示，连接电枢铁心与换向片，万用表应不导通或试灯应不发亮。如万用表导通或试灯发亮，说明电枢绕组搭铁。若有搭铁故障，则需要更换电枢总成。

② 电枢绕组短路故障需利用电枢检验仪进行检查，如图 57 所示。先将电枢放在检验仪的 U 形铁心上，并在电枢上部放一块钢片（如锯条），然后接通检验仪电源，再缓慢转动电枢一周，钢片应不跳动。如钢片跳动，则说明电枢绕组有短路故障。当短路发生在电枢绕组之间时，需要更换电枢总成。当短路发生在换向器片之间时，可用钢丝刷清除换向片间的铜粉即可排除故障。

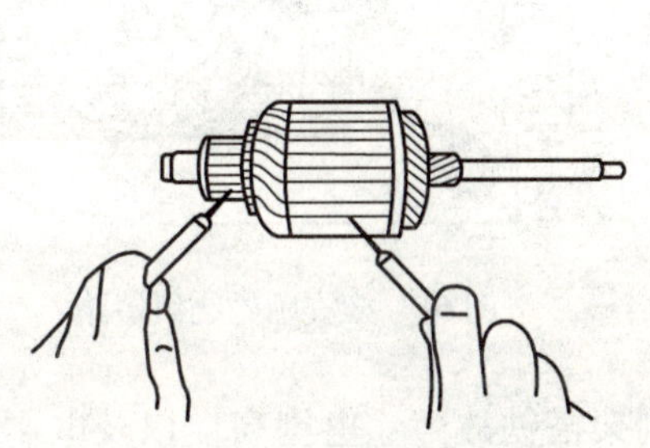

图 56　检查电枢绕组搭铁

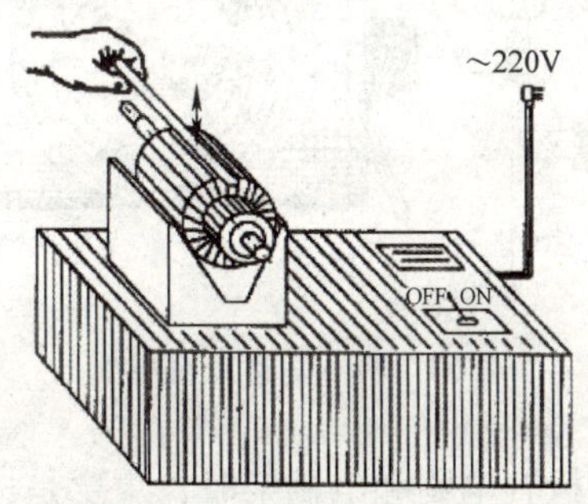

图 57　检查电枢绕组短路

③ 换向器的故障多为表面烧蚀、云母层突出等。轻微烧蚀的用 00 号砂纸打磨即可。严重烧蚀或失圆（圆度超过 0.025mm）时，应进行精车加工。换向器的剩余厚度不得小于 2mm，否则予以更换。

④ 电枢轴径向圆跳动检查如图 58 所示，其跳动量不应大于 0.15mm；否则说明电枢轴弯曲严重，应予校正或更换。

2）磁极的检查主要是检查励磁绕组有无断路、搭铁和短路故障。

① 励磁绕组断路故障一般都是由于励磁绕组与电刷引线连接部位焊点松脱或虚焊所致。

故障检查时，可用万用表或220V交流试灯进行检查，如图59所示，连接励磁绕组引线端头和绝缘电刷，试灯应当发亮或万用表指示的阻值应当接近于0。如试灯不亮（或阻值为无穷大），说明励磁绕组断路。

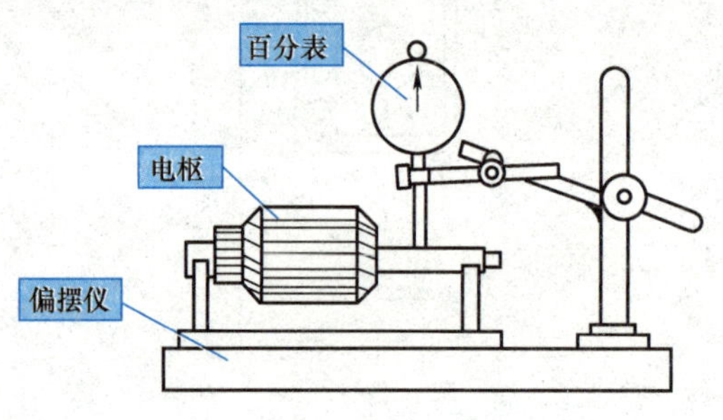

图58　电枢轴圆跳动的检查

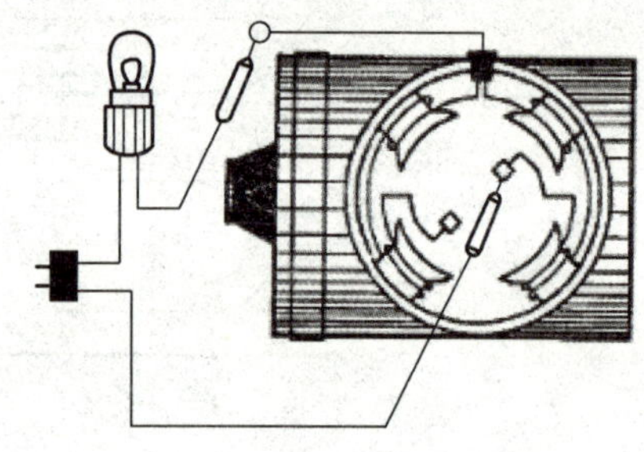

图59　检查励磁绕组断路

② 励磁绕组搭铁故障一般都是由于励磁绕组绝缘损坏而引起的。进行故障检查时，可用万用表或220V交流试灯进行检查。如图60所示，连接励磁绕组引线端头和起动机壳体，万用表应不导通（即阻值应为无穷大）或试灯应不发亮。如万用表导通（即阻值约为0）或试灯发亮，说明励磁绕组有搭铁故障。若有搭铁故障，则需要更换励磁绕组或起动机。

③ 励磁绕组短路故障检查方法如图61所示，电磁开关接通时（通电时间不超过5s），用螺钉旋具检查每个磁极的电磁吸力是否相同。如某一磁极吸力过小，则说明该磁极上的励磁绕组匝间短路。若有短路故障，则应重新绕制励磁绕组或更换起动机。

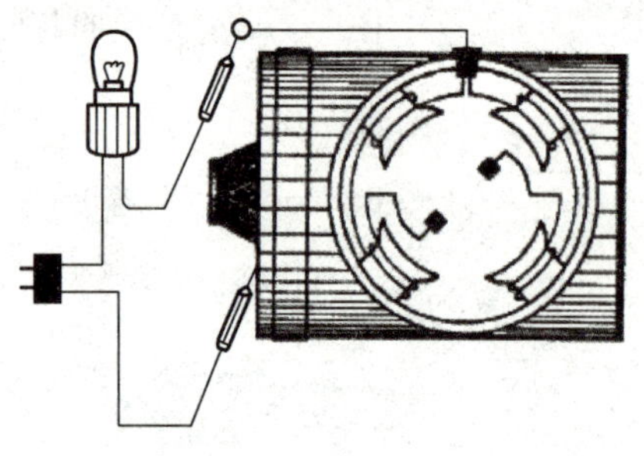

图60　检查励磁绕组搭铁

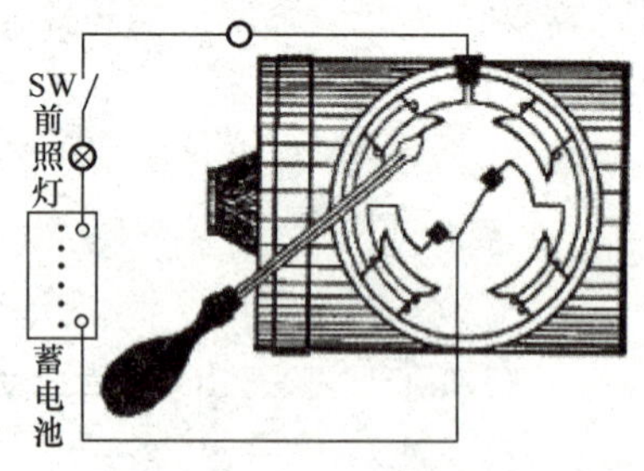

图61　检查励磁绕组短路

3）检查电刷和电刷架时，主要是检查绝缘电刷架搭铁故障、电刷高度以及电刷弹簧弹力是否符合要求。

① 电刷架的绝缘性检查如图62所示。用万用表检查绝缘电刷架的绝缘情况时，若绝缘电刷架搭铁，则需更换绝缘垫后，重新铆合。

② 电刷高度的检查如图63所示，用钢直尺或游标卡尺测量电刷高度，其高度一般不得低于标准尺寸的2/3，电刷与换向器的接触面积应在75%以上；否则应更换新电刷。

③ 电刷弹簧压力的检查如图64所示，用弹簧秤检测，弹簧压力一般为12～15N，如压力不足，可逆着弹簧的螺旋方向扳动弹簧来增加弹力，如仍无效，则应予更换。

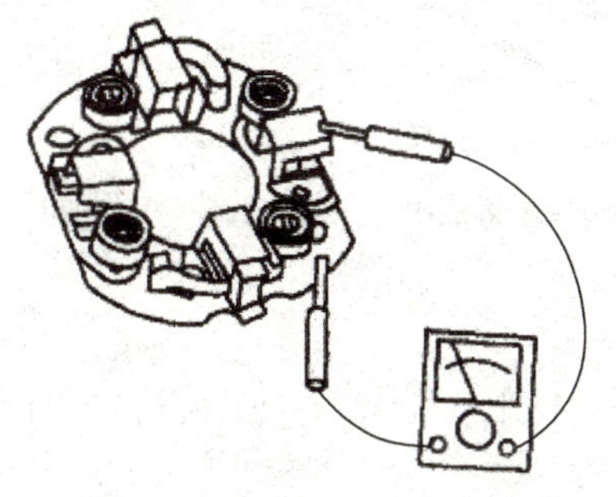

图 62　电刷架的绝缘性检查

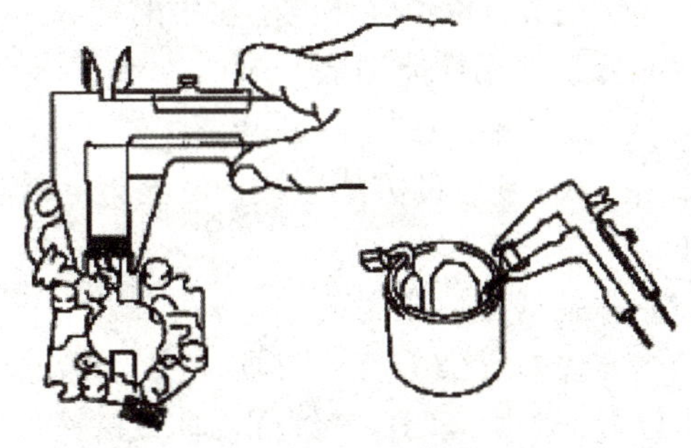

图 63　电刷高度的检查

（3）传动装置的检查

传动装置的检查主要是检查单向离合器的功能和制动力矩。

① 单向离合器功能的检查如图 65 所示，一手握住离合器壳体，一手转动驱动齿轮。当顺时针方向转动驱动齿轮时，齿轮应被锁止；当逆时针方向转动齿轮时，应能灵活自如，否则应更换单向离合器。

② 单向离合器制动力矩的检查如图 66 所示，将离合器夹在台虎钳上，用扭力扳手沿顺时针方向转动时，应能承受制动试验时的最大转矩（单向离合器一般为 25N · m）而不打滑。

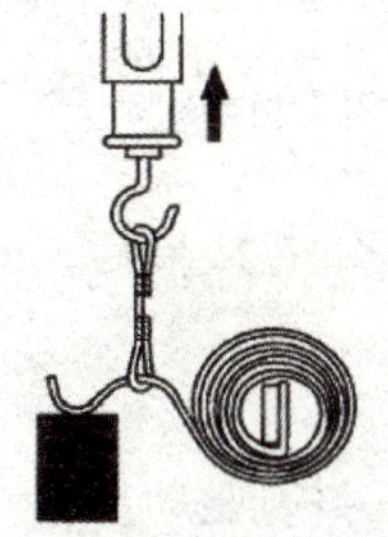

图 64　检查电刷弹簧的压力

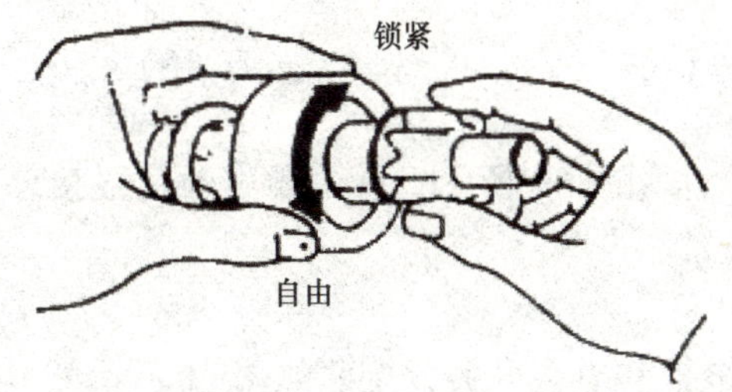

图 65　检查离合器单向传力功能

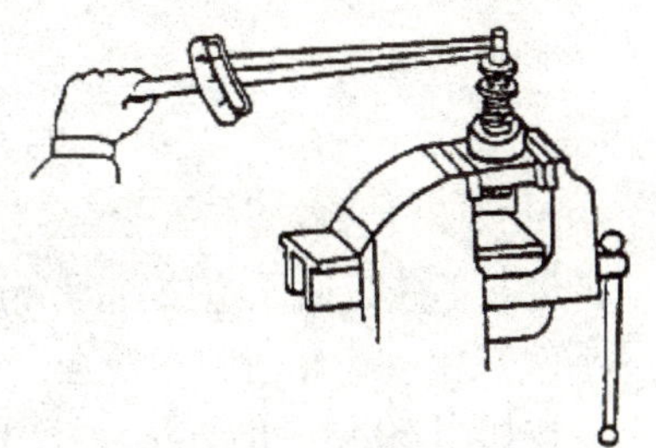

图 66　检查离合器制动力矩

5.5.3.8　信息页

5.5.3.8　信息页

学校名称		任课教师		
班级		学生姓名		
学习领域	L5 发动机电气系统诊断维修			
学习情境	LS5. 5：起动机在起动过程中无法带动发动机		学习时间	60min
工作任务	B：起动机不解体检测与起动电路检测		学习地点	理实一体化教室

1. 起动机的不解体检测

在进行起动机的解体之前，最好进行不解体检测，通过不解体的性能检测大致可以找出故障。起动机组装完毕之后也应进行性能检测，以保证起动机正常运行。在进行以下的检测时，应尽快完成，以免烧坏电动机中的线圈。

（1）吸引线圈性能测试

① 先把励磁线圈的引线断开。

② 按图 67 所示的方法连接蓄电池与电磁起动开关。驱动齿轮应能伸出，否则表明其功能不正常。

（2）保持线圈性能测试

接线方法如图 68 所示，在驱动齿轮移出之后从端子 C 上拆下导线。驱动齿轮仍能保留在伸出位置，否则表明保持线圈损坏或搭铁不正确。

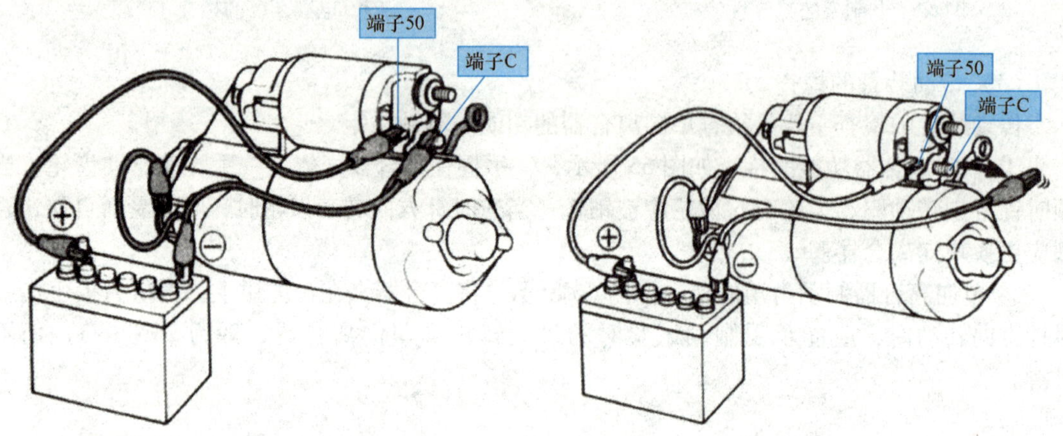

图 67　电磁开关吸引线圈功能试验　　图 68　电磁线圈和保持线圈功能试验

（3）驱动齿轮复位测试接线方法如图 69 所示，拆下蓄电池负极接外壳的接线夹后，驱动齿轮能迅速返回原始位置即为正常。

（4）驱动齿轮间隙的检查

按如图 70 所示的方法连接蓄电池和电磁开关，按照如图 71 所示的方法进行驱动齿轮间隙的测量。

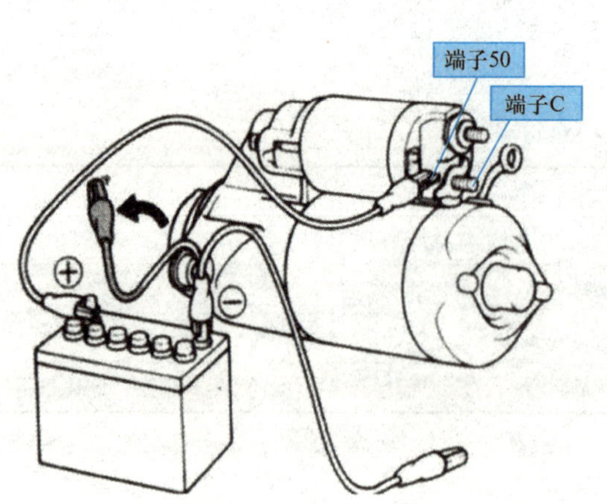

图 69　驱动齿轮复位试验

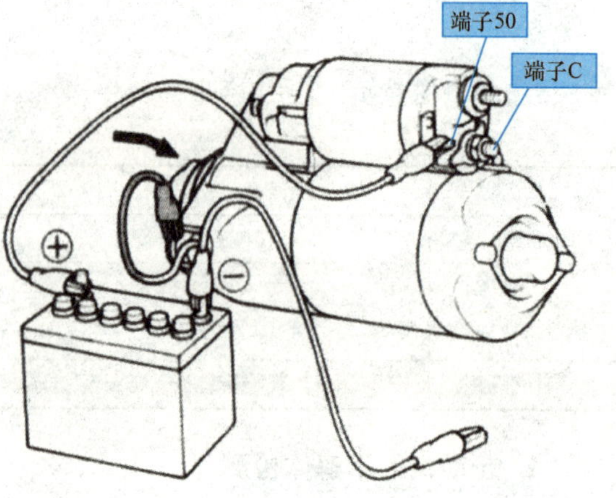

图 70　驱动齿轮间隙检查时的接线

测量时先把驱动齿轮推向电枢方向，消除间隙后测驱动齿轮端和止动套圈间的间隙，并和标准值进行比较。

（5）空载测试（图 72）

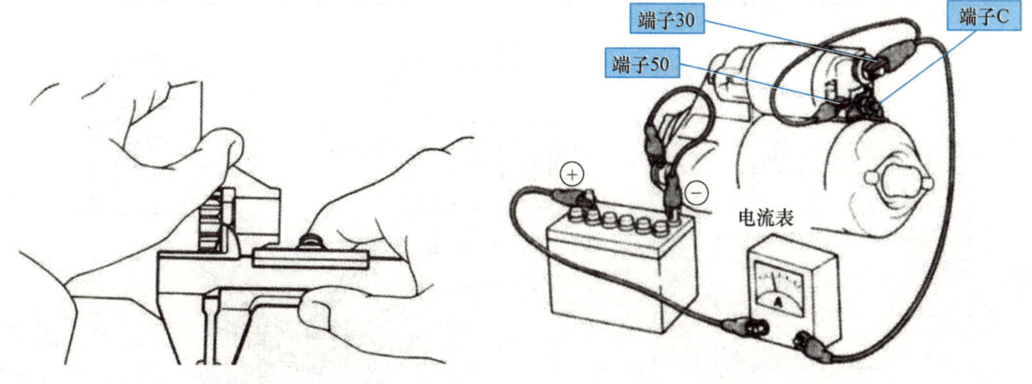

图 71 驱动齿轮间隙的测量　　图 72 起动机的空载测试

① 固定起动机。

② 按着图示的方法连接导线。

③ 检查起动机应该平稳运转，同时驱动齿轮应移出。

④ 读取电流表的数值，应符合标准值。

⑤ 断开端子 50 后，起动机应立即停止转动，同时驱动齿轮缩回。

2. 起动线路的检查

（1）起动机及其线路检查思路

① 短接起动机主接线柱，如果起动机正常工作，则说明起动机电动机正常，故障在电磁开关或控制电路；如果起动机依然存在故障，则说明故障在电动机，应检查维修或更换电动机。

② 在电动机正常的情况下，继续短接起动机电磁开关接线柱，如果起动机工作正常，则说明电磁开关正常，故障在控制电路，检查线路，维修或更换。

（2）起动机线路的检查

① 用万用表测量起动机“30”接线柱电压，正常值应为蓄电池电压。如果没有电压或电压不符合规定，则说明蓄电池正极接线柱与起动机“30”接线柱之间线路有故障。

② 断开起动机电磁开关上的“50”线束插接器，将点火开关置于“START”档位，并保持住，用万用表测量“50”线束插接器插座电压，应为蓄电池电压，否则说明起动机控制线路有故障。

（3）起动继电器的检查

拆下起动继电器，用万用表对起动继电器进行检查。检查项目见表 4，检查方法如图 73 ~ 图 75 所示。如果检查结果与规定值不相符，则更换起动继电器。

（4）点火开关的检查

拆下点火开关，其端子如图 76 所示，用万用表对点火开关进行检查。检查方法和标准见表 5。如果测量结果与规定值不相符，则更换点火开关。

表4　起动继电器检查项目

测量端子	检查条件	规　定　值
2与4	在端子1和端子3之间施加蓄电池电压	小于1Ω
2与4	在端子1和端子3之间不施加蓄电池电压	10kΩ或更大

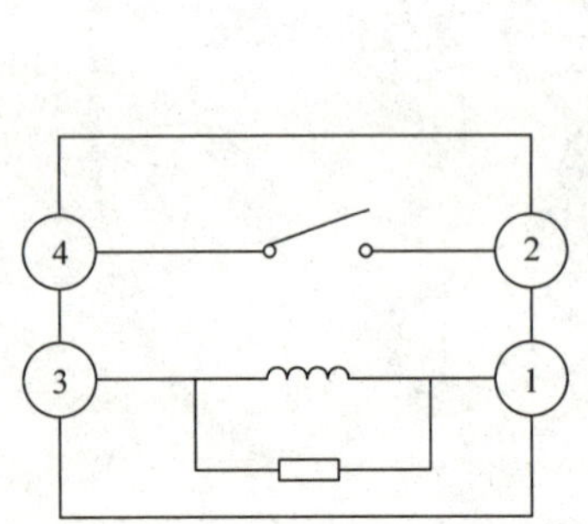

图73　起动继电器内部电路

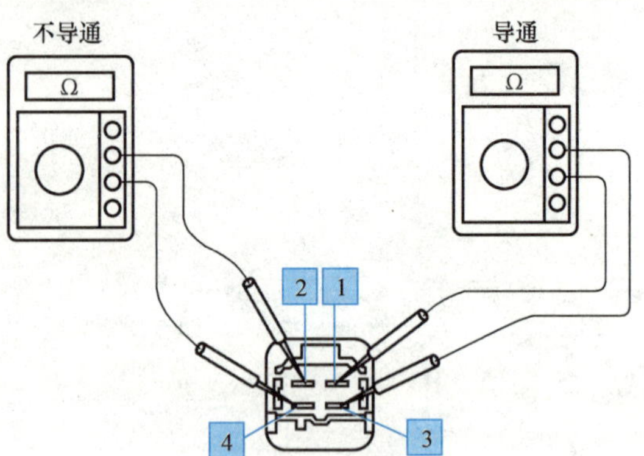

图74　起动继电器线圈和开关的检查

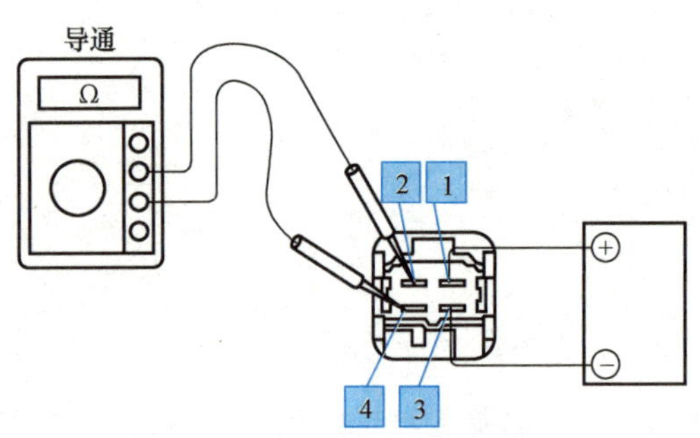

图75　起动继电器工作情况的检查

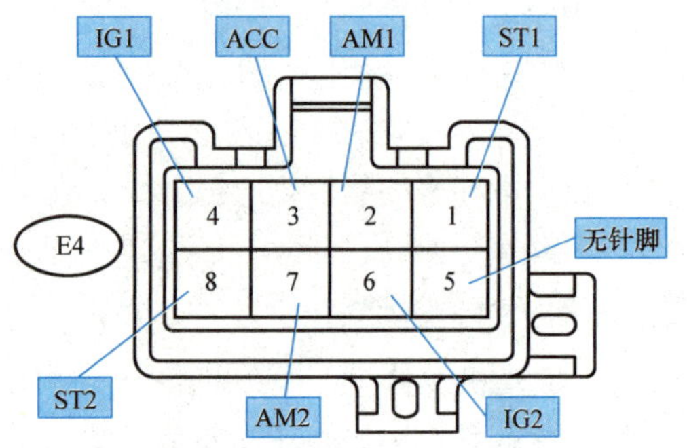

图76　点火开关端子示意图

表5　点火开关测量参照标准

测量端子	开关状态	规定值
所有端子之间	LOCK	大于10kΩ或更大
2（AM1）与3（ACC）	ACC	小于1Ω
2（AM1）与3（ACC） 2（AM1）与4（IG1） 6（IG2）与7（AM2）	ON	小于1Ω
1（ST1）与2（AM1） 1（ST1）与4（IG1） 6（IG2）与7（AM2） 6（IG2）与8（ST2）	START	小于1Ω

轮换工作站学习

教师活动　教师组织学生轮换工作站进行小组学习。

学生活动　学生轮换工作站进行小组学习。（60min）

小组合作制作综合海报

教师活动 教师要求每个小组完成一张思维导图的总海报。

学生活动 学生分组完成一张总海报。(30min)

展示讲述综合海报

教师活动 教师选出一个组来介绍讲解总海报内容，教师进行评价。

学生活动 被选出的小组展示讲述本组绘制的总海报内容，其他组学生提出疑问、建议。(20min)

完成 5.5.3.1 理论测试

教师活动 教师要求学生独立完成 5.5.3.1 理论测试，不允许查阅任何资料。

学生活动 学生安静独立地在系统上完成 5.5.3.1 理论测试并提交，不能查阅任何资料。(20min)

5.5.3.1 理论测试

5.5.3.1 理论测试

学校名称			任课教师	
班级			学生姓名	
学习领域	L5 发动机电气系统诊断维修			
学习情境	LS5.5：起动机在起动过程中无法带动发动机			
理论学习内容	起动机的构造与检测	学习时间	30min	

一、填空题（每空 1 分，共 42 分）

1. 由通电导体在磁场中的受力情况分析可知，在导体的一侧，导体磁场的磁力线方向与磁极磁场的磁力线方向________，在此重合的磁场互相________。在导体的另一侧，两个磁场的磁力线方向________。在这一侧，合力磁场变得________。相同方向的磁力线相互________。由此而在通电的导体上产生一个________。

2. 内燃机无法自行起动，需要动能以便克服________、________、________。发动机的起动是指借助________，发动机由________状态过渡到________的过程。发动机起动需要的最低转速，汽油机为________ r/min，柴油机为________ r/min。

3. 汽车起动机一般由________、________和________三部分组成。

4. 直流串励式电动机主要由________、________、________和电刷架、机壳、端盖等部件组成。

5. 汽车起动机单向离合器主要有________、________和________三种类型。

6. 起动机的啮合过程：起动的过程由打开________作为开始，电压位于起动机的端子________。电流从端子________流经电磁开关的________，起动机的________及其电枢至搭铁。同时________流经电磁开关的________直接搭铁。

电磁开关的铁心克服回位弹簧的力________拔叉，拔叉通过________和传动套筒朝发动机飞轮的齿圈上________驱动小齿轮。

起动电动机现在开始________。________的齿纹使得驱动小齿轮经过齿端面转动易于啮合。这种推动与啮合的运动是由________引起，并借助于电枢的________转动，由此得出起动机的名称：强制啮合起动机。

一旦齿轮和齿圈的齿相啮合，啮合弹簧就被________，此时电磁开关中的________闭合，主电路________。

吸引线圈现在________，保持线圈保持________并阻止驱动小齿轮的提前脱离。

二、选择题（每题2分，共32分）

1. 下列选项中，不属于减速起动机齿轮减速器形式的是（　　）。

A. 外啮合式　　B. 内啮合式　　C. 涡轮蜗杆式　　D. 行星齿轮式

2. 起动机空转的原因是（　　）。

A. 单向离合器打滑　B. 30端子接触不良　C. 50端子接触不良　D. 起动机内部短路

3. 在起动过程中，主触点闭合时，电磁开关中被短路的线圈是（　　）。

A. 吸引线圈　　B. 保持线圈　　C. 电枢绕组　　D. 励磁绕组

4. 某发动机起动转速过低无法起动，用发动机综合分析仪测量，发现起动电流过大，原因可能是（　　）。

A. 起动机电刷接触不良　　B. 蓄电池容量太小

C. 起动机转子轴承间隙太大　　D. 起动开关触点接触不良

5. 需传递较大转矩且起动机尺寸较大时，应使用的单向离合器类型是（　　）。

A. 滚柱式　　B. 摩擦片式　　C. 蝶形弹簧式　　D. 周布弹簧式

6. 起动机的电刷与换向器的接触面应不低于（　　）。

A. 80%　　B. 65%　　C. 60%　　D. 30%

7. 一辆自动变速器汽车在点火开关打到“起动”位置时起动机不转，甲说，空档安全开关失效会造成该故障。乙说，起动电动机线圈开路或起动机继电器损坏也能引起这种故障。以下（　　）选项是正确的。

A. 只有甲正确　　B. 只有乙正确　　C. 两人均正确　　D. 两人均不正确

8. 起动机内部可以避免在起动过程中损坏直流电机的部件是（　　）。

A. 换向器及电刷　　B. 单向离合器　　C. 减速齿轮机构　　D. 电磁开关

9. 起动系统中动力的单向传递是由（　　）实现的。

A. 起动电动机　　B. 电磁开关　　C. 起动机齿轮　　D. 单向离合器

10. 起动机在做全制动试验时，除测试电流、电压外，还应该测试（　　）。

A. 转速　　B. 转矩　　C. 功率　　D. 电阻值

11. 一辆奇瑞A3轿车起动时发现起动机发烫但是电机根本不转，最可能的原因是（　　）。

A. 直流电机内部对搭铁短路　　B. 电磁开关触点烧蚀

C. 起动继电器触点粘连　　D. 换向器片间断路

12. 在进行起动机起动电流测试时，起动机的电流比平常的高，可能的原因是（　　）。

A. 润滑不足或发动机有故障不易起动　　B. 起动机驱动机构与飞轮齿圈没有啮合

C. 蓄电池极柱接触不良　　D. 起动机继电器有故障

13. 在起动前开大灯，起动时起动机运转无力且大灯灯光骤然变暗。则起动机运转无力的原因是（　　）。

A. 起动机单向离合器损坏　　B. 起动机接线不良

C. 蓄电池电量不足　　D. 起动机电枢线圈断路

14. 在起动机电流消耗测试中，电流消耗高于规范值，曲轴转速与蓄电池电压低于规范值。这一问题的原因可能是（　　）。

A. 起动机衬套磨损　　B. 磁场绕组电阻过大

C. 蓄电池正极电缆电阻过大　　D. 电磁线圈盘与接线端烧蚀

15. 当起动机的两个主接线柱短接时，起动机能运转，说明（　　）正常。

A. 电磁开关　　B. 直流电动机　　C. 起动继电器　　D. 点火开关

16. 对起动机电路的负极（搭铁）侧进行电压降测试，电压表读数为1.5V。以下不可能是这一问题原因的是（　　）。

A. 蓄电池负极柱锈蚀　　B. 起动机搭铁连接松动

C. 起动机磁场线圈电阻过大　　D. 起动机安装不当

三、判断题（每题2分，共38分）

1. 需要起动发动机检查电路时，应注意车下有无其他人工作，预先打好招呼，变速器置空档，拉紧驻车制动，然后发动。（　　）

2. 频繁的起动和停车，对零件的磨损没有影响。（　　）

3. 当起动发动机时，可连续操作点火开关，直至起动为止。（　　）

4. 起动机一般由直流串励式电动机、传动机构和控制装置三部分组成。（　　）

5. 汽车起动机在全制动状态下，其输出转矩最大，但输出功率却为0。（　　）

6. 起动机离合器作用是当发动机起动时，起动机通过离合器把转速传递给小齿轮，小齿轮再把转速传递给飞轮，当发动机正常工作后切断小齿轮与起动机的联系。（　　）

7. 起动机电磁开关50端子直接与由蓄电池连接。（　　）

8. 起动机的转速越高，流过电动机的电流就越大。（　　）

9. 起动系统中，起动继电器的作用是小电流控制大电流，保护起动机。（　　）

10. 起动继电器的作用是用来保护起动机电磁开关。（　　）

11. 起动机的吸引线圈只在铁心移动过程中起作用。（　　）

12. 普通起动机中，吸引线圈、励磁绕组及电枢绕组是串联连接。（　　）

13. 减速起动机中的减速装置可以起到降速增矩的作用。（　　）

14. 起动发动机时发现起动机电磁开关内发出“嗒、嗒、嗒”的响声且发动机不转，表明电磁开关有故障。（　　）

15. 起动过程中发现起动机运转无力而且消耗电流偏小，故障的原因可能是起动电路中存在接触电阻过大的问题。（　　）

16. 每次接通起动机时间不得超过5s，再次起动应间歇15s以上。（　　）

17. 起动机电缆线长度应尽可能短些。（　　）

18. 诊断起动机运转无力故障时，首先应检测蓄电池是否亏电，其次应排除电路接触不良问题，最后才检测起动机内部是否发生故障。（　　）

19. 当接通起动开关后，发动机不能起动，起动机能运转，并且能听到齿轮啮合的声音，说明起动机的单向离合器打滑。（　　）

提交理论学习阶段的评价表

教师活动 教师要求学生对理论学习阶段5.5.3.1评价表进行自我评价。

学生活动 学生按照教师的要求对自己在理论学习阶段的表现进行自评，客观真实。

5.5.3.1 理论学习评价表

参与本项目的教师具体见Moodle系统，未参与本项目的教师可以根据实际情况自行制定。

5.5.4 任务计划：起动机在起动过程中无法带动发动机工作计划

独立查阅信息

教师活动 教师提供实验车型的维修手册。

学生活动 学生个人独立查阅教师提供的维修手册，提炼整理关键信息。(20min)

小组制作工作计划海报

教师活动 教师要求学生小组合作制定“起动机在起动过程中无法带动发动机”工作计划海报，把每一步的细节和注意事项写出来，包括为什么干、怎么干，与安全、环保、工具、时间、成本相关的内容，以及注意事项、检测标准等。

学生活动 学生分组讨论，小组合作完成工作计划海报。(30min)

5.5.4.1 工作计划海报

见附录。

展示讲述工作计划海报

教师活动 教师选出一个组来介绍讲解海报内容，教师进行评价。

学生活动 被选出的小组展示讲述本组学习成果，其他组学生提出疑问、建议。(20min)

修改工作计划海报

教师活动 教师强调修改工作计划时注意：安全、环保、规范、时间及成本控制意识的训练。

学生活动 每个组根据教师意见认真改进本组海报。(10min)

提交任务计划阶段的评价表

教师活动 教师提供任务计划阶段的评价表，指定组间评价顺序，保证每个组都被评价。要求学生将5.5.4.2评价表以小组形式提交到系统。

学生活动 每个组对老师指定的小组进行评价，合作填写5.5.4.2评价表，小组提交到系统。

5.5.4.2 任务计划评价表

参与本项目的教师具体见 Moodle 系统，未参与本项目的教师可以根据实际情况自行制定。

5.5.5 任务决策：与师傅和客户沟通工作计划

独立完成任务决策表

教师活动 教师发放 5.5.5.1 任务决策表要求学生安静地独立完成。

学生活动 学生每个人独立按照任务决策的关键要素完成 5.5.5.1 任务决策表。(20min)

5.5.5.1 任务决策表

5.5.5.1 任务决策表

决策类型	决策方案
与师傅决策	请站在厂商的角度，和师傅沟通任务计划实施的可能性（包括：工作任务的时间控制和成本控制，工作步骤的正确性、规范性和合理性，工作过程的安全性和环保性，考虑厂商的经济效益和工作效率等，并记录决策结果与师傅的建议）
与客户决策	请站在客户的角度，和客户沟通任务计划实施的可能性。（包括：是否有几种可能供客户选择？某些项目做或不做？现在做还是未来做？考虑客户的成本控制、时间控制、安全性、环保性、美观性和便利性等，并记录决策结果与客户的意见）

实战演习任务决策

教师活动 教师选出一个学生代表（这个学生是以往决策出现问题较大的）和自己进行任务决策，同时担任师傅和客户双重角色。

学生活动 被选出的学生与教师进行决策对话，其他学生观察，并进行口头评价、补充、改进。(20min)

提交确认任务决策

学生活动 每个学生修改自己的任务决策方案表格，提交到系统。(20min)

教师活动 教师对每个学生制定的任务决策方案进行确认，并将确认信息从系统发给学生。

提交任务决策阶段的评价表

教师活动 教师要求学生对任务决策阶段5.5.5.2评价表进行自我评价。

学生活动 学生按照教师的要求对自己在任务决策阶段的表现进行自评，客观真实。

5.5.5.2 任务决策评价表

参与本项目的教师具体见Moodle系统，未参与本项目的教师可以根据实际情况自行制定。

5.5.6 任务实施：使用设备进行实车检测诊断

示范操作

教师活动 教师亲自示范操作，或者播放相关视频（操作内容：从接车确认开始，按照诊断思路进行车辆起动机在起动过程中无法带动发动机的检测诊断工作）。(30min)

学生活动 学生观察教师的示范动作，或观察视频中的示范动作。

操作实施

教师活动 教师将学生分组，并要求每组学生分工明确，严格强调安全和事故预防要求等。实施过程中教师进行巡视指导。

学生活动 学生分为4组，分工操作。每组每次安排2名学生操作，所有学生轮流，每个学生都要完成一次操作。当2名学生进行操作时，另外安排2名学生分别对其进行评价，填写5.1.6.1评价表，1名学生拍摄视频，1~2名学生监督记录，1~2名学生查阅手册改进计划。(90min)

提交任务实施阶段的评价表和视频

教师活动 教师要求学生对任务实施阶段5.5.6.1评价表进行自我评价，并提交任务实施阶段录制的所有视频资料。

学生活动 学生按照教师的要求对自己在任务实施阶段的表现进行自评，客观真实。负责拍摄的学生将视频整理提交到系统，负责评价的学生将5.5.6.1评价表提交到系统。

5.5.6.1 任务实施评价表

参与本项目的教师具体见Moodle系统，未参与本项目的教师可以根据实际情况自行制定。

5.5.7 任务检查：5S 与检查工作结果

任务检查与 5S

教师活动 教师提供 5.5.7.1 任务检查流程。要求学生分组，小组合作完成任务检查及 5S，在 5.5.7.1 任务检查单上标注。教师要求学生小组成员对工作过程和工作计划进行监督和评估，记录优缺点及改进建议，并口头表达。教师要重点引导学生对队友的支持性意见的表达，并训练学生接纳他人建议。

学生活动 学生分组，小组合作完成任务检查及 5S，在 5.5.7.1 任务检查单上标注。学生按照教师规定严格监督和控制其他成员的工作过程并友善提出改进建议。(30min)

5.5.7.1 任务检查单

5.5.7.1 任务检查单

1. 请进行必要的最终任务检查，在（ ）里进行标记。

检查任务实施过程（ ），是否有改进或需要说明：

如有，处理意见：

检查测量值与标准值（ ），是否有改进或需要说明：

如有，处理意见：

2. 请进行必要的 5S。

5S 车辆（ ）

5S 工位（ ）

5S 场地（ ）

3. 请根据实施的诊断与修理工作，编制工作说明，完善改进工作计划（以另一种颜色的笔在任务计划上标注作答）。

小组合作修改工作计划

教师活动 教师要求学生小组合作修改完善工作计划，修改方式：在原有工作计划上用另一种颜色的笔进行真实、全面的复盘改进，并进行标注。

学生活动 学生小组合作修改完善工作计划，修改方式：在原有工作计划上用另一种颜色的笔进行真实、全面的复盘改进，并进行标注。(10min)

提交任务检查阶段的评价表

教师活动 教师要求学生对自己在任务检查阶段的表现进行自我评价。提醒学生：对于自己没有涉及的条目不评价。

学生活动 学生对自己在任务检查阶段的表现进行自我评价，对于自己没有涉及的条目不评价。(5min)

5.5.7.2 任务检查评价表

参与本项目的教师具体见 Moodle 系统，未参与本项目的教师可以根据实际情况自行

制定。

5.5.8 任务交付：交车给师傅和客户

任务交付准备

教师活动 在任务交付之前，教师提供5.5.8.1交车剧本给事先安排好的两个学生，一个扮演客户，另一个扮演SA，以便上课时两个学生能在实车上呈现交车过程。

学生活动 两个角色扮演的学生要熟悉交车剧本。

5.5.8.1 交车剧本

5.5.8.1 交车剧本

（一）任务完成正常交车

前台：先生，您好！您的车修好了，您可以放心使用了。这是针对汽车起动系统使用的开车温馨贴士，请您留存！

客户：非常感谢！

前台：不客气！这是费用清单，请您跟我去财务结账。

客户：好的。

前台：这是车钥匙，以后请您放心使用！请您随时观察车况，如果有任何问题，请随时联系我。非常愿意为您服务！

客户：好的！谢谢你！再见！

前台：再见！您慢走！

（二）任务未完成异常交车

前台：先生，您好！非常抱歉，您的车我们前期预估失误，虽然我们已经尽力了，但是还是不能按照约定时间正常交车给您，预计还得两个小时才能完成。您看您是继续在店里等待，还是先去处理其他事情。等这边结束我及时联系您。

客户：好吧！两个小时后一定能取走我的车吗?

前台：真的非常抱歉！不过，您放心！同样的错误我们不会出现第二次。两个小时后肯定交车给您。

客户：好吧。两个小时后等你电话，我先去处理其他事情。一定要完全修复啊！

前台：请您放心！一定保证您的爱车行驶无忧，我会随时观察进展情况，及时联系您。非常愿意为您服务！

客户：好的！谢谢你！那我先走了，待会儿见！

前台：待会儿见！您慢走！

两人角色扮演

学生活动 学生分组，两人一组。其中，事先安排好的两个学生为一组，一个扮演客户，另一个扮演SA，先交车给师傅，然后交车给客户。(10min)

教师活动 教师提前安排学生两人一组，观察角色扮演学生的表演过程，同时观察其他学生的表现：倾听的认真程度。

全员换位评价

学生活动 学生认真观看角色扮演情境再现过程，理解客户委托，并与本组学生一起对SA角色扮演的学生换位思考进行口头评价：角色扮演时的优缺点，如果是自己怎么改进会更好。(5min)

教师活动 教师指出角色扮演的优缺点，提出注意事项进行强调说明。

全员分组练习

教师活动 教师要求所有学生借鉴两个示范学生的表现，进行任务交付练习。

学生活动 学生按照教师的提示与强调，借鉴示范的两个学生的表现，学生分组在实车上进行任务交付的角色扮演练习。互换角色再练习一次。(10min)

提交任务交付阶段的评价表

教师活动 教师要求学生对任务交付阶段自己扮演SA时的表现依据5.5.8.2评价表进行自我评价。

学生活动 学生按照教师的要求对自己在任务交付阶段扮演SA时的表现进行自评，客观真实。

5.5.8.2 任务交付评价表

参与本项目的教师具体见Moodle系统，未参与本项目的教师可以根据实际情况自行制定。

5.5.9 反思评价：总结知识点、技能点和素养点

提交反思评价自评表

教师活动 教师归纳整理理论知识体系，以一页PPT展示知识点、技能点和素养点。

学生活动 学生认真反思，倾听，构建适合自己学习的知识体系。学生认真反思，对照学习目标进行自我反思，填写5.5.9.1自评表。(20min)

5.5.9.1 反思评价自评表

参与本项目的教师具体见Moodle系统，未参与本项目的教师可以根据实际情况自行制定。

提交反思评价他评表

教师活动 教师把每一位学生的反思阶段的评价表分配给其他同学进行评价。

学生活动 学生按照系统分配的评价对象，每个学生都填写一份对另一个学生的评价表。(10min)

5.5.9.2 反思评价他评表

参与本项目的教师具体见Moodle系统，未参与本项目的教师可以根据实际情况自行制定。

提交反思评价阶段的评价表

教师活动 教师参照学生的自评与他评在5.5.9.3反思评价表上给出学生反思评价成绩。

学生活动 每个学生将自评表和他评表形成的5.5.9.3反思评价表进行对照，帮助学生自我认识。(10min)

5.1.9.3 反思评价表

参与本项目的教师具体见Moodle系统，未参与本项目的教师可以根据实际情况自行制定。

5.5.10 巩固拓展

迁移新任务

教师活动 教师布置新的客户任务：起动机运转无力，发动机不能起动。要求学生小组合作制定工作计划并用PPT展示。

学生活动 学生明确拓展任务：小组合作制定工作计划，下次课前用PPT展示和评价。做好完成拓展任务的计划（分工与时间安排）。

分工制作工作计划

教师活动 教师要控制学生的制作过程，要求学生分工完成5.5.10.1工作计划，把自己负责的部分提交到系统，让教师看到。

学生活动 学生在小组长的带领下，制作过程合理分工，每人完成工作计划的一部分并提交到系统。(课后)

5.5.10.1 工作计划海报

见附录。

提交过程视频和PPT

教师活动 教师要求学生制作PPT的过程录制视频并把视频提交到系统，同时提交PPT结果到系统。

学生活动 小组合作，录制制作PPT过程的视频。

巩固拓展阶段的评价表

教师活动 教师要求小组长完成本小组所有成员的5.5.10.2评价表，提交到系统。

学生活动 小组长完成小组评价5.5.10.2评价表，并把每个组员的评价表提交到系统。

5.5.10.2 巩固拓展评价表

参与本项目的教师具体见Moodle系统，未参与本项目的教师可以根据实际情况自行制定。

总体评价

给学生反馈总体评价表

教师活动 教师对每个学生的总体评价表初稿进行补充修改，形成总体评价定稿，作为每个学生本学习情境的最终评价。

学生活动 学生认真对照教师反馈的总体评价表，分析自己的优势和不足，有针对性地制定改进措施，加强培养素养、知识、技能不足的方面。

LS5.6

车辆的自动起动停止系统失灵

教学准备

教学情境准备

教师活动 教师提前提供给所有学生5.6.0.1客户任务工单。提前在车上设置“车辆的自动起动停止系统失灵”的真实故障。课前提供5.6.0.2接车剧本给事先安排好的两个学生，一个扮演客户，另一个扮演维修接待人员（Service Advisor，简称SA），以便上课时两个学生能在实车上把客户任务真实再现。

学生活动 所有学生在课前熟悉5.6.0.1客户任务工单，提前了解客户委托任务。两个角色扮演的学生要熟悉5.6.0.2接车剧本。（课前）

5.6.0.1 客户任务工单

5.6.0.1 客户任务工单

<table>
<tr><td>车主姓名</td><td></td><td>日期</td><td></td></tr>
<tr><td>车型</td><td></td><td>车牌号</td><td></td></tr>
<tr><td>发动机号</td><td></td><td>底盘号</td><td></td></tr>
<tr><td>联系电话</td><td colspan="3"></td></tr>
<tr><td>通信地址</td><td colspan="3"></td></tr>
<tr><td colspan="4">故障现象描述：
车主反映，车辆的自动起动停止系统失灵。</td></tr>
<tr><td colspan="4">检查维修建议：</td></tr>
<tr><td colspan="4">故障结论：（更换或维修的零件记录）</td></tr>
<tr><td colspan="2">取车付款：
现金　　　　银行卡</td><td colspan="2">维修人：
收款人：</td></tr>
</table>

5.6.0.2 接车剧本

5.6.0.2 接车剧本

学习情境描述：

一辆大众迈腾轿车，行驶总里程6万km，客户发现车辆的自动起动停止系统失灵。

前台：您好！有什么需要我帮助的？

客户：您好！是这样的，我的汽车的自动起动停止系统失灵。您能帮我看看吗？

前台：好的！您给我车钥匙，我需要路试检查，请您稍等。

（上车，打开点火开关，起动发动机，进行路试检查后，询问客户）

前台：您家车的自动起动停止系统不能自动关闭发动机。这个毛病以前出现过吗？最近您修理过什么部件吗？

客户：不瞒您说，我的车车况特别好，在这之前什么毛病也没有，这是第一次有故障。以前只做过正常的维护保养。

前台：那您的车车况是真不错，您使用得很好。我方才初步诊断了一下：车辆的自动起动停止系统不工作。估计是控制电路的问题。具体原因需要后台检测后才能确认。

客户：好的！那您尽快维修吧，我还着急用车呢。

前台：那您想什么时间取车？

客户：今天下午4点取车吧。

前台：好的！请您到客户区休息等待，如有需要，我会及时和您联系。

教学目标准备

教师活动　教师用一页PPT简介本情境的教学目标：素养点、知识点、技能点。

学生活动　学生思路清楚明确目标，在头脑中形成个人学习规划。（课前）

素养点：

① 能够在小组中回答关键问题，能够共同合作。
② 能够专注于任务。
③ 能够展现积极主动的工作态度。
④ 能够在小组中回答关键问题。
⑤ 能够在海报上进行有创意且有说服力的总结。
⑥ 能够在小组中与他人高效沟通交流。
⑦ 能够阅读技术信息，检索提炼、建构逻辑关系。

知识点：

① 车辆起动停止系统的功能。
② 车辆起动停止系统的类型。
③ 车辆起动停止系统的正确操作。
④ 车辆起动停止系统的结构部件。
⑤ 车辆起动停止系统的系统组成。

技能点：

① 车辆起动停止系统的操作。
② 车辆起动停止系统的部件检测。
③ 车辆起动停止系统的系统检查。

资料设备清单

参与本项目的教师具体见 Moodle 系统，未参与本项目的教师可以根据实际情况自行制定。

5.6.1 任务接受：接车

两人角色扮演

学生活动 学生分组，两人一组。其中，事先安排好的两个学生为一组，一个扮演客户，另一个扮演 SA，在实车上把客户任务真实再现。(10min)

教师活动 教师观察角色扮演学生的表演过程，同时观察其他学生的表现：倾听的认真程度。

全员换位评价

学生活动 学生认真观看角色扮演情境再现过程，理解客户委托，并与本组学生一起对 SA 角色扮演的学生换位思考进行口头评价：角色扮演时的优缺点，如果是自己怎么改进会更好。(10min)

教师活动 教师指出角色扮演的优缺点，提出注意事项进行强调说明。

全员分组练习

教师活动 教师要求所有学生借鉴两个示范学生的表现，进行任务接受练习。

学生活动 学生按照教师的提示与强调，借鉴示范的两个学生的表现，学生分组在实车上进行任务接受的角色扮演练习。互换角色再练习一次。(5min)

提交任务接受阶段的评价表

教师活动 教师要求学生对任务接受阶段自己扮演 SA 时的表现进行自我评价。

学生活动 学生按照教师的要求对自己在扮演 SA 时的表现进行客观真实的自评。(5min)

5.6.1.1 任务接受评价表

参与本项目的教师具体见 Moodle 系统，未参与本项目的教师可以根据实际情况自行制定。

5.6.2 任务分析：车辆的自动起动停止系统失灵

教学方法：餐垫法

独立查找原因

教师活动　教师提供维修手册、5.6.2.1 信息页和餐垫图纸，指导学生独立查找“车辆自动起动停止系统失灵”的原因，书写在餐垫上周边对应位置。

学生活动　学生分组，首先个人独立阅读教师提供的维修手册和 5.6.2.1 信息页，分析关于“车辆的自动起动停止系统失灵”的原因，总结自己的个人结果，工整地书写在餐垫上自己的对应区域。(30min)

5.6.2.1　信息页

5.6.2.1　信息页

学校名称		任课教师	
班级		学生姓名	
学习领域	L5 发动机电气系统诊断维修		
学习情境	LS5.6：车辆的自动起动停止系统失灵	学习时间	30min

发动机自动起停就是在车辆行驶过程中临时停车（如等红灯）的时候自动熄火，当需要继续前进的时候自动起动发动机的一套系统。英文名称是 STOP&START，简称 STT。车辆的自动起动停止系统的常见故障通常可以分为三类。

1. 车辆无法起动

(1) 故障描述

发动机不能起动；请求起动时，起动机无法激活；无法解锁车辆。

(2) 故障原因

① 蓄电池电量不够。

② 车辆部件配置不正确。

③ 标定软件配置有问题。

④ 相关硬件故障，如发动机控制单元、稳压电源、蓄电池监控单元、起动机等。

⑤ 线束故障。

2. 起动停止系统一直不工作

(1) 故障描述

无法进入起动停止系统。

(2) 故障原因

① 驾驶的环境不允许进入起动停止系统。

② 蓄电池电量不足。

③ 车辆硬件配置不正确。

④ 标定软件配置有问题。

⑤ 相关硬件故障，如发动机控制单元、稳压电源、蓄电池监控单元、起动机等。

⑥ 线束故障。

3. 起动停止系统之前可以工作，后来不工作了

(1) 故障描述

之前可以进入起动停止系统，后来再无法进入起动停止系统。

（2）故障原因

① 驾驶的环境不允许进入起动停止系统。

② 蓄电池电量不足。

③ 标定软件配置有问题。

④ 相关硬件故障，如发动机控制单元、稳压电源、蓄电池监控单元、起动机等。

⑤ 线束故障。

（3）以上故障排除基本方法

① 分析软件版本/硬件版本。

② 分析故障日志。

③ 分析蓄电池数据：电量、电压、温度等。

④ 检查车辆。

读取到的故障日志中如果有影响起动停止系统工作相关的故障码，需要分析是什么原因导致；如果故障日志中的故障码与起动停止系统无关，则可直接清除故障日志。

发动机控制单元核心监控 ECU 与其他遍布车辆的各监控系统之间通过 CAN 总线进行通信，因此采集故障发生时车辆的 CAN 信息非常重要，哪些系统进行了授权，哪些系统没有进行授权，可以根据采集到的信息帧进行分析和判断。

上述对车辆起动停止系统常见故障和分析方法进行了汇总，遇到起动停止系统实际问题时，需要具体情况具体分析。

【故障实例】

一辆 2012 年产的新速腾蓝驱型轿车，装备 DSG 双离合变速器及 1.4T 缸内直喷发动机，车辆因电气故障在服务站更换发动机控制单元后，起动停止功能无法使用。

检查分析：维修人员连接诊断仪检查各控制单元没有故障码，同时仪表显示起动停止系统故障。根据故障现象，初步分析需要对发动机控制单元进行匹配，更换发动机控制单元并对其进行匹配。发动机控制单元匹配过程完毕，进入车辆自诊断系统，继续匹配起动停止功能后试车，起动停止功能恢复正常。

合作讨论原因

学生活动 学生小组合作讨论达成共识，把本组“车辆自动起动停止系统失灵”的原因工整地书写在餐垫的中间区域上，把餐垫贴在白板上展示。（20min）

教师活动 教师重点观察学生讨论时的表现：所有成员是否可以经过妥协或协商快速达成一致意见。

师生确定原因

教师活动 教师带领学生一起逐条对每组的结果进行分析评价，判断对错，总结原因。

学生活动 学生领会理解，修改本组餐垫并把最终结果工整记录在笔记本上。（10min）

填写客户工单

教师活动 教师提供行车证等资料，指导学生填写5.6.0.1客户工单（车辆检验内容，确定维修范围，是否修理车辆建议）。

学生活动 学生小组合作填写完整客户任务工单。(10min)

提交任务分析阶段的评价表

教师活动 教师要求学生对任务分析阶段自己的表现依据5.6.2.2评价表进行自我评价。

学生活动 学生按照教师的要求对自己在任务分析阶段的表现对照每一条进行客观真实的自评。

5.6.2.2 任务分析评价表

参与本项目的教师具体见Moodle系统，未参与本项目的教师可以根据实际情况自行制定。

5.6.3 理论学习：起动停止系统的组成与使用

教学方法：小组拼图法

原始组独立完成工作页

教师活动 教师把学生分成专家组，并提供与之有关的5.6.3.1～5.6.3.5信息页和5.6.3.1～5.6.3.5工作页。

学生活动 学生原始组个人独立学习5.6.3.1～5.6.3.5信息页，并完成5.6.3.1～5.6.3.5工作页。(30min)

5.6.3.1 信息页

5.6.3.1 信息页

学校名称		任课教师	
班级		学生姓名	
学习领域	L5 发动机电气系统诊断维修		
学习情境	LS5.6：车辆的自动起动停止系统失灵	学习时间	30min
工作任务	A：起动停止系统的功能与类型	学习地点	理实一体化教室

1. 功能

不断上涨的能源价格和更加严格的排放法规，促使人们不断地去探索降低车辆能耗和废气排放量的新方法。起动停止系统（Stop /Start）由此应运而生，当车辆在铁道路口或者红绿灯前停车时，该系统会自动将发动机暂时关闭，再次起步时，不需要操作点火钥匙就能起动发动机，从而达到节油减排的目的。实验证明，装备自动起动停止系统的车辆在综合路况（高速、普通公路、城市）条件下可以节约5%左右燃油，而在拥堵路段中最高可以节约15%的燃油，同时汽油机还可以降低5～8.6g/km的CO_2排放。以大众汽车为例，车辆起步

后，一旦其行驶速度超过3km/h且时间持续约4s，起动停止系统就会自动开启。

2. 类型

最早，自动起动停止技术只在混合动力车上使用，而后才慢慢发展到了传统内燃机车辆上。目前，起动停止系统主要有三种形式。

（1）分离式起动机/发电机起动停止系统

采用分离式起动机和发电机的起动停止系统很常见。这种系统的起动机和发电机是独立设计的，发动机起动所需的功率是由起动机提供，而发电机则为起动机提供电能。

博世公司是这种起动停止系统的主流供应商。这套系统包括高增强型起动机、增强型蓄电池（一般采用AGM型蓄电池）、可控发电机、集成起动停止系统协调程序的发动机ECU、传感器等，如图1所示。

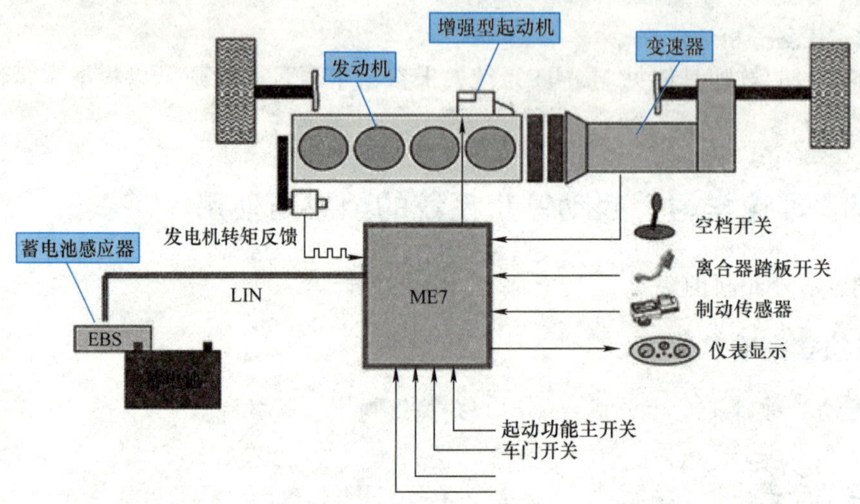

图1　分离式起动机/发电机起动停止系统的组成

博世起动机能快速、安静地自动恢复发动机运转，可降低起动时的油耗。这种起动停止系统零件少，安装方便，可应用于各种不同的起动驱动方式（带驱动、直齿驱动和电力轴驱动）。而且系统的部件与传统部件尺寸保持一致，因此可直接配备至各种车辆上。

目前全球已量产装有博世起动停止系统的车型已非常多，包括宝马1、3、5系及X3，大众帕萨特、高尔夫，奔驰A、B、C、E级（部分），奥迪A6、A8，雷诺Megane，欧宝Corsa、Astra等。

2009年开始，我国一些汽车厂商也与博世合作匹配起动停止系统，2010年上半年上市的长安CX30就匹配该系统。长城、吉利、上汽、奇瑞等自主品牌也相继推出匹配车型。

（2）集成起动机/发电机起动停止系统

集成起动机/发电机是一个通过永磁体内转子和单齿定子来激励的同步电机，能将驱动单元集成到混合动力传动系统中。

法雷奥研发成i－Start系统（i－Start/Stop System），它首先应用于PSA（标致－雪铁龙集团）的e－HDi车型上，如图2所示。i－Start系统的电控装置集成在发电机内部，在遇红灯停车时发动机停转，只要一挂档或松开制动踏板汽车会立即自动起动发动机。

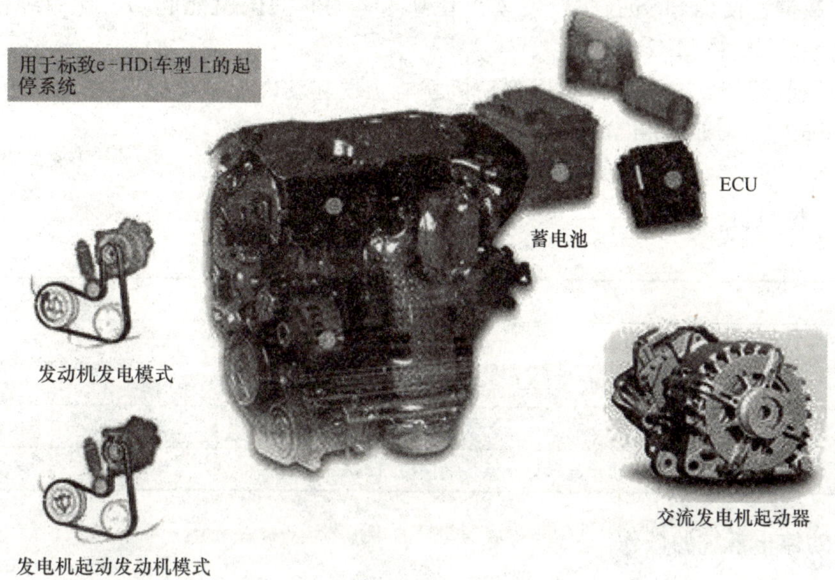

图 2 集成起动机/发电机起动停止系统

法雷奥将为十多个汽车制造商的 50 款车型配备 i – Start 系统。PSA 集团、奔驰及 Smart 是法雷奥起动停止系统的主要客户。

（3）马自达 SISS 智能起动停止系统

前面介绍的两种起动停止系统是单纯用起动机来起动发动机的，而 Mazda 的 SISS 智能起动停止系统（现在称为 i – Stop 技术），主要是通过在气缸内进行燃油直喷，燃油燃烧产生的膨胀力来起动发动机的，发动机上的传统起动机在发动机起动时起到辅助作用，如图 3 所示。

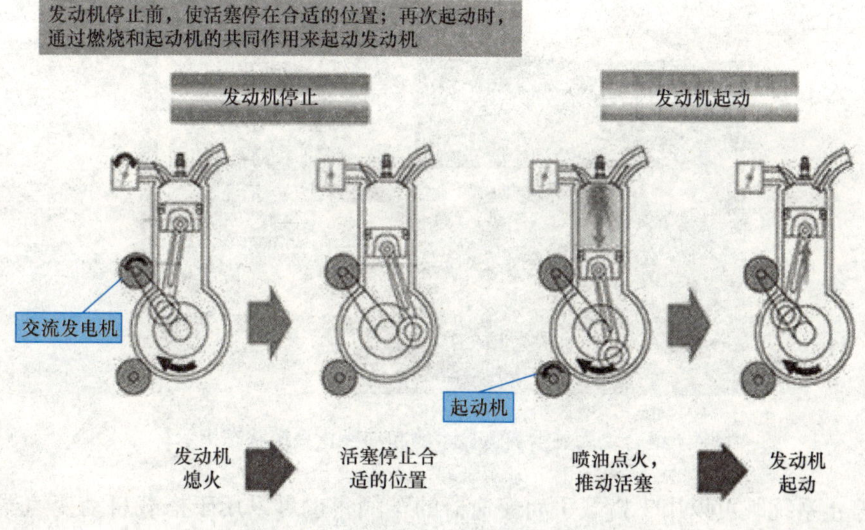

图 3 马自达 SISS 智能启停系统原理

据官方数据，使用SISS技术，发动机在0.35s的时间内就能起动，比单纯使用起动机或电动机的系统要缩短1/2。

该系统控制智能、效率高，不用起动机就能实现起动停止系统的功能，已用于日本市场销售的Mazda 2、Mazda 3和Mazda 6等车型上。

5.6.3.2 信息页

5.6.3.2 信息页

学校名称		任课教师		
班级		学生姓名		
学习领域	L5 发动机电气系统诊断维修			
学习情境	LS5.6：车辆的自动起动停止系统失灵	学习时间	30min	
工作任务	B：起动停止系统的操作	学习地点	理实一体化教室	

1. 起动停止系统的操作

以带有起动停止功能的大众汽车为例，插入点火钥匙，接通点火开关，起动停止系统的开关便自动接通，组合仪表显示屏上会显示起动停止系统的状态指示符，如图4所示。只要车速超过3km/h的时间超过4s，起动停止系统就会处于激活状态，驾驶人可以通过按键（F416）手动关闭或打开起动停止系统。按键（F416）位于变速杆附近，不同车型的按键布局不尽相同，帕萨特汽车的起动停止开关位置如图5所示。当驾驶人按下该按键后，起动停止系统即被关闭，组合仪表显示屏上的状态指示符便熄灭；当驾驶人再次按压按键或将点火钥匙拔出后再次插入，起动停止系统就会再次接通。

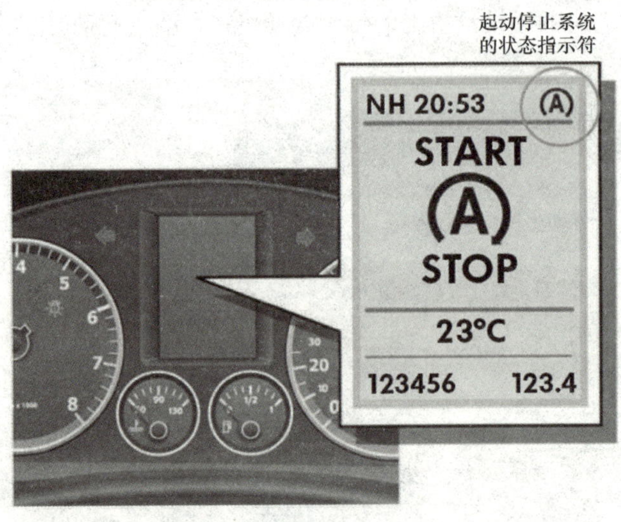

图4 组合仪表显示屏上显示的起动停止系统状态指示符

起动停止系统既可以用于搭载手动变速器的车辆，也可以用于搭载自动变速器的车辆。起动停止系统会根据车辆运转的情况和驾驶人的操作判断是否需要关闭或起动发动机。当然，对于使用不同变速器的车辆，起动停止系统的操作特点也不同。

图 5 帕萨特按键 F416 的外观及在车上的具体位置

对于搭载手动变速器的车辆，当车辆以较高车速接近交通信号灯为红灯的路口时，驾驶人会控制车辆减速、减档行驶直到车辆停止，然后将变速器档位换至空档并松开离合器踏板，起动停止系统就会将发动机关闭。此时起动停止系统一直处于再次起动发动机前的准备状态，同时组合仪表的显示屏上会显示图 6 所示的符号。当交通信号灯变为绿灯，驾驶人踩下离合器踏板时，起动停止系统会自动起动发动机，此时组合仪表上的起动/关闭符号熄灭，车辆即可继续行驶。

图 6 起动停止系统处于准备起动状态时仪表的显示

对于搭载自动变速器的车辆，当车辆以较高车速接近交通信号灯为红灯的路口时，驾驶人将车辆制动，直至车辆停止（驾驶人应踩住制动踏板直至交通信号灯变为绿灯），起动停止系统即关闭发动机。此时起动停止系统一直处于再次起动发动机前的准备状态，同时组合仪表的显示屏上会显示如图 6 所示的符号。当交通信号灯变为绿灯，驾驶人松开制动踏板，起动停止系统会自动起动发动机，组合仪表上的起动/关闭符号熄灭，车辆即可继续行驶。

2. 起动停止系统在仪表上的显示

不同车辆的起动停止系统在仪表上的显示不尽相同，但显示的基本信息相似，下面以大众车型的显示方案为例进行说明。大众车型配备的组合仪表型号不同，显示出的起动停止系统方面的信息也不同。

（1）Lowline 组合仪表

在 Lowline 配置的组合仪表中，只有在发动机被自动关闭时，才会显示起动停止系统的工作情况。此时系统正时刻准备使发动机自动再次起动。

显示屏下方以滚动字幕的方式显示内容：“起动停止系统已开启”，如图 7a 所示。

如果需要驾驶人手动起动发动机，那么会显示信息（每2s切换一次）“手动”和“起动”，如图7b所示。

如果系统出现故障，也就是起动停止系统不能工作了，那么“起动”“停止”和“故障”这几个词会依次出现在显示屏上，如图7c所示。

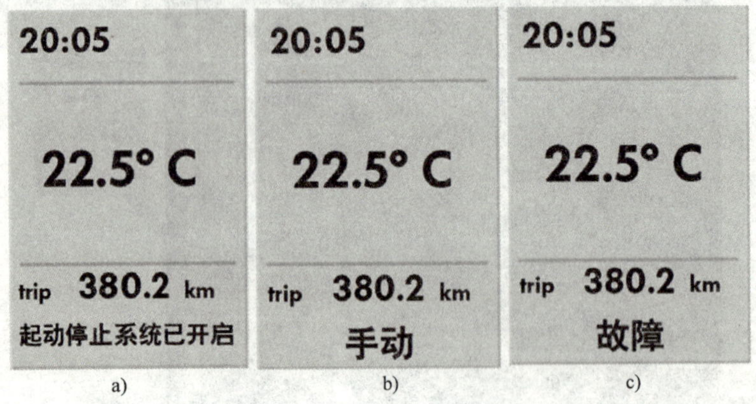

图7　Lowline组合仪表起动停止系统的显示

（2）Highline组合仪表

在Highline配置的组合仪表中，用显示屏右上角一个在圆弧箭头内的字母A符号来表示起动停止系统的工作状态，如图8a所示。如果驾驶人关闭了该系统，或者车辆不满足该系统的工作条件，则这个指示灯就会熄灭。

如果起动停止系统已将发动机关闭，且系统时刻准备使发动机自动再次起动，那么显示屏中央会出现一个大的起动停止系统符号。一旦起动停止系统使发动机再次起动，这个符号就会熄灭。

如果需要驾驶人手动起动发动机，那么显示屏中央（在较小的起动停止系统符号下方）会显示信息“手动起动发动机”，如图8b所示。

如果系统发生故障，那么显示屏上会显示信息“起动停止系统故障”，如图8c所示。

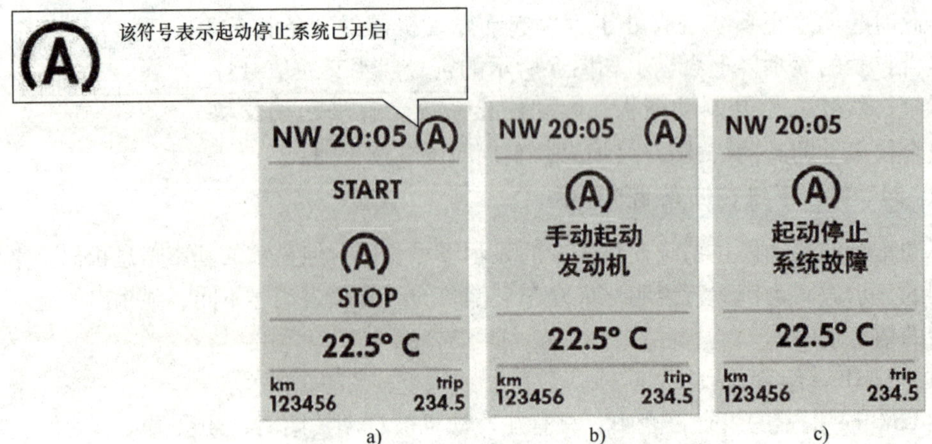

图8　Highline组合仪表起动停止系统的显示

如果起动停止系统发生故障，那么在每次起动发动机后就会显示这个信息，随后会被“手动起动发动机”这个信息取代。

5.6.3.3 信息页

5.6.3.3 信息页

学校名称			任课教师	
班级			学生姓名	
学习领域	L5 发动机电气系统诊断维修			
学习情境	LS5.6：车辆的自动起动停止系统失灵		学习时间	30min
工作任务	C：起动停止系统的工作条件		学习地点	理实一体化教室

1. 停车时关闭发动机条件

在车辆停车时，如果想让起动停止系统关闭发动机，那么除了驾驶人正确操作离合器、换档和制动外，还需要满足如下条件。

① 车辆已停住（车速为0km/h）。

② 发动机转速低于1200r/min。

③ 冷却液温度为25～100℃。

④ 制动助力系统的真空压力高于550mbar（1mbar＝100Pa）。

⑤ 蓄电池能够提供发动机再次起动所需要的电能（这个电能需求量是在发动机关闭前计算出来的，也就是起动电压预测）。

⑥ 蓄电池温度在－1～55℃。

⑦ 乘员对空调系统的要求不是太高，出风口的规定温度和实际温度之差小于8℃。

⑧ 柴油颗粒过滤器未处于再生工作模式（仅指柴油发动机）。

2. 继续行驶时起动发动机条件

如果想让起动停止系统自动将发动机再次起动，那么除了驾驶人的正确操作外，还需要满足如下条件。

① 驾驶人已系好安全带（安全带锁扣已锁）。

② 发动机舱盖已关闭。

③ 车门已关好。

④ 系统检测到离合器踏板已踩下，且变速杆处于空档位置（手动变速器车型）；系统检测到制动踏板已松开（自动变速器车型）。

3. 发动机停止运转后，强制起动条件

在起动停止系统控制发动机熄火后，若发生下列情况，即使驾驶人没有起动发动机的操作，起动停止系统也会控制发动机起动。

① 车辆停在坡道上时发生溜坡；需要使用制动助力和转向助力。如果车辆移动速度超过3km/h，那么发动机就会自动起动。

② 发动机冷却液温度不在25～100℃范围。

③ 制动助力系统真空度不足。

④ 蓄电池充电不足。

⑤ 乘员激活了车内用电量较大的系统，如按下了除霜按键、鼓风机档位提高超过了4级、提高了空调系统制热和制冷的要求（即出风口目标温度和实际温度之差超过8℃）等。

当起动停止系统已开始运作，为了保证能再次起动发动机，某些辅助用电器或者舒适功能（如座椅加热）在发动机熄火后就会关闭。

4. 起动停止系统关闭条件

当存在下列情况时，起动停止系统将不能自动关闭发动机。

① 驾驶人已经用起动停止系统按键F416关闭了起动停止系统，或者F416存在故障（如果F416有故障，发动机控制单元就会关闭起动停止系统并记录相应故障码）。

② 蓄电池的充电状态无法再次起动发动机（起动电压预测功能），或者蓄电池控制单元失效。

③ 除霜功能处于激活状态。

④ 前风窗玻璃加热功能处于激活状态。

⑤ 空调操作面板上设置的温度与车内实际温度之差大于8℃。

⑥ 发动机转速高于1200r/min。

⑦ 发电机损坏，比如传动带撕裂。

车辆、装备和发动机型号不同，此处所示的数值也不同。随着技术的发展，这些数值也会变化，因此具体的数值必须参阅最新的维修手册。

5.6.3.4 信息页

5.6.3.4 信息页

学校名称			任课教师	
班级			学生姓名	
学习领域	L5 发动机电气系统诊断维修			
学习情境	LS5.6：车辆的自动起动停止系统失灵	学习时间	30min	
工作任务	D：起动停止系统的组成部件	学习地点	理实一体化教室	

1. 起动停止系统按键

起动停止系统按键（F416）的安装位置因车而异，大众汽车通常安装在变速杆的控制台上。起动停止系统按键的功用是在行车过程中，驾驶人可以用该按键开启或关闭起动停止系统。只要是手动打开点火开关，那么该系统就会自动开启。一旦满足工作条件，该系统就会自动工作。

如果F416出现故障，那么发动机控制单元就会关闭起动停止系统。发动机控制单元故障存储器内会记录一条故障信息。

2. 玻璃纤维隔板蓄电池

带有起动停止功能的汽车上使用的是玻璃纤维隔板蓄电池，而不是普通的铅蓄电池，其作为起动用的蓄电池具有更高的循环稳定性。

玻璃纤维隔板蓄电池与胶体蓄电池是蓄电池开发领域中最新产物的代表。这种蓄电池与普通铅蓄电池的不同之处在于：电解酸液是完全吸附在玻璃纤维上，玻璃纤维隔板将铅极板彼此分隔开。

（1）其他优点

① 冷起动性能好。

② 深度放电性能好。

③ 工作性能强。

④ 即使壳体破裂也不会出现泄漏。

⑤ 基本不会出现影响性能的酸化层（与传统蓄电池相比）。

⑥ 免维护。

（2）在充电和跨接起动时的注意事项

把充电电缆先接到正极接线柱上，然后再接到车身搭铁处。这样可保证蓄电池传感器不被绕过。

如果直接在负极接线柱上给蓄电池充电，就会绕过蓄电池传感器。这意味着，在充电过程中传感器无法获得蓄电池数据，那么数据总线诊断接口内存储的关于蓄电池状态的数值就会与充过电的蓄电池数值不一致。

3. 蓄电池传感器

蓄电池有足够的电能来重新起动发动机，这对于起动停止系统的工作来说是非常重要的一个前提条件。因此，大众汽车上采用新的线束来连接玻璃纤维隔板蓄电池，新的线束中有一个集成在蓄电池监控控制单元（J367）内的新型蓄电池传感器，如图 9 所示。

图 9　蓄电池传感器

蓄电池监控控制单元直接安装在搭铁线的负极接线柱上，它通过 LIN 总线与数据总线诊断接口相连。

蓄电池传感器用于确定以下数值：

① 蓄电池温度。

② 蓄电池电压。

③ 充电电流。

蓄电池温度是根据特性场和环境温度确定的。根据蓄电池温度还可以推测出蓄电池负载作用的持续时间。

借助于这些数据，就可以将充电调节情况和充电电压与蓄电池的充电和工作状态进行匹配。其目的就是通过对蓄电池的详细数据分析，来提升起动停止系统的有效性。

如果蓄电池传感器损坏，则无法获知蓄电池状态的正确信息。于是数据总线诊断接口的故障存储器内会记录一条故障信息，起动停止系统将被关闭。

4. 手动变速器空档位置传感器

要想在配备手动变速器的蓝驱车型上实现起动停止系统功能，就必须增加一个传感器，系统需要利用这个传感器来识别变速杆的空档位置。这就是变速器空档位置传感器 G701。该传感器是从变速器上方拧入到变速器壳体中的，它以非接触方式识别选档轴的位置。

5. 发电机

以前，发电机和调压器一直都是通过单独的导线来与发动机和车载电网控制单元相连的。对于起动停止系统技术来说，信息现在是通过一根 LIN 总线传至数据总线诊断接口的。由此就可以通过 CAN 总线来为其他控制单元（比如发动机控制单元）提供这些信息了。

6. 起动机

起动停止系统的工作（如在城市工况下）对起动机提出了较高的要求，因此其循环稳定性增强了，齿圈强度也增大了。这里所说的循环，指的是起动机的工作，与发动机是否起动无关。循环稳定性增强，也就意味着起动机的寿命更长，起动机的磨损也降低了。

7. 稳压器 J532

该稳压器是一种 DC/DC 变压器。DC/DC（DC 指直流）是指直流到直流的转换。该稳压器位于左前车轮罩壳上，其功率为 180W。它是通过 LIN 总线和车载电网（接线端 50R，R 代表反馈）连接的。

正如稳压器的名字所描述的那样，它的任务就是在特定情况下（如起动停止系统工作时），将车载电网（接线端 30）的电压稳定在约 12V。由于起动停止系统在工作时需要很大的起动电流，将导致车上其他用电器的电压波动很大，就需要有这样一个稳压器来稳定电压。

如果没有这个稳压器，那么受影响的控制单元就会重置设备并会记录下如“车载电压，信号太小”这样的故障信息。而使用了稳压器就可避免出现这种情况。

如果稳压器损坏，在起动机工作时就会导致收音机、导航、组合仪表以及电话这些设备上的电压不足，那么这些设备就会被重置。当起动停止系统处于工作状态时，如果每次起动发动机，上述设备就出现重置，这就说明稳压器出现损坏。但目前在诊断接口或者车载电网控制单元的故障存储器内不会出现直接的故障记录。

工作过程如下：

稳压器是一种 DC/DC 变压器。稳压器的核心部件是一个电子蓄能元件，它可以将电能存储一定的时间。另外还需要有一个内部开关（晶体管）——用于控制蓄能元件内电能的流出。稳压器的电路连接如图 10 所示。

如果点火锁转到“点火开关打开”状态，接线端 15 通电，稳压器开启，如图 11 所示。

于是蓄能元件开始充电，以便让稳压器达到其 180W 的最大功率，用以抵消电压降。用于控制蓄能元件的内部开关断开，稳压器现在就处于备用状态了。

随着起动机起动（接线端 50 通电），稳压器由接线端 50R（R 代表反馈）接收到一个开启信号。这个开启信号会将开关合上，如图 12 所示。于是存储的电能就会从蓄能器中流出，用以补偿电压的波动。随后开关又断开，蓄能元件开始重新充电。

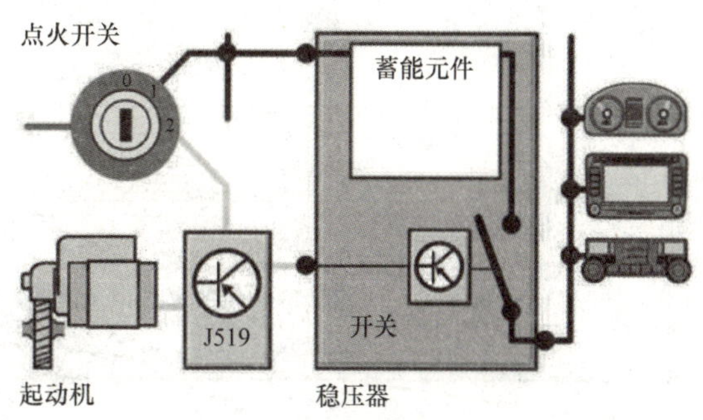

图 10 稳压器电路连接

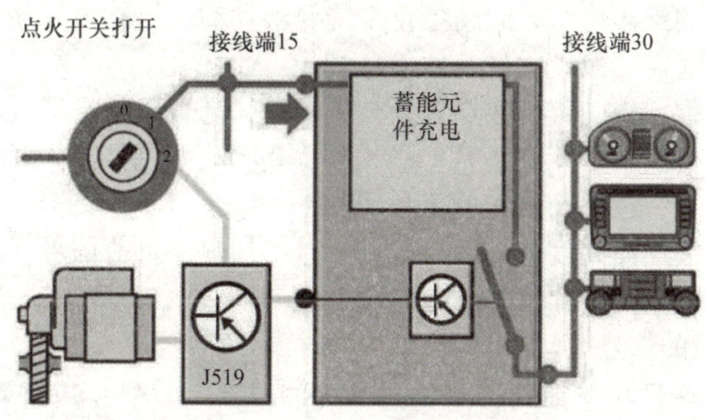

图 11 稳压器充电

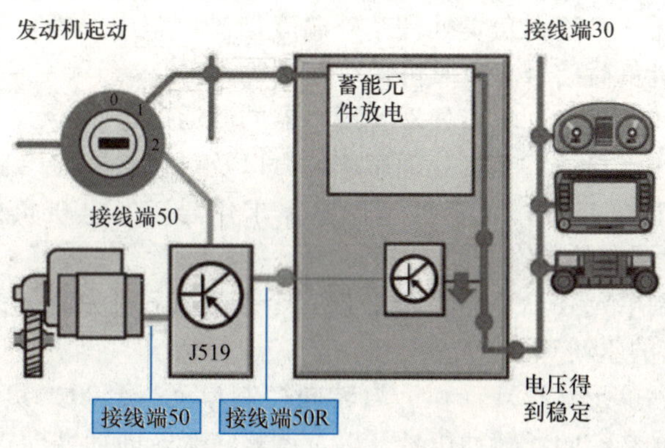

图 12 稳压器放电

为了实现起动停止系统的功能，玻璃纤维隔板蓄电池、发电机、起动机、手动变速器（档位识别）、稳压器等部件必须进行匹配。

5.6.3.5 信息页

5.6.3.5 信息页

学校名称		任课教师		
班级		学生姓名		
学习领域	L5 发动机电气系统诊断维修			
学习情境	LS5.6：车辆的自动起动停止系统失灵	学习时间	30min	
工作任务	E：起动停止系统的组成	学习地点	理实一体化教室	

起动停止系统所涉及的部件和系统组成如图13所示。起动停止系统是通过集成在发动机控制单元（J623）的软件实现的。该系统需要与车辆的许多部件和系统进行数据交换，以便控制发动机的起动停止系统，这就要求相关控制单元处理很多信息（不仅仅是离合器踏板信号和制动信号）并密切配合。各控制系统之间的信息传输如图14所示。

由起动停止系统的操作可知，起动停止系统要求发动机控制单元除了处理加速踏板信号和制动踏板信号外，还需要处理大量其他信息。

起停系统逻辑必须首先确定，在点火开关接通后，是否已满足了激活起动停止功能的先决条件。为此，发动机控制单元（J623）必须协调起动停止系统与车辆其他系统之间的关系，必须处理相关信号，包括起动停止系统开关（F416）信号、起动停止系统激活的释放信号、转速信号、机油油面高度信号、空燃比传感器加热器负荷信号、档位识别信号、离合器信号、变速器空档位置传感器信号（仅指手动变速器）、加速踏板位置信号、喷油调节信号及其他与OBD相关的信号等。

对于搭载双离合器自动变速器的车辆，其控制单元（J743）负责处理档位识别信号和变速器输出转速信号。

ABS控制单元（J104）负责处理制动踏板信号、制动压力信号、车轮转速信号及ESP信号等。

自动空调控制单元（J255）负责处理车外温度信号、车内温度信号、出风口温度信号、除霜模式信号、压缩机负荷信号和鼓风机负荷信号等。

车载电网控制单元（J519）负责处理各用电器的激活信号。

组合仪表控制单元（J285）负责处理车速信号以及对显示屏的控制。

数据总线诊断接口（J533）负责处理用电需求信号、发电机负荷信号（通过LIN总线），监控蓄电池和稳压器的状态。

舒适系统中央控制单元（J393）负责处理安全带锁（已上锁）信号及舒适功能负荷信号（如滑动/外翻天窗的驱动等）。

驻车转向辅助控制单元（J791）和助力转向控制单元（J500）负责处理电动机械式动力转向系统的负荷信号、转向盘转动信号，以及调整驻车转向辅助模式。

与一般车辆不同，配有起动停止系统的车辆加装了蓄电池监控控制单元J367（带有蓄电池传感器）。该控制单元直接接在搭铁线的负极接线柱上，通过LIN总线与数据总线诊断接口相连。其内部有一个蓄电池传感器，用于监测蓄电池电压、蓄电池温度（蓄电池温度是根据特性曲线和环境温度计算出来的，根据这个温度还可以推测出蓄电池负载作用的持续时间）及充电电流等。借助这些数据，就可以将充电调节情况和充电电压与蓄电池的充电和工作状态进行适配，以提高起动停止系统的可用性。

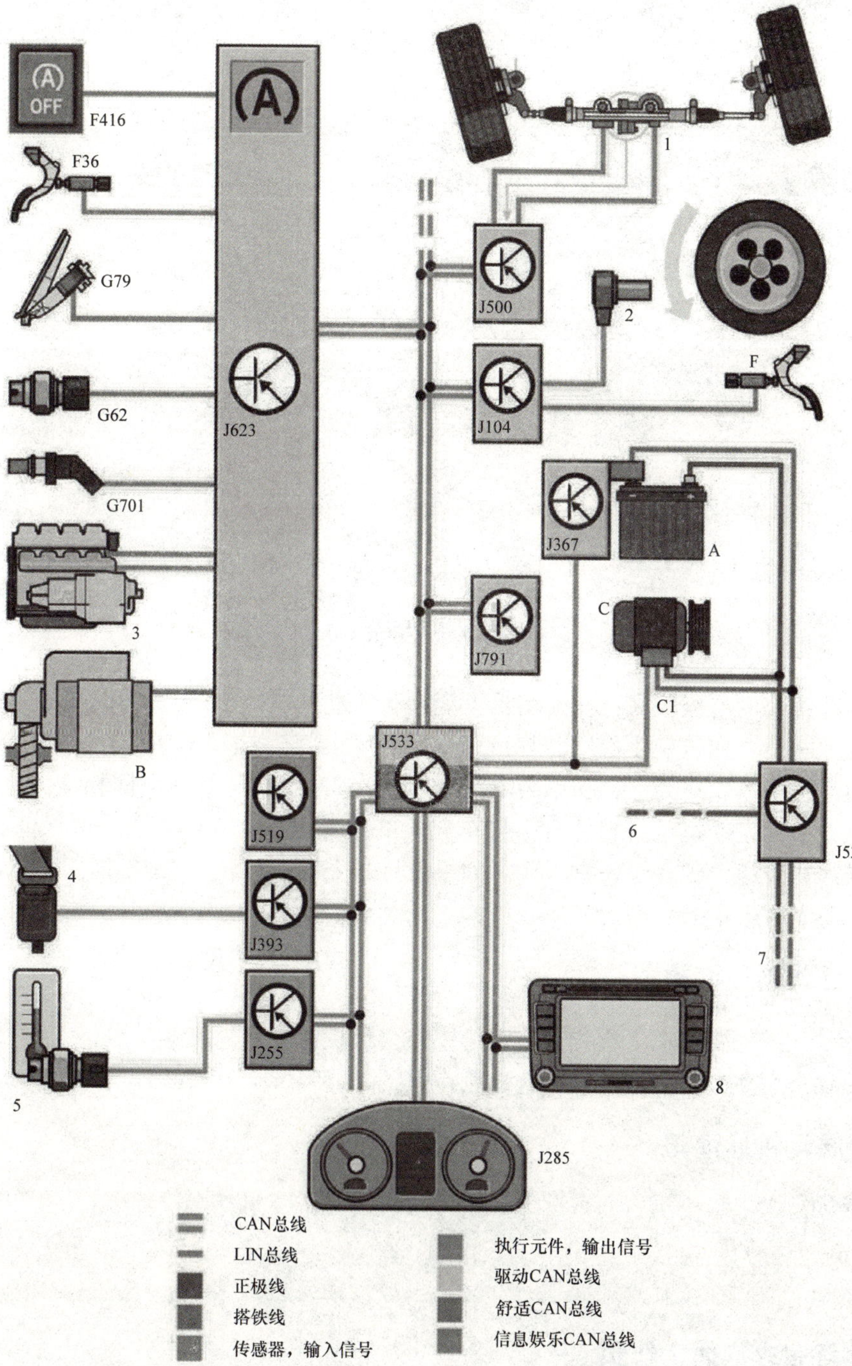

CAN总线
LIN总线
正极线
搭铁线
传感器，输入信号
执行元件，输出信号
驱动CAN总线
舒适CAN总线
信息娱乐CAN总线

图 13 大众汽车起动停止系统的相关控制单元

1—电控机械式动力转向系统 2—车速信号 3—发动机管理系统 4—安全带识别 5—暖风、鼓风机和空调调节 6—接线柱 50R 7—接线柱 30 8—收音机/导航系统 A—蓄电池 B—起动机 C—发电机 C1—电压调节器 F—制动灯开关 F36—离合器踏板开关 F416—起动停止系统开关 G62—冷却液温度传感器 G79—加速踏板位置传感器 G701—变速器空档位置传感器（手动变速器） J104—ABS 控制单元 J255—自动空调控制单元 J285—组合仪表控制单元 J367—蓄电池监控控制单元（带有蓄电池传感器） J393—舒适系统中央控制单元 J500—助力转向控制单元 J519—车载电网控制单元 J532—稳压器 J533—数据总线诊断接口 J623—发动机控制单元 J791—驻车转向辅助控制单元

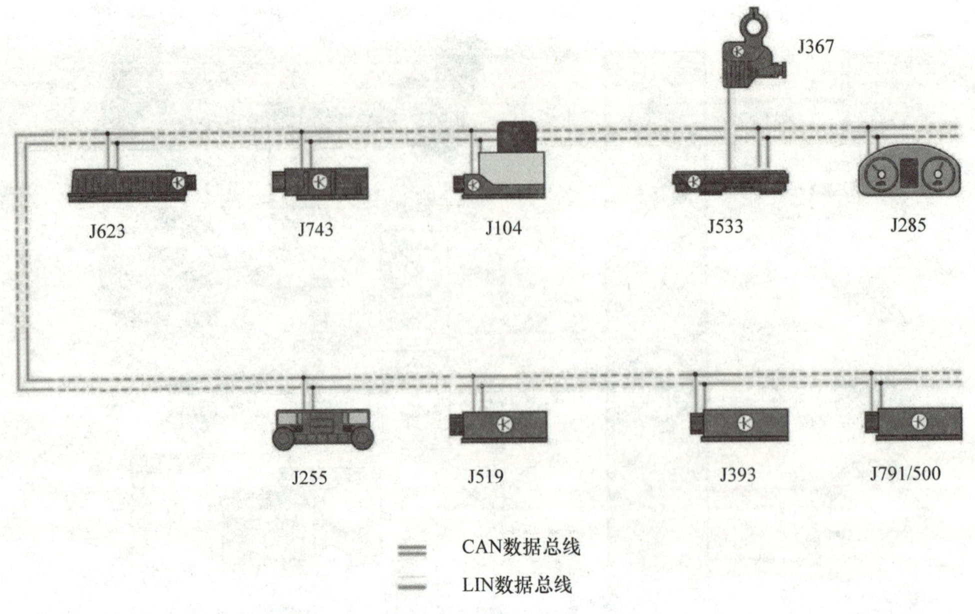

图 14 起动停止系统各控制单元信息通信

起动时所需要的电流较大，在发动机重新起动的过程中，车辆的供电电压可能会出现较大波动，因此还需要加装一个稳压器（J532）。该稳压器是一个 DC/DC（直流转换为直流）变压器，位于左前车轮罩壳上，功率为 180W，通过 LIN 总线和车载电网相连。其作用是在起动停止系统控制发动机重新起动时，将车载电网的电压稳定在约 12V，以保证收音机/导航装置、鼓风机及组合仪表等正常工作。如果没有这个稳压器，那么受到电压波动影响的控制单元就会重置并会记录故障码。

专家组合作制作海报

教师活动 教师要求学生形成专家组，小组合作设计简单的海报。

学生活动 学生进行小组讨论，合作制作海报。（30min）

专家组展示讲述海报

学生活动 学生每个小组展示讲述本组学习成果，其他组学生认真倾听，提出疑问、建议。（50min）

教师活动 教师在学生讲解海报时及时给出评价和反馈。

拼图学习完成其他工作页

教师活动 教师要求学生先独立完成其他四个工作页的学习，并进行指导和答疑；然后小组讨论并展示结果。

学生活动 学生先是独立完成其他四个工作页的学习，然后和伙伴讨论形成本组意见，进行工作页的展示。（80min）

完成 5.6.3.1 理论测试

教师活动 教师要求学生独立完成 5.6.3.1 理论测试，不允许查阅任何资料。

学生活动 学生安静独立地在系统上完成 5.6.3.1 理论测试并提交，不能查阅任何资料。(20min)

5.6.3.1 理论测试

5.6.3.1 理论测试

学校名称		任课教师		
班级		学生姓名		
学习领域	L5 发动机电气系统诊断维修			
学习情境	LS5.6：车辆的自动起动停止系统失灵			
理论学习内容	起动停止系统的组成与使用	学习地点	30min	

一、填空题（每空 1 分，共 17 分）

1. 起动停止系统英文名称________，简称________，当车辆在铁道路口或者红绿灯前停车时，会自动将发动机暂时关闭。而再次起步时，不需要再操作________就能起动发动机，从而达到________的目的。对于大众汽车来说，车辆起步后，一旦其行驶速度超过________且时间持续约________，起动停止系统就会自动开启。

2. 最早，自动起动停止技术只在________车上使用，而后才慢慢发展到了传统内燃机车辆上。目前，起动停止系统主要有三种形式，分别为________、________、________。

3. 对于带有起动停止功能的大众汽车，插入________，接通点火开关，起动停止系统的开关使________，组合仪表显示屏上会显示系统的状态指示符。驾驶人可以通过________手动关闭或打开起动停止系统。

4. 一辆手动变速器车辆停在交通信号灯前，要想使用起动停止系统的功能，请问驾驶人需要怎么做？请您补充下面的文字内容。

驾驶人应________。

将变速杆推至________位置并松开________踏板，此时发动机将停止运转。

当交通信号灯变为绿灯，驾驶人踩下________时，起动停止系统会自动起动发动机。

二、选择题（每题 2 分，共 22 分）

1. 车辆起动停止系统的功能描述正确的是（　　）。

A. 减少发动机磨损　　B. 减少燃油消耗及排放

C. 减轻驾驶人工作强度　　D. 增强乘员舒适性

2. 具有起动停止系统的车辆使用的蓄电池是（　　）。

A. 干荷电蓄电池　　B. 湿荷电蓄电池　　C. 免维护蓄电池　　D. AGM 蓄电池

3. 马自达 SISS 智能起动停止系统是通过（　　）方式来重新起动发动机的。

A. 起动机起动方式　　B. 集成式发电机起动

C. 燃油燃烧产生的膨胀力来起动　　D. 新增一个电动机来起动

4. 下列图形中为起动停止开关的是（　　）。

A. ESP OFF　　B.　　C.　　D. (A) OFF

5. 下列不属于起动停止系统的关闭发动机的条件的是（　　）。

A. 车辆已停住　　B. 冷却液温度在25～100℃之间

C. 轮胎气压达规定值　　D. 空调出风口的规定温度和实际温度之差小于8℃

6. 下列不属于起动停止系统重新起动发动机的条件的是（　　）。

A. 驾驶人已系好安全带　　B. 环境温度过低

C. 车门已关好　　D. 发动机舱盖已关闭

7. 下列不属于发动机停止运转后，强制起动条件的是（　　）。

A. 发动机冷却液温度不在25～100℃之间

B. 蓄电池充电不足　　C. 制动助力系统真空度不足　　D. 远光灯开启

8. 蓄电池监控控制单元不能检测的数值是（　　）。

A. 蓄电池容量　　B. 蓄电池温度　　C. 蓄电池电压　　D. 充电电流

9. 关于起动停止系统稳压器的描述不正确的是（　　）。

A. 它是一种 DC/DC 变压器

B. 如果重新起动发动机时组合仪表出现重置，则说明稳压器功能正常

C. 通过 LIN 总线和车载电网连接　　D. 将车载电网接线端的电压稳定在约12V

10. 起动停止系统工作时，车载电网控制单元（J519）负责处理（　　）信号。

A. 电动座椅加热　　B. 发动机转速　　C. 起动停止开关　　D. 制动踏板

11. 对于配备起动停止系统的手动变速器汽车需加装（　　）。

A. 轮胎气压传感器　　B. 变速器空档传感器

C. 变速器输出轴转速传感器　　D. 制动踏板位置传感器

三、判断题（每题2分，共20分）

1. 集成起动机/发电机起动停止系统的起动机和发电机集成为了一个部件。（　　）

2. 在马自达 SISS 智能起动停止系统中，发动机重新起动是由起动机来起动的。（　　）

3. 只要车速超过3km/h的时间超过4s，大众汽车的起动停止系统就会处于激活状态。（　　）

4. 起动停止系统具有节能减排功能，行驶过程中驾驶人无法关闭该系统。（　　）

5. 手动变速器车辆不具有起动停止功能。（　　）

6. 具有起动停止功能的自动变速器汽车在停车后松开制动踏板，发动机将停止运转。（　　）

7. 在给具有起动停止功能的车辆充电时，将充电机正、负极分别接到蓄电池的正、负极上进行充电。（　　）

8. 发动机冷却液温度过低时，具有起动停止功能的发动机将强制起动。（　　）

9. 驾驶人开启了除霜功能，则起动停止功能将不能使用。（　　）

10. 起动停止系统功能的使用并不受发动机怠速转速的影响。（　　）

提交理论学习阶段的评价表

教师活动 教师要求学生对理论学习阶段评价表5.6.3.1进行自我评价。

学生活动 学生按照教师的要求对自己在理论学习阶段的表现进行自评，客观真实。

理论学习评价表5.6.3.1

参与本项目的教师具体见Moodle系统，未参与本项目的教师可以根据实际情况自行制定。

5.6.4 任务计划：车辆的自动起动停止系统失灵工作计划

独立查阅信息

教师活动 教师提供实验车型的维修手册。

学生活动 学生个人独立查阅教师提供的维修手册，提炼整理关键信息。(20min)

小组制作工作计划海报

教师活动 教师要求学生小组合作制定“车辆的自动起动停止系统失灵”工作计划海报，把每一步的细节和注意事项写出来，包括为什么干、怎么干，与安全、环保、工具、时间、成本相关内容，以及注意事项、检测标准等。

学生活动 学生分组讨论，小组合作完成工作计划海报。(30min)

5.6.4.1 工作计划海报

见附录。

展示讲述工作计划海报

教师活动 教师选出一个组来介绍讲解海报内容，教师进行评价。

学生活动 被选出的小组展示讲述本组学习成果，其他组学生提出疑问、建议。(20min)

修改工作计划海报

教师活动 教师强调修改工作计划时注意：安全、环保、规范、时间及成本控制意识的训练。

学生活动 每个组根据教师意见认真改进本组海报。(10min)

提交任务计划阶段的评价表

教师活动 教师提供任务计划阶段的评价表，指定组间评价顺序，保证每个组都被评价。要求学生将5.6.4.2评价表以小组形式提交到系统。

学生活动 每个组对老师指定的小组进行评价，合作填写5.6.4.2评价表，小组提交到系统。

5.6.4.2　任务计划评价表

参与本项目的教师具体见 Moodle 系统，未参与本项目的教师可以根据实际情况自行制定。

5.6.5　任务决策：与师傅和客户沟通工作计划

独立完成任务决策表

教师活动　教师发放 5.6.5.1 任务决策表要求学生安静地独立完成。

学生活动　学生按照任务决策的关键要素独立完成 5.6.5.1 任务决策表。(20min)

5.6.5.1　任务决策表

5.6.5.1　任务决策表

决策类型	决策方案
与师傅决策	请站在厂商的角度，和师傅沟通任务计划实施的可能性。(包括：工作任务的时间控制和成本控制，工作步骤的正确性、规范性和合理性，工作过程的安全性和环保性，考虑厂商的经济效益和工作效率等。并记录决策结果与师傅的建议)
与客户决策	请站在客户的角度，和客户沟通任务计划实施的可能性。(包括：是否有几种可能供客户选择？某些项目做还是不做？现在做还是未来做？考虑客户的成本控制、时间控制、安全性、环保性、美观性和便利性等，并记录决策结果与客户的意见)

实战演习任务决策

教师活动　教师选出一个学生代表（这个学生是以往决策出现问题较大的）和自己进行任务决策，同时担任师傅和客户双重角色。

学生活动　被选出的学生与教师进行决策对话，其他学生观察，并进行口头评价、补充、改进。(20min)

提交确认任务决策

学生活动　每个学生修改自己的任务决策方案表格，提交到系统。(20min)

教师活动　教师对每个学生制定的任务决策方案进行确认，并将确认信息从系统发给学生。

提交任务决策阶段的评价表

教师活动　教师要求学生对任务决策阶段 5.6.5.2 评价表进行自我评价。

学生活动　学生按照教师的要求对自己在任务决策阶段的表现进行自评，客观真实。

5.6.5.2　任务决策评价表

参与本项目的教师具体见 Moodle 系统，未参与本项目的教师可以根据实际情况自行制定。

5.6.6　任务实施：使用设备进行实车检测诊断

示范操作

教师活动　教师亲自示范操作，或者播放相关视频（操作内容：从接车确认开始，按照诊断思路进行车辆的自动起动停止系统失灵的检测诊断工作）。(30min)

学生活动　学生观察教师的示范动作，或观察视频中的示范动作。

操作实施

教师活动　教师将学生分组，并要求每组学生分工明确，严格强调安全和事故预防要求等。实施过程中教师进行巡视指导。

学生活动　学生分为 4 组，分工操作。每组每次安排 2 名学生操作，所有学生轮流，每个学生都要完成一次操作。当 2 名学生进行操作时，另外安排 2 名学生分别对其进行评价，填写 5.6.6.1 评价表，1 名学生拍摄视频，1 ~ 2 名学生监督记录，1 ~ 2 名学生查阅手册改进计划。(90min)

提交任务实施阶段的评价表和视频

教师活动　教师要求学生对任务实施阶段 5.6.6.1 评价表进行自我评价，并提交任务实施阶段录制的所有视频资料。

学生活动　学生按照教师的要求对自己在任务实施阶段的表现进行自评，客观真实。负责拍摄的学生将视频整理提交到系统，负责评价的学生将 5.6.6.1 评价表提交到系统。

5.6.6.1　任务实施评价表

参与本项目的教师具体见 Moodle 系统，未参与本项目的教师可以根据实际情况自行制定。

5.6.7 任务检查：5S与检查工作结果

任务检查与5S

教师活动 教师提供5.6.7.1任务检查流程。要求学生分组，小组合作完成任务检查及5S，在5.6.7.1任务检查单上标注。教师要求学生小组成员对工作过程和工作计划进行监督和评估，记录优缺点及改进建议，并口头表达。教师要重点引导学生对队友的支持性意见的表达，并训练学生接纳他人建议。

学生活动 学生分组，小组合作完成任务检查及5S，在5.6.7.1任务检查单上标注。学生按照教师规定严格监督和控制其他成员的工作过程并友善提出改进建议。(30min)

5.6.7.1 任务检查单

5.6.7.1 任务检查单

1. 请进行必要的最终任务检查，在（　　）里进行标记。

检查任务实施过程（　　），是否有改进或需要说明：

如有，处理意见：

检查测量值与标准值（　　），是否有改进或需要说明：

如有，处理意见：

2. 请进行必要的5S。

5S车辆（　　）

5S工位（　　）

5S场地（　　）

3. 请根据实施的诊断与修理工作，编制工作说明，完善改进工作计划（用另一种颜色的笔在任务计划上标注作答）。

小组合作修改工作计划

教师活动 教师要求学生小组合作修改完善工作计划，修改方式：在原有工作计划上用另一种颜色的笔进行真实、全面的复盘改进，并进行标注。

学生活动 学生小组合作修改完善工作计划，修改方式：在原有工作计划上用另一种颜色的笔进行真实、全面的复盘改进，并进行标注。(10min)

提交任务检查阶段的评价表

教师活动 教师要求学生对自己在任务检查阶段的表现进行自我评价。提醒学生：对于自己没有涉及的条目不评价。

学生活动 学生对自己在任务检查阶段的表现进行自我评价，对于自己没有涉及的条目不评价。(5min)

5.6.7.2 任务检查评价表

参与本项目的教师具体见 Moodle 系统，未参与本项目的教师可以根据实际情况自行制定。

5.6.8 任务交付：交车给师傅和客户

任务交付准备

教师活动 在任务交付之前，教师提供 5.6.8.1 交车剧本给事先安排好的两个学生，一个扮演客户，另一个扮演 SA，以便上课时两个学生能在实车上呈现交车过程。

学生活动 两个角色扮演的学生要熟悉交车剧本。

5.6.8.1 交车剧本

5.6.8.1 交车剧本

（一）任务完成正常交车

前台：先生，您好！您的车修好了，您可以放心使用了。

客户：非常感谢！

前台：不客气！这是费用清单，请您跟我去财务结账。

客户：好的。

前台：这是车钥匙，以后请您放心使用！请您随时观察车况，如果有任何问题，请随时联系我。非常愿意为您服务！

客户：好的！谢谢你！再见！

前台：再见！您慢走！

（二）任务未完成异常交车

前台：先生，您好！非常抱歉，由于我们前期预估失误，不能按照约定时间交车给您，预计还得两个小时才能完成。您看您是继续在店里等待，还是先去处理其他事情？等这边结束我及时联系您。

客户：好吧！两个小时后我一定能取走车吗？

前台：真的非常抱歉！不过您放心，同样的错误我们不会出现第二次。两个小时后肯定交车给您。

客户：好吧。两个小时后等你电话。我先去处理其他事情。一定要完全修复啊！

前台：请您放心！一定保证您的爱车行驶无忧。我会随时观察进展情况，及时联系您。非常愿意为您服务！

客户：好的！谢谢你！那我先走了，待会儿见！

前台：待会儿见！您慢走！

两人角色扮演

学生活动 学生分组，两人一组。其中，事先安排好的两个学生为一组，一个扮演客户，另一个扮演 SA，先交车给师傅，然后交车给客户。（10min）

教师活动 教师提前安排学生两人一组，观察角色扮演学生的表演过程，同时观察其他学生的表现：倾听的认真程度。

全员换位评价

学生活动 学生认真观看角色扮演情境再现过程，理解客户委托，并与本组学生一起对 SA 角色扮演的学生换位思考进行口头评价：角色扮演时的优缺点，如果是自己怎么改进会

更好。(5min)

教师活动 教师指出角色扮演的优缺点，提出注意事项进行强调说明。

全员分组练习

教师活动 教师要求所有学生借鉴两个示范学生的表现，进行任务交付练习。

学生活动 学生按照教师的提示与强调，借鉴示范的两个学生的表现，学生分组在实车上进行任务交付的角色扮演练习。互换角色再练习一次。(10min)

提交任务交付阶段的评价表

教师活动 教师要求学生对任务交付阶段自己扮演 SA 时的表现依据 5. 6. 8. 2 评价表进行自我评价。

学生活动 学生按照教师的要求对自己在任务交付阶段扮演 SA 时的表现进行自评，客观真实。

5. 6. 8. 2 任务交付评价表

参与本项目的教师具体见 Moodle 系统，未参与本项目的教师可以根据实际情况自行制定。

5. 6. 9 反思评价：总结知识点、技能点和素养点

提交反思评价自评表

教师活动 教师归纳整理理论知识体系，用一页 PPT 展示知识点、技能点和素养点。

学生活动 学生认真反思，倾听，构建适合自己学习的知识体系。学生认真反思，对照学习目标进行自我反思，填写 5. 6. 9. 1 自评表。(20min)

5. 6. 9. 1 反思评价自评表

参与本项目的教师具体见 Moodle 系统，未参与本项目的教师可以根据实际情况自行制定。

提交反思评价他评表

教师活动 教师把每一位学生的反思阶段的评价表分配给其他同学进行评价。

学生活动 学生按照系统分配的评价对象，每个学生都填写一份对另一个学生的评价表。(10min)

5. 6. 9. 2 反思评价他评表

参与本项目的教师具体见 Moodle 系统，未参与本项目的教师可以根据实际情况自行制定。

提交反思评价阶段的评价表

教师活动 教师参照学生的自评与他评在5.6.9.3反思评价表上给出学生反思评价成绩。

学生活动 每个学生将自评表和他评表形成的5.6.9.3反思评价表进行对照，帮助学生自我认识。(10min)

5.1.9.3 反思评价表

参与本项目的教师具体见Moodle系统，未参与本项目的教师可以根据实际情况自行制定。

5.6.10 巩固拓展

迁移新任务

教师活动 教师布置新的客户任务：车辆自动起动停止系统功能时有时无。要求学生小组合作制定工作计划并用PPT展示。

学生活动 学生明确拓展任务：小组合作制定工作计划，下次课前用PPT展示和评价。做好完成拓展任务的计划（分工与时间安排）。

分工制作工作计划

教师活动 教师要控制学生的制作过程，要求学生分工完成5.6.10.1工作计划，把自己负责的部分提交到系统，让教师看到。

学生活动 学生在小组长的带领下，制作过程合理分工，每人完成工作计划的一部分并提交到系统。(课后)

5.6.10.1 工作计划海报

见附录。

提交过程视频和PPT

教师活动 教师要求学生录制制作PPT过程的视频并把视频提交到系统，同时提交PPT结果到系统。

学生活动 小组合作，录制制作PPT过程的视频。

巩固拓展阶段的评价表

教师活动 教师要求小组长完成本小组所有成员的5.6.10.2评价表，提交到系统。

学生活动 小组长完成小组评价5.6.10.2评价表，并把每个组员的评价表提交到系统。

5.6.10.2 巩固拓展评价表

参与本项目的教师具体见Moodle系统，未参与本项目的教师可以根据实际情况自行制定。

总体评价

给学生反馈总体评价表

教师活动　教师对每个学生的总体评价表初稿进行补充修改，形成总体评价定稿，作为每个学生本学习情境的最终评价。

学生活动　学生认真对照教师反馈的总体评价表，分析自己的优势和不足，有针对性地制定改进措施，加强培养素养、知识、技能不足的方面。

附录：工作计划海报

______________工作计划

序号	工作步骤内容	设备工具	安全环保	标准规范	检测值	检测结论
预估工时			成本预算			

中德合作汽车维修素养与技能高度融合培养项目丛书

发动机电气系统诊断维修

学习领域5

Diagnosis and Maintenance of Engine Electrical System

工作页

高吕和　王　会　杨　梅　侯　勇　编著

机械工业出版社

目　录

LS5.1　蓄电池不断放电，对车辆进行静态电流检查 …… 1

5.1.3.1　工作页 …… 1
5.1.3.2　工作页 …… 3
5.1.3.3　工作页 …… 4
5.1.3.4　工作页 …… 5
5.1.3.5　工作页 …… 6
5.1.3.6　工作页 …… 7
5.1.3.7　工作页 …… 7
5.1.3.8　工作页 …… 8

LS5.2　车辆蓄电池放电，检查蓄电池管理系统 …… 10

5.2.3.1　工作页 …… 10
5.2.3.2　工作页 …… 11
5.2.3.3　工作页 …… 11
5.2.3.4　工作页 …… 12
5.2.3.5　工作页 …… 13
5.2.3.6　工作页 …… 14
5.2.3.7　工作页 …… 15
5.2.3.8　工作页 …… 16
5.2.3.9　工作页 …… 17
5.2.3.10　工作页 …… 17
5.2.3.11　工作页 …… 18
5.2.3.12　工作页 …… 19
5.2.3.13　工作页 …… 19

LS5.3　车辆充电指示灯常亮，检查车辆充电系统 …… 21

5.3.3.1　工作页 …… 21
5.3.3.2　工作页 …… 24
5.3.3.3　工作页 …… 25
5.3.3.4　工作页 …… 28
5.3.3.5　工作页 …… 28
5.3.3.6　工作页 …… 30
5.3.3.7　工作页 …… 31

5.3.3.8　工作页 …… 33
5.3.3.9　工作页 …… 34
5.3.3.10　工作页 …… 35
5.3.3.11　工作页 …… 35
5.3.3.12　工作页 …… 38

LS5.4　车辆仪表显示屏上显示发电机功能故障 …… 40

5.4.3.1　工作页 …… 40
5.4.3.2　工作页 …… 41
5.4.3.3　工作页 …… 43
5.4.3.4　工作页 …… 44
5.4.3.5　工作页 …… 45
5.4.3.6　工作页 …… 46
5.4.3.7　工作页 …… 46
5.4.3.8　工作页 …… 47

LS5.5　起动机在起动过程中无法带动发动机 …… 51

5.5.3.1　工作页 …… 51
5.5.3.2　工作页 …… 53
5.5.3.3　工作页 …… 55
5.5.3.4　工作页 …… 57
5.5.3.5　工作页 …… 60
5.5.3.6　工作页 …… 62
5.5.3.7　工作页 …… 63
5.5.3.8　工作页 …… 64

LS5.6　车辆的自动起动停止系统失灵 …… 67

5.6.3.1　工作页 …… 67
5.6.3.2　工作页 …… 68
5.6.3.3　工作页 …… 72
5.6.3.4　工作页 …… 75
5.6.3.5　工作页 …… 77

LS5.1

蓄电池不断放电，对车辆进行静态电流检查

5.1.3.1 工作页

5.1.3.1 工作页

学校名称		任课教师	
班级		学生姓名	
学习领域	L5 发动机电气系统诊断维修		
学习情境	LS5.1：蓄电池不断放电，对车辆进行静态电流检查	学习时间	50min
工作任务	A：蓄电池概述	学习地点	理实一体化教室

1. 汽车电源包括哪两个？请描述二者的关系。

2. 汽车蓄电池具有哪些功能？

3. 简述阀控式铅蓄电池的特点。

4. 简述胶体蓄电池的特点。

5. 简述AGM蓄电池的特点。

6. 写出图中蓄电池上标志的含意。

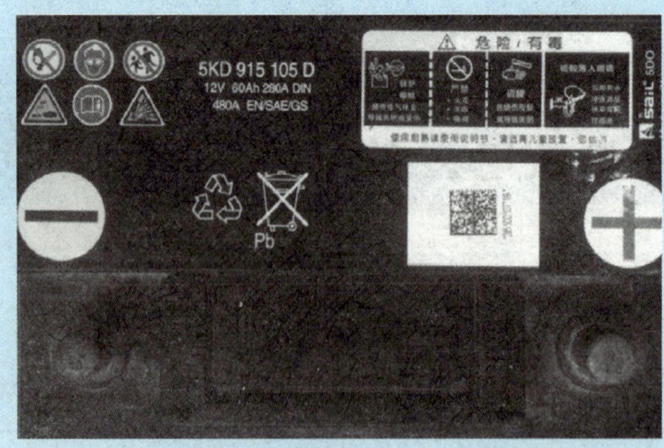

内容	含义
12V	
60Ah	
280A DIN	
480A EN/SAE/GS	
5KD 915 105D	

5.1.3.2 工作页

5.1.3.2 工作页

学校名称		任课教师	
班级		学生姓名	
学习领域	L5 发动机电气系统诊断维修		
学习情境	LS5.1：蓄电池不断放电，对车辆进行静态电流检查	学习时间	50min
工作任务	B：蓄电池的构造与容量	学习地点	理实一体化教室

1. 铅蓄电池主要由________、________、________、________、铅连接条、极柱等组成。蓄电池由________个或________个单格电池串联而成，每个单格电池的标称电压为________V，串联成 6V 或 12V 以供汽车选用。

2. 极板分为________和________，均由栅架和________组成，正极板上的活性物质是________，呈深棕色；负极板上的活性物质是海绵状的________，呈青灰色。栅架的作用是________。

3. 图示为蓄电池极板组，写出图中序号的名称。

1—

2—

3—

4—

5—

4. 单格电池内正、负极板的数量相同吗？为什么？

5. 画出蓄电池结构简图，并标注组成名称。

6. 蓄电池的容量与________、________、________和________有关。测试 6 - Q - 60 型蓄电池的额定容量时，若充满电的蓄电池在电解液初始温度为 (25 ± 5)℃，应以________A 的电流连续放电至单格电池平均电压降到 1.75V，若放电时间为 18h，则其实际额定容量 C_{20} =________，单位是________，此蓄电池是否为合格产品。

5.1.3.3　工作页

5.1.3.3　工作页

学校名称		任课教师	
班级		学生姓名	
学习领域	L5 发动机电气系统诊断维修		
学习情境	LS5.1：蓄电池不断放电，对车辆进行静态电流检查	学习时间	50min
工作任务	C：蓄电池的工作原理	学习地点	理实一体化教室

1. 蓄电池的工作过程就是________与________的转换过程。放电时将________转换为电能供用电设备使用；充电时将________转换为化学能存储起来。在充电状态下，蓄电池的正极是________，负极是海绵状________。电解液是________的水溶液。完全放电后，两个极板上都变为________。

2. 补充图中蓄电池放电过程上括号里的内容，并描述蓄电池放电过程。

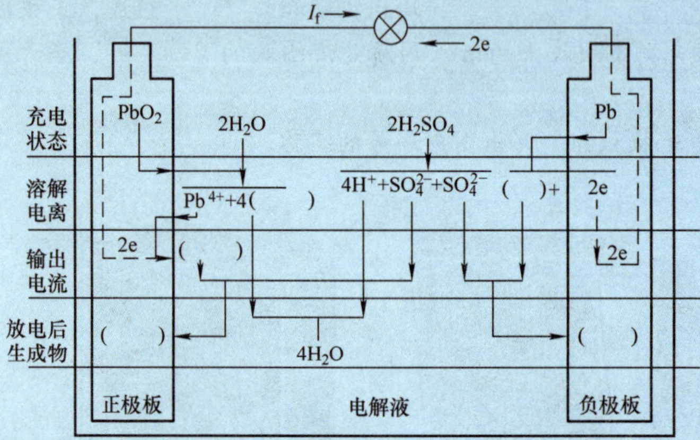

放电过程描述：

____。

3. 补充图中蓄电池充电过程上括号里的内容，并描述蓄电池放电过程。

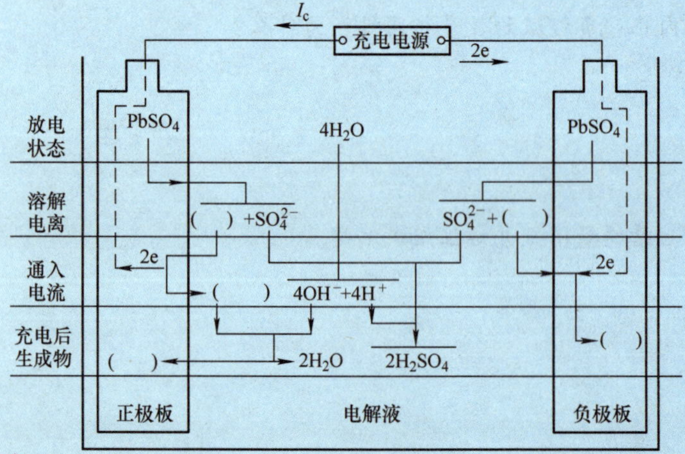

充电过程描述：

____。

4. 放电时，电解液中的硫酸将逐渐________，而水逐渐________，电解液相对密度________；充电时，电解液中的硫酸将逐渐________，而水将逐渐________，电解液相对密度________。

5. 从蓄电池充放电工作原理可以得出哪些结论？

5.1.3.4 工作页

5.1.3.4 工作页

学校名称		任课教师	
班级		学生姓名	
学习领域	L5 发动机电气系统诊断维修		
学习情境	LS5.1：蓄电池不断放电，对车辆进行静态电流检查	学习时间	50min
工作任务	D：蓄电池的工作特性	学习地点	理实一体化教室

1. 蓄电池静止电动势的大小取决于________。

2. 蓄电池内阻由哪几部分组成？

3. 蓄电池的放电特性是指在恒流放电过程中，蓄电池的________和________等参数随放电时间 t_f 变化的规律。

4. 请简述蓄电池放电特性。

5. 蓄电池放电终了的特征有哪些？

6. 蓄电池充电特性是指在恒流充电过程中，蓄电池的________、________和________等参数随时间 t_c 而变化的规律。

7. 请简述蓄电池充电特性。

8. 蓄电池充电终了的特征有哪些?

5.1.3.5　工作页

5.1.3.5　工作页

学校名称		任课教师	
班级		学生姓名	
学习领域	L5 发动机电气系统诊断维修		
学习情境	LS5.1：蓄电池不断放电，对车辆进行静态电流检查	学习时间	50min
工作任务	A：蓄电池的更换与辅助起动	学习地点	理实一体化教室

1. 选择蓄电池时应考虑哪些因素?

2. 请记录蓄电池的更换步骤。

3. 如果车辆蓄电池不能起动发动机，则可用哪些辅助起动方法?

4. 蓄电池起动器有哪些作用?

5. 使用起动辅助线缆通过另一辆汽车的蓄电池进行辅助起动，写出正确的顺序。

(1) 起动供电车辆的发动机，然后起动蓄电池已放电车辆的发动机（最多起动5s)。

(2) 确认跨接电缆未处于尾气排放或传动带运转的区域内。

(3) 选择蓄电池额定电压相同、容量不低于受助蓄电池容量的汽车。

(4) 将黑色跨接电缆连接在供电蓄电池的负极接线柱上，将该电缆的另一端接到已放电蓄电池车身的金属部件上，最理想区域是发动机缸体。

（5）关闭两车的发动机和所有用电设备（危险警告灯除外）。

（6）将红色跨接电缆连接在已放完电的蓄电池的正极接线柱上，然后将这根电缆的另一端接线夹固定在供电蓄电池上。

（7）按相反的顺序拆卸这两根跨接电缆。

正确的顺序为（　　　　　　　　　　　　　　　　　　　）

5.1.3.6　工作页

5.1.3.6　工作页

学校名称		任课教师	
班级		学生姓名	
学习领域	L5 发动机电气系统诊断维修		
学习情境	LS5.1：蓄电池不断放电，对车辆进行静态电流检查	学习时间	50min
工作任务	A：蓄电池检查	学习地点	理实一体化教室

1. 观察给定蓄电池的电解液液面是否合适？

2. 观察给定蓄电池电眼的颜色，并说明其含义。

3. 蓄电池的电压检测

（1）开路电压检测，测试电压值：

数值评估：

（2）使用高率放电计检测，测试结果：

蓄电池状态评估：

5.1.3.7　工作页

5.1.3.7　工作页

学校名称		任课教师	
班级		学生姓名	
学习领域	L5 发动机电气系统诊断维修		
学习情境	LS5.1：蓄电池不断放电，对车辆进行静态电流检查	学习时间	50min
工作任务	C：蓄电池充电	学习地点	理实一体化教室

1. 写出图中蓄电池作业时防护装备的名称。

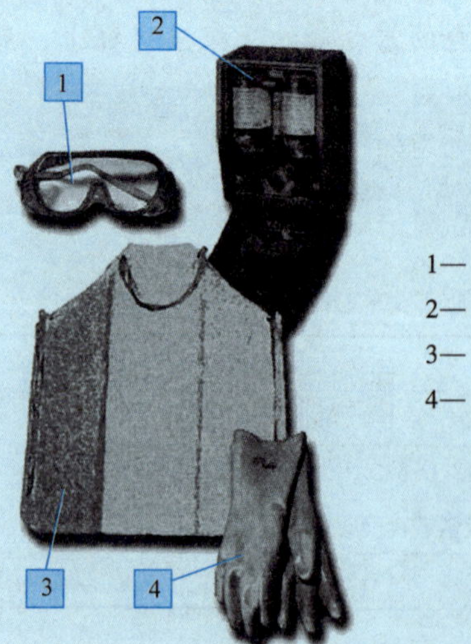

1—

2—

3—

4—

2. 汽车在正常使用中的充电是由________进行充电的，属于________充电方法。

3. 写出用充电机给蓄电池充电的基本步骤。

4. 蓄电池极板硫化是如何产生的？有哪些危害？

5. 蓄电池作业时应注意哪些问题？

5.1.3.8　工作页

5.1.3.8　工作页

学校名称		任课教师	
班级		学生姓名	
学习领域	L5 发动机电气系统诊断维修		
学习情境	LS5.1：蓄电池不断放电，对车辆进行静态电流检查	学习时间	50min
工作任务	D：蓄电池静态电流检测	学习地点	理实一体化教室

1. 什么叫静态电流?

2. 汽车为什么存在静态电流?

3. 检测汽车静态电流时应满足什么条件?

4. 检测奇瑞汽车各系统的静态电流，并填写下表。

<table>
<tr><th>序号</th><th colspan="2">测试部件名称</th><th>要求的静态电流/mA</th><th>实测的静态电流/mA</th><th>是否满足要求</th></tr>
<tr><td>1</td><td colspan="2">整车</td><td><35</td><td></td><td></td></tr>
<tr><td rowspan="2">2</td><td rowspan="2">仪表</td><td>组合仪表</td><td><3</td><td></td><td></td></tr>
<tr><td>辅助仪表</td><td><3</td><td></td><td></td></tr>
<tr><td rowspan="2">3</td><td rowspan="2">BCM</td><td>前 BCM</td><td><5</td><td></td><td></td></tr>
<tr><td>后 BCM</td><td><3</td><td></td><td></td></tr>
<tr><td rowspan="4">4</td><td rowspan="4">音响</td><td>收音机</td><td><3</td><td></td><td></td></tr>
<tr><td>CD</td><td><3</td><td></td><td></td></tr>
<tr><td>DVD</td><td><3</td><td></td><td></td></tr>
<tr><td>低音炮</td><td><1.5</td><td></td><td></td></tr>
<tr><td>5</td><td colspan="2">EMS</td><td><1</td><td></td><td></td></tr>
<tr><td>6</td><td colspan="2">空调系统</td><td><5</td><td></td><td></td></tr>
<tr><td>7</td><td colspan="2">ABS</td><td><1</td><td></td><td></td></tr>
<tr><td>8</td><td colspan="2">IMMO</td><td><3</td><td></td><td></td></tr>
<tr><td>9</td><td colspan="2">安全气囊</td><td><1</td><td></td><td></td></tr>
<tr><td>10</td><td colspan="2">天窗</td><td><1</td><td></td><td></td></tr>
<tr><td>11</td><td colspan="2">转角传感器</td><td><1</td><td></td><td></td></tr>
<tr><td>12</td><td colspan="2">车窗防夹模块</td><td><1</td><td></td><td></td></tr>
</table>

LS5.2

车辆蓄电池放电，检查蓄电池管理系统

5.2.3.1 工作页

5.2.3.1 工作页

学校名称		任课教师	
班级		学生姓名	
学习领域	L5 发动机电气系统诊断维修		
学习情境	LS5.2：车辆蓄电池放电，检查蓄电池管理系统	学习时间	40min
工作任务	A：蓄电池管理系统功能	学习地点	理实一体化教室

1. 请简述蓄电池管理系统的基本功能。

2. 请根据下面的奥迪汽车蓄电池管理系统的功能框图描述其功能。

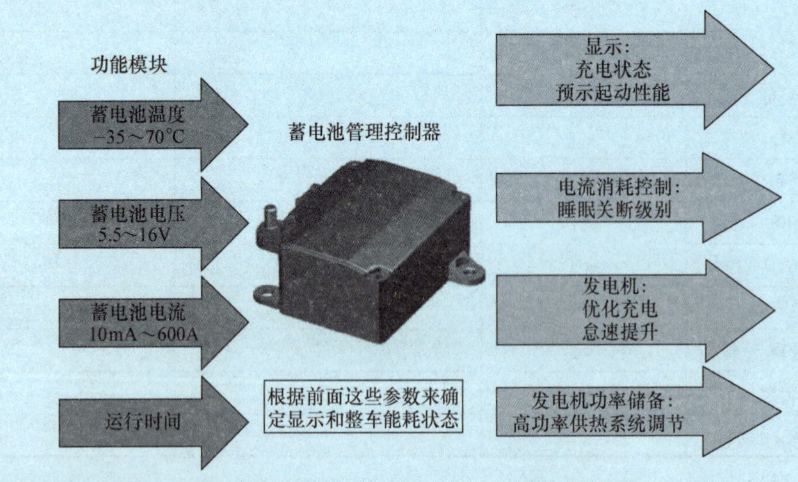

3. 蓄电池管理系统功能模块分为三个部分，功能模块1是________，负责________的监测与诊断；功能模块2是________，负责在静态下汽车________管理，使相关用电器进入________，以节省能量；功能模块3是________，进行发动机运转后________的调节，并对大功率用电设备________进行调节。

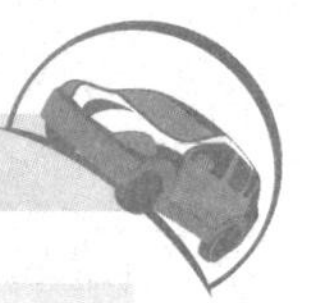

4. 蓄电池管理系统三个功能模块的激活条件是什么？

5.2.3.2　工作页

5.2.3.2　工作页

学校名称		任课教师	
班级		学生姓名	
学习领域	L5 发动机电气系统诊断维修		
学习情境	LS5.2：车辆蓄电池放电，检查蓄电池管理系统	学习时间	40min
工作任务	B：蓄电池管理器	学习地点	理实一体化教室

1. 蓄电池管理器的主要部件有蓄电池、________、________。现代很多车型上还安装了________断开装置。

2. 具有自动起动停止系统的车辆需采用________蓄电池，AGM 蓄电池的优点是________能力比普通铅酸蓄电池高 3 倍，具有更长的________；在整个使用寿命周期内具有更高的电容量________；低温性能更________，起动能力________；降低事故风险，减少________风险（由于酸液 100% 密封装）。其缺点是________差，因此 AGM 蓄电池安装在汽车后部的________中，在蓄电池更换时需选择正确的蓄电池。

3. 蓄电池传感器（EBS）的基本功能是持续监测车辆蓄电池________、________和________，然后从这些物理量中计算电池的状态，如蓄电池________和蓄电池________。

4. 蓄电池传感器直接安装在________上，主要由________、________和________三部分功能元件组成。EBS 的机械部分是由蓄电池负极接线柱及搭铁线组成，其主要功能是________的连接及________的定位。

5. 宝马汽车蓄电池传感器具有哪些功能？

6. 为了提高碰撞安全性，在行李箱内安装有蓄电池的车辆配有________。发生事故时会由________控制单元触发爆破，该爆破断开了蓄电池到________间的连线。蓄电池断开装置通过一个很小剂量的________来进行燃爆。为了避免无意间触发燃爆开关，操作蓄电池或蓄电池断开装置时务必先拧下________。

5.2.3.3　工作页

5.2.3.3　工作页

学校名称		任课教师	
班级		学生姓名	
学习领域	L5 发动机电气系统诊断维修		
学习情境	LS5.2：车辆蓄电池放电，检查蓄电池管理系统	学习时间	40min
工作任务	C：静电流管理	学习地点	理实一体化教室

1. 静电流管理具有哪些断电等级?

2. 请根据下图描述断电等级2。

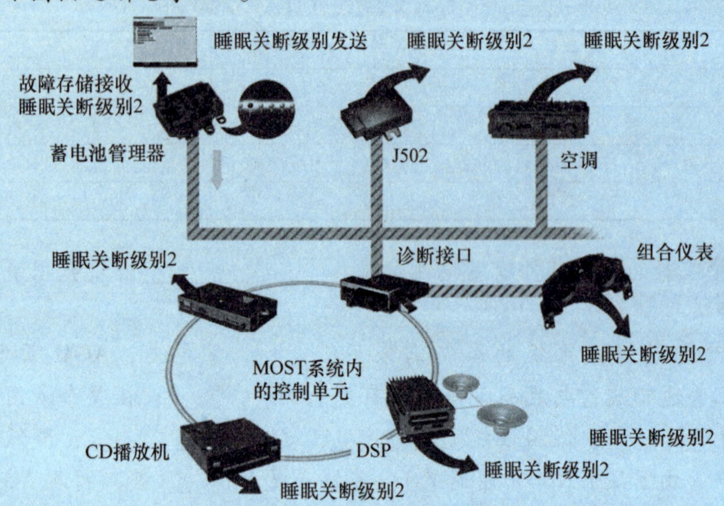

3. 如何激活和关闭运输模式?

4. 请描述断电等级6的内容。

5.2.3.4　工作页

5.2.3.4　工作页

学校名称		任课教师	
班级		学生姓名	
学习领域	L5 发动机电气系统诊断维修		
学习情境	LS5.2：车辆蓄电池放电，检查蓄电池管理系统	学习时间	40min
工作任务	D：动态能量管理	学习地点	理实一体化教室

1. 请描述动态能量管理的功能。

2. 蓄电池动态能量分配跟蓄电池________、汽车电网中的________、________、发电机电压比、发动机________和________有关系。

3. 请对下图进行合理解释。

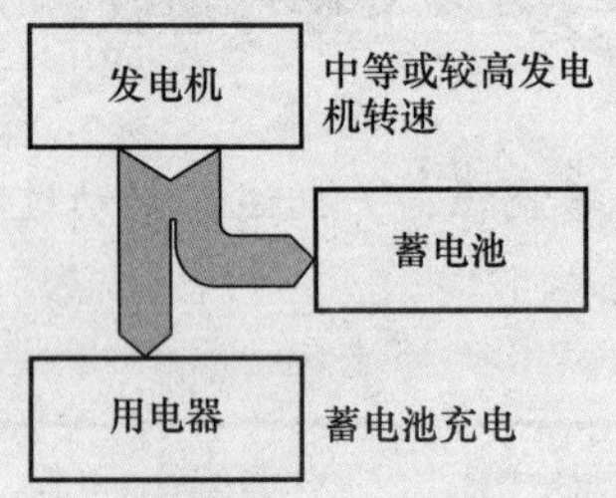

4. 请对下图进行合理解释。

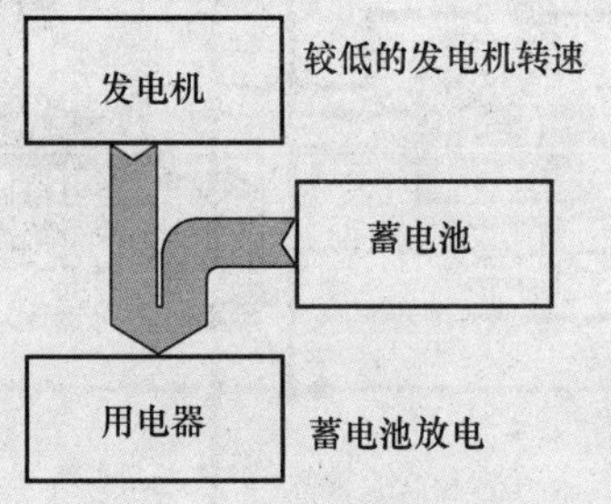

5.2.3.5　工作页

5.2.3.5　工作页

学校名称		任课教师		
班级		学生姓名		
学习领域	L5 发动机电气系统诊断维修			
学习情境	LS5.2：车辆蓄电池放电，检查蓄电池管理系统		学习时间	30min
工作任务	双蓄电池管理系统		学习地点	理实一体化教室

1. 对于双蓄电池车辆，有一台________蓄电池和一台________蓄电池供使用。在正常工作情况下，________在起动过程中向起动机供电，________向用电设备供电。如果其中一台蓄电池电量不够，另外一台就会给予支持。该支持过程是由________系统控制单元来控制的。

2. 请在图中标出双蓄电池管理系统部件的名称。

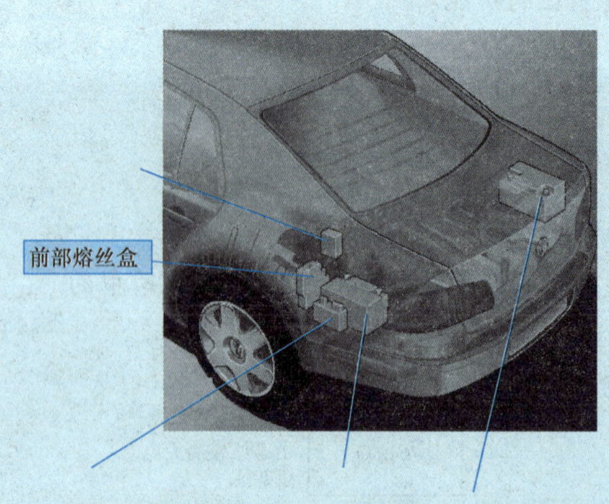

3. 根据下图画出起动过程电路流程，并描述其起动过程。

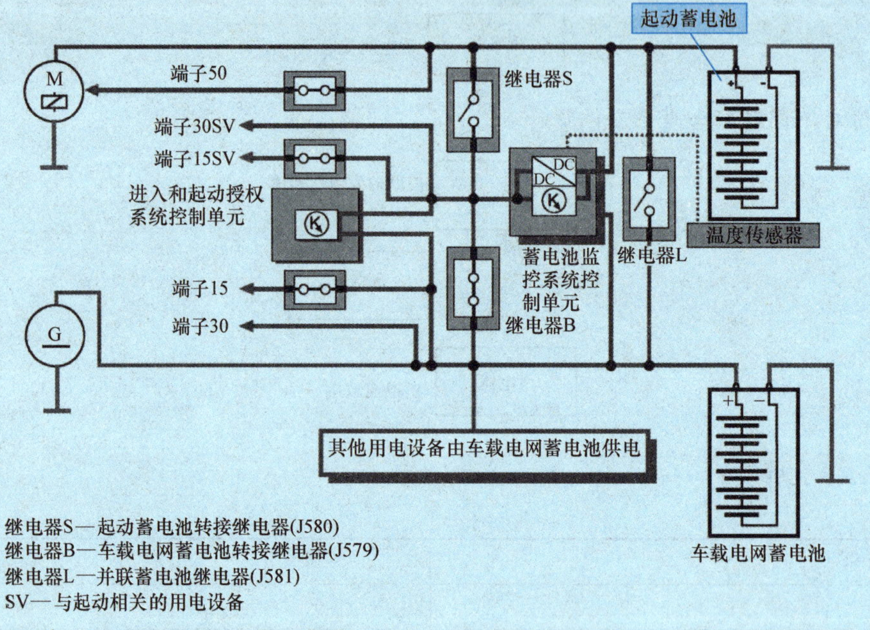

5.2.3.6　工作页

5.2.3.6　工作页

学校名称		任课教师	
班级		学生姓名	
学习领域	L5 发动机电气系统诊断维修		
学习情境	LS5.2：车辆蓄电池放电，检查蓄电池管理系统	学习时间	30min
工作任务	A：双蓄电池管理系统冷起动	学习地点	理实一体化教室

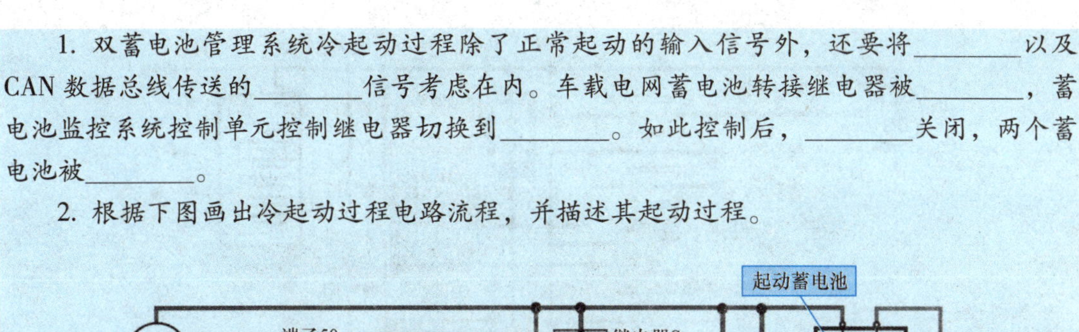

1. 双蓄电池管理系统冷起动过程除了正常起动的输入信号外，还要将________以及CAN数据总线传送的________信号考虑在内。车载电网蓄电池转接继电器被________，蓄电池监控系统控制单元控制继电器切换到________。如此控制后，________关闭，两个蓄电池被________。

2. 根据下图画出冷起动过程电路流程，并描述其起动过程。

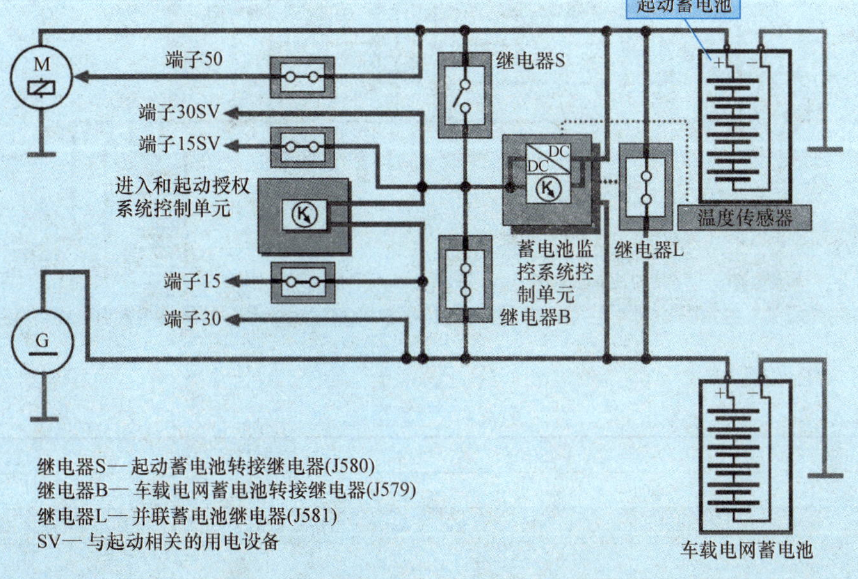

5.2.3.7 工作页

5.2.3.7 工作页

学校名称		任课教师	
班级		学生姓名	
学习领域	L5 发动机电气系统诊断维修		
学习情境	LS5.2：车辆蓄电池放电，检查蓄电池管理系统	学习时间	30min
工作任务	B：车载电网蓄电池放电后的起动过程	学习地点	理实一体化教室

1. 车载电网蓄电池放电后的起动：当接通端子15SV时，如果________蓄电池电压小于________V，将通过CAN数据总线和PIN“应急运行”发送“应急起动”模式信息。一旦点火钥匙插入点火开关，端子________立刻通过起动蓄电池________连接至起动蓄电池。当点火开关打开时，动力传动系统CAN总线进入________模式。只有与起动相关的________才参与通信工作。在系统检测到发动机运转2s左右后，________模式被取消。在________蓄电池上获得足够的充电电压之前，车载电网将通过________继电器的并联，由起动蓄电池供电。

2. 根据下图画出车载电网蓄电池放电后的起动过程电路流程，并描述其起动过程。

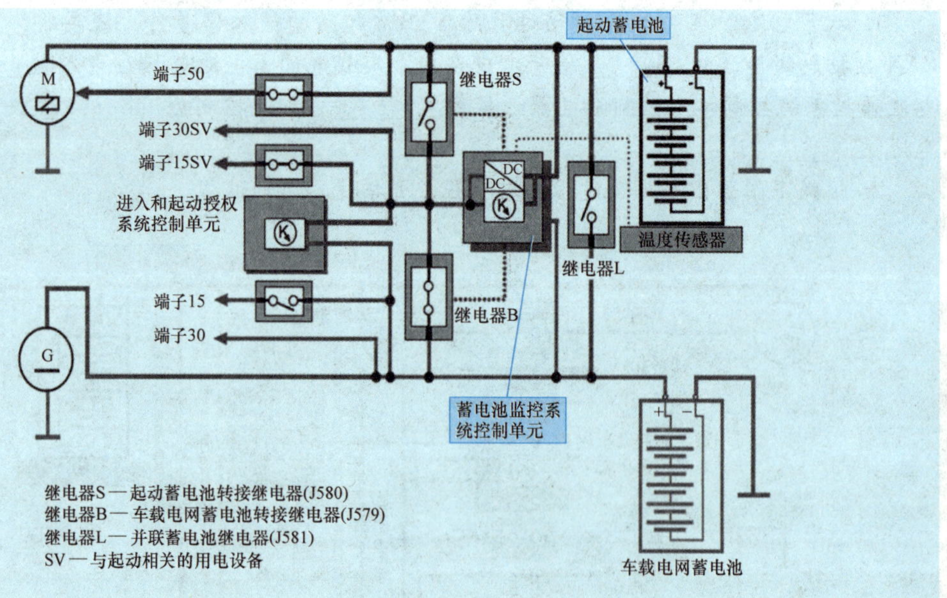

5.2.3.8　工作页

5.2.3.8　工作页

学校名称		任课教师	
班级		学生姓名	
学习领域	L5 发动机电气系统诊断维修		
学习情境	LS5.2：车辆蓄电池放电，检查蓄电池管理系统	学习时间	30min
工作任务	C：起动蓄电池放电后的起动过程	学习地点	理实一体化教室

1. 起动蓄电池放电后的起动过程为________，其模式信息是通过________和PIN“应急运行”发送的。端子30SV通过车载电网________保持与________蓄电池的连接。在开始起动（端子50）时，两个蓄电池通过________进行并联。

2. 根据下图画出起动蓄电池放电后的起动过程电路流程，并描述其起动过程。

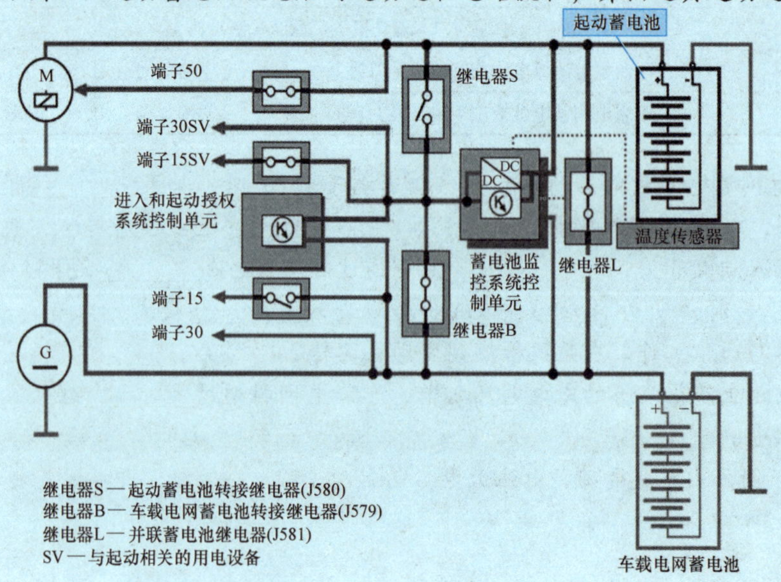

5.2.3.9 工作页

5.2.3.9 工作页

学校名称		任课教师	
班级		学生姓名	
学习领域	L5 发动机电气系统诊断维修		
学习情境	LS5.2：车辆蓄电池放电，检查蓄电池管理系统	学习时间	30min
工作任务	D：碰撞事故后的监控	学习地点	理实一体化教室

1. 当发生碰撞事故时，蓄电池监控系统控制单元通过________收到碰撞信号。________由此中断充电工作。每次接通点火开关时，都会检查连接________的导线是否存在短路。当检查到有短路存在时，就不再开始起动过程。

2. 根据下图画出碰撞事故后的监控电路流程，并描述其工作过程。

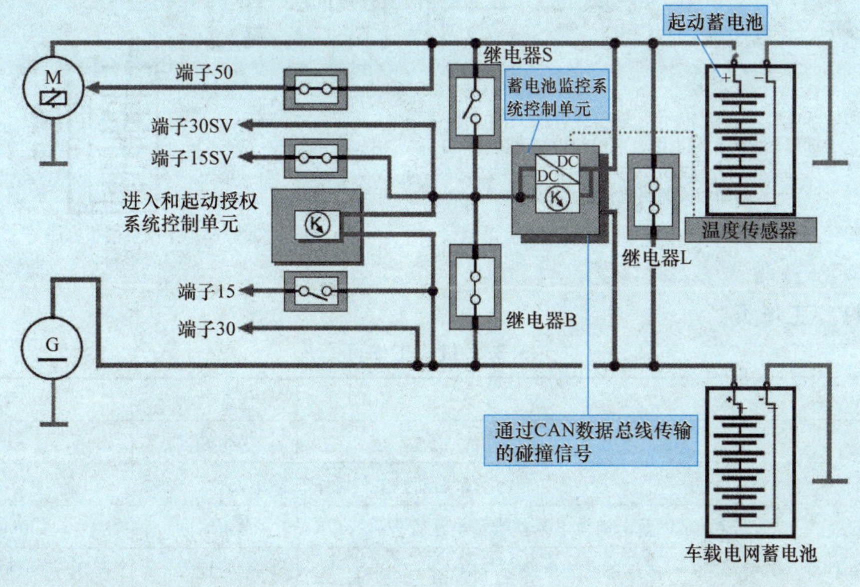

5.2.3.10 工作页

5.2.3.10 工作页

学校名称		任课教师	
班级		学生姓名	
学习领域	L5 发动机电气系统诊断维修		
学习情境	LS5.2：车辆蓄电池放电，检查蓄电池管理系统	学习时间	30min
工作任务	E：起动蓄电池的充电过程	学习地点	理实一体化教室

1. 起动蓄电池的充电过程可以分为两种运行模式：通过________或蓄电池监控系统控制单元中的________。

只要起动蓄电池的________低于实际的车载电网电压，就会通过________加载起动蓄电池的充电电流。

如果________电压低于充电电压的额定值，将通过________加载充电电流。该充电时间是由蓄电池________来监控的。如果起动蓄电池的电压值不能达到规定的数值，充电过程将被________，从而保证损坏的蓄电池不会被继续充电。

2. 根据下图画出蓄电池充电过程的电路流程，并描述其充电过程。

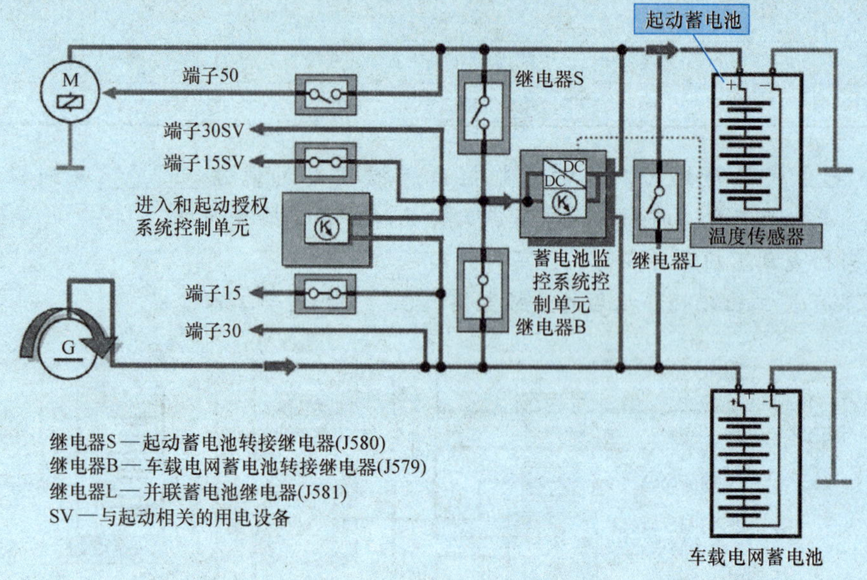

5.2.3.11 工作页

5.2.3.11 工作页

学校名称		任课教师	
班级		学生姓名	
学习领域	L5 发动机电气系统诊断维修		
学习情境	LS5.2：车辆蓄电池放电，检查蓄电池管理系统	学习时间	30min
工作任务	A：蓄电池更换与充电	学习地点	理实一体化教室

1. 更换蓄电池管理系统的蓄电池时应考虑哪些事项？

2. 请写出蓄电池编码的方法和步骤。

3. 请写出蓄电池管理系统对蓄电池进行充电的方法和注意事项。

5.2.3.12 工作页

5.2.3.12 工作页

学校名称		任课教师	
班级		学生姓名	
学习领域	L5 发动机电气系统诊断维修		
学习情境	LS5.2：车辆蓄电池放电，检查蓄电池管理系统	学习时间	30min
工作任务	B：蓄电池管理系统诊断	学习地点	理实一体化教室

1. 请用诊断仪器对给定车辆进行蓄电池管理系统进行诊断，读取并记录故障存储器信息。

2. 请用诊断仪器对蓄电池进行编码，并记录过程。

3. 请用诊断仪器对车辆的蓄电池管理系统数据块进行读取，并记录信息。

5.2.3.13 工作页

5.2.3.13 工作页

学校名称		任课教师	
班级		学生姓名	
学习领域	L5 发动机电气系统诊断维修		
学习情境	LS5.2：车辆蓄电池放电，检查蓄电池管理系统	学习时间	30min
工作任务	C：元件拆装	学习地点	理实一体化教室

1. 请描述操作燃爆式蓄电池断开装置时的安全措施。

2. 拆卸并安装燃爆式蓄电池断开装置，并记录过程步骤。

LS5.3

车辆充电指示灯常亮，检查车辆充电系统

5.3.3.1 工作页

5.3.3.1 工作页

学校名称		任课教师	
班级		学生姓名	
学习领域	L5 发动机电气系统诊断维修		
学习情境	LS5.3：充电指示灯常亮，检查充电系统	学习时间	50min
工作任务	A：电磁学	学习地点	理实一体化教室

通电导体的磁场

实验：

1. 将导体与直流电源连接，将电流强度升至约10A，在塑料盘上导线的四周洒上铁屑。请在图中实验装置上画出铁屑的图形。

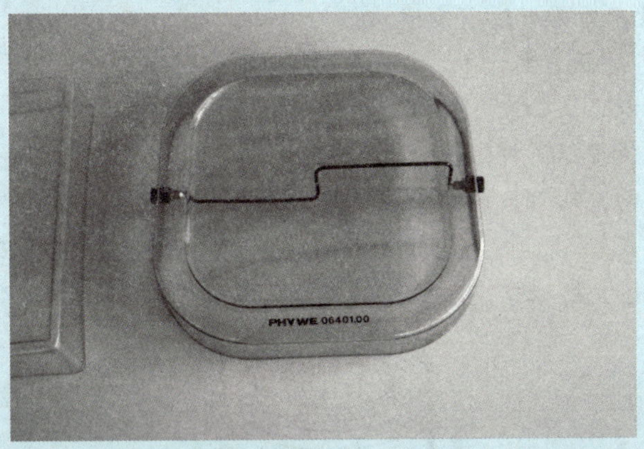

观察：

☐ 铁屑分布方向呈直线。

☐ 没有任何情况发生。

☐ 铁屑分布方向以导线为中心呈环形（同心环）。

☐ 铁屑被导线紧紧吸住。

2. 请按下图所示将活动的磁针围绕通电的导体摆成圆形。

观察：

☐ 磁针始终针尖指向导体。

☐ 磁针在每一个点上都指向圆切线的方向。

☐ 磁针在空间任意摆动。

☐ 没有任何情况发生。

3. 请调换实验装置中的接线端，使电流方向相反，将磁针排列如实验2。

观察：

☐ 磁针转向且针尖再次指向导体。

☐ 磁针转向且再次在每个点上指向圆切线的方向。

☐ 电流方向的改变对磁针没有影响。

☐ 再次没有任何情况发生。

该实验使人形成以下认知：

请在文章空白处使用以下词汇：

电流，电流通过的，同心，圆形，磁场方向

如下图所示，围绕一个________的导体形成了一个________的磁场。磁力线的形状为________圆形。________取决于________的方向。

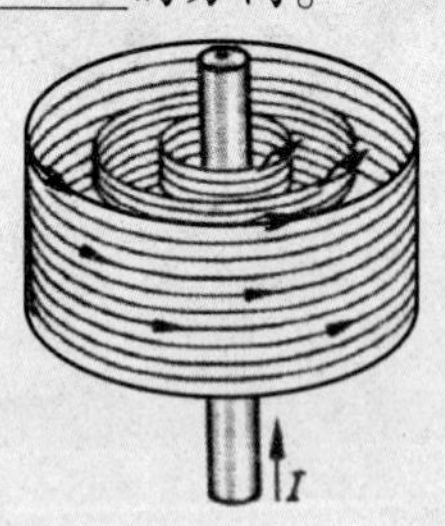

4. 借助于专业书自主进行螺旋定则的学习。导体中的电流方向如图所示。

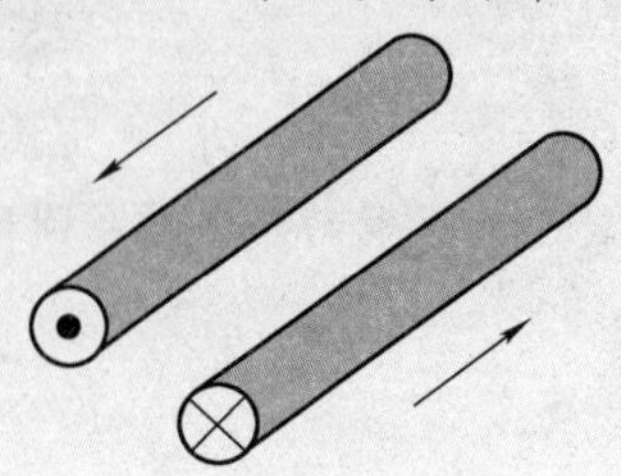

请标出图中磁力线都正确的图形。

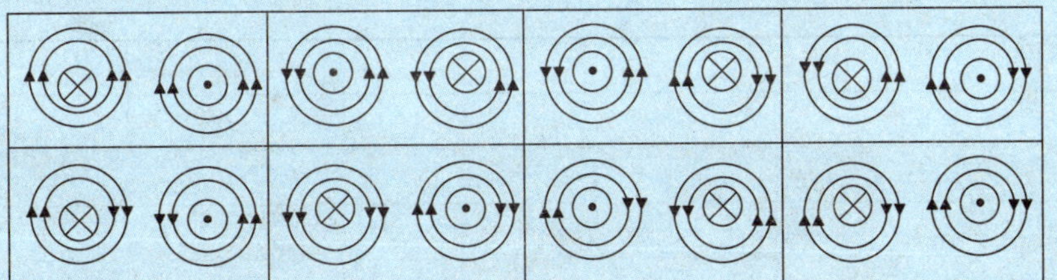

5. 将线圈连接在一个直流电压源上，将电流强度升至10A，将铁屑洒在塑料盘上，如下图所示。

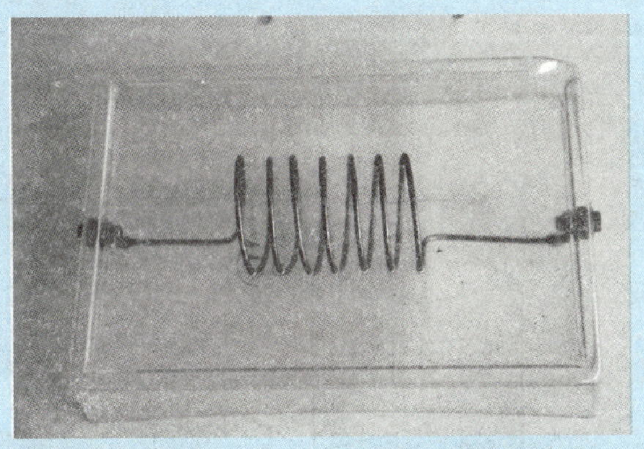

请将各螺线圈的磁力线填入下图中。为由此产生的磁场添加极性。

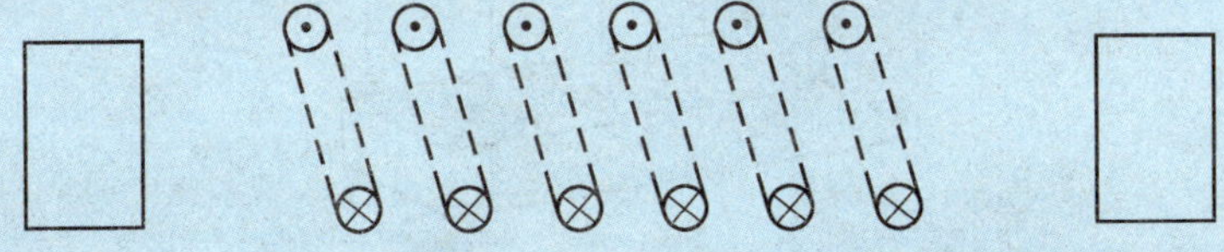

6. 如下图所示，一个通电线圈的________由________的磁场的________而形成。线圈内部的磁力线呈________分布，并在线圈的________形成闭合圆环。线圈的南北极可通过右手螺旋定则来确定。将________的四根手指指向________握住线圈，那么竖起的________就指向北极方向。（填入下列词汇：相邻导体，右手，叠加，外部，平行，电流方向，大拇指，磁场）

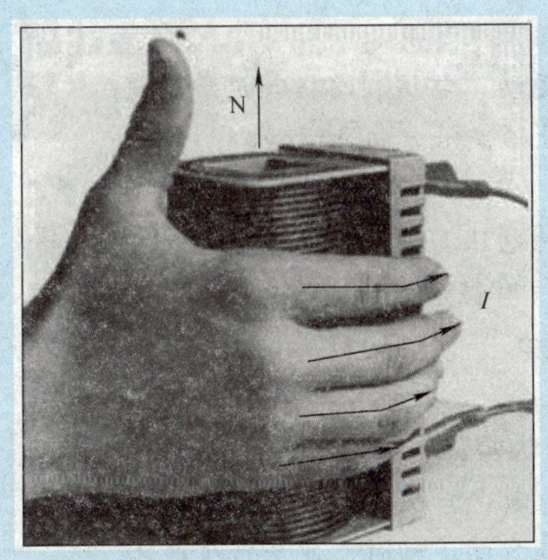

5.3.3.2　工作页

5.3.3.2　工作页

学校名称		任课教师	
班级		学生姓名	
学习领域	L5 发动机电气系统诊断维修		
学习情境	LS5.3：充电指示灯常亮，检查充电系统	学习时间	50min
工作任务	B：电磁感应	学习地点	理实一体化教室

实验装置：

请将一个线圈连接到一个电压测量表上，如下图所示。

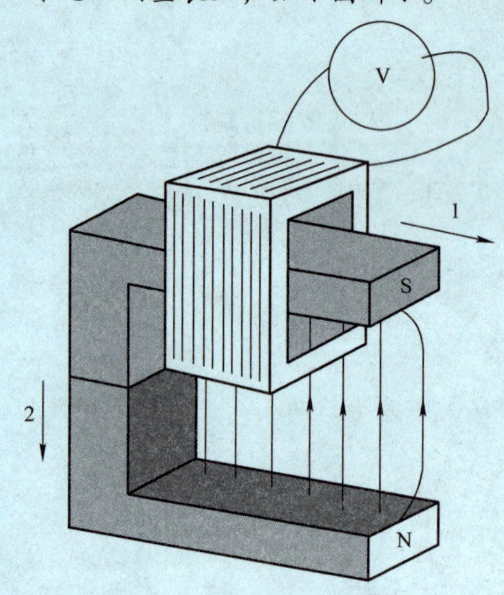

实验：

1. 请将一个永磁体沿指明的方向1进行运动。

观察：

☐ 在线圈中存储了一个电压。
☐ 没有情况发生。
☐ 一旦连上电压表，就产生了电压。
☐ 只要导体在磁场中运动，电压表的指针就会偏转。

2. 请重复该实验，但让磁铁沿方向2运动。

观察：

☐ 产生了一个相当高的电压。
☐ 测量表上（几乎）没有显示指针的偏转。
☐ 没有任何情况发生。
☐ 产生一个交流电压。

从这些观察中导出下列认知：

☐ 只要磁场中有线圈，就会产生电压。
☐ 只有当线圈沿磁力线方向运动时，才会产生电压。

☐ 只有当线圈垂直于磁力线运动（导体切割磁力线）时，才会产生电压。

☐ 是否以及何时产生电压完全是偶然。

3. 请重复实验1并朝相反方向运动磁铁。

观察：

☐ 指针朝相反方向偏转。

☐ 还是没有任何情况发生。

☐ 测量表（几乎）没有显示指针的偏转。

☐ 产生了相位偏移的交流电压。

4. 请交换磁铁的两极，并重复前一个实验。

观察：

☐ 电压叠加。

☐ 电压减半。

☐ 测量仪器的指针朝相同的方向偏转。

☐ 测量仪器的指针朝相反的方向偏转。

从实验1、实验3和实验4可以得出下列认知：

☐ 电压的极性取决于导体相对于磁场的运动方向。

☐ 不论线圈如何运动，电压方向始终是一致的。

☐ 电压的极性只有很小的改变。

☐ 电压的高低取决于运动方向。

5.3.3.3 工作页

5.3.3.3 工作页

学校名称		任课教师	
班级		学生姓名	
学习领域	LS 发动机电气系统诊断维修		
学习情境	LS5.3：车辆充电指示灯常亮，检查充电系统	学习时间	50min
工作任务	A：交流发电机的构造	学习地点	理实一体化教室

1. 请写出图中标出部件的名称。

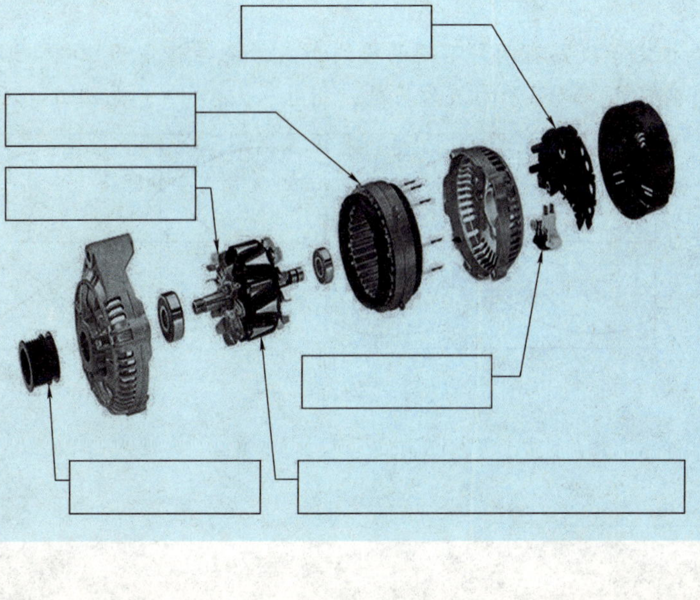

2. 请说明部件的作用，并在下图上标出部件的名称序号。

序号	部件名称	作　用
1	励磁绕组	
2	爪极转子	
3	定子绕组	
4	二极管整流板	
5	电压调节器	
6	集电环	
7	风扇	

3. 交流发电机定子线圈有两种不同的接线形式，请在转角为90°和300°情况下检查这两种接法。为简单起见，以下面的值为基础：相电压 $U_p = 1\text{V}$；电阻 $R = 1\Omega$。

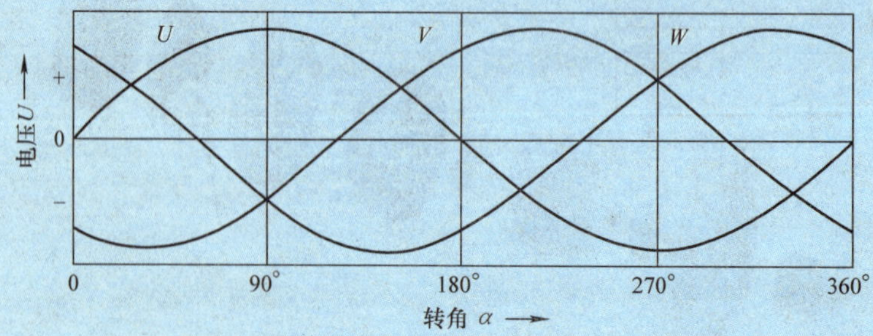

	星形联结		三角形联结	
接线形式 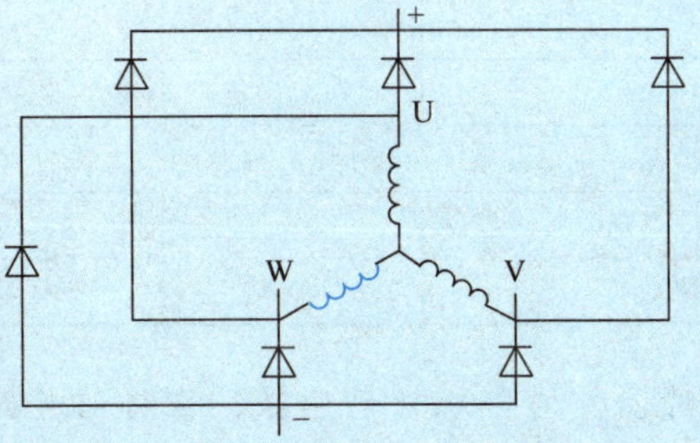 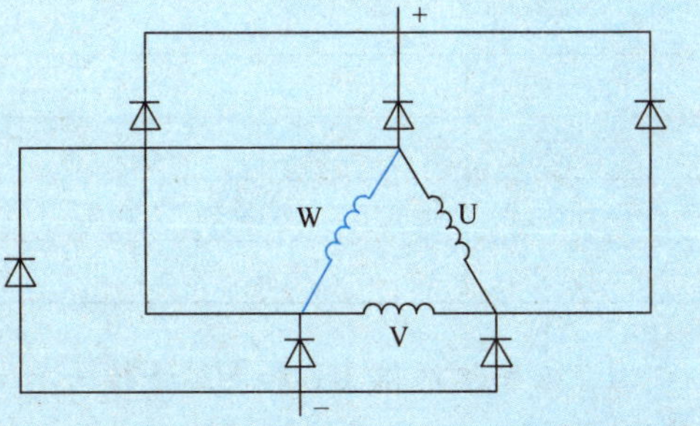				
等效图（简化图）在图上标出每一相的电压	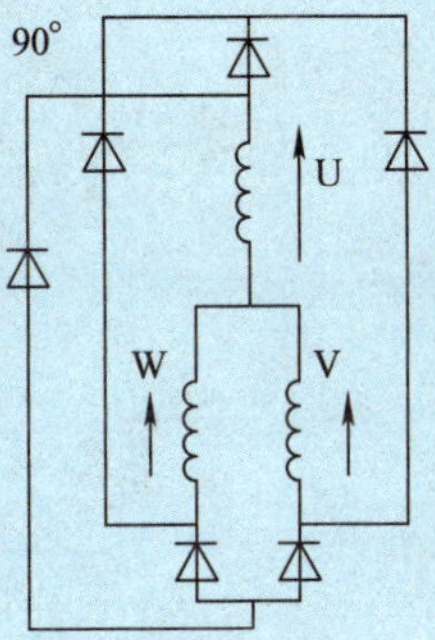 90°	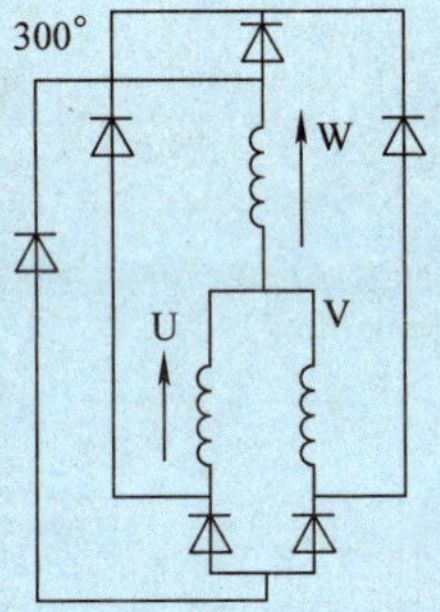 300°	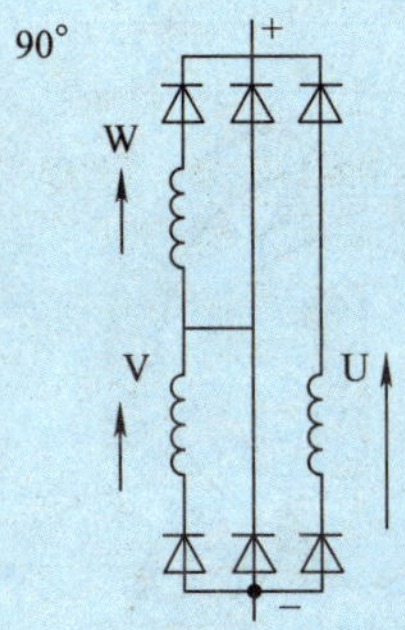 90°	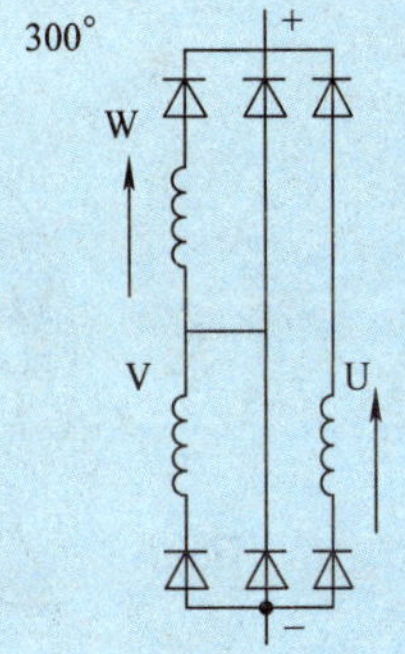 300°
$I = U/R$：$I_U =$ $I_V =$ $I_W =$				
$U_{总} =$　$I_{总} =$				
合成后的相电压和电流 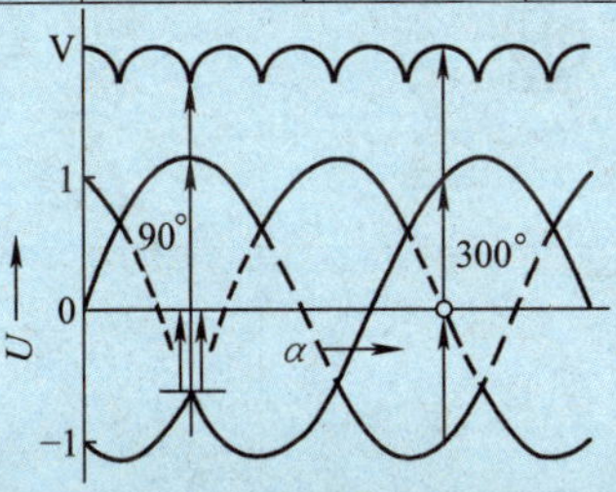 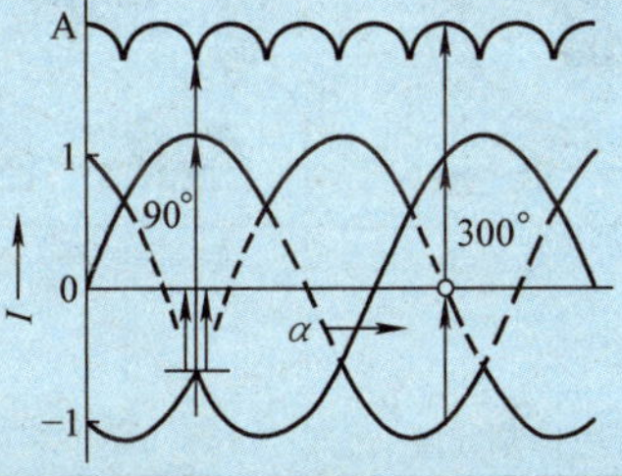				
结论				
优点				
缺点				
应用				

5.3.3.4　工作页

5.3.3.4　工作页

学校名称		任课教师	
班级		学生姓名	
学习领域	L5 发动机电气系统诊断维修		
学习情境	LS5.3：车辆充电指示灯常亮，检查充电系统	学习时间	50min
工作任务	B：交流发电机的发电原理	学习地点	理实一体化教室

1. 在导体两端 U1 和 U2 连接一台示波器，均匀地转动磁铁，请将信号画到下图坐标中。

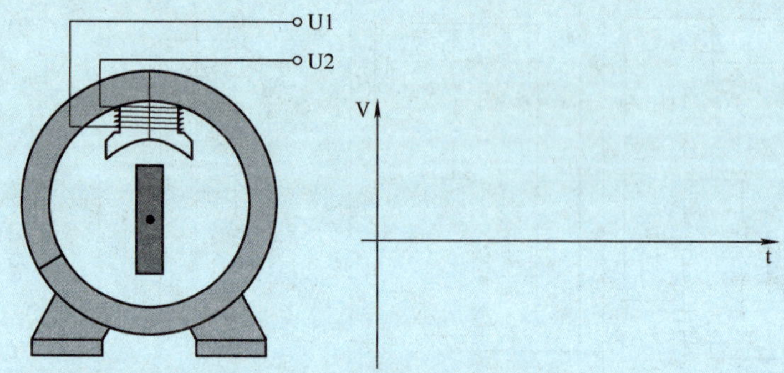

2. 请将磁铁的磁力线填入下图中，并进行说明，画出电压波形。

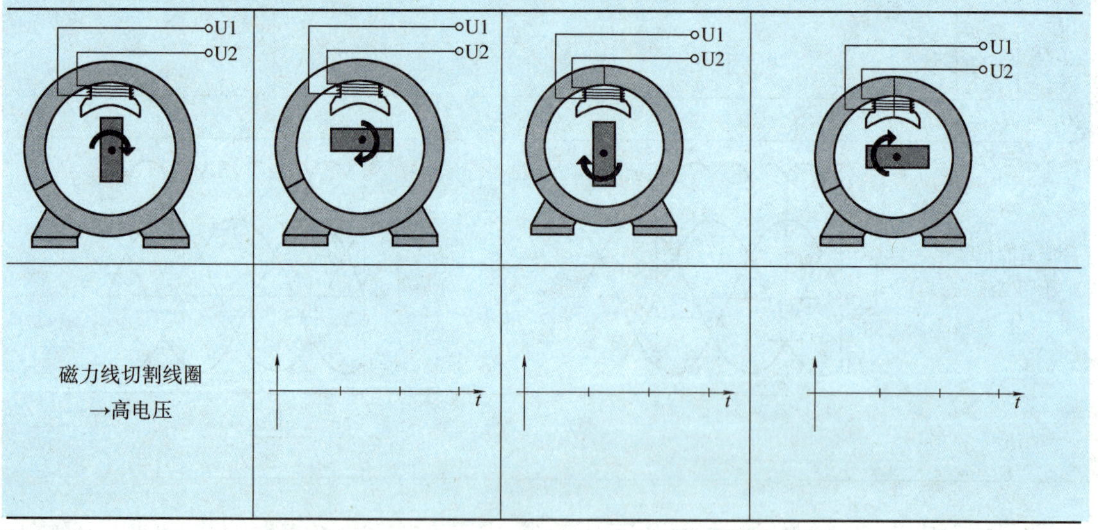

5.3.3.5　工作页

5.3.3.5　工作页

学校名称		任课教师	
班级		学生姓名	
学习领域	L5 发动机电气系统诊断维修		
学习情境	LS5.3：车辆充电指示灯常亮，检查充电系统	学习时间	50min
工作任务	C：交流发电机的整流原理	学习地点	理实一体化教室

1. 请搭建下图中的电路，并用一个 12V 的交流电压驱动灯泡（12V/10W）。

—请观察灯泡的亮度。

—请在灯泡上测量电流的大小。

—请用示波器显示灯泡的电压波形。

—请将电压波形填入下面的图表中。对此请使用蓝色表示正半波，用绿色表示负半波。

—请分别用对应颜色的箭头画出正负半波的电流走向。

—请对比 E_1 和 E_2 的电流方向。

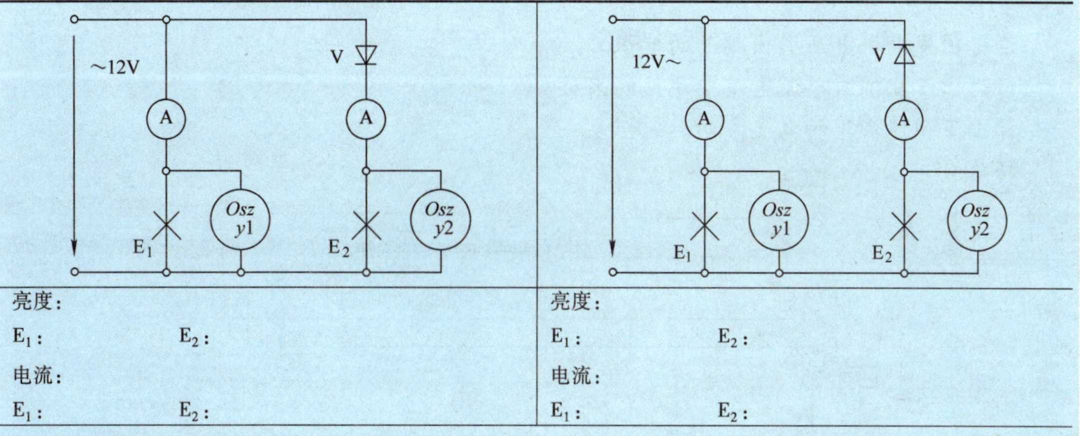

亮度： E_1：　　　　E_2： 电流： E_1：　　　　E_2：	亮度： E_1：　　　　E_2： 电流： E_1：　　　　E_2：

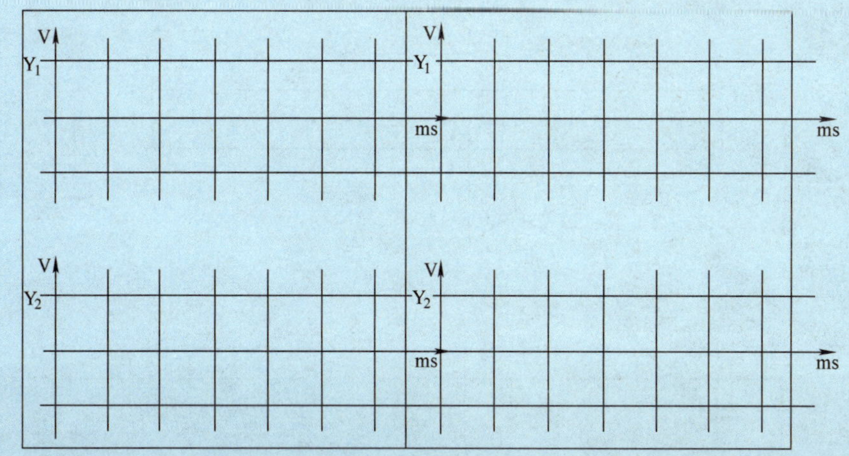

认知：

缺点：

2. 请补充图中所示单磁极交流发电机的V相（红）和W相（蓝）电压曲线。

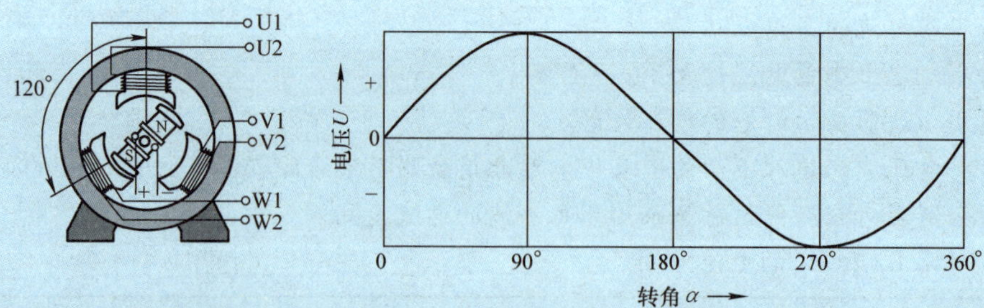

请标出发电机电压引出端子的标识。

请说出三相桥式整流电路中元件的名称。

标出下列情形下的电流方向。

转角0°

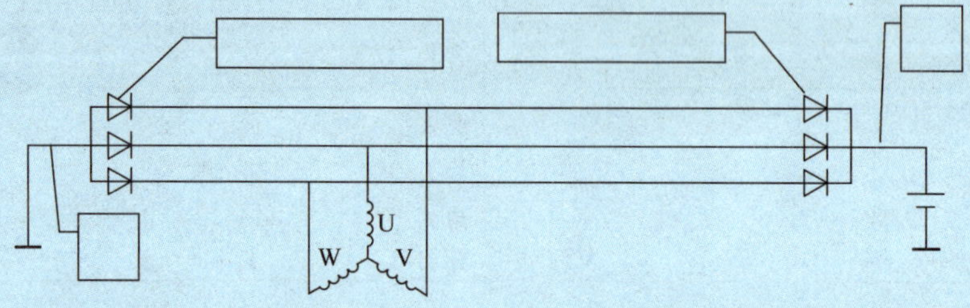

转角90°

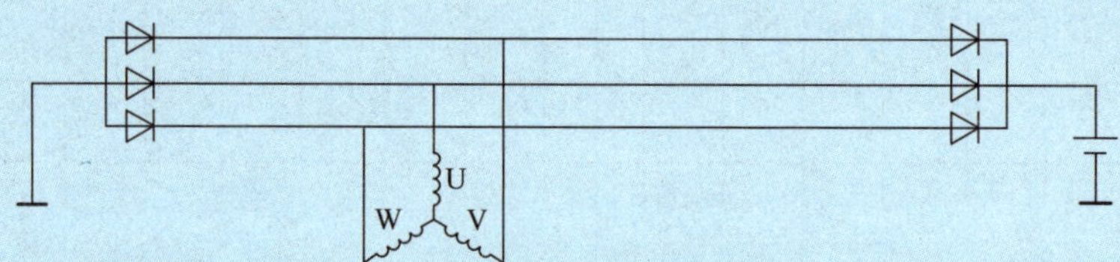

转角180°

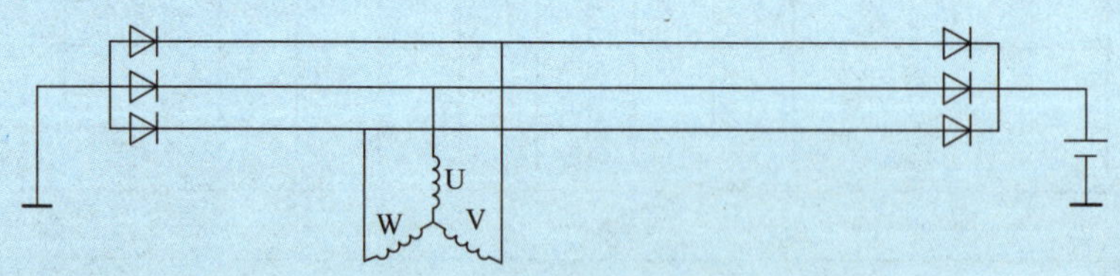

5.3.3.6 工作页

5.3.3.6 工作页

学校名称		任课教师	
班级		学生姓名	
学习领域	L5 发动机电气系统诊断维修		
学习情境	LS5.3：车辆充电指示灯常亮，检查充电系统	学习时间	50min
工作任务	D：交流发电机的特性	学习地点	理实一体化教室

下图显示了两台博世 N1－14V 系列发电机的特性曲线。请查出两台发电机的效率曲线，并画入图中。在此请完成以下任务。

（1）两台发电机的输出额定电压是多少？

（2）请说出效率 η 的一般计算公式。

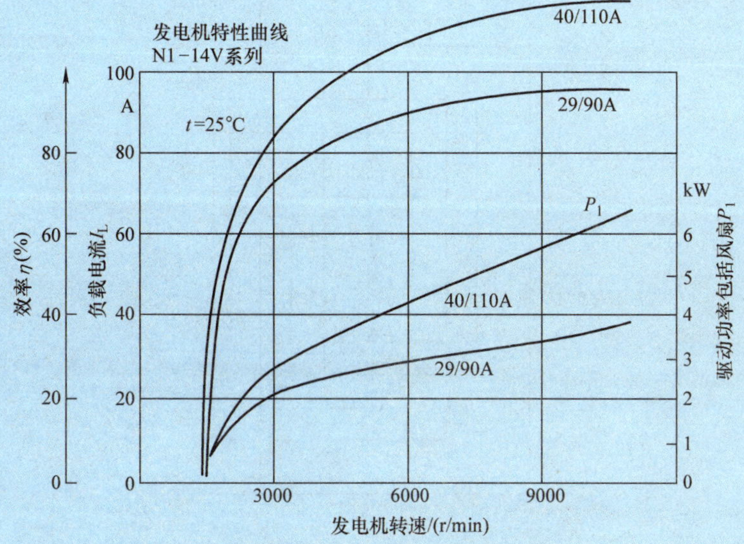

（3）给出了发电机转速，请在下表中补充空缺的电流值。

（4）请计算由发电机输出的电功率 P_{el} 并填入下表。

（5）根据给出的转速计算出发电机的效率并填入下表。

	N1－14V40/110A				N1－14V29/90A			
转速/(r/min)	I/A	P_{el}/W	P_1/kW	η（%）	I/A	P_{el}/W	P_1/kW	η（%）
1500	13		0.5		10		0.5	
2000	62		1.6		55		1.25	
3000	83		2.75		72		2.15	
4500			3.6				2.6	
6000			4.4				2.9	
7500			5				3.15	
9000			5.6				3.4	
10500			6.35				3.7	

5.3.3.7 工作页

5.3.3.7 工作页

学校名称		任课教师	
班级		学生姓名	
学习领域	L5 发动机电气系统诊断维修		
学习情境	LS5.3：车辆充电指示灯常亮，检查充电系统	学习时间	50min
工作任务	A：初始励磁电路	学习地点	理实一体化教室

1. 下图是交流发电机电路，在图中填写内部电路的部件名称，请说明灰色框中端子的名称。

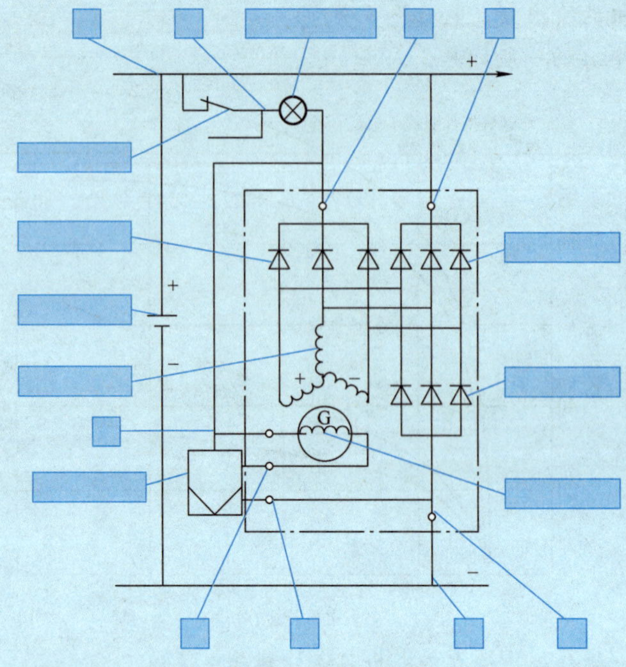

2. 请分析初始励磁电路，在下图中画出电流回路。

（1）用关键词描述电路回路。

（2）指出电路回路的作用。

（3）请讨论可能的故障及其对电路的影响。

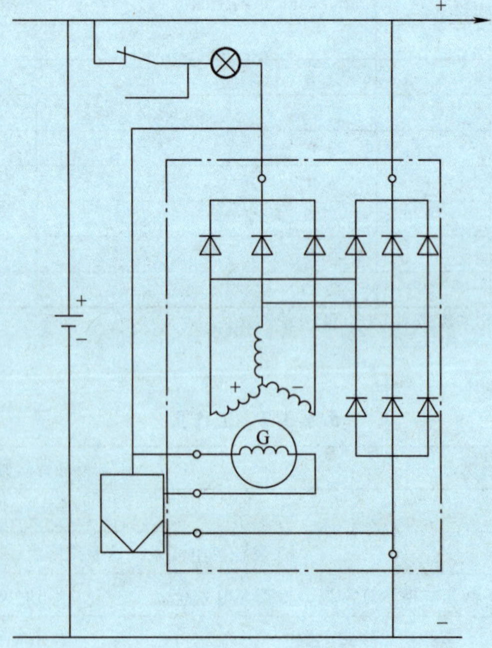

5.3.3.8 工作页

5.3.3.8 工作页

学校名称		任课教师	
班级		学生姓名	
学习领域	L5 发动机电气系统诊断维修		
学习情境	LS5.3：车辆充电指示灯常亮，检查充电系统	学习时间	50min
工作任务	B：励磁电路	学习地点	理实一体化教室

1. 下图是交流发电机电路，在图中填写内部电路的部件名称，并说明灰色框中的端子名称。

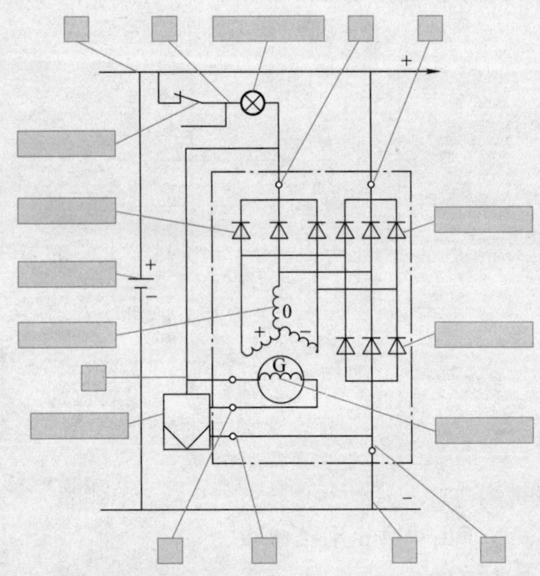

2. 请分析励磁电路，在下图中画出电流回路。

(1) 用关键词描述电路回路。

(2) 指出电路回路的作用。

(3) 请讨论可能的故障及其对电路的影响。

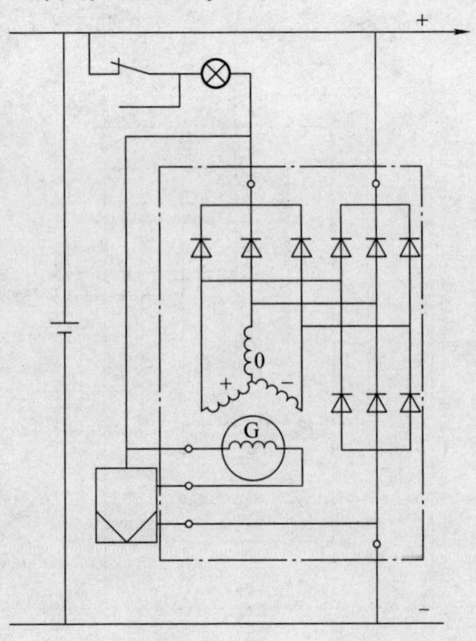

5.3.3.9　工作页

5.3.3.9　工作页

学校名称		任课教师	
班级		学生姓名	
学习领域	L5 发动机电气系统诊断维修		
学习情境	LS5.3：车辆充电指示灯常亮，检查充电系统	学习时间	50min
工作任务	C：充电电路	学习地点	理实一体化教室

1. 下图是交流发电机电路，在图中填写内部电路的部件名称，请说明灰色框中的端子名称。

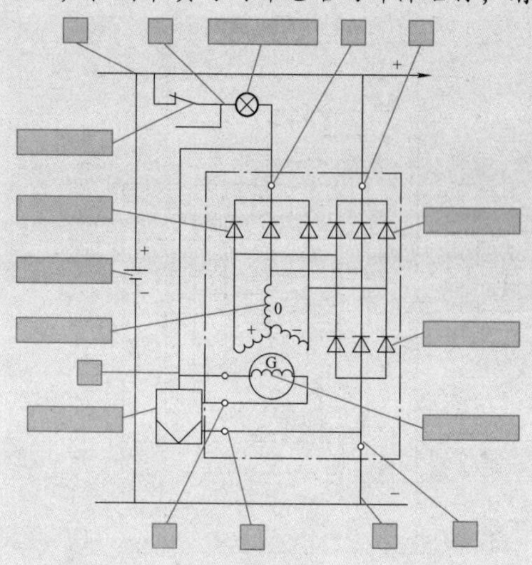

2. 请分析充电电路，在下图中画出电流回路。

（1）用关键词描述电路回路。

（2）指出电路回路的作用。

（3）请讨论可能的故障及其对电路的影响。

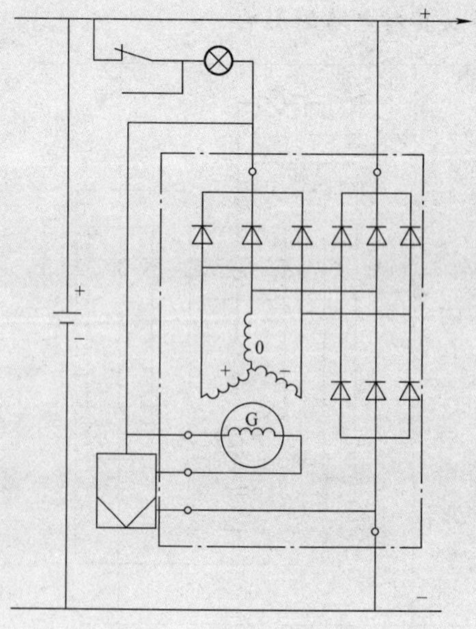

5.3.3.10　工作页

5.3.3.10　工作页

学校名称		任课教师		
班级		学生姓名		
学习领域	L5 发动机电气系统诊断维修			
学习情境	LS5.3：车辆充电指示灯常亮，检查充电系统	学习时间	50min	
工作任务	A：交流发电机解体检测	学习地点	理实一体化教室	

如下图所示对发电机元件进行检测

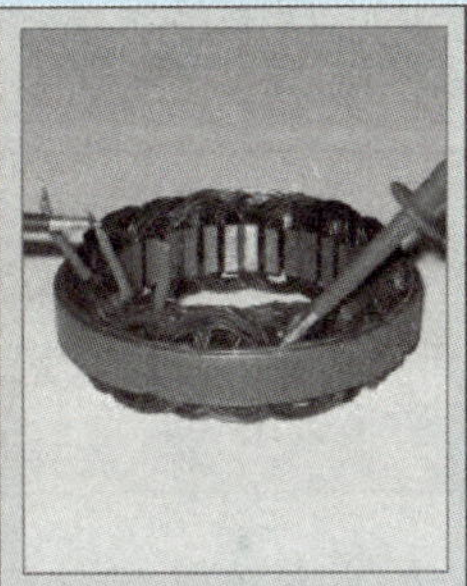

1. 转子检测

转子绕组阻值：________转子绕组搭铁电阻：________

2. 定子检测

定子线圈阻值：________定子线圈搭铁电阻：________

3. 整流二极管检测

二极管	1	2	3	4	5	6	7	8	9
正向阻值/Ω									
反向电阻/Ω									
正向压降/mV									

结论：

5.3.3.11　工作页

5.3.3.11　工作页

学校名称		任课教师		
班级		学生姓名		
学习领域	L5 发动机电气系统诊断维修			
学习情境	LS5.3：车辆充电指示灯常亮，检查充电系统	学习时间	50min	
工作任务	B：发电机就车检测	学习地点	理实一体化教室	

检测前提条件：

外观检测：________；蓄电池检测：________；静态电流检测：________；

事故预防（UVV）：________。

1. 发电机怠速无负载的电压

将电压测量表连到发电机 B+（或蓄电池 B+）和蓄电池负极。检测时除了必须使用的用电器外（如点火装置）不许打开其他的用电器。

请符合专业地在电路图上画出电压测量表。

无负载的充电电压	额定值	测量值
发动机转速/发电机转速		
充电电压		

2. 发电机怠速负载的电压

将电压测量表接到电机B+（或蓄电池B+）和起动机蓄电池负极。将钳形电流表接到充电线路上。打开尽可能多的用电器直至达到希望的充电电流。充电电流约为最大电流或型号标识牌上标注值的50%。

请符合专业地在电路图上画出电流测量表。

负载电压：电机部分负载	额定值	测量值
发动机转速/发电机转速		
充电电压		
充电电流		

3. 发电机在额定转速负载时的电压(电机满负荷)

将电压测量表接到电机B+（或蓄电池B+）和起动器蓄电池负极。将钳形电流表接到充电线路上。打开尽可能多的用电器直至达到最大充电电流或型号标识牌上的最大充电电流。当荷载最大时充电电压的值不得降到低于静态电压。

调节电压：电机满负荷/额定功率	额定值	测量值
发动机转速/发电机转速		
充电电压		
充电电流		

观察结果：

可能的故障原因：

4. 发电机负载时蓄电池正极导线和搭铁的检测：

测量电机壳体/起动机蓄电池负极之间的电压降。请符合专业地在电路图上画出电压测量表。

测量		额定值	测量值
搭铁检测		U/V	0.4~0.5V
蓄电池正极导线检测		U/V	0.4~0.5V

观察结果：

过高的电压降有何影响?

5. 请在发电机波形图上找出并评价二极管和线圈的故障。

（1）请描述信号图形。辅助工具：博世 FSA 与发电机模型连接。

（2）请将错误图形与正确的图形进行比较。

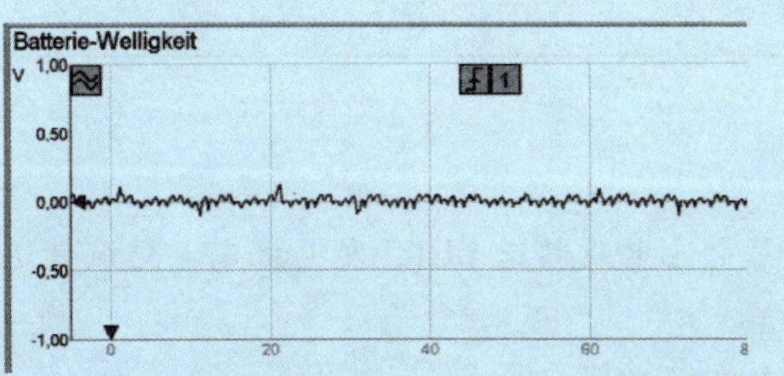

描述：

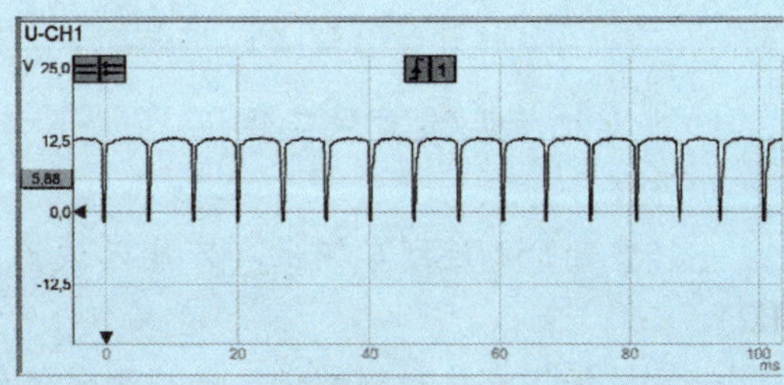

描述：

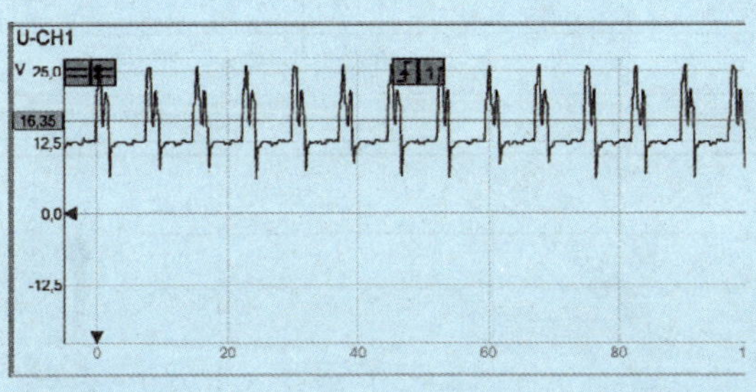

描述：

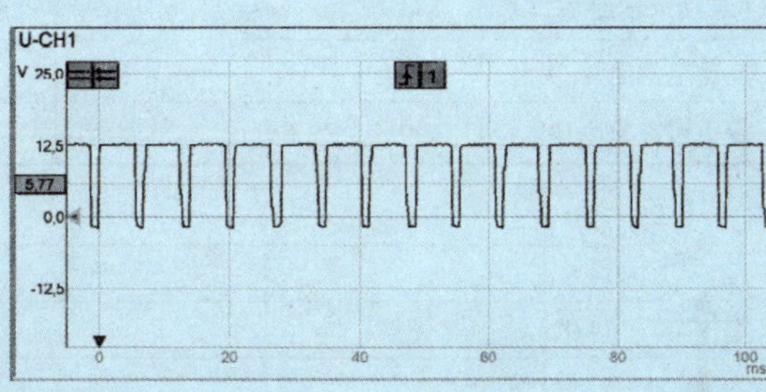

描述：

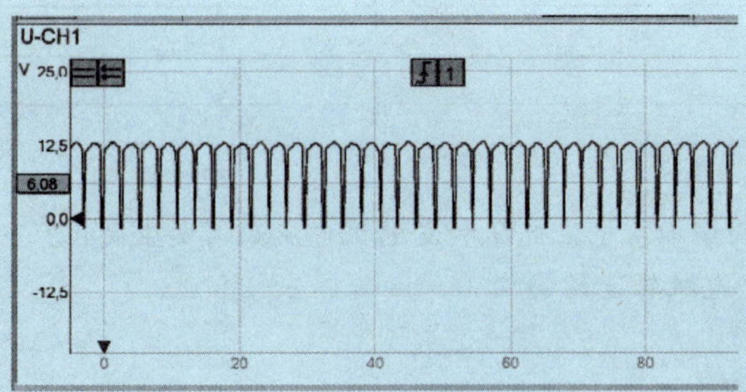

描述：

5.3.3.12　工作页

5.3.3.12　工作页

学校名称		任课教师		
班级		学生姓名		
学习领域	L5 发动机电气系统诊断维修			
学习情境	LS5.1：蓄电池不断放电，对车辆进行静态电流检查	学习时间	50min	
工作任务	C：发电机功能检测	学习地点	理实一体化教室	

1. 发电机功能/发电机荷载

工作任务：

—将博世 FSA 连到车辆上（万能示波器，蓄电池电压频道 CH1，发电机充电电流频道 CH2）。

—请根据下表执行测量任务并将测量值填入表中。

—请将得出的测量值填入波形图中。

	1	2	3	4	5
发电机荷载（发动机怠速运行）	无荷载	打开近光灯	增加风扇	增加后风窗玻璃加热	增加负载电阻
蓄电池电压/V					
发电机充电电流/A					

蓄电池电压/V					充电电流/A
15.0					100
14.5					90
14.0					80
13.5					70
13.0					60
12.5					50
12.0					40
11.0					30
10.5					20
10.0					10
	1	2	3	4	5

发电机荷载 →

分析：随着荷载的增加蓄电池电压和发电机电流如何发生变化?

2. 发电机功能/发电机转速的影响

工作任务：

—将博世 FSA 连到车辆上。

—附加连接一个电压表至发电机的 B+。

—请根据下表执行测量任务并将测量值填入表中。

—请将得出的测量值填入波形图中。

发电机荷载：打开近光灯和后风窗玻璃加热！

	1	2	3	4
发动机转速/（r/min）	怠速	2000	3000	4000
蓄电池电压/V				
发电机电压/V				
发电机充电电流/A				

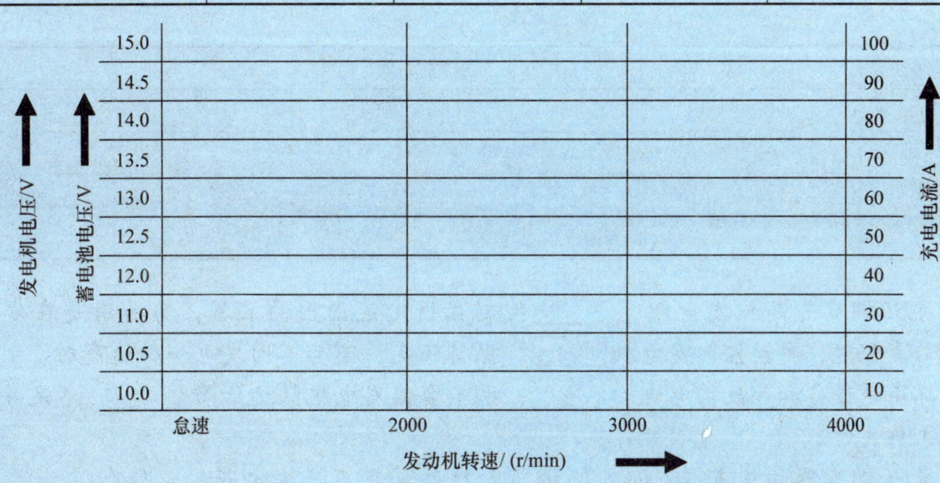

分析：

（1）随着转速的增加，蓄电池电压和发电机电流会如何变化？

（2）蓄电池电压与在发电机上直接测量的电压的差别是从哪来的？

LS5.4

车辆仪表显示屏上显示发电机功能故障

5.4.3.1 工作页

5.4.3.1 工作页

学校名称		任课教师	
班级		学生姓名	
学习领域	L5 发动机电气系统诊断维修		
学习情境	LS5.4：车辆仪表显示屏上显示发电机功能故障	学习时间	40min
工作任务	电压调节器原理	学习地点	理实一体化教室

1. 电压调节器是把发电机________控制在规定范围内的装置，其功用是在发电机________变化时，自动控制发电机________保持恒定，使其不因发电机转速高时________过高烧坏用电设备和导致蓄电池________；也不会因发电机转速低而________不足导致用电设备工作失常。

2. 电子调节器的优点是________调节精度高，且不产生火花，还具有________轻、________小、寿命长、________高、电波干扰小等优点。电子调节器的发展又经历了________、集成电路调节器及________调节器等三个阶段。

3. 简述电压调节器工作的基本原理。

4. 晶体管电压调节器一般由________、________、________、________、电容器等电子元器件组成。

5. 根据下图回答问题。

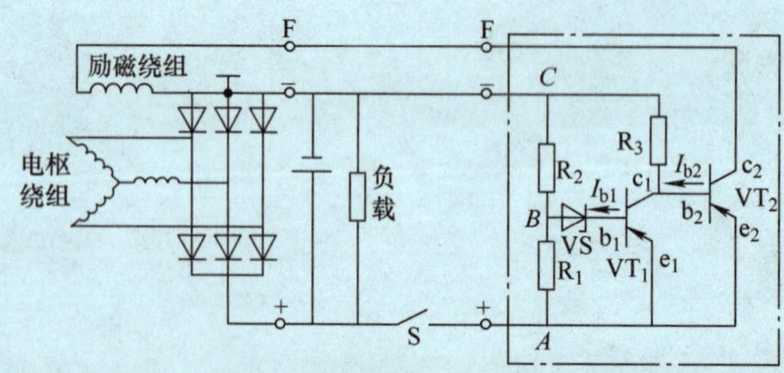

（1）用红笔在图上画出初始励磁（他励）电流回路，并写出电流流程。

(2) 用蓝笔在图上画出发电机励磁（自励）电流回路，并写出电流流程。

(3) 请描述电压调节过程。

6. 请描述晶体管电压调节器的工作特性。

5.4.3.2 工作页

5.4.3.2 工作页

学校名称		任课教师	
班级		学生姓名	
学习领域	L5 发动机电气系统诊断维修		
学习情境	LS5.4：车辆仪表显示屏上显示发电机功能故障	学习时间	50min
工作任务	A：晶体管电压调节器	学习地点	理实一体化教室

1. 画简图表示内搭铁和外搭铁。

2. 根据下图回答问题。

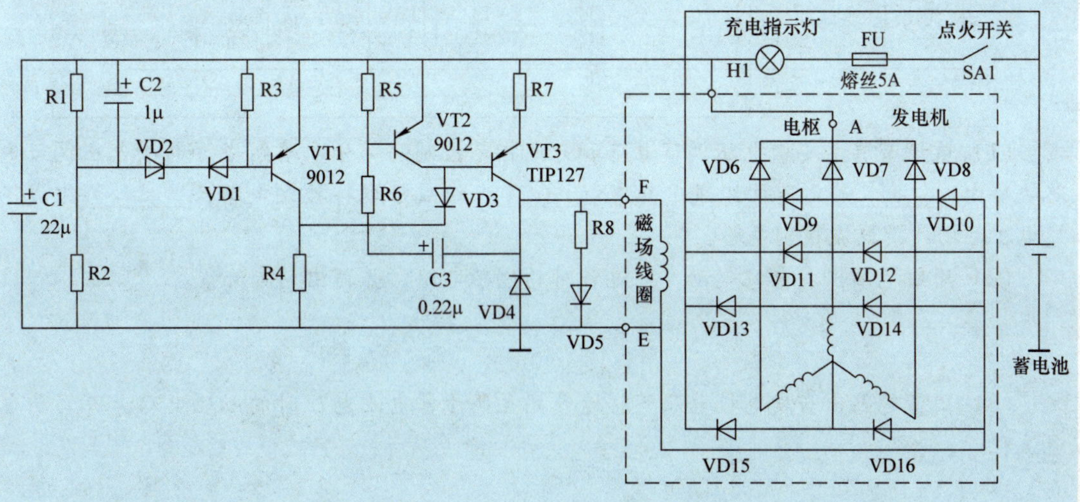

(1) 在该电路中，滤波电容为________；________组成了取样放大电路；________等组成了开关控制电路；________组成了发电机磁场线圈短路保护电路；________为电压调节指示电路。

（2）用红笔画出发电机起动发电过程时的励磁电路，并写出电流流程。

（3）用蓝笔画出当发电机电压随转速升高至高于蓄电池电压时的励磁电路，并写出电流流程。

（4）描述电压调节过程。

（5）用黄色笔画出充电指示灯点亮时的电流回路，并写出电流流程。

2. 根据下图回答问题。

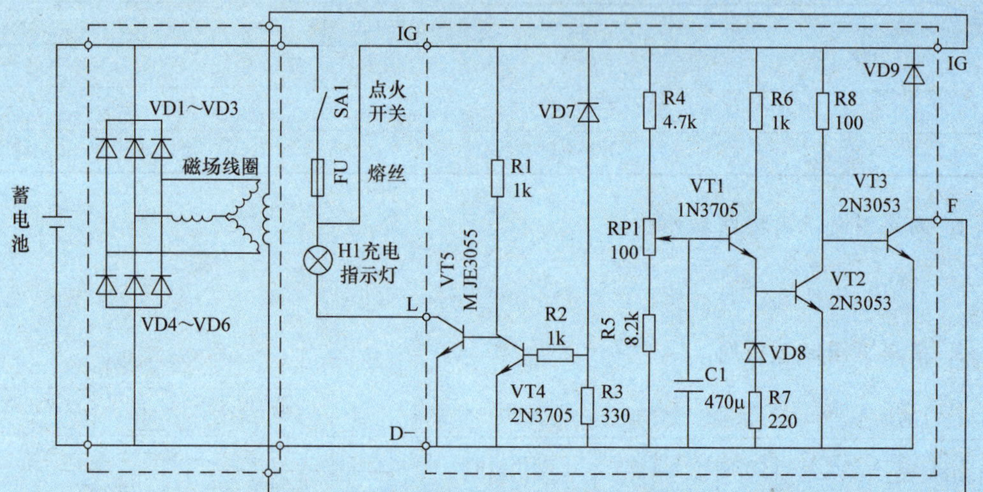

（1）该调节器主要由电压调节电路和充电指示控制两部分电路组成。电子电压调节电路主要由________等元器件组成。其中：________组成了取样控制电路；________组成了发电机磁场线圈电流控制电路。

（2）用红笔画出发电机起动发电过程时的励磁电路，并写出电流流程。

（3）用蓝笔画出当发电机电压随转速升高至高于蓄电池电压时的励磁电路，并写出电流流程。

（4）描述电压调节过程。

（5）用黄色笔画出充电指示灯点亮时的电流回路，并写出电流流程。

5.4.3.3　工作页

5.4.3.3　工作页

学校名称		任课教师		
班级		学生姓名		
学习领域	L5 发动机电气系统诊断维修			
学习情境	LS5.4：车辆仪表显示屏上显示发电机功能故障	学习时间	50min	
工作任务	B：集成电路电压调节器	学习地点	理实一体化教室	

1. 集成电路电压调压器是利用________组成的调节器，可分为________调节器和________调节器两类。按检测电源电压的方式不同，集成电路调节器可分为________检测式和________检测式两种。

2. 请比较发电机电压检测法和蓄电池电压检测法的特点。

3. 根据下图回答问题。

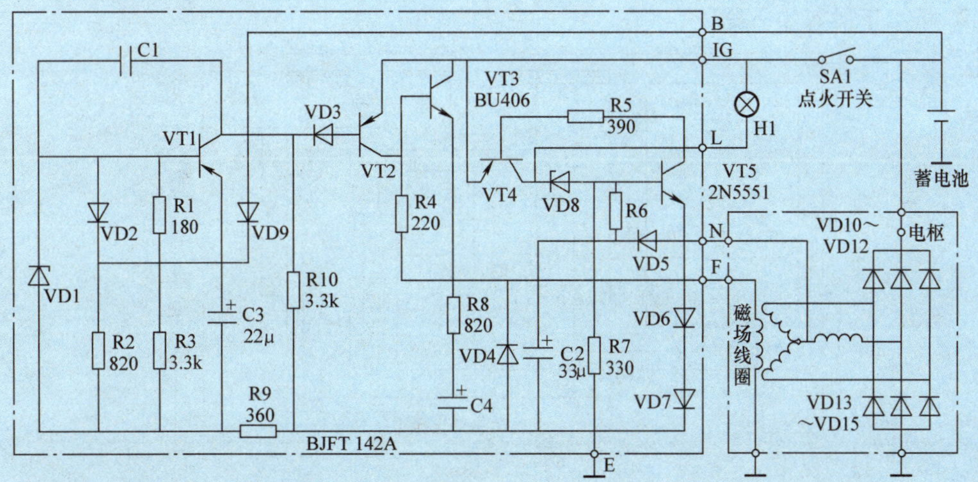

(1) 该电路中的________等组成了取样检测电路，磁场电流控制电路由________等组成；________等组成了指示灯控制电路；________为整流滤波电路。

(2) 用红笔画出发电机起动发电过程时的励磁电路，并写出电流流程。

(3) 用蓝笔画出当发电机电压随转速升高至高于蓄电池电压时的励磁电路，并写出电流流程。

(4) 描述电压调节过程。

（5）用黄色笔画出充电指示灯点亮时的电流回路，并写出电流流程。

5.4.3.4　工作页

5.4.3.4　工作页

学校名称		任课教师		
班级		学生姓名		
学习领域	L5 发动机电气系统诊断维修			
学习情境	LS5.4：车辆仪表显示屏上显示发电机功能故障		学习时间	50min
工作任务	C：多功能电压调节器		学习地点	理实一体化教室

1. 请描述多功能电压调节器具有的功能，并画出思维导图。

2. 根据下图回答问题。

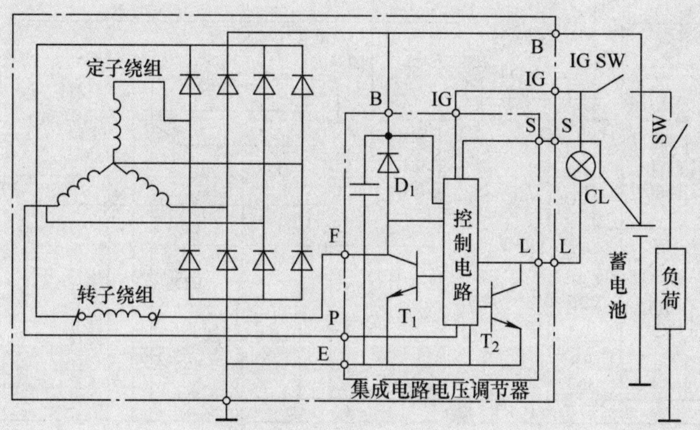

（1）M型多功能电压调节器具有哪些功能？

（2）用红笔画出发电机起动发电过程时的励磁电路，并写出电流流程。

（3）用蓝笔画出当发电机电压随转速升高至高于蓄电池电压时的励磁电路，并写出电流流程。

（4）描述电压调节过程。

（5）用黄色笔画出充电指示灯点亮时的电流回路，并写出电流流程。

（6）请描述M型电压调节器的警告功能。

5.4.3.5 工作页

5.4.3.5 工作页

学校名称		任课教师	
班级		学生姓名	
学习领域	L5 发动机电气系统诊断维修		
学习情境	LS5.4：车辆仪表显示屏上显示发电机功能故障	学习时间	50min
工作任务	D：计算机控制的电压调节	学习地点	理实一体化教室

1. 请解释下列名词。

（1）脉冲宽度调制PWM

（2）占空比

2. 计算机控制的电压调节系统是由计算机以每秒________个脉冲的固定频率向励磁绕组提供电流脉冲（脉冲宽度调制技术），通过改变________，得到正确的励磁电流________，从而控制发电机的________。

3. 根据下图回答问题。

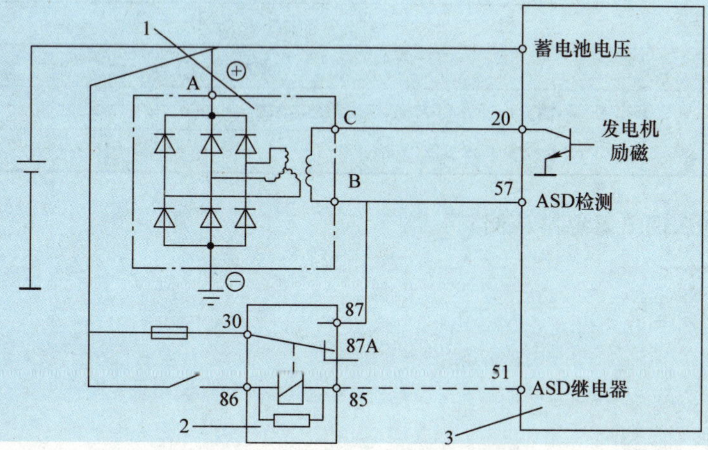

（1）画出发电机正常工作时的励磁电路，并写出电流流程。

（2）请分析电压调节过程。

4. 请画出别克新君威汽车发电机电压调节简图，并分析其工作过程。

5.4.3.6　工作页

5.3.3.6　工作页

学校名称		任课教师		
班级		学生姓名		
学习领域	L5 发动机电气系统诊断维修			
学习情境	LS5.4：车辆仪表显示屏上显示发电机功能故障		学习时间	40min
工作任务	A：电压调节器检测		学习地点	理实一体化教室

1. 画出内搭铁式电压调节器测试电路，并进行连接测试，记录测试过程和结论。

2. 画出外搭铁式电压调节器测试电路，并进行连接测试，记录测试过程和结论。

3. 画出M型电压调节器测试电路，并进行连接测试，记录测试过程和结论。

5.4.3.7　工作页

5.4.3.7　工作页

学校名称		任课教师		
班级		学生姓名		
学习领域	L5 发动机电气系统诊断维修			
学习情境	LS5.4：车辆充电指示灯常亮，检查充电系统		学习时间	50min
工作任务	B：电压调节器电路检测		学习地点	理实一体化教室

1. 晶体管电压调节器电路检测。

（1）检测条件：

（2）画出检测电路简图。

（3）发动机暖车后并以2500r/ min 运转，充电电流为：________ A。
发动机转速在怠速与2500r/ min 间升降，检查电压表读数：________。
结论：________。

2. M 型多功能电压调节器电路检测。

（1）磁场力检查结果：

（2）B 端子检测结果：

（3）S 端子检测结果：

（4）L 端子检测结果：

（5）IG 端子检测结果：

5.4.3.8 工作页

5.3.3.8 工作页

学校名称		任课教师		
班级		学生姓名		
学习领域	L5 发动机电气系统诊断维修			
学习情境	LS5.4：车辆仪表显示屏上显示发电机功能故障		学习时间	50min
工作任务	C：计算机控制电压调节电路检测		学习地点	理实一体化教室

1. 怠速空载下的发电机监控（DFM）信号

工作任务：

— 请在发电机上找到 DFM 接口（电路图，目测）。
— 请将博世 FSA 连接到发电机。
— 调节示波器：频道 CH1 y 轴至 20 V，频道 CH2 y 轴至 50A，x 轴 200ms。
— 请将车辆驱动至怠速状态并存下测量结果。
—请将测出的测量值填入波形图。

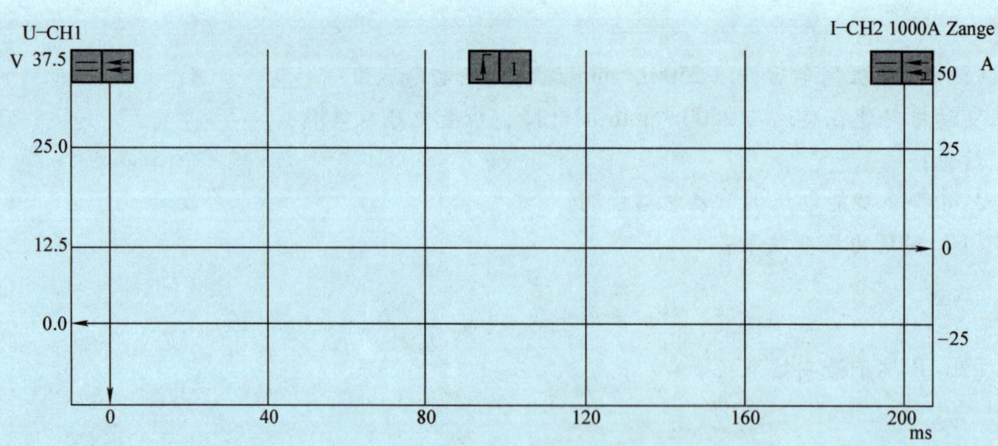

2. 怠速有负载的发电机监测信号

工作任务：

— 请在怠速运转的车辆上进行同样的测量，请先后打开几个用电器并请观察信号。

— 请将测出的测量值填入波形图。

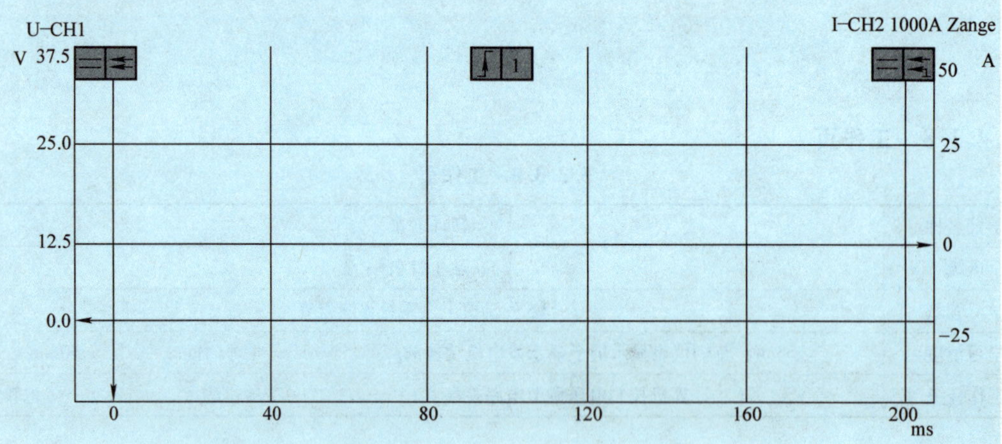

3. 使用万用表检测发电机调节器电压

点火钥匙位置见下表，检测电压值。

— 请符合专业地将电压表画入以下电路图中。

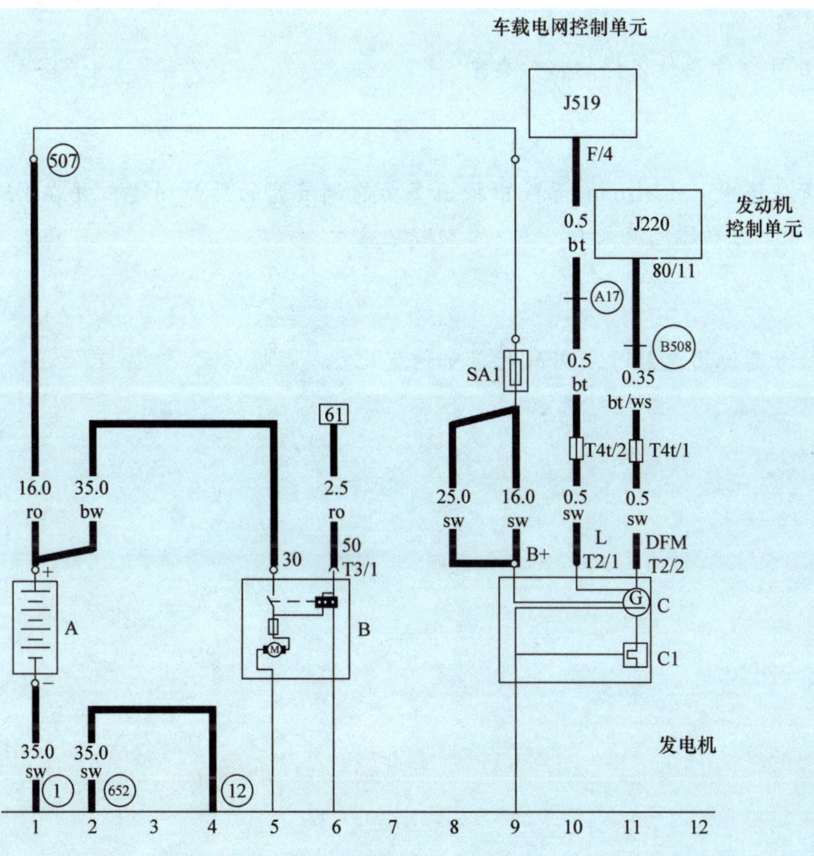

测量	点火钥匙位置		额定值	测量值
L 的电压	关	*U*/V	0V	
	开	*U*/V	0.4～0.8V	
DFM 的电压	关	*U*/V	0.5V	
	开	*U*/V	< UB ca. 9V	

额定值测量值比较：

分析：

认知问题

（1）DFM 信号是什么样的信号类型？

（2）请从博世 ESI－tronic 系统中找出多功能调节器的功能描述，并在 DFM 荷载波形图中填入“1”为励磁电流关和“2”为励磁电流开。

（3）打开其他用电器时，DFM 信号如何变化？

LS5.5

起动机在起动过程中无法带动发动机

5.5.3.1 工作页

5.5.3.1 工作页

学校名称		任课教师		
班级		学生姓名		
学习领域	L5 发动机电气系统诊断维修			
学习情境	LS5.5：起动机在起动过程中无法带动发动机	学习时间	50min	
工作任务	电动机工作原理	学习地点	理实一体化教室	

实验 1：

请将一个导体挂在两个金属带上放到磁铁的两极之间，如下图所示。请将摇摆的导体与一个可调的直流电压发生器相连，注意慢慢提高电流。

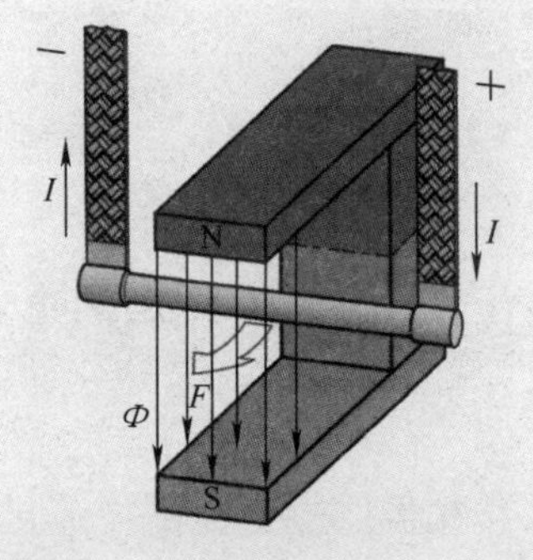

观察：

实验 2：

请调换供电接口并重复实验。

观察：

实验 3：

请调换磁铁的极性并重复实验。

观察：

认知：

原因阐述：

下图是通电导体在磁场中的受力情况分析，在图中画出磁极磁场和导体磁场的磁力线及相互影响。

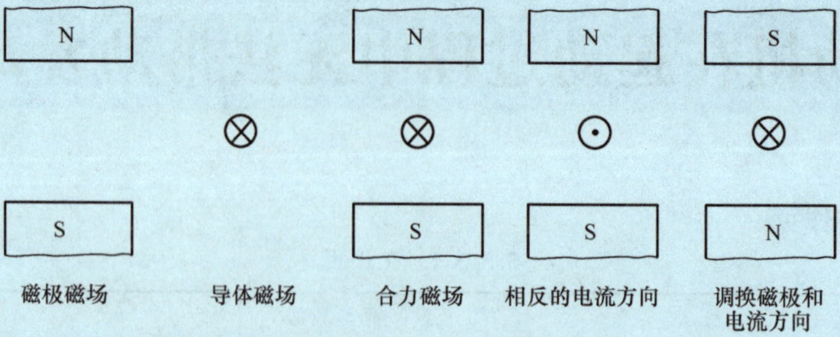

N　N　N　S

⊗　⊗　⊙　⊗

S　S　S　N

磁极磁场　导体磁场　合力磁场　相反的电流方向　调换磁极和电流方向

在导体的一侧，导体磁场的磁力线方向与磁极磁场的磁力线方向________。在此重合的磁场互相________。在导体的另一侧，两个磁场的磁力线方向________。在这一侧，合力磁场变得________。相同方向的磁力线相互________。由此而在通电的导体上产生一个________。

导体上的力取决于：

实验4：

请将一个线圈拉住垂直于一个磁铁的两极间，如下图所示。请将线圈与一个可调的直流电压发生器相连。

观察：

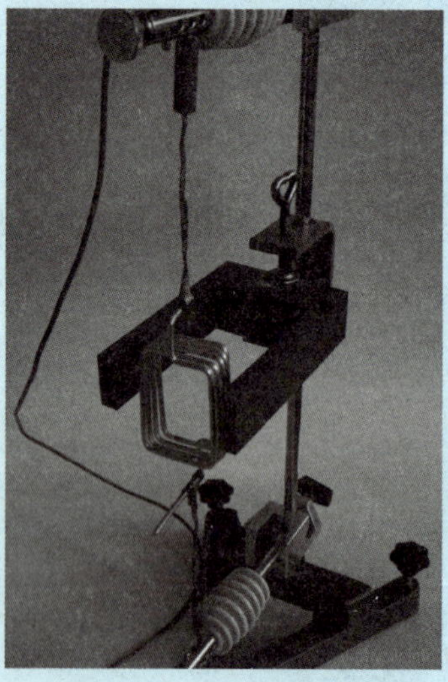

实验5：

请以相反的电流方向重复实验4 。

观察：

实验6：

请调换实验5的磁铁极性。

观察：

认知：

阐述：

下图是通电线圈在磁场中的受力情况分析，在图中画出磁极磁场和线圈磁场的磁力线及相互影响。

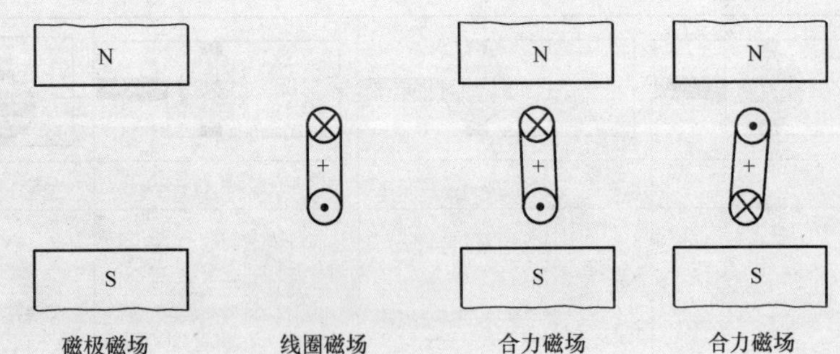

线圈在两个导体中的电流形成了一个________。它与磁铁的磁极磁场一起产生了一个________磁场。线圈的两个通电的导体根据电流方向相应地产生偏移，这产生了一个________。

出现的问题：线圈在磁场中只旋转至其磁场与磁极磁场的方向一致为止，________。

补救措施：

在旋转线圈上安装一个________，当快到终点位置时________线圈中的电流方向，就可以达到持续的旋转。

根据下图作答：

(1) 请将换向器的正极一侧涂成红色，负极一侧涂成蓝色。

(2) 请用箭头标出电流方向。

(3) 请借助于右手定则确定电枢的极性。请用红色涂画北极，用绿色涂画南极。

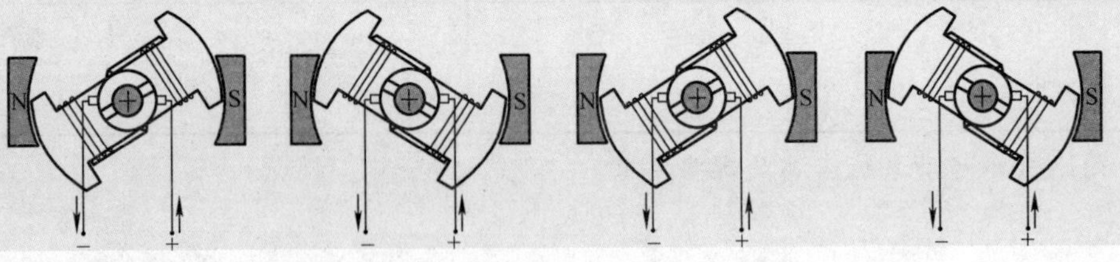

5.5.3.2 工作页

5.5.3.2 工作页

学校名称		任课教师	
班级		学生姓名	
学习领域	L5 发动机电气系统诊断维修		
学习情境	LS5.5：起动机在起动过程中无法带动发动机	学习时间	50min
工作任务	A：起动机概述	学习地点	理实一体化教室

1. 内燃机无法自行起动，需要动能以便克服________、________、________。发动机的起动是指借助________，发动机由________状态过渡到________的过程。发动机起动需要的最低转速，汽油机为________ r/min，柴油机为________ r/min。

2. 画出起动机类型的思维导图。

3. 填写下表不同励磁方式电动机中的空项。

内部电路原理图	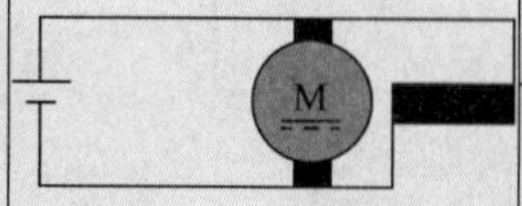 M	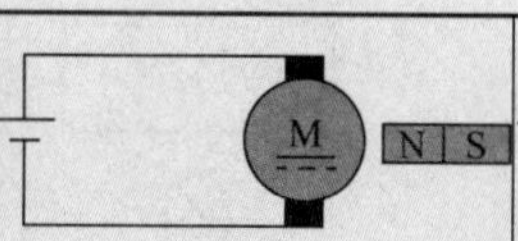 M　N S	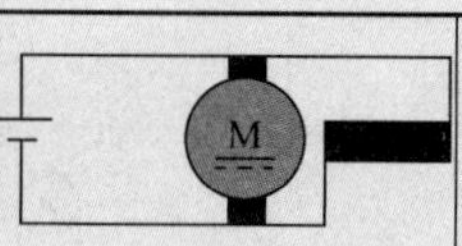 M	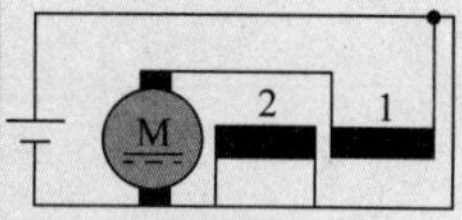 M　2　1
名称				
描述（如何产生磁场，励磁绕组如何控制）				
特性曲线（转速-转矩特征曲线）	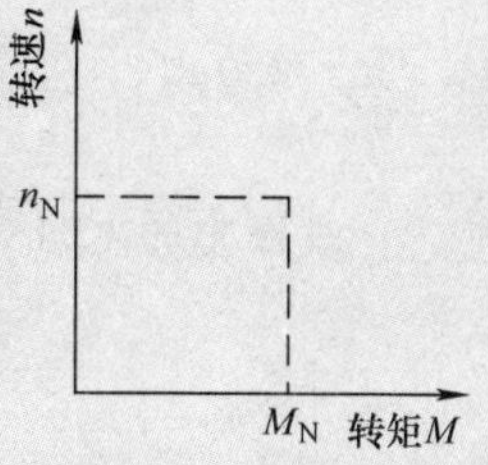 转速n　n_N　M_N　转矩M	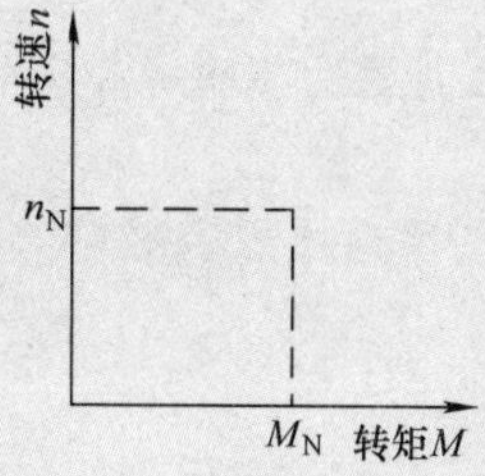 转速n　n_N　M_N　转矩M	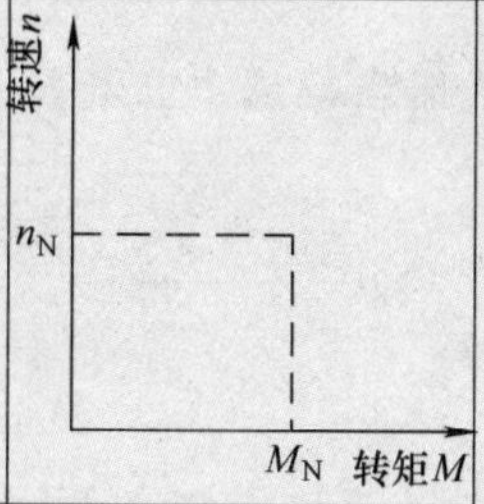 转速n　n_N　M_N　转矩M	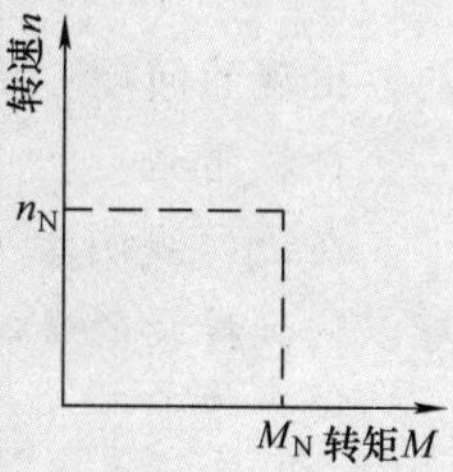 转速n　n_N　M_N　转矩M
特性				
应用范围				

4. 简述汽车起动系统应满足哪些要求。

5. 请画出汽车起动系统的组成框图。

5.5.3.3 工作页

5.5.3.3 工作页

学校名称		任课教师	
班级		学生姓名	
学习领域	L5 发动机电气系统诊断维修		
学习情境	LS5.5：起动机在起动过程中无法带动发动机	学习时间	50min
工作任务	B：电磁控制强制啮合式起动机构造	学习地点	理实一体化教室

1. 起动机一般由________、________和________（也称控制装置）三部分组成。直流电动机由________、________、________和外壳等组成，传动机构一般由________、________、拨叉、啮合弹簧等组成，常见的单向离合器主要有________、________和________三种类型。

2. 请根据下图说出部件名称1～10的名称，并请将序号填入下面的原理图中。

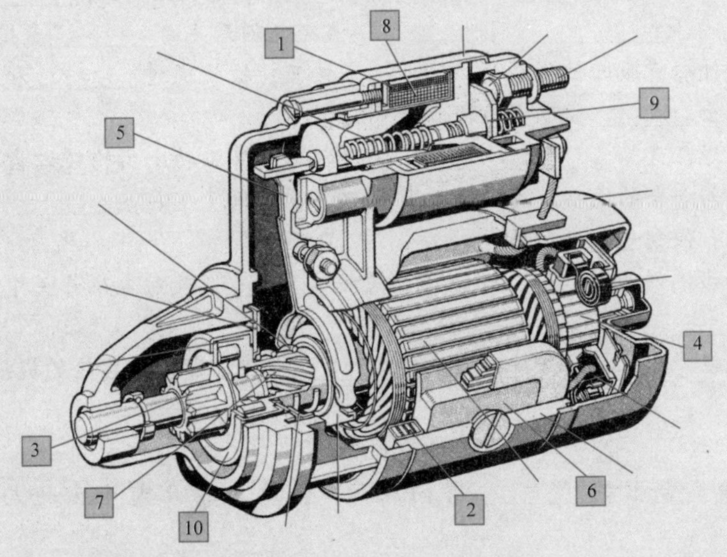

编号	名称
1	
2	
3	
4	
5	

编号	名称
6	
7	
8	
9	
10	

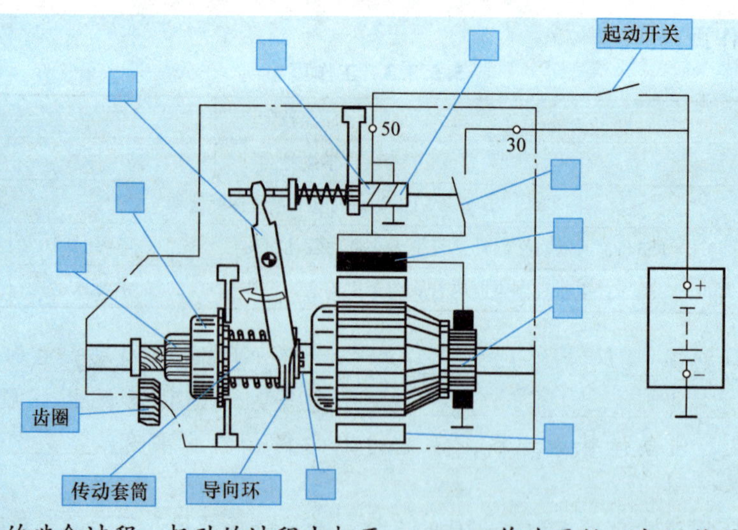

3. 起动机的啮合过程：起动的过程由打开________作为开始，电压位于起动机的端子________。电流从端子________流经电磁开关的________，起动机的________________及其电枢至搭铁（端子________）。同时________流经电磁开关的________直接搭铁。

电磁开关的铁心克服回位弹簧的力________拨叉，拨叉通过________和传动套筒朝发动机飞轮的齿圈上________驱动小齿轮。

起动电动机现在开始________。________的齿纹使得驱动小齿轮经过齿端面转动易于啮合。这种推动与啮合的运动是由________引起，并借助于电枢的________转动，由此得出起动机的名称：强制啮合起动机。

一旦齿轮和齿圈的齿相啮合，啮合弹簧就被________，此时电磁开关中的________闭合，主电路________。

吸引线圈现在________，保持线圈保持________并阻止驱动小齿轮的提前脱离。

脱离啮合过程：

发动机起动后，________转动要比起动电动机快。

滚柱式单向离合器的________滑向深处，由此消除此前小齿轮与电枢轴之间的________。

松开起动开关，并由此使电磁开关的________恢复作用时，驱动小齿轮脱离啮合。

4. 画出起动机控制电路简图，写出电流流程。

5. 画出起动电动机的主工作电路简图，写出电流流程。

5.5.3.4 工作页

5.5.3.4 工作页

学校名称		任课教师			
班级		学生姓名			
学习领域	L5 发动机电气系统诊断维修				
学习情境	LS5.5：起动机在起动过程中无法带动发动机		学习时间	50min	
工作任务	C：其他起动机的构造		学习地点	理实一体化教室	

1. ________通过其磁力和简单的固定夹固定在________磁极壳体中。它们取代了________。在电枢和滚柱式单向离合器之间有一个________，它将电枢的转速降低，传动比约为________。驱动小齿轮对曲轴齿圈的齿轮驱动将电枢转速________至传动比约为________。这样汽油机的起动机电枢转速至少达到________。行星减速器的太阳轮是电枢轴的一部分，材料为塑料或铝的齿圈________，行星轮支架的转动方向与太阳轮________，并且转速比太阳轮________约1/3。

2. 在下图中填入相应的结构名称。

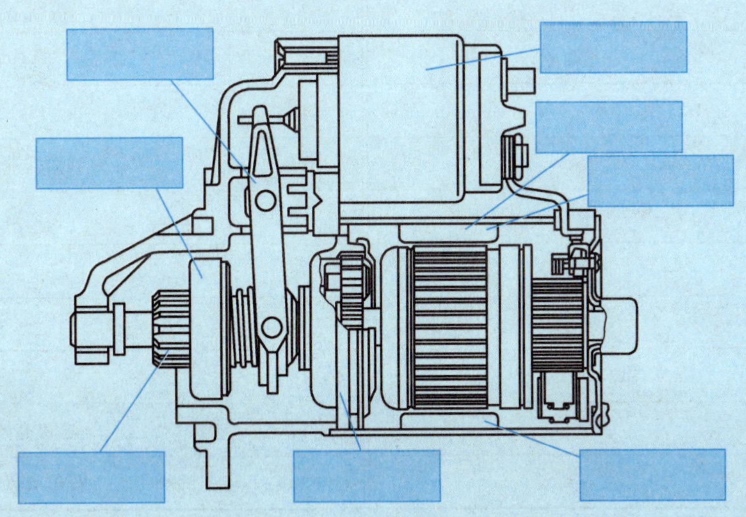

3. 与常规强制式啮合起动机的主要区别

用永磁体取代________；________取代串励性能；增加了用于提高________的减速行星变速器；电枢转速________（至少4000r/min）；电枢电流________；________重量（减轻至40%）；更高的________；壳体比较敏感，不能用于________。

4. 根据下图补充部件名称。

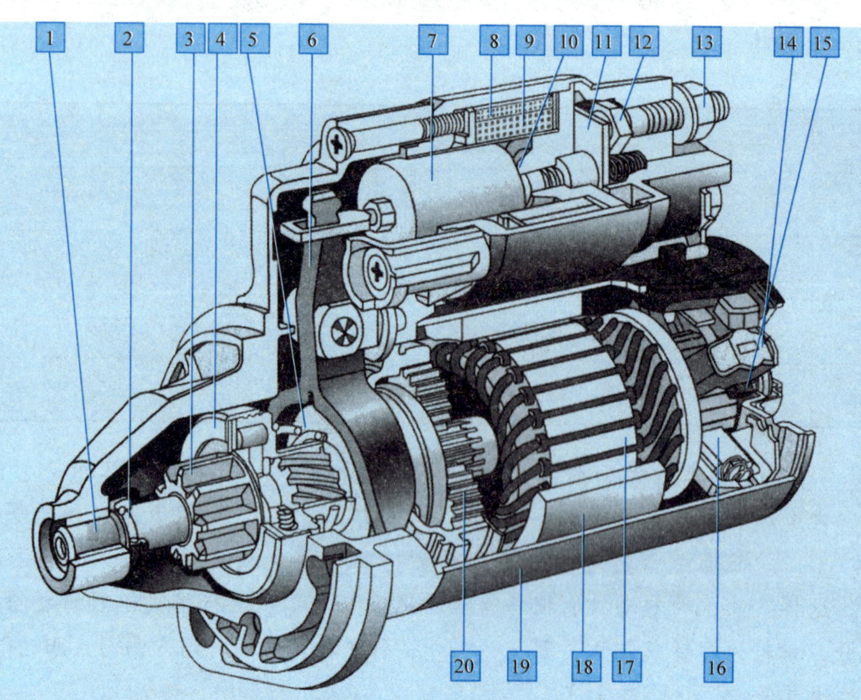

序号	部件名称	序号	部件名称
1	驱动轴	11	
2	止动环	12	触点
3		13	
4		14	换向器轴承
5	啮合弹簧	15	换向器
6		16	
7	电磁开关	17	
8		18	
9		19	磁极壳体
10	复位弹簧	20	行星减速器

5. 根据上图将对应的号码填入下面的原理图中，并在圆圈内填入端子标识。

6. 请画出通过的电流（打开起动开关时用蓝色；主电路接通时用红色）。

7. 现代汽油发动机多已采用减速型起动机。与普通传统式起动机相比，其最大特点为________、________及________。但起动机小型化会造成________不良，故将导线接头的锡焊改为铜焊，甚至将铜焊改为________方式，绝缘材料使用________材料。而电枢________的减少，使起动机小型化且高速化，高转速时转矩小，所以需用________，使转矩增大。

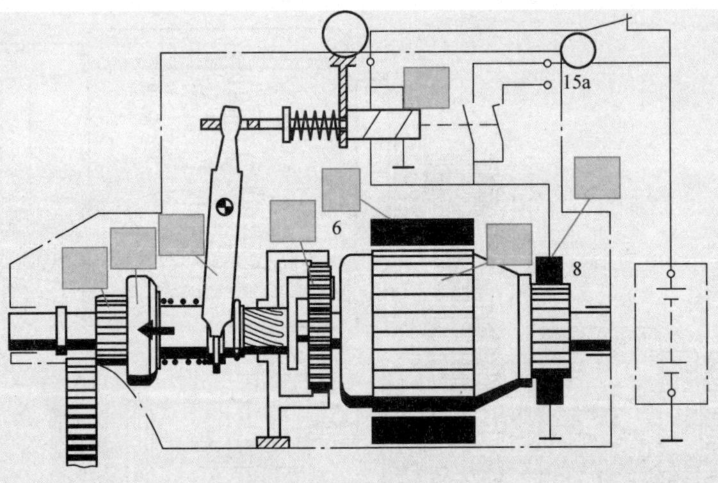

8. 在下图中填入相应的部件名称。

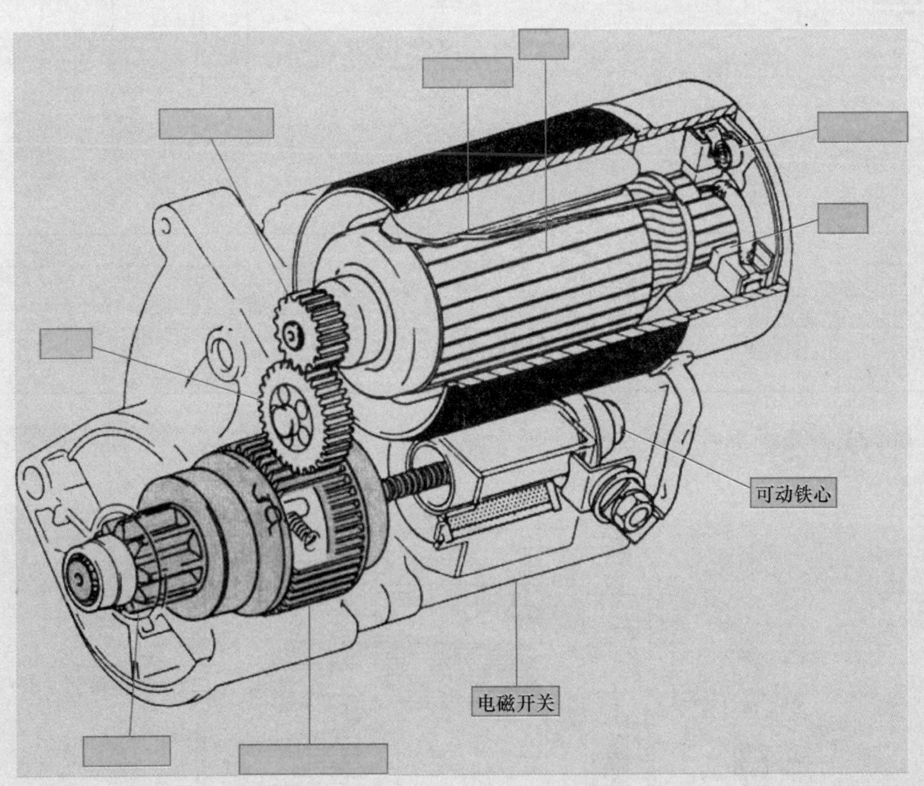

9. 请将对应的名称填入下面的原理图中。

请画出通过的电流（打开起动开关时用蓝色；主电路接通时用红色）。

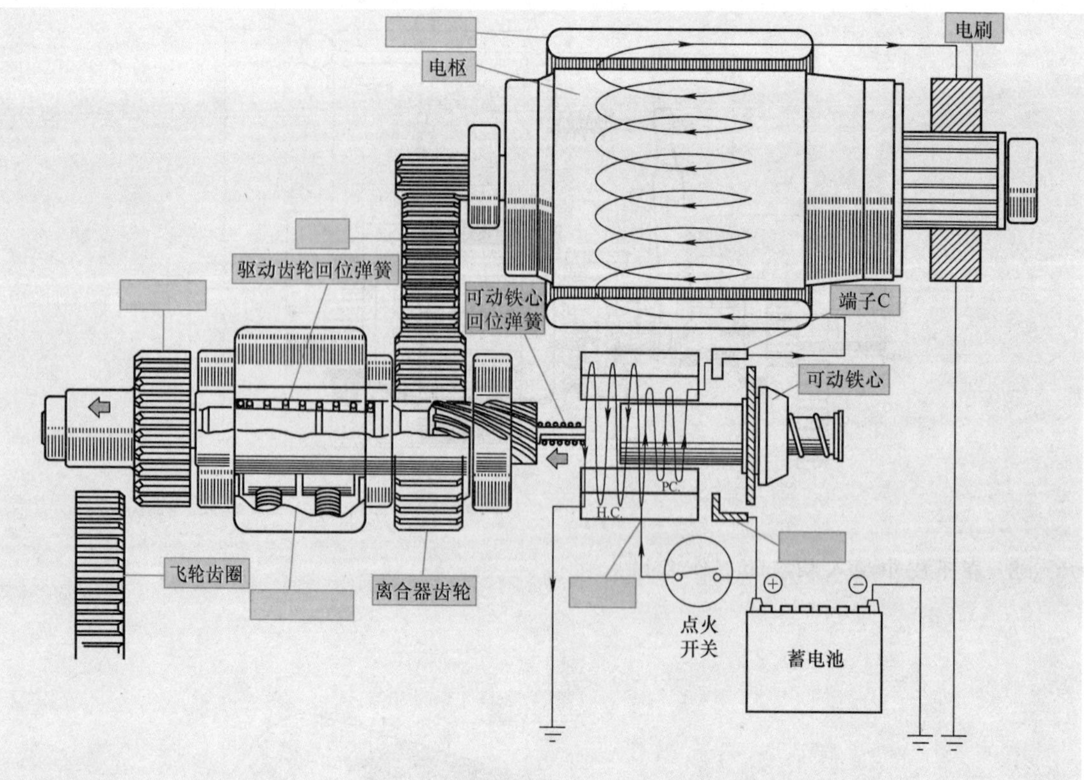

5.5.3.5　工作页

5.5.3.5　工作页

学校名称		任课教师	
班级		学生姓名	
学习领域	L5 发动机电气系统诊断维修		
学习情境	LS5.5：起动机在起动过程中无法带动发动机	学习时间	50min
工作任务	D：起动机控制电路	学习地点	理实一体化教室

1. 根据下图完成下列各题。

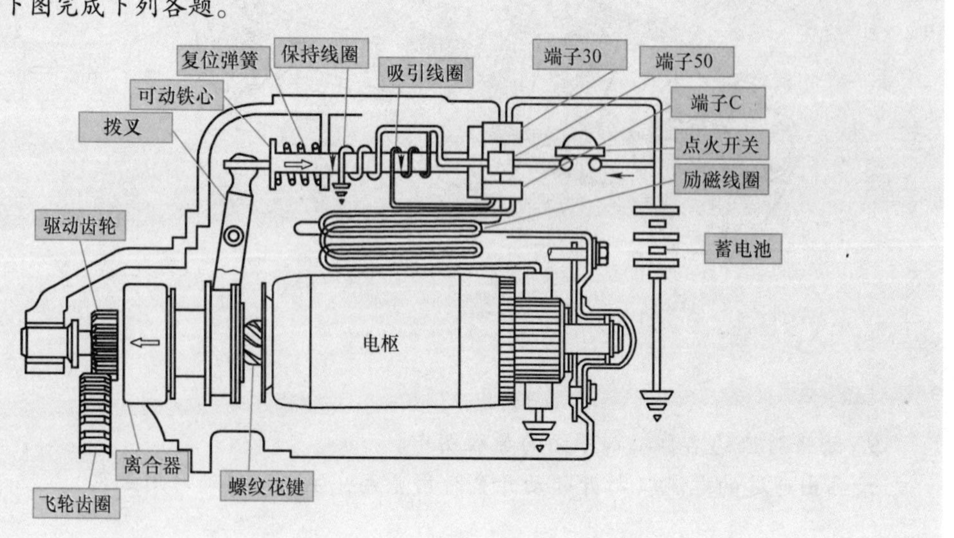

（1）画出起动开关闭合时起动机电路，写出电路流程。

（2）画出起动机主触点闭合时起动机电路，写出电路流程。

（3）画出起动开关断开时起动机电路，写出电路流程。

2. 根据下图完成下列各题。

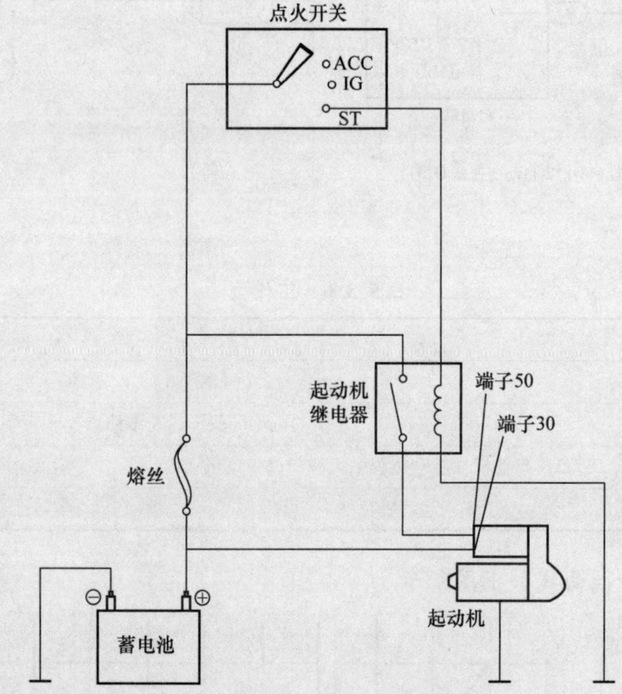

（1）画出起动开关闭合时起动机电路，写出电路流程；

（2）画出起动机主触点闭合时起动机电路，写出电路流程；

（3）画出起动开关断开时起动机电路，写出电路流程；

3. 根据下图完成下列各题。

（1）画出起动开关闭合时起动机电路，写出电路流程；

（2）画出起动机主触点闭合时起动机电路，写出电路流程；

（3）画出起动开关断开时起动机电路，写出电路流程；

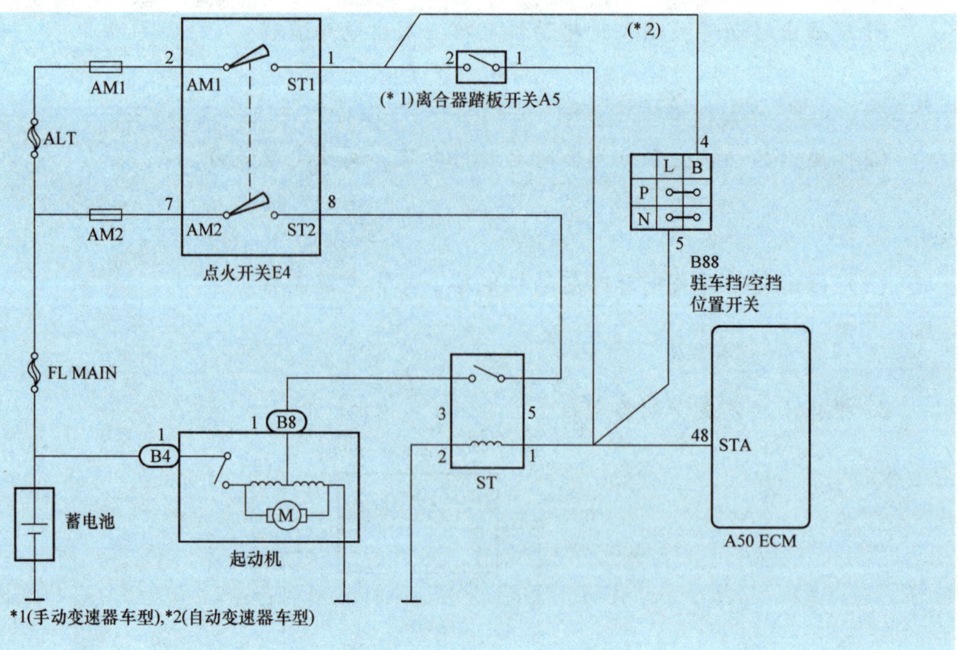

5.5.3.6　工作页

5.5.3.6　工作页

学校名称		任课教师		
班级		学生姓名		
学习领域	L5 发动机电气系统诊断维修			
学习情境	LS5.5：起动机在起动过程中无法带动发动机		学习时间	50min
工作任务	E：起动机特性		学习地点	理实一体化教室

某型起动机的特性曲线如下图所示。

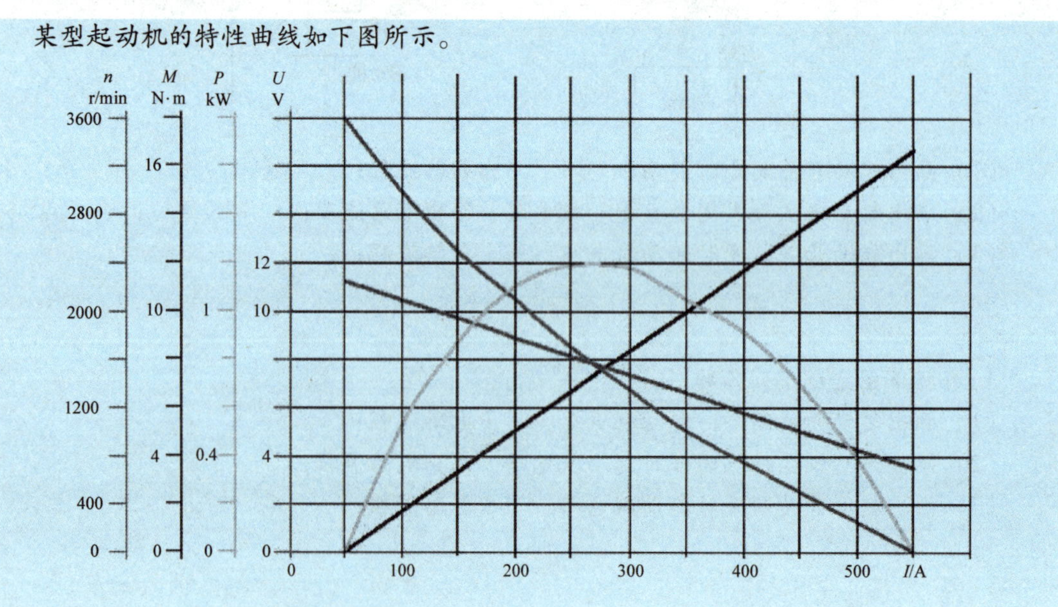

（1）请从图形中查找以下值：

起动机锁死时的转矩	
起动机锁死时的电流消耗	
发动机最大功率时的起动转速	
发动机最大功率时的转矩	

（2）起动机转速升高时转矩会怎样？

（3）计算下表中的数据

起动电流 I/A	输出功率 P/kW	电压 U/V	输入功率 P_{zu}/kW	起动机效率 η（%）
50	0	11.2		
100	0.52	10.5		
150	0.86	9.7		
200	1.1	8.8		
250	1.18	8.1		
300	1.16	7.3		
350	1.04	6.6		
400	0.9	5.8		
450	0.69	5		
500	0.37	4.2		
550	0	3.4		

（4）从车辆和起动机已知以下数据：飞轮齿数 135 齿，起动机齿数 9 齿，请计算：

① 传动比 i。

② 在内燃机上的最大起动转矩。

③ 起动机功率最大时，内燃机的转速。

④ 起动机功率最大时，内燃机的转矩。

5.5.3.7 工作页

5.5.3.7 工作页

学校名称		任课教师	
班级		学生姓名	
学习领域	L5 发动机电气系统诊断维修		
学习情境	LS5.5：起动机在起动过程中无法带动发动机	学习时间	50min
工作任务	A：起动机的拆装与检测	学习地点	理实一体化教室

1. 请拆装给定的起动机，写出分解步骤。

记录起动机的型号：

记录起动机分解的步骤：

记录起动机组装的步骤：

2. 根据信息页起动机元件检测的内容对起动机各元件进行检测，将以下各项检查的结果记录在下表中。

序号	检测项目			标准情况	检测情况	结论
1	磁场绕组	磁场绕组断路的检查		通（0Ω）		① 合格 ② 不合格
		磁场绕组搭铁的检查		不通（∞）		
		磁场绕组短路的检查		每个磁极对螺钉旋具的吸引力相同		
2	电枢绕组	断路检验	试验台	电流表读数均应不变		① 合格 ② 不合格
			万用表	$R=0\Omega$		
		搭铁检验	试验台	搭铁灯不亮		
			万用表	$R=\infty$		
		短路检验	试验台	钢片不振动		
			万用表	$R=\infty$		
3	电枢轴弯曲度			≤0.15mm		① 合格 ② 不合格
4	电刷高度			7～10mm		① 合格 ② 不合格
5	电磁开关线圈	吸引线圈电阻值/Ω		<0.6Ω		① 合格 ② 不合格
		保持线圈的阻值/Ω		1Ω		

5.5.3.8　工作页

5.5.3.8　工作页

学校名称		任课教师		
班级		学生姓名		
学习领域	L5 发动机电气系统诊断维修			
学习情境	LS5.5：起动机在起动过程中无法带动发动机		学习时间	50min
工作任务	B：起动机不解体检测与起动电路检测		学习地点	理实一体化教室

1. 请根据信息页的起动机不解体检测内容对给定起动机进行检测，并记录结果。

吸引线圈性能测试结果记录：

保持线圈性能测试结果记录：

驱动齿轮复位测试结果记录：

驱动齿轮间隙的检查结果记录：

空载测试结果记录：

2. 客户申诉起动困难，因为起动机动力不足无法带动发动机。在检测起动机前，必须对蓄电池的酸含量和酸密度进行检测。为定位故障源，要执行一个起动测试。

测试电路如下图所示。

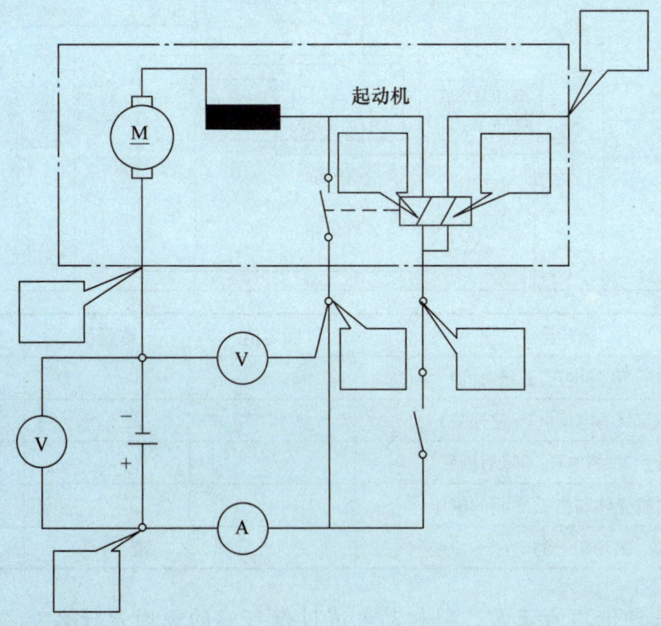

(1) 请填充端子标识。

(2) 请用 H 标出保持线圈，用 E 标出吸引线圈。

(3) 请用绿色标出起动机主电路。

(4) 请将啮合前的通电电路涂上红色，起动时的通电电路涂上蓝色。

(5) 请用关键词描述短路测试的过程。

①

②

③

④

⑤

(6) 在端子30（起动机主电路）上测量到电压为8.5V，蓄电池上的为9.5V。请对该数值进行判断，并说出理由。

(7) 请说出高电压降的可能原因。

3. 通过起动测试的结果我们确定，客户申诉的起动机起动电路的消耗过低。为找到故障方位，对电路的电压降进行测量。

(1) 请在下面起动机测量的电路图中填入表格中相应检测的检测号。

(2) 请在表格中填入空缺的额定值并对测量结果进行评估（正常及不正常）。起动期间蓄电池的电压为9.5V。

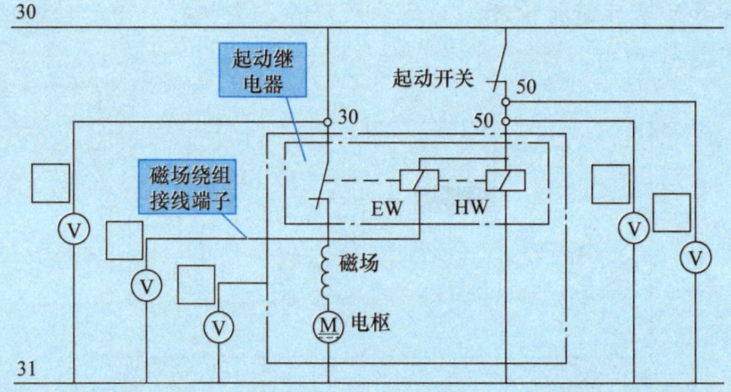

检测编号	测量	额定值	测量值	评价
1	端子50的电压（起动机）			
2	端子50的电压（行驶开关）			
3	端子30的电压（起动机）			
4	起动机壳体与搭铁之间的电压			
5	磁场端子的电压			

(3) 如果结果评价均为正常，则起动电流过低可能的原因是什么？

LS5.6

车辆的自动起动停止系统失灵

5.6.3.1 工作页

5.6.3.1 工作页

学校名称		任课教师	
班级		学生姓名	
学习领域	L5 发动机电气系统诊断维修		
学习情境	LS5.6：车辆的自动起动停止系统失灵	学习时间	50min
工作任务	A：起动停止系统的功能与类型	学习地点	理实一体化教室

1. 起动停止系统英文名称________，简称________，当车辆在铁道路口或者红绿灯前停车时，会自动将发动机暂时关闭。而再次起步时，不需要操作________就能起动发动机，从而达到________、________的目的。对于大众汽车来说，车辆起步后，一旦其行驶速度超过________且时间持续约________，起动停止系统就会自动开启。

2. 起初自动起动停止技术只在________车上使用，而后才慢慢发展到了传统内燃机车辆上。目前，起动停止系统主要有三种形式，分别为________、________、________。

3. 请解释下图描述的情形。

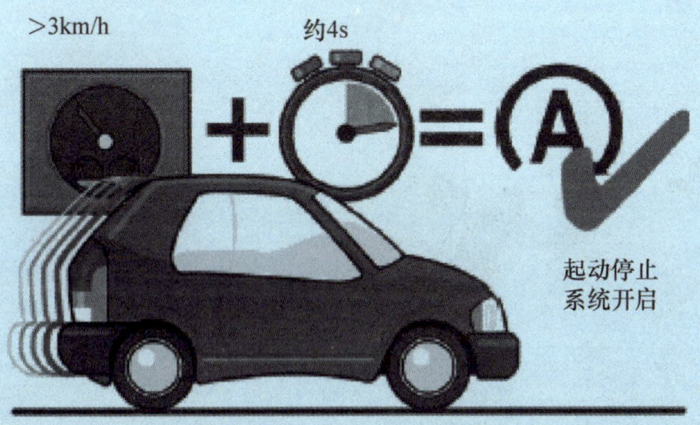

4. 请比较不同类型起动停止系统的特点。

5.6.3.2　工作页

5.6.3.2　工作页

学校名称		任课教师		
班级		学生姓名		
学习领域	L5 发动机电气系统诊断维修			
学习情境	LS5.6：车辆的自动起动停止系统失灵		学习时间	30min
工作任务	B：起动停止系统的操作		学习地点	理实一体化教室

1. 对于带有起动停止功能的大众汽车，插入________，接通点火开关，起动停止系统的开关使________，组合仪表显示屏上会显示________系统的状态指示符。驾驶人可以通过________手动关闭或打开起动停止系统。

2. 请根据下面两张图描述手动变速器车型起动停止系统的运作过程。

(1) 发动机关闭过程

发动机关闭过程

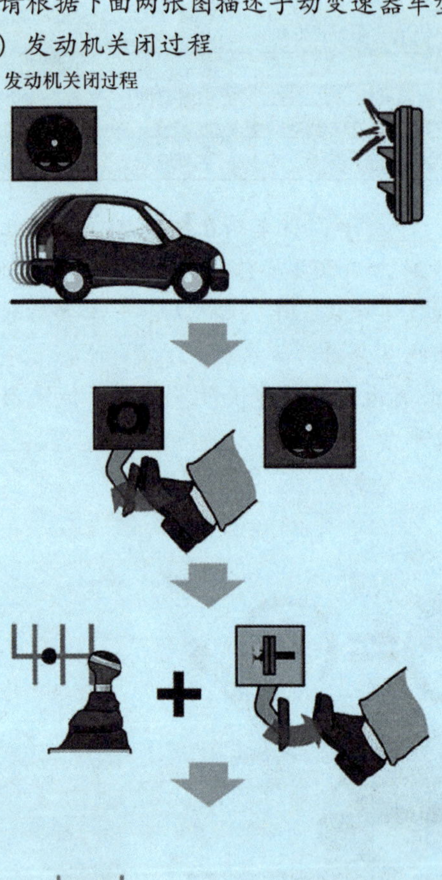

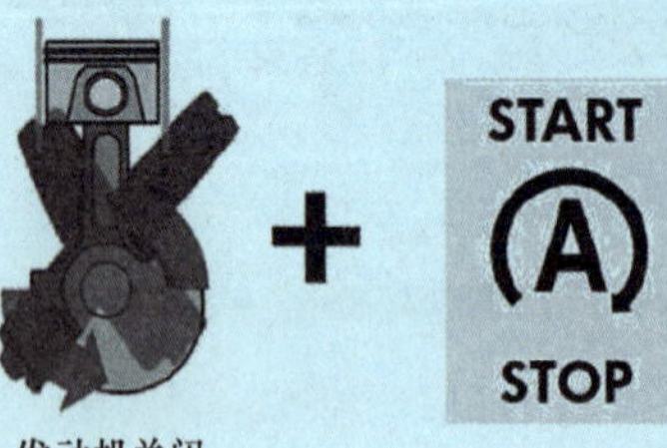

发动机关闭

车辆以50km/h的车速行驶到一个红灯前。

(2) 发动机重新起动过程

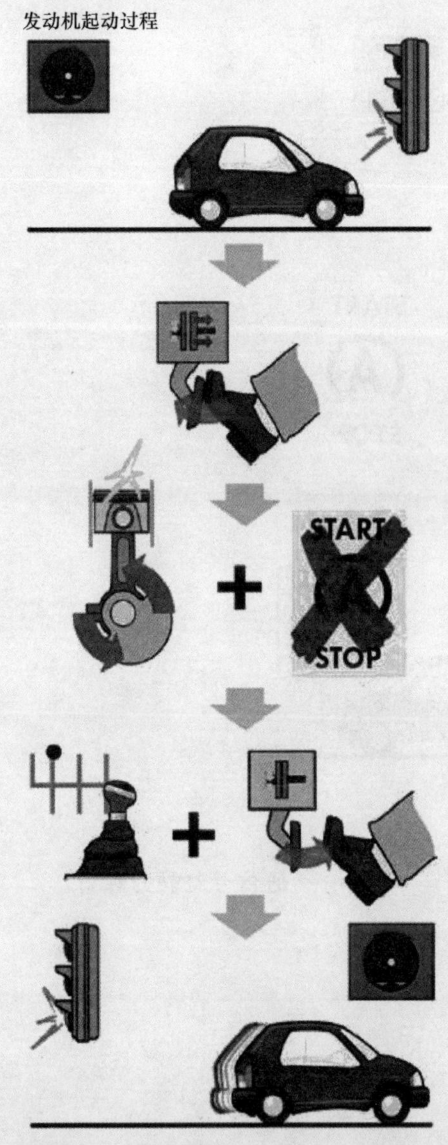

交通信号灯转为绿灯

3. 请根据下面两张图描述自动变速器车型起动停止系统的运作过程。

(1) 发动机关闭过程

车辆以 50km/h 的车速行驶到一个红灯前，驾驶人制动车辆直至停车。

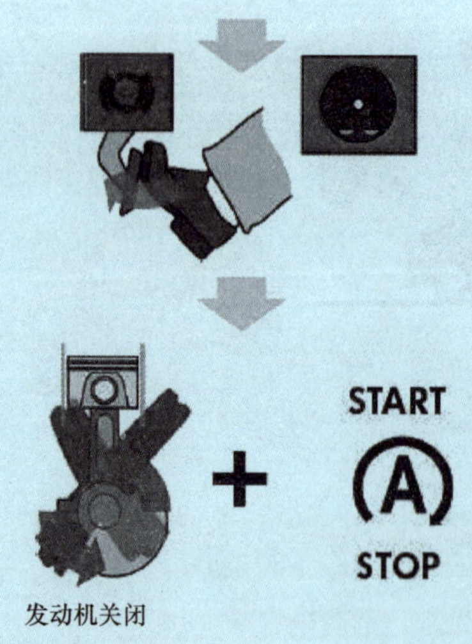

(2) 发动机重新起动过程

发动机起动过程

交通信号灯转为绿灯

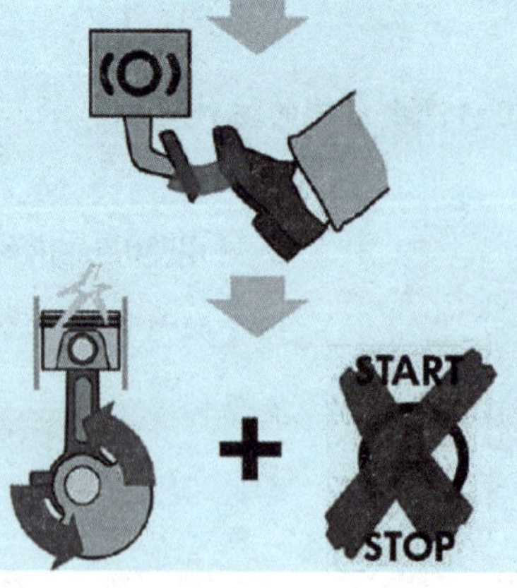

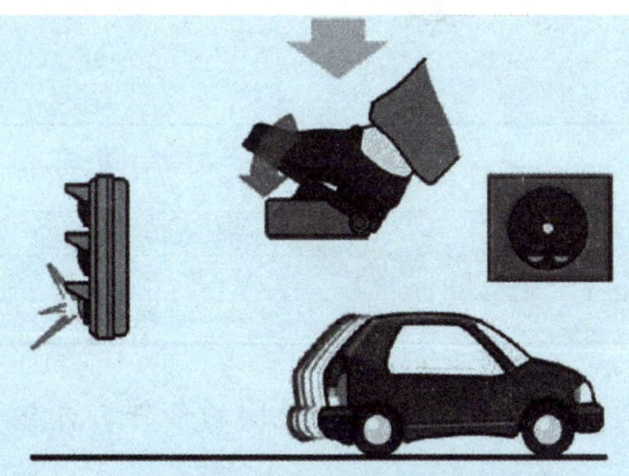

4. 下图是大众汽车 Lowline 组合仪表起动停止系统的显示内容，分别说明 a、b、c 图显示的条件。

20:05 22.5° C trip 380.2 km 起动停止系统已开启	20:05 22.5° C trip 380.2 km 手动	20:05 22.5° C trip 380.2 km 故障
a)	b)	c)

a)：

b)：

c)：

5. 下图是大众汽车 Highline 组合仪表起动停止系统的显示内容，分别说明 a、b、c 图显示的条件。

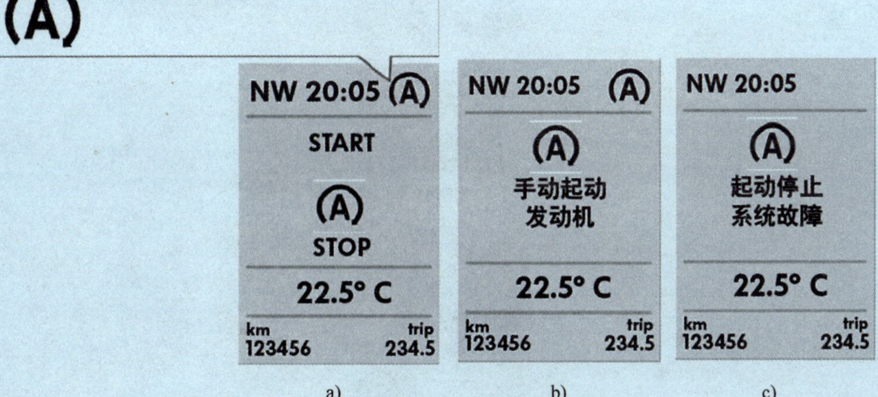

a)　　b)　　c)

a)：

b)：

c)：

5.6.3.3 工作页

5.6.3.3 工作页

学校名称		任课教师		
班级		学生姓名		
学习领域	L5 发动机电气系统诊断维修			
学习情境	LS5.6：车辆的自动起动停止系统失灵		学习时间	30min
工作任务	C：起动停止系统的工作条件		学习地点	理实一体化教室

1. 请根据下图说明大众汽车停车时发动机关闭的条件，并指明条件之间的关系。

2. 请根据下图说明大众汽车继续行驶时起动发动机的条件，并指明条件之间的关系。

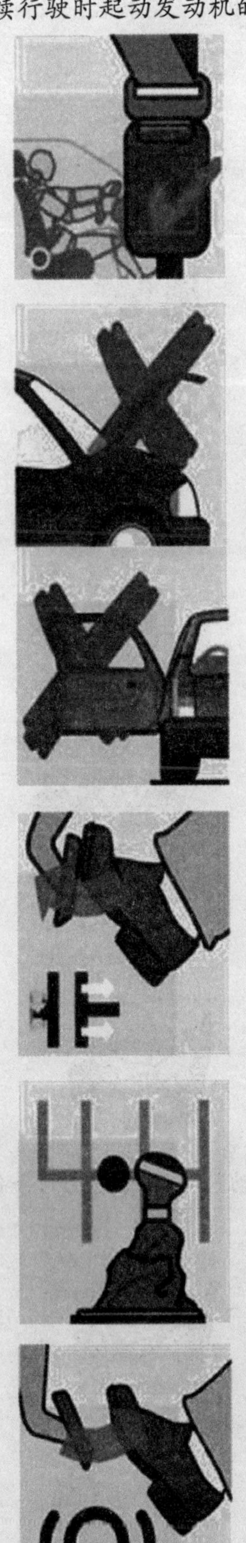

3. 请根据下图说明大众汽车发动机停止运转后，强制起动的条件，并指明条件之间的关系。

4. 请根据下图说明大众汽车起动停止系统关闭的条件，并指明条件之间的关系。

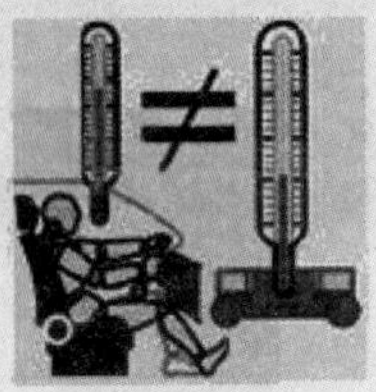

5.6.3.4 工作页

5.6.3.4 工作页

<table>
<tr><td>学校名称</td><td></td><td>任课教师</td><td colspan="2"></td></tr>
<tr><td>班级</td><td></td><td>学生姓名</td><td colspan="2"></td></tr>
<tr><td>学习领域</td><td colspan="4">L5 发动机电气系统诊断维修</td></tr>
<tr><td>学习情境</td><td colspan="2">LS5.6：车辆的自动起动停止系统失灵</td><td>学习时间</td><td>30min</td></tr>
<tr><td>工作任务</td><td colspan="2">D：起动停止系统的组成部件</td><td>学习地点</td><td>理实一体化教室</td></tr>
</table>

1. 大众汽车起动停止系统的主要部件有哪些？各具备什么功能？这些部件与传统汽车相比较有哪些改进？

2. 用充电机给具有起动停止系统的汽车充电时应注意什么问题？

3. 根据下图说明起动停止系统稳压器的工作过程。

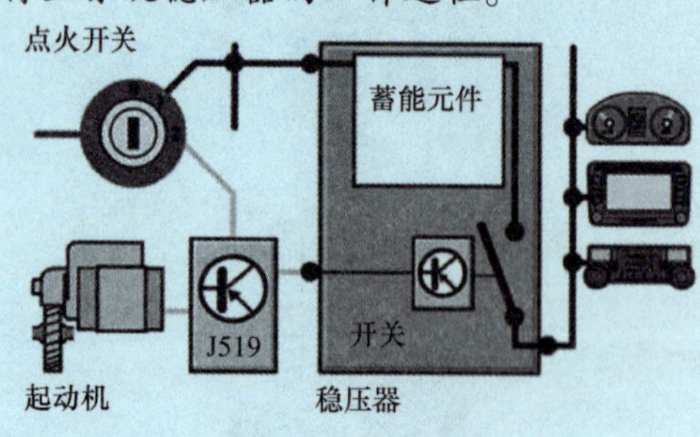

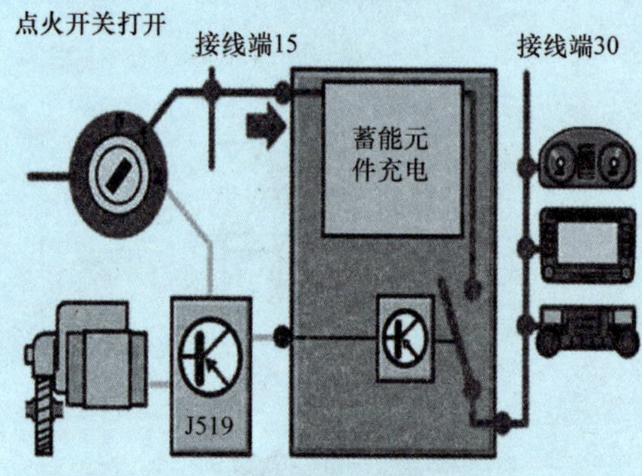

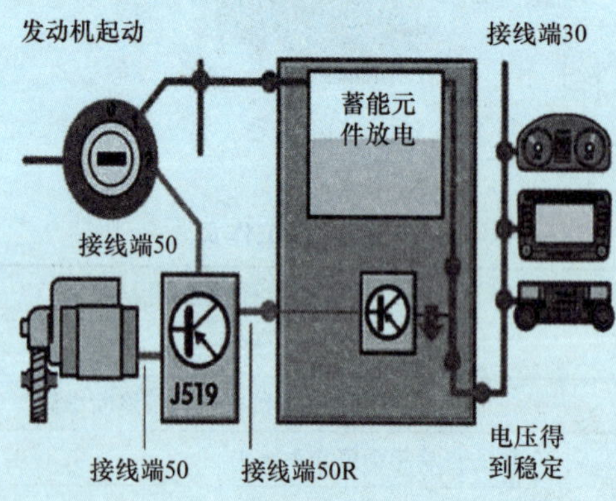

5.6.3.5　工作页

5.6.3.5　工作页

学校名称		任课教师	
班级		学生姓名	
学习领域	L5 发动机电气系统诊断维修		
学习情境	LS5.6：车辆的自动起动停止系统失灵	学习时间	30min
工作任务	E：起动停止系统的组成	学习地点	理实一体化教室

1. 写出起动停止系统所需控制单元的名称。

2. 哪些控制单元是通过CAN数据总线进行数据传输的？哪些控制单元是通过LIN数据总线进行数据传输的？

3. 起动停止系统的各控制单元需处理哪些信号？完成下表。

序号	控制单元	处理信号
1	J623	
2	J743	
3	J104	
4	J255	
5	J519	
6	J285	

（续）

序号	控制单元	处理信号
7	J533	
8	J393	
9	J791	
10	J500	
11	J367	
12	J532